# Uma Jornada no Tempo

Luiz Filipe Tsiipré

# Uma Jornada no Tempo

DAS VISÕES AO CACHIMBO SAGRADO

CIP-BRASIL. CATALOGAÇÃO-NA-FONTE
SINDICATO NACIONAL DOS EDITORES DE LIVROS, RJ

---

Tsiipré, Luiz Filipe
T817j Uma jornada no Tempo: das visões ao Cachimbo Sagrado / Luiz Filipe Tsiipré. – Rio de Janeiro: Best*Seller*, 2010.

ISBN 978-85-7701-330-2

1. Tsiipré, Luiz Filipe. 2. Ciências ocultas. I. Título.

10-2786 CDD: 133
CDU: 133

Título original:
UMA JORNADA NO TEMPO


Capa: Romulo Baldez | Arte-finalização: Mari Taboada
Projeto gráfico de miolo: Mari Taboada

Créditos das fotos: Fotografia da contracapa (Blackfoot Sioux) – Roland Reed, 1915.
Fotografias do encarte: Cacique João Verá Mirim com seu grupo – Arquivos do Cadirj; Tsiipré pintando amigo – Renato Sanchez, 1986; Futuros iniciados – Renato Sanchez, 1986; Touro Sentado – Palmquist & Jurgens, 1884; Foto do céu – não registrada em nenhum arquivo; demais fotografias – arquivo pessoal do autor.



Direitos exclusivos de publicação em língua portuguesa para o Brasil
reservados pela EDITORA NOVA ERA
um selo da EDITORA BEST SELLER LTDA.
Rua Argentina, 171, parte, São Cristóvão
Rio de Janeiro, RJ – 20921-380

---

Impresso no Brasil
ISBN 978-85-7701-330-2

Seja um leitor preferencial Record.
Cadastre-se e receba informações sobre nossos lançamentos e nossas promoções.

Atendimento e venda direta ao leitor:
mdireto@record.com.br ou (21) 2585-2002

Para quem me pôs no mundo,
mamãe Semi (em memória),
e a quem contribuí para que
ao mundo chegasse, minha amada
filha Maíra, dedico este livro com
amor profundo e incondicional.

*Este cachimbo não é seu; ele apenas está com você...*
*Um dia, não mais precisará dele, e, assim, o passará adiante!*

ROLLAS-PÁSSARO VERMELHO
DA NAÇÃO OJIBWA (MINNESOTA)

*Com respeito e reverência à Mãe Terra, e pela*
*campanha mundial a favor de Leonard Peltier,*
*um cidadão Indígena Lakota-Anishinabe, eu fumo*
*em preces o Cachimbo Sagrado da Paz. Que o*
*Grande Espírito o proteja e o presidente Obama o liberte.*

*How! Mitakuye oyasin.*[1]

O AUTOR

---

[1] Expressão utilizada em cerimônias pela Nação Lakota-Sioux, que significa: "Salve! Por todas as nossas relações." Pronuncia-se Mitákuiassin.
Para saber sobre Leonard Peltier, acesse o site: http://www.leonardpeltier.org

# NOTA DE ESCLARECIMENTO

Aqui se encontram descritas algumas das tantas e diversificadas cerimônias indígenas inerentes aos povos com os quais pude conviver, no Brasil e nos Estados Unidos; nesse último, em especial, os Sioux. Essas manifestações, de caráter mágico-religiosas, foram abordadas com o devido respeito e valorização pelo profundo e belo significado que encerram, mas também por estarem diretamente relacionadas à minha história.

Nestas páginas, todos os fatos são reais, ainda que alguns de seus personagens tenham nomes fictícios.

ELOGIO

# Uma jornada no tempo – das visões ao Cachimbo Sagrado, de Tsiipré

Quando Tsiipré me solicitou que lesse e comentasse uma das primeiras minutas de sua autobiografia, aceitei com prazer. Eu já conhecia alguns acontecimentos de sua vida aventurosa, e foi com grande curiosidade que comecei a ler seu trabalho. Confesso que, quanto mais eu lia, mais me entusiasmava. Tsiipré me surpreendia. Além dos episódios interessantíssimos, que já esperava encontrar na história de quem se dedicou, por mais de vinte anos, aos indígenas brasileiros, e ainda pôde conviver, nos Estados Unidos, com os índios Sioux, me deparei também com outra referência, menos conhecida, de sua personalidade. Ele relata no livro suas reveladoras descobertas espirituais.

Isso me leva a afirmar que *Uma jornada no tempo* vale a pena ser lido, não somente em razão das aventuras experienciadas por Tsiipré, mas, sobretudo, pela profundidade espiritual que contém, pelas lições de vida que ensina.

Roberto Lima Netto

# *Sumário*

## PREFÁCIO

# Tudo que acontece não é senão um sinal

A vida possui uma estrutura sacramental. Está cheia de sinais e de sentidos ocultos e sagrados que devem ser decifrados. É como os sacramentos cristãos: são sinais carregados de graça revelada exatamente através desses sinais.

O presente livro de Luiz Filipe Tsiipré de Figueiredo possui essa dimensão sacramental. Trata-se de uma autobiografia singular. Os fatos narrados são fatos, mas funcionam como mitos. Todo mito revela a verdade oculta dos fatos, seu propósito escondido.

A busca incansável do autor é por esse sentido oculto que lentamente vai se revelando para trás, mediante as memórias acumuladas nas pradarias de Dakota do Sul, nos Estados Unidos da América, e para a frente, através da vida comprometida por mais de 20 anos com a causa indígena e com os métodos alternativos de cura. Nisso, o autor entra em comunhão com as forças xamânicas que descobre dentro de si. Todos são perpassados por essas energias poderosas. Mas, por causa dos limites de nossa cultura racionalista, dificilmente vêm à tona ou são acolhidas como dádiva do Universo ou de Deus.

Para quem se move nesse campo de energia, não existe acaso. Tudo é portador de mensagens que importa decifrar. Como bem diz Tsiipré: "O mero acaso somente existe para os que ignoram as Leis do Universo."

Ele mostra a inarredável convicção de que sobre cada um se move uma estrela de Belém a orientar o caminho da vida. Por isso, a dimensão espiritual adquire centralidade. Assumir essa perspectiva é de capital importância na quadra atual da humanidade, que sente aproximar-se de um abismo. Somente numa visão espiritual do mundo, tão bem representada na saga de Tsiipré, podemos encontrar uma saída salvadora.

O livro estimula cada um a descobrir dentro de si o mestre escondido e encontrar seu Cachimbo Sagrado, que, para ele, significou o sacramento maior. Mas esse mestre somente se manifestará quando o discípulo estiver pronto. E ele estará pronto quando começar a escutar o próprio coração, o cântico da Terra e os pensamentos que as montanhas, as árvores e os animais expressam por suas próprias e simples existências.

Aqui reside o valor deste curioso e desafiador relato.

LEONARDO BOFF

*Petrópolis, festa de Corpus Christi de 2008*

Eis uma história que precisava ser contada...

por todas as razões aqui contidas,

por todas as lições aprendidas,

por todas as visões e jornadas.

# INTRODUÇÃO

A história que vou contar aqui é a minha própria história, deste e de outros tempos... Pareceria fruto da imaginação, um simples conto, se não fosse verdadeira.

Tudo que se passa em nossa vida tem uma razão de ser, um sentido que não é apenas bom ou ruim, mas que nos proporciona descobertas e transformações a partir do momento em que nos colocamos receptivos às sutis mensagens do cotidiano. Tais mensagens, ou sinais, podem surgir no voo de um pássaro, no olhar de uma criança, nas chamas de uma fogueira, nos dizeres de alguém ou em sonhos de uma noite... É preciso saber decifrá-las.

Luiz Filipe e Tsiipré fazem parte de uma mesma personalidade, com origens distintas entre si. O primeiro foi escolha de minha mãe, por ocasião do meu nascimento, em abril de 1954, na cidade do Rio de Janeiro, então Capital Federal. Já o segundo é o nome que recebi dos índios Xavante, no estado de Mato Grosso, em meados da década de 1970, e que significa Pássaro Vermelho.

Certa vez, o sr. Mansur, pai de meu grande amigo e compadre Ricardo, me disse que o ser humano, para se tornar completo, deve cumprir três tarefas fundamentais na vida, começando por plantar uma árvore, ter um filho e, finalmente, escrever um livro. À época, eu já havia plantado algumas árvores e era pai de uma linda criatura chamada Maíra. Acredito que aquelas palavras me incentivaram na elaboração desta obra. No entanto, após o seu término, nem de longe me sentirei nesse estado de completude. Pelo contrário, ainda haverá muito chão a percorrer, pois a jornada é bem maior do que parece...

O que nos trouxe a este mundo diz respeito a um propósito específico e vinculado aos Desígnios Celestes. Não estamos aqui por mera obra do acaso, até porque tenho motivos convincentes para não crer em casualidades... Os fenômenos existentes e suas múltiplas manifestações fazem parte de um todo muito bem-orquestrado pelo Criador da Vida, o Grande Mistério... Na essência, todos os seres pertencentes aos reinos mineral, vegetal e animal, incluindo a nossa espécie, têm uma missão bem-definida no âmbito do universo, desempenhando funções de absoluta grandeza. Buscar compreender essa ordem cósmica e sua interação com os planos superiores representa um estágio a mais no processo evolutivo dos seres humanos, respeitando-se a etapa em que cada um se encontra.

Ao acumularmos determinadas experiências e saberes, que possam contribuir para a vida e o processo de expansão da consciência, consequentemente aumentamos nossa responsabilidade perante as pessoas. Esses conhecimentos devem ser passados adiante, e jamais devemos guardá-los ou fechá-los a sete chaves.

Por essas razões, decidi escrever este livro, e resolvi escrevê-lo num lugar muito especial, diferente e à moda antiga. Diferente, por não estar entre quatro paredes de concreto, numa casa ou apartamento; à moda antiga, pelo fato de escrevê-lo totalmente à mão, sem o auxílio de computador ou mesmo de uma simples máquina de datilografia. Encontro-me numa pequena clareira entre o Morro da Urca e o Pão de Açúcar, um dos cartões-postais da cidade de São Sebastião do Rio de Janeiro. Como sempre gostei de andar pelas matas, acabei descobrindo esse lugar numa dessas incursões, no ano de 1993. Sua localização está fora das trilhas percorridas por visitantes e montanhistas, o que me permite isolamento absoluto e a tranquilidade necessária para me concentrar na escrita. Ao meu redor, a paisagem contrasta entre o verde exuberante desse pequeno pedaço da Mata Atlântica e o azul de um céu sem nuvens, ao encerramento de mais uma tarde de sábado, num dia de verão. Uma brisa sopra suavemente, enquanto um gavião pinhé e os grilos anunciam sua presença. Bem distante, o ruído dos carros evidencia e faz lembrar que me encontro no coração de uma cidade grande, como tantas outras, porém abençoada pelo Arquiteto Universal, em se tratando da exuberante natureza que a rodeia. Uma cidade com suas neuras, conflitos e contrastes, gerados por seus habitantes, mas à qual sou grato pelo muito que venho aprendendo na vida, por todas as descobertas que me foram proporcionadas, inclusive esta clareira, o lugar perfeito para escrever esta história. Uma história que fala, entre outros assuntos, de índios e das revelações de uma vida passada, também de índio, na América do Norte, nas pradarias de Dakota do Sul. Uma história que aborda as evidências de minha vida anterior.

Não se trata aqui de mais um livro sobre reencarnação, seja no aspecto religioso ou científico do termo. Pretendo simplesmente expor o que me aconteceu, a profunda experiência pela qual passei, e de maneira totalmente espontânea, sem nunca dantes ter ido em busca de tais revelações. Por outro ângulo, meu antigo interesse pelo sentido espiritual da vida, incluindo as religiões, pode ter influenciado minha jornada. Percorri diferentes templos, mas hoje me considero uma pessoa que adquiriu a religiosidade como um princípio da própria existência, independentemente de qualquer doutrina.

A partir dos 4 anos de vida, comecei a manifestar forte atração por tudo aquilo que se relacionasse diretamente com os índios. Fossem objetos, fotografias, filmes ou simples historinhas, lá estava eu, totalmente fascinado e absorvido pelo tema! E aquela atração, em vez de terminar com o passar dos anos, muito pelo contrário, foi se intensificando até o dia em que me tornei um indigenista. Convivi, trabalhei e estive voltado para a causa indígena por mais de 20 anos.

Eu não fazia a menor ideia da ponte que futuramente teria de atravessar... Uma ponte ligando o presente influenciado pelos índios a um passado indígena, com registros memoráveis na alma[1] e emergidos do subconsciente.

Mergulhando no tempo, contemplo as majestosas e altivas montanhas, testemunhas silenciosas dos povos antigos que habitaram essa região, denominada pelos Tupinambá quinhentistas de Guanabará.[2] E aqui, na clareira, meu escritório natural e refúgio sagrado, é que começo a contar minha história.

*Rio de Janeiro, ou Guanabará,*
*lua nova de fevereiro de 2003*

---

[1] Termo que designa o espírito, quando encarnado.
[2] Designação de baía.

CAPÍTULO UM

# As visões

*Precisamos dar mais atenção aos nossos sonhos. Alguns podem nos revelar tesouros ocultos, verdades no tempo... Existem aqueles que refletem a mente e outros, o espírito, fazendo, portanto, a diferença.*

*Polêmicas à parte, a verdade é transparente.*

TSIIPRÉ

*Minhas palavras são como as estrelas: elas não empalidecem.*

CHEFE SEATTLE

Na verdade, tudo aconteceu sem que eu estivesse buscando ou mesmo esperando. O início se deu em Brasília, no ano de 1984, por ocasião do Primeiro Encontro Nacional de Povos Indígenas.

Em 1983, quando de minha ida à Capital Federal com o propósito de cobrar, junto à Fundação Nacional do Índio (Funai),[1] o andamento do processo de demarcação das terras dos Guarani, acabei conhecendo aquela que seria minha futura esposa. Encontramo-nos pela primeira vez em um dos corredores da sede da Funai, onde Vera realizava seu estágio de Antropologia, pela Universidade de Brasília (UNB). Trocamos algumas palavras e eu lhe contei brevemente sobre as atividades que vinha desenvolvendo em uma Organização Não Governamental fundada por mim e alguns companheiros de causa. Na época, eu coordenava um projeto de desenvolvimento sociocultural da comunidade indígena Guarani, localizada no Sertão do Bracuí, em plena Serra da Bocaina, e dispunha de uma verba destinada à contratação de uma professora. Devido ao interesse por ela manifestado e, ao mesmo tempo, pela

[1] Órgão do governo federal responsável pela formulação e a execução da política indigenista brasileira.

surpresa em saber da existência de uma aldeia indígena no Rio de Janeiro, marcamos para o dia seguinte a continuação da conversa.

Conforme o combinado na véspera, após um longo bate-papo em seu modesto apartamento, Vera aceitou com entusiasmo o convite que lhe fiz. Disse-me que, tão logo se formasse, desejaria imensamente trabalhar junto aos índios, sendo essa a primeira e objetiva proposta que havia recebido.

Poucos dias depois, ao retornar para o meu estado de origem, reiniciei as atividades em Bracuí, não mais fazendo contatos com a estagiária de Antropologia. Quase um ano se passou e, numa bela tarde, recebi sua primeira carta, procedente do Posto Indígena Jarina, no Parque do Xingu. De início, Vera me agradecia pelo convite feito em Brasília. Porém, tão logo se formou, recebera outra proposta de trabalho, compreensivelmente irrecusável. O diretor do Parque Indígena a convidara para realizar um levantamento populacional de todas as aldeias existentes naquela área, visitando e percorrendo de barco as diferentes etnias situadas ao longo dos rios. Ao término da prolongada atividade, foi chamada para atuar como professora entre os índios Mentuktíre, um subgrupo da Nação Kayapó, mais conhecidos por Txukarramãe,[2] numa aldeia que se localizava à margem esquerda do rio Jarina, no extremo norte do Parque e já quase na divisa de Mato Grosso com o sul do Pará.

Naquela correspondência, rica em detalhes, ela me descrevia seu convívio com os índios e o trabalho ao qual vinha se dedicando no setor educacional, pelo método Paulo Freire. Estava muito contente com a nova experiência de vida e sugeriu que mantivéssemos contato por cartas, o que passou a ocorrer durante o ano de 1984.

Quando atendi o telefone, já era noite. Para minha grande surpresa, a voz que se revelou do outro lado da linha não era outra senão a de Vera. Encontrava-se de férias, em Brasília, e queria saber se eu havia tomado conhecimento do encontro de povos indígenas que se realizaria nas dependências do Congresso Nacional. Disse-lhe que, além de estar informado sobre o evento, já dispunha das passagens de ônibus para o dia seguinte, levando em minha companhia dois jovens representantes dos Guarani de Bracuí.

Ao chegarmos a Brasília, no começo de abril, numa tarde ensolarada, dirigimo-nos à sede dos escoteiros, onde ficaríamos alojados em barracas de camping. De imediato, tomei as devidas providências em relação às nossas

---

[2] "Homem sem arco", designação dada pelos Juruna aos Mentuktíre.

inscrições e acomodações do Aparício R'okadju e de seu irmão Agenor Veraí. No local, pude reencontrar alguns amigos, oriundos de vários povos que se achavam presentes àquela importante ocasião de explanações e debates sobre os direitos indígenas. Havia cerca de 300 índios, representando 170 etnias de quase todos os estados da federação. Lá estavam os Xavante, Borôro, Bakairi, Rikbáktsa, Pareci, Guajajara, Kanela, Krahô, Xerente, Guarani e muitos mais, além de representantes indígenas de outros países.

Por volta das 17h30, quando já havia terminado de montar minha barraca em um local mais afastado e próximo de algumas árvores, Vera chegou para me encontrar. Vestia calça e blusa de moletom azul suave, exibindo os longos cabelos negros arrumados em duas tranças. Aproveitamos a hora do jantar, que já estava sendo servido, e entramos na fila da boia. Logo após a refeição, seguimos até a barraca, e lá iniciamos uma conversa que se estendeu pela madrugada adentro. Entre vários assuntos, num dado instante, Vera contou-me a respeito de determinado sonho que tivera sobre nós dois, poucos dias antes de sair de férias. Recordo-me bem de suas palavras:

> Tsiipré, lá no Xingu, eu tive um sonho muito incrível sobre a gente! Parecia mais um filme do futuro, que me deixou bastante impressionada ao acordar! Era como se fosse algo bem real, tipo premonição...!

De início fiquei bastante curioso, pedindo que me contasse, de uma vez por todas, o tal sonho, ao que ela prosseguiu:

> Sonhei que teremos um filho e vamos nos casar. Ficaremos juntos por cinco anos, quando então nos separaremos, e você irá viver nos Estados Unidos...

Minha curiosidade deu lugar a risos e contestações:

> Como é que é? Eu, morar nos Estados Unidos? Jamais!! Não vejo a menor possibilidade... imagina!

Nesse momento, Vera insistiu:

> Mas a sensação que eu tive foi tão forte, tão real, que me pareceu mesmo uma visão antecipada do futuro...

Na realidade, aquele sonho que eu acabara de escutar entrou por um de meus ouvidos e saiu pelo outro. Não exercera qualquer impacto ou influência sobre mim. Esclarecendo: Vera não tinha qualquer vínculo religioso ou espiritualista em sua vida. Sua formação acadêmica, em Ciências Sociais e Antropologia, a inclinara totalmente ao materialismo dialético.

Continuamos a conversar sobre outros assuntos e a partir daquela madrugada nosso relacionamento se estenderia por exatamente cinco anos. Tivemos uma filha e nos casamos, do jeito como ela havia sonhado!

Quanto à viagem para os Estados Unidos... Bem, claro que aconteceu, cinco anos depois da nossa separação, em 1989. Mas isso já é tema para outros "sonhos", ou melhor, para outras visões...

A partir do momento em que nos separamos, muita coisa mudou em minha vida. Passei a exercer uma nova profissão, pela qual me apaixonei e que me garantia a sobrevivência. O indigenista abriu espaço para o terapeuta corporal, inicialmente por conta de uma técnica de massagem californiana, denominada *Esalen*. Tempos depois, aprendi as bases filosóficas e terapêuticas do método oriental conhecido por *Shiatsu*, com o qual me identifiquei muito mais. Daí surgiram vários outros cursos nessa linha, culminando com uma terceira formação em Acupuntura. E assim prossegui em minha vida.

De retorno à cidade do Rio de Janeiro, contrariei, o que anteriormente costumava afirmar, ou seja, que se algum dia viesse a deixar de trabalhar com os índios minha reação provavelmente seria a de me sentar no centro de uma praça, aguardando pacientemente ali, até, quem sabe, me tornar um chafariz... Eu achava que não saberia mais o que fazer na vida, pois a única coisa com a qual me afinava e gostava mesmo era, de fato, estar com os índios. Mas, felizmente, o Universo, atento, conspirava para as necessárias alterações em minha trajetória.

Apesar das mudanças pelas quais fui passando, dois aspectos marcantes e significativos permaneciam inalterados nesta minha existência. O primeiro diz respeito às dificuldades no relacionamento familiar, sobretudo com minha mãe; o outro, ao forte vínculo, já não mais político, porém espiritual, com os índios, que se iniciara na mais tenra idade, e que fez com que eu me inscrevesse no Fórum Global da Rio-92. Aquela seria uma boa oportunidade para rever os amigos Xavante e de outros povos com os quais convivera, inteirando-me, consequentemente, do curso dos acontecimentos em suas áreas de origem.

Em determinada noite, uma semana antes do início das atividades do Fórum Global e da Conferência de Cúpula da Terra, tive um sonho impressionante e de forte simbolismo... Sonhei que estava caminhando pelas planícies da América do Norte. Em certo momento, avistei um minúsculo ponto escuro na linha do horizonte. À medida que eu prosseguia na direção desse ponto, fui percebendo que ele ia se modificando, apresentando contornos mais definidos. Comecei a distinguir algo na forma de um pássaro que, quanto mais eu me aproximava, ia assumindo traços de uma águia. Prosseguindo em direção à linha do horizonte, no sentido do sol nascente, aos poucos fui notando que não se tratava de águia ou qualquer outro pássaro, mas sim de um índio com um enorme cocar de penas de águia, que descia até o chão. Encontrava-me como se estivesse hipnotizado por aquela pujante imagem.

Finalmente, fiquei frente a frente com o índio. Seus traços eram ao mesmo tempo fortes e de um tranquilo e suave semblante. Vestia roupa de couro branco, franjada, contendo vários bordados em miçangas multicoloridas. Fitando-me nos olhos e com um gesto sereno do braço direito estendido, o mesmo apontou-me determinada direção na imensa pradaria. Naquele exato momento, acordei, e o relógio marcava pouco mais de 4 horas. Imediatamente, e pela primeira vez, lembrei-me do sonho que Vera me contara há oito anos, despertando-me a nítida sensação de que ambos estariam, de algum modo, relacionados.

A semana transcorreu inalterada e eu mantive minhas atividades regulares de trabalho no atendimento domiciliar aos pacientes.

Enfim, no primeiro dia de junho do ano de 1992, teve início o Fórum Global, nas pistas do Aterro do Flamengo, estendendo-se por duas semanas. Uma verdadeira cidade de tendas e estandes fora montada para a realização de uma série de eventos, de altíssimo nível, com a participação maciça da sociedade e a livre expressão das mais diferentes formas de pensamentos. Os temas de vital relevância para o planeta foram abordados, paralelamente à Conferência de Cúpula da Terra, realizada no Riocentro, em Jacarepaguá.

Por todo o período em que ocorreu esse megaevento, a cidade do Rio de Janeiro entrou em clima de absoluta paz e harmonia que não me recordo haver presenciado em outras ocasiões. Independentemente da presença ostensiva do Exército nas ruas, em razão do grande número de chefes de Estado de vários países circulando pela cidade, uma energia altamente positiva pairava no ar. As pessoas buscavam confraternização e solidariedade entre os povos. Uma grande troca cultural, ecumênica e de valores humanos ocorreu durante aqueles dias. E pelas ruas, de forma nítida, o semblante dos indivíduos se modificara.

Foi durante a primeira semana do Fórum que tive a experiência de um segundo sonho, claramente espiritual, e que, portanto, prefiro chamar de visão. Encontrava-me no interior de uma grande *tipi* de couro curtido, a tradicional tenda cônica utilizada pelos índios das planícies da América do Norte. O ambiente de penumbra abrigava um bom número de pessoas em torno das chamas de uma pequena fogueira. Tive a sensação de que estaria ocorrendo uma cerimônia no local quando deparei com um ancião à minha esquerda. Ao indagá-lo a respeito, ele me conduziu na direção de uma bela e jovem mulher que usava um vestido de pele branca, curtida e com franjas. Seus cabelos negros caíam-lhe abaixo dos ombros, trançados em tiras de couro e ostentando, na parte posterior da cabeça, um bonito exemplar de pena de águia. Em seguida, o ancião, que me pareceu familiar, comentou:

> Esta é a cerimônia do seu casamento e ela será a sua mulher.

Despertei pontualmente às 3 horas, bastante ansioso e envolto pela emoção, não mais conseguindo pegar no sono. Recordei instantaneamente das visões anteriores, já não tendo mais dúvidas de que algum evento significativo estaria prestes a ocorrer em minha vida.

A primeira semana do Fórum Global havia transcorrido repleta de programações interessantes. Uma infinidade de palestras sobre meio ambiente; exposições alusivas à biotecnologia e alimentos orgânicos; medicina natural; arte e cultura de diferentes povos do planeta; cerimônias religiosas dos mais diversos credos; técnicas e práticas de meditação; música, cinema, enfim... uma série de atrações para todos os gostos mais conscientes.

No sábado, fui com Luzanira, minha grande amiga, visitar na Colônia Psiquiátrica Juliano Moreira, em Jacarepaguá, a Aldeia Carioca. Tratava-se de um conjunto de malocas, dispostas em círculo, com padrão arquitetônico do Alto Xingu e construídas pelos índios Kuikuro, originários daquela área cultural. Tendo em vista a Rio-92, a referida aldeia fora planejada antecipadamente para melhor abrigar os indígenas dos mais variados rincões do Brasil e do mundo, presentes ao evento.

Para mim, foi motivo de imensa alegria rever os companheiros de outras jornadas. Poder voltar a sentir no ar o cheiro ímpar do urucum,[3] proveniente dos corpos pintados, e receber desses amigos, sem-cerimônia, tantos e apertados abraços, que iam deixando em minha camisa branca as marcas registradas de um vermelho vivo. Reencontrei um ancião Kayapó e entoamos juntos algumas músicas tradicionais que eu havia aprendido com seu povo. Há quatro anos eu me desligara da causa indígena, de modo que aquele encontro me trouxera muitas e intensas recordações!

Luzanira estava feliz pelo passeio e encantada com o local, bastante favorecido por uma natureza exuberante. Após assistirmos à apresentação de uma dança do povo Karajá, e outra dos Kuikuro, fomos visitar uma grande cachoeira, não muito afastada. No retorno, paramos à beira de um córrego de águas cristalinas e sentamo-nos sobre as pedras para um breve descanso.

Por um instante, fiquei a refletir a respeito dos sofrimentos que deveriam ter experimentado os pacientes daquela colônia psiquiátrica. Ao mesmo tempo, o verde das matas, as águas límpidas que corriam aos nossos pés e a força imponente da cachoeira representavam todo um extraordinário potencial energético de cura, ali disponibilizados pela presença viva do Criador. De súbito, veio à minha mente uma questão:

E se todo o poder da natureza pudesse ter sido aproveitado conscientemente em trabalhos de grupo e individuais, por meio do *Tai Ch'i Chuan*, da arteterapia, da meditação, relaxamento e outras modalidades terapêuticas não invasivas, em benefício daqueles seres humanos excluídos do contexto social?

Internamente, buscando responder a essa pergunta, e por acreditar que a cura provém da natureza e dos diversos métodos associados a uma intenção verdadeira e amorosa de quem atue na área da saúde, mergulhei no pensamento de Nise da Silveira, cujo desenvolvimento teve início no seu encontro com C. G. Jung, no dia 14 de junho de 1957, em Kusnacht, Suíça. A dra. Nise, nascida no ano de 1905, na cidade de Maceió, estado de Alagoas, formou-se pela Faculdade de Medicina da Bahia em 1926, dedicando-se à psiquiatria sem nunca aceitar as formas agressivas de tratamento da época, tais como internação, eletrochoques, insulinoterapia e lobotomia.

---

[3] Fruto do urucuzeiro, cujas sementes apresentam coloração vermelha.

O que melhora o atendimento é o contato afetivo de uma pessoa com outra. O que cura, é a falta de preconceito. Aquilo que se impõe à psiquiatria é uma verdadeira mutação, tendo por princípio a abolição total dos métodos agressivos, do regime carcerário, e a mudança de atitude face ao indivíduo, que deixará de ser o paciente para adquirir a condição de pessoa, com direito a ser respeitada.

Sentada diante do mestre Jung, a dra. Nise contou-lhe o desejo de aprofundar seu trabalho no hospital psiquiátrico e de suas dificuldades de autodidata. Ele a ouviu muito atento e depois perguntou:

– Você estuda mitologia?

– Não – respondeu Nise.

– Pois, se você não conhecer mitologia nunca entenderá os delírios de seus doentes, nem penetrará na significação das imagens que eles desenhem ou pintem. Os mitos são manifestações originais da estrutura básica da psique. Por isso, seu estudo deveria ser matéria fundamental para a prática psiquiátrica. Se houver alto grau de crispação do consciente, muitas vezes só as mãos são capazes de fantasia.

Enquanto viajava nesses pensamentos, alguém se aproximou. Era um rapaz magro, da minha estatura, loiro e de cabelos compridos como os meus. Ao nos ver, foi logo perguntando, com sotaque característico dos gringos:

– Buenas tardes, hablas español?

– Si, hermano! – respondi.

Em seguida, o rapaz prosseguiu:

– Como te llamas?

– Me llamo Tsiipré y esta és Luzanira.

– Mucho gusto, yo soy Michael, Michael Dimartino.

Senti forte empatia por aquele rapaz, começando a puxar assunto e expondo-lhe minhas impressões sobre a importância da Rio-92 para todo o planeta.

Michael ouvia-me atentamente, fitando-me nos olhos. Após uns dez minutos me expressando em castelhano, percebi que alguma coisa estava errada, já que o rapaz mostrava-se meio indiferente e sem responder ou comentar algumas indagações que eu lhe fizera. Será que apresentava algum problema auditivo e ficara com vergonha de dizer? A conclusão veio logo em seguida, quando Michael, finalmente, acabou por interromper minha fala:

– Perdón, pero yo no entiendo mucho tus palabras!

Confesso que fiquei meio desconcertado, e ele idem, mas, como eu não sabia falar inglês, passamos a nos comunicar por gestos e algumas palavras soltas do castelhano e de sua língua natal, o suficiente para entender que Michael tinha uma amiga que dominava perfeitamente os dois idiomas, podendo assim nos traduzir. Dessa forma, o americano do Arizona deixou claro que desejaria dar prosseguimento àquele contato inicial, fornecendo-me o número de seu apartamento e o telefone no Hotel Glória, onde se achava hospedado.

Durante a segunda semana do Fórum Global, eu e Michael participamos de muitas programações da Rio-92, contando sempre com o indispensável auxílio de Mary, a intérprete. Levei-os, juntamente com outros amigos seus, em uma caminhada pela área florestal conhecida como Represa do Cigano, no alto da estrada Grajaú-Jacarepaguá, com direito a um revigorante banho de cachoeira e, logo após, a uma cerimônia inédita, pelos menos para mim. Michael era portador de um cachimbo tradicional dos índios norte-americanos. O cabo, de madeira, devia ter uns três palmos, e o fornilho fora esculpido em pedra vermelha. Após preenchê-lo com algumas porções de tabaco misturado com sálvia-branca,[4] o amigo pediu para que sentássemos, formando um círculo. Em seguida, ele o acendeu, reverenciando o Grande Espírito[5] e a consolidação de nossa recente amizade. Ao receber o cachimbo das mãos de Michael, e fumá-lo, senti-me tomado por uma estranha e forte emoção...

Na antevéspera do encerramento da Conferência Mundial sobre Meio Ambiente, fui surpreendido por outra visão, a terceira, no transcurso de uma noite de sono incrivelmente reveladora. Para minha dupla surpresa, a visão manifestou-se com a presença de alguém familiar. E fora exatamente com a mesma índia, aquela que o ancião me havia apresentado como minha futura mulher. A diferença ficou por conta do diálogo que mantivemos a partir de uma pergunta afirmativa, pronunciada pela jovem:

---

[4] Planta considerada sagrada para os índios norte-americanos.

[5] O aspecto personificado de Deus, que se manifesta em todos os seres.

Quando você virá? Pois saiba que estou lhe esperando!

Perplexo e ao mesmo tempo relutante, disse-lhe:

– Nem sequer estou pensando nessa possibilidade!! Não sei falar inglês e seria muito difícil, na minha condição de profissional autônomo, obter o visto de entrada para realizar essa viagem.
– Mas você virá, e torno a dizer que estou lhe esperando! As dificuldades serão totalmente superadas e, quanto ao idioma, não se preocupe, pois a linguagem do coração é universal...

Naquela madrugada, despertei profundamente emocionado; minha mente não parava de pensar em tudo que vinha me acontecendo.

Cada vez mais, e principalmente a partir dessa última experiência, eu me convencia da necessidade de tomar uma decisão imediata. E foi assim que resolvi me abrir com o Michael, contando-lhe desde o sonho de Vera, no Xingu, aos demais, que recentemente eu havia tido.

Após me ouvir com toda atenção, o amigo manifestou-se com o auxílio da intérprete:

Quando eu chegar a Flagstaff, a pequena cidade onde moro, vou lhe enviar uma carta. Sou o presidente de uma ONG (Organização Não Governamental) que se chama Projeto dos Quatro Cantos, uma alusão aos estados do Arizona, Utah, Colorado e Novo México, os territórios sagrados para os índios Hopi. Estamos programando uma grande conferência, ainda sem data marcada, e gostaria de contar com a sua presença para fazer palestras sobre a situação dos índios no Brasil. O único problema é que não poderemos arcar com as despesas de passagens aéreas para os participantes. Agora, quanto à hospedagem e à alimentação, incluindo deslocamentos por terra, não se preocupe, pois será de nossa inteira responsabilidade. Com a carta-convite que você vai receber, acredito que não haverá qualquer dificuldade junto ao Consulado americano para a obtenção do visto de entrada em meu país.

Agradeci a Michael seu interesse e atenção, fornecendo-lhe, em seguida, meu telefone e endereço para futuro contato.

Após toda uma noite de vigília em orações, cânticos e cerimônias realizadas por diversas instituições religiosas, às primeiras horas da manhã, milhares de pessoas se dirigiram ao anfiteatro central para a celebração de um emocionante culto ecumênico. Ali estavam reunidos e irmanados líderes espirituais de várias partes do mundo, incluindo dom Hélder Câmara, pelo Brasil, e sua Santidade o Dalai Lama, do budismo tibetano.

A Rio-92 chegara ao seu término com muitas conclusões e compromissos agendados, doravante a serem assumidos... Um evento grandioso em prol do futuro da vida no planeta, renovando esperanças nos corações e nas mentes da humanidade.

Dentro de suas características, a vida retornou ao normal na cidade do Rio de Janeiro. Reiniciei integralmente meu trabalho com Shiatsuterapia, que, devido às circunstâncias, fora reduzido pela metade durante as duas semanas em que participei do Fórum.

Os dias e os meses foram passando, e nenhuma carta de Michael chegava, conforme ele me prometera. A bem da verdade, já ia longe em minhas lembranças a última conversa que tivéramos.

Quando já me encontrava totalmente absorvido pelas atividades cotidianas, ocorreu-me a quarta visão em outubro, quatro meses após a Rio-92.

Dessa vez, a incrível experiência se repetiu com aquele índio do cocar de penas de águia. Olhando-me fixamente, com a mesma expressão serena que pude perceber na primeira visão, foi logo dizendo, com clareza e objetividade:

> Comece a se preparar, o quanto antes, para a sua jornada! Ainda vai demorar um pouco, mas será o tempo de que você precisa.

E, da mesma forma como havia procedido com a índia, assim lhe falei:

> Jornada...? Não vejo a menor possibilidade de isso ocorrer!! Além de não querer sair do meu país, seria muito difícil conseguir o visto no passaporte, uma vez que não possuo bens, nem teria como comprovar renda, na condição de profissional autônomo.
>
> – Nada disso será obstáculo. Você receberá um sinal... e tudo se resolverá.

Sem conseguir entender os motivos do que vinha acontecendo, indaguei-lhe:

> Por que essa viagem seria tão necessária para a minha vida?

Objetivamente, o índio respondeu:

Para que você compreenda determinados aspectos de sua existência atual e consiga se libertar do passado. Você terá que vir, pois o estamos esperando. E, quando vier, terá de trazer um cachimbo de pedra vermelha, feito por você.

Ao acordar pela manhã, já não me restava a menor dúvida quanto à necessidade de cumprir aquelas orientações. Tão pouco seria aconselhável e inteligente contrariar os desígnios do Universo... Teria de ser prático e decidido na realização de duas tarefas fundamentais, de curto e longo prazo. A primeira seria procurar a tal pedra vermelha para fazer o cachimbo. Quanto à segunda, consistia em juntar dinheiro e ir comprando dólares para a futura viagem.

Retornei à minha residência após mais um dia de trabalho, naquele mesmo dia da última visão. Já ia abrindo a porta do elevador, bem cansado, com sono e o desejo de tomar uma deliciosa ducha relaxante, quando o porteiro me parou. Procurava algo na gaveta de sua mesinha, que parecia não encontrar. Impaciente e ansioso para chegar logo ao apartamento, já ia lhe sugerindo que deixasse para me entregar fosse lá o que fosse no dia seguinte quando ele, estendendo a mão, entregou-me um envelope alaranjado. Segundos depois, meu coração disparou, invadido pela forte emoção que me tomara de súbito. Enquanto subia rumo ao quarto andar, fui abrindo a correspondência recebida. Bastante surpreso, agradeci a Deus pela visão que se materializava naquele simples envelope, contendo a carta-convite de Michael com a data em aberto. Imediatamente, percebi tratar-se do sinal que o índio havia mencionado!

A partir do dia seguinte, comecei a procurar um jaspe de bom tamanho, a única pedra vermelha de meu conhecimento, para fazer o cachimbo que me fora orientado. De início, achei que seria fácil encontrar a tal pedra. No entanto, após meses percorrendo várias lojas e camelôs que vendiam todos os tipos de pedras, sem êxito, acabei desanimando.

Certo dia tive uma forte intuição para adquirir uma turquesa. Mesmo sem saber o motivo, intuí de fato aquela outra pedra. Instantaneamente, lembrei-me da loja de Dora, em Copacabana, que vendia produtos exotéricos[6] e radiônicos.[7] Ao entrar em sua loja, Dora, como sempre, me cumprimentou com um simpático sorriso e logo em seguida foi dizendo:

---

[6] Escrito com "x", refere-se a um ensinamento transmitido abertamente ao público; com "s", diz respeito a uma doutrina, na qual o ensinamento da verdade limita-se a um pequeno número de indivíduos, eleitos por sua inteligência e/ou valor moral.

[7] Radiônica: estudo da interação energética entre mente e matéria orgânica ou inorgânica.

Tsiipré, quando você passou por aquela porta, eu tive uma rápida visão com um índio enorme ao seu lado! Foi rápida, porém muito nítida e forte!!

Alguns pacientes já me haviam falado sobre esse índio, um guia espiritual, que Dora havia acabado de ver. E, na intenção de minha ida à sua loja, procurei pela turquesa. Somente tempos depois fiquei sabendo que se tratava de uma pedra de poder para muitas tribos da América do Norte. Com gentileza, Dora entregou-me uma pequena cesta de palha contendo lindas e variadas turquesas. Enquanto as observava atentamente, esperando que uma delas talvez me escolhesse, a dona da loja, que se ausentara por um breve momento, retornou oferecendo-me algo:

Toma, Tsiipré, isso aqui é para você, de presente!

Segurando-a, relutei em acreditar no que via... Perguntei-lhe se saberia me explicar o porquê daquele presente, já que não era o dia do meu aniversário, ou Natal, ao que ela me respondeu:

Foi pura intuição! Acho que irá lhe fazer bem, principalmente em relação à saúde do seu corpo energético-espiritual.

Lembrei-a de sua visão com meu guia índio, dizendo-lhe que, com certeza, ele lhe havia inspirado aquele presente!

Acabara de ganhar daquela mulher uma peça de jaspe, e na medida certa, que já havia desistido de procurar. Em seguida, contei-lhe sobre as visões, e ela, impressionada, sugeriu-me escrever um livro.

Quem sabe, um dia..., respondi.

Sempre tive habilidade para fazer artesanatos. Com apenas 7 anos, confeccionava selas em couro, estribos de arame e rédeas com fios de algodão torcidos, para meus cavalinhos de brinquedo. No decorrer dos anos, continuei lançando mão da imaginação criativa. Pegando carona nesse dom, tentei de todas as formas trabalhar a pedra, mas não havia jeito! Ela era muito dura e eu não dispunha de ferramentas apropriadas. Mesmo com toda a destreza manual, as diversas tentativas para moldar e perfurar aquele jásper foram inúteis.

Dias depois, antes de atender ao meu próximo cliente, resolvi almoçar por ali mesmo, no Leblon. Em seguida, andando pelas ruas do bairro, deparei com um simpático camelô que vendia pedras semipreciosas. Como ainda dispunha de algum tempo, resolvi parar. Ele exibia em sua banqueta variados exemplares de quartzo, ametista, pirita, turmalina, citrino, granada, entre muitas outras. O rapaz demonstrava amplo conhecimento e consciência em relação ao que vendia. Parecia tratar-se de uma pessoa verdadeira e pura, como os cristais expostos. Tinha grande visão espiritual, logo percebida ao iniciarmos uma agradável conversa. Em dado momento, lembrei-me do jaspe, que eu não conseguia trabalhar. Contei-lhe a respeito, perguntando se porventura conhecia alguém que pudesse moldar e perfurar aquela pedra, facilitando, assim, meu trabalho. Percebendo a intenção e a importância do que havia revelado, Pedro imediatamente mostrou-se disposto a me ajudar.

> Conheço um bom lapidador em Tiradentes, Minas Gerais. Minha irmã, a cada quarenta ou cinquenta dias, viaja para lá, sempre levando e trazendo algumas encomendas. Se você fizer um desenho do que precisa, confiar e deixar a pedra em minhas mãos, daqui a uns dez dias ela estará viajando. Agora, não posso precisar quanto tempo ele levará para concluir o serviço. Vai depender do seu volume de trabalho e também da viabilidade em fazer o que você está querendo.

Decidindo arriscar, dois dias depois confiei-lhe a peça de jaspe. Pedro garantiu-me que, se o lapidador não se interessasse pela encomenda, sua irmã me traria a pedra de volta tão logo retornasse de Minas. Numa folha de papel, anotei meu nome e telefone, deixando-a com o vendedor. Todavia, esqueci de fazer o mesmo com relação a Pedro.

Uma semana depois, a Prefeitura do Rio de Janeiro promoveu a retirada dos ambulantes das ruas do Centro e de vários bairros, incluindo o Leblon. Em decorrência, perdi o contato com Pedro e fiquei alimentando a esperança de receber, a qualquer momento, um telefonema dele. Após três meses de espera, havia perdido não apenas a esperança do contato, mas sobretudo a pedra vermelha...

Não fiz julgamentos em relação ao rapaz. Muita coisa poderia ter ocorrido, inclusive o extravio do meu telefone. Preferi guardar na lembrança a primeira impressão de uma pessoa que se revelou pura e verdadeira. A responsabilidade pela perda do jaspe fora toda minha, por não ter seguido, ao pé da letra, a orientação transmitida pelo índio do cocar de penas de águia:

> Terá de trazer um cachimbo de pedra vermelha, feito por você.

CAPÍTULO DOIS

# *Era ainda muito cedo... E os índios chegaram!*

*Um índio descerá de uma estrela colorida e brilhante.*
*De uma estrela que virá numa velocidade estonteante.*
*E pousará no coração do Hemisfério Sul,*
*na América, num claro instante.*
*(...) E aquilo que nesse momento se revelará aos povos*
*Surpreenderá a todos, não por ser exótico,*
*Mas pelo fato de poder ter sempre estado oculto*
*Quando terá sido o óbvio.*

*UM ÍNDIO* – CAETANO VELOSO

*(...) Se eu morresse entre os índios, morreria feliz, pois estaria morrendo entre os meus verdadeiros irmãos!*

LUIZ FILIPE (AOS 9 ANOS)

Eu havia aprontado, feito muita bagunça naquele dia de aulas na escola pública. Em consequência, minha professora, Maria Tereza, amazonense legítima, me pôs de castigo um pouco além da hora de saída.

Ao descermos a rampa de acesso ao pátio, avistei minha mãe, que já demonstrava sinais de impaciência pela demora. Não escapei do sermão, logo após a professora ter relatado meu comportamento bagunceiro.

Desde criança, passei a manifestar um forte sexto sentido. Digo isso porque já havia pressentido outra bronca, do meu pai, tão logo chegasse em casa. Decerto, foi o que ocorreu, muito menos pelas minhas peraltices na escola, mas, principalmente, por uma conversa entre a professora e minha mãe. Quando a Maria Tereza, que também morava no Leblon, ofereceu-nos carona, eu já sabia que algo terrível estava prestes a acontecer... e, claro, acabou acontecendo!

Tentei inutilmente desviar o curso das atenções, pedindo à minha mãe para que tomássemos um ônibus. Com toda dramaticidade necessária, aleguei que costumava ficar enjoado ao andar de carro. Embora tenha sido um argumento verdadeiro, de nada adiantou e, literalmente, gelei, no decurso da conversa entre as duas até o veículo.

Dona Semi, há algum tempo venho mesmo querendo falar com a senhora, no sentido de esclarecer certa dúvida que tenho em relação ao Luiz Filipe. A propósito, gostaria de lhe fazer uma pergunta meio indiscreta, mas pediria que a senhora não me levasse a mal!

Naquele exato momento eu já tinha previsto o que iria suceder, e minhas pernas tremiam, de medo, com o desenrolar da conversa.

Este menino é seu filho legítimo?

O olhar de espanto de minha mãe deu lugar a uma resposta inconformada.

Claro que é! Por que a senhora está me fazendo essa pergunta?

Minha cabeça parecia demasiadamente pesada para se manter ereta, e meus olhos, como se buscassem algo perdido, se recusavam a deixar de olhar para o chão enquanto o assunto prosseguia.

– Sabe o que é, dona Semi, acontece que o Luiz Filipe afirma ter sido adotado pela senhora e por seu marido. Ele diz a todo mundo que é índio e que teria nascido em uma aldeia lá no Mato Grosso! Como eu sei que o seu esposo é mato-grossense...
– Que absurdo! É claro que ele é meu filho, e nascido da minha barriga!

Naquela época, eu tinha apenas 8 anos, mas, desde os 4, os índios começaram a exercer forte influência em minha vida. Contava aquela versão com muito realismo, e várias pessoas acabavam acreditando, enquanto outras, no mínimo, ficavam em dúvida. Meus cabelos eram pretos e lisos, e nas feições alguns traços de antepassados longínquos por parte de pai, de ascendência indígena, também ajudavam. Na realidade, eu não me sentia filho da família em que havia nascido. Meus pais, um tanto conservadores de formação católica, não compreendiam essa forte ligação com os índios, e muito menos aceitavam aquele procedimento da minha parte. Os tempos eram outros, com padrões culturais e comportamentais bem mais rígidos, dificultando uma compreensão maior em relação a tudo aquilo que fugisse às regras.

Sou filho caçula de mãe carioca e pai mato-grossense, e tenho mais duas irmãs e um irmão. Passei os dois primeiros anos de vida numa pacata vila do Humaitá, quando então nos mudamos para o bairro do Leblon, ainda no tempo dos bondes. Além dos índios, minha infância foi marcada por crises de asma que me seguiram até a fase adulta. Foram tantas passagens pelo pronto-socorro... nebulizações, aminofilina intravenosa, isso sem falar na famosa bombinha, companheira inseparável e de uso constante. Jogar bola e correr como qualquer criança normal resultavam em dispneia, ou seja, dificuldade para respirar. Hoje, como terapeuta, sei o quanto os fatores emocionais e alimentares contribuíram para minhas persistentes crises.

Em meados de 1963, encontrava-me com 9 anos. Era uma tarde de sábado, ou domingo, não me lembro ao certo, mas assistia pela televisão a um filme do Tarzan. Repentinamente, a programação foi interrompida, abrindo espaço para uma notícia extraordinária:

> Informamos, em edição extra, sobre o massacre de uma aldeia indígena, na região de Aripuanã, no estado de Mato Grosso. Não se sabe, exatamente, quantos índios morreram, mas suspeita-se que a tragédia tenha ocorrido a mando do seringalista Antônio Mascarenhas de Junqueira, da firma Arruda & Junqueira. Maiores informações logo mais, no jornal das oito, ou a qualquer momento em edição extaraordinária.

O filme prosseguia, enquanto as lágrimas desciam pela minha face. Naquele instante, emocionalmente consternado, brotou-me a inspiração. Em forma de poema, passei para uma folha de papel toda a tristeza que havia incorporado com aquela notícia, e cuja estrofe final se apresenta em destaque na introdução deste capítulo.

Muitos anos se passaram até me inteirar detalhadamente daquele triste acontecimento. O episódio ficou conhecido como a "Chacina do Paralelo Onze", na qual uma aldeia inteira do povo Cinta Larga havia sido dinamitada, durante o sobrevoo de um pequeno avião utilizado com essa finalidade.

Em seguida, os sobreviventes foram abatidos em terra, a tiros, pelo bando de pistoleiros contratados para tal empreitada.

E cada vez mais os índios influenciavam minha vida. Aos 10 anos, cheguei a perfurar com as próprias mãos o lábio inferior, inserindo no pequeno orifício, feito com agulha, uma peninha amarela. Meus cadernos escolares tinham mais índios desenhados do que propriamente as devidas matérias. Sem saber como lidar com o fato, não restara alternativa a meus pais a não ser recorrerem à ajuda de uma psicóloga.

Doutora Cleonice atendia os pacientes em sua própria casa, no tranquilo bairro da Urca. Eu não entendia bem a razão de minhas idas semanais àquele local, particularmente àquela sala incômoda e fria, onde havia, diante dos meus olhos, alguém nada agradável. No fundo, eu achava que meus pais pensavam que eu fosse meio biruta! Minha mãe, com frequência, costumava dizer que eu não poderia ser normal...

Devido ao seu olhar profundamente observador e desconcertante, e também pelo tom monótono de sua voz, a psicóloga me causava enorme irritação. Mesmo assim, tinha de comparecer às sessões, levado por minha mãe. Quando chegava minha vez, entrava mudo e saía calado do consultório. E assim aconteceu, por semanas. Porém, numa das consultas, falei bem claro e com todas as letras para a dra. Cleonice:

> Eu não gosto de vir aqui, não quero continuar vindo aqui e não gosto de você!

Assim, ela me respondeu com seu modo indiferente e analítico.

> Por que você não gosta de vir aqui? E por que não gosta de mim?

Aquilo me irritava cada vez mais, e não queria ficar ali respondendo a tantos porquês. Não queria, não gostava, por não haver empatia, e pronto! Mas, na semana seguinte, lá estava eu de novo, obrigado a "bater o ponto...".

Como não havia muito diálogo em casa, num belo dia eu tive uma ideia, um plano mirabolante que viria a provocar a ruptura definitiva de minhas idas àquele lugar. Já que achavam que eu não era normal, assim passaria a proceder...

Logo na consulta seguinte, comecei a xingar provocativamente a psicóloga, valendo-me do vocabulário dantesco que aprendera com os colegas de rua até aqueles meus 11 anos de vida. E o fiz, sem nada adiantar! Aquela "múmia do Egito", como costumava chamá-la, permanecia imóvel e impassível em seus infinitos porquês. A primeira investida havia falhado, mas, em breve, outra estratégia entraria em cena. E assim aconteceu...

Pedi à dra. Cleonice algumas folhas de papel e lápis para desenhar, no que prontamente fui atendido. Os desenhos não poderiam ser outros, senão de arcos e flechas, cocares, bordunas[1] e, sobretudo, índios, muitos índios, pintados e preparados para a guerra!

Na sessão posterior, prossegui com os desenhos, reivindicando folhas maiores, que me foram negadas pela psicóloga. Conforme planejei, disse-lhe que passaria a utilizar as paredes da sala como tela, recebendo daquela pobre mulher apenas um gesto de ombros, em sinal de indiferença. Estava abertamente declarado o combate!

A psicóloga permanecia com ares de aparente tranquilidade, observando os ataques maciços que eu desferia em suas paredes. Foi assim durante umas duas sessões. Naquela ocasião, eu já me deslocava para o consultório desacompanhado de minha mãe. Pegava o ônibus Urca-Leblon na porta de casa, retornando após a consulta com a mesma facilidade. Já aprendera o caminho e aquela relativa autonomia acabou contribuindo a favor dos meus planos...

Em minha terceira investida, a dra. Cleonice deu sinais abertos de rendição, não suportando os ataques e reconhecendo que havia perdido a batalha. Ao retornar triunfante para casa, já sabia que para lá não voltaria mais.

Pelas ruas da Urca, andando até o ponto de ônibus, avistei algo, não muito longe, que despertou minha atenção e curiosidade. Ao me aproximar, vibrei de felicidade pelo presente que, sem saber, alguém me deixara. Encostada em uma grande caixa vazia de papelão, entre outros objetos descartados e que aguardavam a passagem do caminhão do lixo, havia uma bela e autêntica flecha. Não poderia dizer a qual povo pertencera, mas meu sexto sentido me dizia que era legítima.

Treze anos depois acabei indo trabalhar e conviver com a nação indígena na qual fora confeccionada aquela minha primeira flecha, ou seja, os Xavante. Recordo-me que se tratava de uma flecha com ponta larga, de taquara,[2] denominada *uiwedenapó*, própria para abater animais de grande porte, tipo

---

[1] Arma de caça ou combate; cacete, porrete.

[2] Certo tipo de bambu com os gomos mais distanciados.

tamanduá-bandeira ou até mesmo uma anta. Além de ter atingido meu intento, certamente aquele dia havia sido o único que me valera a pena ter comparecido ao consultório da dra. Cleonice. Saíra de lá vitorioso, e ainda trazendo nas mãos o simbólico troféu de um "grande guerreiro".

Guardo ainda na lembrança que, na mais tenra idade, no jardim de infância e na escola primária, participava das excursões em visita ao Museu do Índio, outrora no bairro do Maracanã. Inaugurado por Rondon em 19 de abril de 1953, no antigo e bonito prédio de dois andares, abrigava um acervo etnológico constituído por cerca de 15 mil peças. Eu ficava simplesmente extasiado e maravilhado com o que via. Os grandes painéis fotográficos de índios das mais diferentes tribos, a arte plumária, os instrumentos musicais, a cerâmica em suas variadas formas, os armamentos, as cestarias... Tudo me encantava! O difícil mesmo era quando a professora avisava que havia chegado o momento de partir. Buscava imaginar quando seria a próxima visita, que, em geral, acontecia por ocasião do Dia do Índio, data coincidente com o aniversário de minha mãe, em 19 de abril.

Tão logo comecei a criar asas, no início da adolescência, tornei-me assíduo frequentador do museu. De imediato, fiz amizade com um índio Xerente, do então estado de Goiás, que trabalhava como guia dos visitantes. Não mais presente neste mundo, Januário Santa Rosa Sorominé foi o primeiro guia índio de museu no Brasil, e também o primeiro índio que conheci nesta vida. De compleição alta e forte, gostava muito de conversar e mantinha sempre um sorriso aberto e franco em seu rosto largo. Marcava presença junto ao guia, durante as explicações e histórias que costumava contar aos visitantes do museu. Quando não me achava conversando com Januário, ficava longas horas na biblioteca, pesquisando e viajando, debruçado nos livros.

Pouco tempo depois, acabei me tornando naturalmente uma espécie de guia-mirim voluntário. Orientava e informava, com detalhes, a todos que por lá transitavam em busca de conhecimento das culturas indígenas. Assim, procedia com total dedicação e pureza de espírito, no auge dos meus 13 anos. Januário não apenas gostava de dividir comigo sua tarefa, mas me incentivava. Ele sabia o quanto era benéfico aquele aprendizado, em contato com os visitantes que se admiravam de minhas explicações com tão pouca idade.

Certa sexta-feira, enquanto guiava um grupo de cinco pessoas pelo museu, alguém bruscamente se aproximou, dizendo-me, em voz alta, ríspidas palavras de advertência:

Quem o autorizou a guiar os visitantes no museu? Você não pode fazer isso!! Nós temos aqui uma pessoa especializada no assunto, que, inclusive, é índio. Portanto, você não tem permissão para tal...

E, sem a menor educação, saiu, dando as costas, deixando-me completamente desconcertado e com um nó na garganta diante das pessoas que guiava. Januário, quando soube o que acontecera, mostrou-se revoltado e furioso.

Essa mulher é a Marilda, a museóloga da casa. Ninguém mais aguenta o jeito dela, sempre perseguindo e destratando a todos! Eu mesmo já passei por esse tipo de situação muitas vezes, até que um dia, determinantemente, dei um basta, quase a atirando pela janela! Depois disso, finalmente, ela me deixou em paz.

As palavras do meu amigo Xerente me confortavam, mas levaria ainda algum tempo para me livrar daquela horrível sensação que vivenciei. De toda forma, permaneci frequentando normalmente o museu, uma ou até duas vezes na semana.

No colégio em que cursava o antigo ginasial, os alunos e professores me consultavam quando o tema era sobre índios. E, certa vez, por iniciativa do professor de geografia, foi marcada uma excursão ao museu. Antecipadamente, ele me solicitou que guiasse a turma durante a visita. Entretanto, informei-o do desagradável episódio ocorrido há menos de um mês, o que me impossibilitava de atender ao seu pedido. Sem aceitar qualquer argumentação de desistência, o professor disse-me para que eu procedesse exatamente como havia sugerido, deixando o restante por sua conta.

No dia da tão aguardada visita, chegamos ao museu em um ônibus fretado pela direção do colégio. O que já era previsto acabou acontecendo. Mal iniciei as explanações da primeira vitrine, a museóloga aproximou-se com um olhar fulminante e uma abordagem não menos furiosa e insólita que da primeira vez. Novamente, eu passava por aquele constrangimento, só que agora o desfecho seria outro... Antes que Marilda se estendesse em seu truculento discurso, o professor interrompeu-a de forma decidida e imediata:

Escute aqui, minha senhora... Em primeiro lugar, esta não é a maneira mais apropriada de se dirigir às pessoas! Em segundo, atendendo aos anseios da turma, e na condição de professor responsável pela visita, fazemos absoluta questão de que o nosso aluno nos guie pelas dependências do museu.

Desconcertada, a museóloga tentou inutilmente justificar-se, mas, em seguida, retirou-se do local sem dizer uma só palavra. Januário, tendo presenciado a cena, demonstrava um misto de satisfação e alívio. A visitação prosseguiu sem problemas, e nosso professor foi aclamado o herói do dia!

Permaneci por todo o ano de 1967 indo ao Museu do Índio, chegando a matar aulas em algumas ocasiões, algo com que meus pais nem sequer sonhavam... Januário tornou-se meu amigo e confidente, num relacionamento que se estenderia por vários anos. Certa ocasião, convidei-o para um almoço de domingo em minha residência, de modo que ele pudesse conhecer meus familiares. No dia marcado, enquanto conversávamos à mesa, soube que, muito em breve, seria inaugurada a Casa do Índio, no bairro da Ribeira, na Ilha do Governador, e cuja idealizadora do projeto não era outra senão sua própria esposa. Para meu contentamento, o amigo prometeu levar-me para conhecer aquela unidade pioneira da Funai, que passaria a ser um importante marco em minha vida.

Lembro-me, como se fosse ontem, de quando estive pela primeira vez com a Cariry. Eunice Alves Cariry Sorominé, carioca da Piedade, ingressou em 1957 no antigo e já extinto SPI (Serviço de Proteção aos Índios e Localização de Trabalhadores Nacionais), encarregada pela área de assistência social aos indígenas. Morena, cabelos negros e longos, encontrava-se deitada no primeiro estágio de um beliche, acometida por uma leve crise de asma. Assim como eu, ela também fazia parte do clube da bombinha... Apesar do incômodo provocado pela dificuldade respiratória, Cariry recebeu-me com toda atenção, explicando-me detalhadamente sobre a proposta de criação da Casa do Índio.

> A finalidade é assegurar aos índios um local adequado, no qual eles possam ser recebidos e atendidos em suas diversas necessidades. Até então, quando chegavam ao Rio, vindos das mais diferentes tribos e regiões do país, eram encaminhados ao Albergue João XXIII. Ficavam misturados com outros segmentos sociais, inclusive indigentes. Agora, com um lugar próprio e exclusivo para os índios, poderemos prevenir e evitar maiores danos ou transtornos a eles. Alguns chegam por mera curiosidade, pelo desejo de conhecer a cidade grande e conseguir produtos para suas aldeias, como, por exemplo, miçangas, tecidos, facões, material de pesca e ferramentas agrícolas. Ainda aproveitam para vender alguns objetos tradicionais que sempre trazem consigo. Outros são encaminhados para tratamentos especia-

lizados de saúde e internações hospitalares. Existem também aqueles casos em que o retorno à comunidade de origem é praticamente impossível, devido a deficiências físicas que impedem ou limitam a sobrevivência do indivíduo em seu meio, ou por razões culturais-espirituais das comunidades, relacionadas a essas circunstâncias.

Prosseguimos conversando, e a partir daquele ano de 1968 passei a frequentar assiduamente a Casa do Índio. Na realidade, tratava-se de um conjunto de quatro casas antigas e geminadas, com um amplo quintal. Sua inauguração ocorreu em novembro de 1968, pouco tempo depois da extinção do SPI e do surgimento da Funai no ano anterior.

De início, havia um intenso fluxo de índios maranhenses e do antigo estado de Goiás. Eram os Krĩkati, Gavião, Kanela, Guajajara e Krahô, que com frequência visitavam o Rio de Janeiro, a fim de conhecer a nova casa e conseguir alguns produtos de utilidade para suas aldeias. Exceto os Guajajara, que pertencem ao tronco linguístico Tupi, os demais, de língua Gê, fazem parte da grande Nação Timbira. Com frequência, durante a noite, se reuniam no quintal com maracás[3] em punho, entoando seus cânticos ao redor do fogo. As mulheres faziam o coro, e, quase sempre, a cantoria invadia noite adentro, algumas vezes revelada ao clarão da lua cheia. Homens e mulheres tinham cabelos lisos e negros que, não raro, lhes desciam até a cintura. Os primeiros apresentavam um pronunciado alargamento nos lóbulos e, por ocasião dos ritos cerimoniais, fixavam enormes brincos de madeira leve e circulares, podendo chegar a 20 centímetros de diâmetro. Assim como em suas comunidades, dormiam em esteiras, uma das características dos povos Gê, que originalmente não produziam redes. Tudo era favorecido pela Cariry, empenhando-se, na medida do possível, para que os índios se sentissem em seu ambiente natural.

Achava-me diante do que mais desejava na vida, que era estar entre os índios e conviver com eles. No entanto, o desejo maior ainda estava por se realizar, estendendo essa convivência ao contato direto nas aldeias.

Em casa, por força das circunstâncias, havia um pouco mais de tolerância quanto à minha precoce opção pelos índios. Não obstante, levou algum tempo para que meus pais me permitissem dormir nos finais de semana na Casa do Índio. Até segunda ordem, todos os sábados e domingos eu pegava dois

[3] Instrumento musical, chocalho.

ônibus de ida e mais dois de retorno à minha residência. Entretanto, quando me foi autorizado o pernoite, passei a frequentar as pescarias noturnas, juntamente com a Cariry e os demais. Na praia, quase deserta e escura, fazíamos uma fogueira, e por meio do método de arrasto, com uma pequena rede, passávamos bons momentos pescando e nos divertindo. Ao voltarmos para casa, carregávamos um grande saco de estopa repleto de siris, que, após cozidos em grandes panelas, servia a todos fartamente.

Com frequência, aos sábados, eu levava alguns índios para passear. Íamos ao Jardim Botânico ou à praia, almoçando em seguida no apartamento em que morava. Quando completei 15 anos, meus pais me proporcionaram uma festa especial, cujos convidados não poderiam ter sido outros... Em número de 20, incluindo algumas crianças, chegaram na Kombi da Casa do Índio, acompanhados pelo Barbosinha, um antigo sertanista que há vários anos atuava nas Frentes de Atração para contatar grupos indígenas isolados.

Naquela época, devido à constante presença dos índios em minha companhia, acabei me tornando bem conhecido no bairro. Por onde eu ia, alguém sempre perguntava: "Cadê os índios?", ou, então, me identificavam como o "amigo dos índios", uma espécie de cicerone.

Apesar de uma abertura maior da parte de minha mãe, ela achou por bem que eu prosseguisse no atendimento psicológico. Imagino que sua maior preocupação fosse com meu futuro. Afinal de contas, índio dá futuro...? E foi assim, com poucas perspectivas e muitas expectativas, que aos 16 anos passei a frequentar o consultório psiquiátrico do dr. Conselheiro, no Centro da cidade.

Era sempre o mesmo ritual... Chegava ao consultório, conversávamos por uns 15 ou 20 minutos, quando recebia um comprimido para dormir. Logo em seguida, deitado de costas sobre uma estreita cama, ouvia a gravação de uma mensagem para relaxar, tendo meus olhos fixos em um número nove logo acima do meu rosto. Após dormir, por quase uma hora, um novo diálogo se estabelecia por mais 15 minutos, encerrando, assim, a consulta.

Hoje, ao recordar, certamente questiono a eficácia do método adotado em meu atendimento clínico. No entanto, não rejeitei o dr. Conselheiro, tendo até criado por ele certa empatia, ao contrário da psicóloga anterior, a quem havia declarado guerra...

CAPÍTULO TRÊS

# *Aldeia à vista!*

*(...) E o Capitão-mor enviou Nicolau Coelho num batel para ver aquele rio. Assim que ele começou a ir para lá, acudiram vários homens pela praia, em grupos de dois ou três, de maneira que, ao chegar obatel à boca do rio, já ali havia 18 ou 20 homens. A feição deles é parda, um tanto avermelhada, com bons rostos e bons narizes, benfeitos. Andam nus, sem nenhuma cobertura. Não fazem o menor caso de encobrir ou de mostrar suas vergonhas, e nisso têm tanta inocência como em mostrar o rosto.*

*(...) Seus cabelos são lisos. E andavam tosquiados, de tosquia alta, e rapados até por cima das orelhas.*

*(...) Nicolau Coelho deu-lhes somente um barrete vermelho e uma carapuça de linho que levava na cabeça e um sombreiro preto. Um deles deu-lhe um sombreiro de penas de ave, compridas, com uma copazinha pequena de penas vermelhas e pardas como de papagaio; e outro deu-lhe um colar grande de continhas brancas, miúdas, que parecem de aljôfar. Creio que o capitão está enviando essas peças a Vossa Alteza. Depois disso, voltamos às naus, por já ser tarde e por não ser possível falar com eles, por causa do mar (...).*"

TRECHOS DA CARTA DE PERO VAZ DE CAMINHA AO REI DE PORTUGAL, POR OCASIÃO DO PRIMEIRO ENCONTRO COM OS ÍNDIOS TUPINAMBÁ, NA COSTA BRASILEIRA, AO SUL DA BAHIA, NO DIA 23 DE ABRIL DE 1500.

Logo no início de dezembro de 1970 as consultas com o dr. Conselheiro foram temporariamente suspensas, em razão da grande oportunidade que me surgiu. Iria conhecer pela primeira vez um povo indígena, os Xikrin, subgrupo Kayapó e habitante das matas ao sul do estado do Pará. Na época, tanto os Kayapó-Gorotíre e Xikrin quanto os Suruí, do igarapé[1] Sororó, eram assis-

[1] Pequeno rio, às vezes navegável.

tidos pelos frades dominicanos da Prelazia de Conceição do Araguaia. A possibilidade se deu por intermédio de frei Alano Maria Pena, um primo-irmão de minha mãe que durante muitos anos, dedicou-se às populações sertanejas e ribeirinhas daquela vasta região paraense. Ser humano das mais elevadas virtudes e dignidade, amargou tempos difíceis no período mais crítico e brutal da ditadura militar em solo brasileiro.

Desde a minha infância, frei Alano já sabia e acompanhava meu interesse pelos índios. Certa vez em que veio ao Rio, para visitar a família, trouxe-me de presente um belíssimo arco e quatro flechas de fino acabamento, do povo Tãmpiirapé.[2]

Encontrava-me no período de três meses de férias escolares quando embarquei no avião Búfalo da Força Aérea Brasileira (FAB) que levantaria voo da Base Aérea do Galeão às 7h da manhã de uma quarta-feira. Foi Cariry quem me inscreveu na relação de passageiros do Correio Aéreo Nacional (CAN), pela cota destinada anualmente à Casa do Índio.

Poucas horas depois, na região do médio Araguaia, a aeronave fez um pouso em Santa Isabel do Morro, na Ilha do Bananal,[3] para abastecimento em uma base da FAB que por lá existia. Assim que desci do avião, deparei com a presença carismática de Uataú, ancião e cacique histórico dos Karajá de Santa Isabel, que se achava, juntamente com alguns dos seus, nas imediações da pista de pouso. De memória aguçada, como todo índio, caminhou na minha direção, exclamando em bom-tom no português regional:

> Luiz Filipi... Ocê veio pará aqui no Bananal! Pra onde tá viajando? E Cariry, cumu vai?

Como dispunha de algum tempo para o reembarque, aceitei o convite e fui com ele até sua casa, na aldeia bem próxima. Por lá, após ser apresentado

---

[2] Povo Tupi da região do Araguaia, mais conhecido por Tapirapé.

[3] Denominada pelos Karajá de Bedebutehiki, a Ilha do Bananal é a porção mais linda, misteriosa e fascinante do rio Araguaia, ou Berohokãn. Com seus 20.000 km$^2$, é a maior ilha fluvial do mundo, apresentando três ecossistemas distintos, mas que se completam. Por lá, econtramos o cerrado, a floresta amazônica e o pantanal mato-grossense.

a seus parentes tomamos café com macaxeira[4] cozida e conversamos durante uma hora. Contei-lhe sobre a viagem, o desejo de conhecer os Xikrin, no Pará, ao que o velho cacique, puxando das lembranças e com ares de preocupação, recomendou que eu tomasse cuidado...! Afinal, tanto os Kayapó quanto os Xavante foram inimigos ferrenhos dos Karajá. Ao nos despedirmos, ganhei de Uataú um arco e duas flechas, ao que lhe retribuí com alguns colares de contas e miçangas, dos que levava para oferecer de presente aos Xikrin. De retorno ao avião, recordei-me da Casa do Índio, quando conheci Uataú, dois anos antes, levando-o para almoçar no apartamento dos meus pais, e também a um passeio pela orla e outros pontos aprazíveis da cidade grande.

Por fim, o Búfalo decolou, sobrevoando o rio Araguaia, os campos e cerrados de uma extensa planície central. Era a primeira vez que eu viajava de avião, e o cenário que se abria a meus olhos atentos não poderia ser mais belo e fascinante! Seguimos no rumo norte, cuja finalização do voo seria Belém. Meu destino era a então pequena cidade de Marabá, localizada à margem esquerda do rio Tocantins, onde alguns missionários dominicanos, amigos de frei Alano, aguardavam minha chegada. Antes, porém, o avião fez um breve pouso em Gorotíre, objetivando o desembarque de cargas e o ingresso de três passageiros daquele povo Kayapó que seguiriam até a capital paraense para tratamento de saúde. Da cena seguinte nunca mais esquecerei...

Tão logo as turbinas da aeronave foram desligadas, descemos em terra aguardando o descarregamento e a chegada dos novos passageiros. Uma suave brisa amainava o forte calor do início da tarde. Subitamente, quando olhei no rumo da cabeceira da pista, percebi minúsculos pontos vermelhos em aproximação constante. Pouco a pouco, definiam-se as formas de centenas de índios com seus corpos tingidos pelo vermelho vivo do urucum, correndo em direção ao Búfalo. Cinco minutos depois, lá estavam eles. Traziam suas bordunas, arcos e flechas, ostentando ainda belos cocares de penas multicoloridas, colares de madrepérolas e miçangas azuis, além de braçadeiras, brincos e adornos de cintura. Alguns homens usavam o botoque, ou disco labial, característico entre os Kayapó e denominado por eles de *akokakô*. O cheiro forte do urucum espalhou-se rapidamente pelo ar, enquanto uma grande alegria por mim jamais experimentada preencheu-me por completo naquele momento tão especial.

---

[4] Mandioca mansa ou aipim.

Em 20 minutos o avião encontrava-se pronto para partir. No seu interior, a temperatura beirava o insuportável. Os novos passageiros, duas jovens mulheres, um bebê de colo e um filhote de papagaio, mostravam-se assustados e apreensivos em razão daquela primeira experiência de voo. Assim que o avião decolou, as duas mulheres Gorotíre começaram a manifestar tremores. Segundos depois, outra passageira, afirmando já ter sofrido um acidente aéreo em plena selva amazônica, deu início a uma crise de histeria em dimensões descontroladas, tumultuando ainda mais o ambiente. A mulher chorava, gritava, enquanto outros, enjoados, vomitavam pela aeronave. As índias se abraçaram entre si, cada vez mais trêmulas de tanta tensão e medo. Foi necessária a presença de um oficial médico da tripulação para tentar intervir naquele autêntico quadro de pânico. Este, como único recurso, ministrou um calmante para a mulher, que não parava de gritar, começando, inclusive, a se debater. Em seguida, tentou fazer o mesmo com as Gorotíre, que se recusaram terminantemente em aceitar a medicação. Na mesma hora, eu me ofereci para ajudar. Sugeri ao médico que bastaria a metade da dose, uma vez que os indígenas não são habituados a cssc tipo dc mcdicamcnto. Prontamcntc, o oficial concordou, entregando-me o comprimido e um copo d'água. Mantendo a calma, aproximei-me das mulheres, que não falavam uma só palavra em português, e com gestos e uma voz suave, busquei fazê-las concordar com meu propósito. E, para minha surpresa, em questão de segundos cada uma ingeriu a respectiva metade do tranquilizante.

Dez minutos depois, tudo se acalmou dentro do avião. A mulher descontrolada já não mais gritava, buscando a melhor acomodação no banco lateral. As duas índias começaram a manifestar sinais de que iriam dormir. Posicionei-me entre elas, oferecendo-me para segurar a criança, com o que concordaram, entregando-me também o papagaio. Em poucos minutos, cada uma adormeceu em um dos meus ombros, o bebê ao meu colo e a ave transitando livremente sobre a minha cabeça... Naquele calor incessante, e devido às circunstâncias, não pude mover-me até o momento do pouso no aeroporto de Marabá. Que viagem!! Situações desse tipo, depois que passam, fazem-nos lembrar daquela sábia equação filosófica: "tragédia mais tempo é igual à comédia..."

Permaneci em Marabá por apenas três dias, aguardando a saída do pequeno avião que levaria frei Ivo e dois índios Xikrin de retorno ao Cateté. No dia da viagem, durante uma hora, sobrevoamos um imenso tapete verde da imponente floresta amazônica. Ao avistarmos a aldeia, aterrissamos numa pista de 800m, ambas situadas nas proximidades do rio Cateté, referência daquela comunidade Xikrin. À semelhança dos Gorotíre, tão logo o avião pousou e ainda taxiava no campo, os índios, em grande número e curiosidade, se aproximaram. Apresentavam variadas pinturas corporais, adornos e o tradicional corte de cabelo, totalmente raspado na parte superior da cabeça e crescendo livremente ao redor.

Após retirarmos as bagagens do avião, frei Ivo conduziu-me até sua casa, onde ficaria hospedado, distando aproximadamente 1km da aldeia. Além dele, encontravam-se na área a antropóloga Lux Vidal, da Universidade de São Paulo, seu jovem amigo Vincent Carelli e um sertanejo contratado para os serviços gerais. Lux, de origem francesa, já pesquisava há alguns anos o universo cultural daquele grupo indígena.

Assim que guardei meus pertences, de calção e sandálias de dedos, dirigi-me à aldeia para uma primeira visita, encontrando por lá a referida antropóloga. De início, senti-me um pouco deslocado, uma vez que os índios tão somente falavam o idioma Kayapó. No entanto, minutos depois, o ambiente revelou-se totalmente descontraído na espontaneidade dos Xikrin. E por meio de gestos fizeram-me entender o convite para um mergulho no rio. No intenso calor de um sol a pino, o banho fora refrescante e divertido na presença dos jovens e de muitas crianças. Brincalhões e sorridentes, saltavam sem parar de uma frondosa árvore, sobre as águas do Cateté, um afluente do Itacaiunas que desemboca no Tocantins. Naquele trecho, apesar do período das chuvas, seu vão não se apresentava muito largo, o que nos permitia, sem dificuldade, atravessá-lo a nado.

Ao término de meu primeiro dia entre os Xikrin, retornei à aldeia no intuito de proceder à distribuição dos colares, miçangas, anzóis e linhadas de pesca que havia levado para eles. Lá chegando, fui surpreendido por uma multidão de cães bravios que veio enfurecida ao meu encontro. Não havia o que fazer, exceto procurar manter a calma, ficar imóvel como estátua e rezar pela imediata intervenção indígena, que, felizmente, para minha salvação integral, acabou ocorrendo... A matilha foi dispersada por expressas ordens em Kayapó, e também a leves golpes de bordunas sobre os mais afoitos.

Mal me recuperara do susto, ouvi gritos provenientes de uma nova correria em minha direção... Dessa vez, eram os índios, homens, mulheres e crianças, ao descobrirem o intuito da visita. Em suma, tal qual um bezerro atacado por um cardume de piranhas, a distribuição dos brindes findou-se em pouco menos de um minuto!!! Temendo uma nova investida dos cães, em maior número do que a população da aldeia, com 150 pessoas, achei mais sensato voltar para casa, armar a rede e dormir.

Durante a noite e por todo o dia seguinte, choveu forte, com muitas trovoadas. Contudo, assim que estiou, no final da tarde, decidi retornar à aldeia. Ao tomar conhecimento de que haveria dança e cânticos ritualísticos no interior da *Ngóbe*,[5] achei oportuno levar a rede para um possível pernoite. Não me sentia muito bem, devido aos efeitos colaterais de um esquema "preventivo" medicamentoso para malária, iniciado ainda em Marabá. Havia acordado com um forte desarranjo intestinal, o que me deixou indisposto ao longo do dia.

Chegando à aldeia, dessa vez sem a recepção calorosa da cachorrada, segui para a Casa dos Homens, no pátio central. Vestindo apenas um calção vermelho, fui conduzido por um velho Xikrin que deu início à pintura do meu corpo, na cor negra, à base de sumo de jenipapo[6] misturado com pó de carvão. Meu rosto, antebraços e pernas foram tingidos com urucum.

Não tardou para que dessem início aos cânticos, ritmados pelas batidas dos pés e ao som dos maracás. O tom grave, forte e melódico dos índios preenchia harmonicamente o interior da casa, cujos corpos e semblantes eram sutilmente iluminados pelas chamas de uma fogueirinha. Encontrava-me por inteiro na cerimônia quando fui acometido por uma terrível sensação fisiológica... Sem ter encontrado a lanterna, retirei-me apressadamente na direção da mata escura e encharcada pelas chuvas, conseguindo, por um triz, chegar a tempo! Tão logo me posicionei, senti intensa queimação no pé direito, proveniente do formigueiro em que acabara de pisar... A agonia foi tão grande que não sabia se retirava as formigas, ou... Bem, acabei fazendo tudo ao mesmo tempo, ávido por sair o quanto antes daquele local! Apesar do susto e das inúmeras ferroadas no pé e na perna, dei graças a Deus por não ter pisado em alguma cobra ou em escorpiões! Enfim, de retorno à Casa dos Homens, voltei a participar da cerimônia que terminaria pouco depois. E por ali mesmo, junto aos demais, acabei estendendo minha rede e dormi.

A sociedade Xikrin é essencialmente caçadora e coletora, dependendo, entretanto, dos produtos de subsistência originários de suas roças. A pesca é realizada com linha de náilon e anzol, e coletivamente com a maceração do

---

[5] Casa dos Homens, do Conselho Tribal.

[6] Fruto silvestre, de bagas aromáticas, usado também para fazer licores.

timbó.[7] As caças mais cobiçadas são antas, veados, porcos do mato, pacas, cotias, tatus e jabutis. A coleta destina-se tanto à alimentação – a exemplo do mel silvestre e das frutas, como bacaba, açaí, frutão, cupuaçu, cacau-bravo, entre outras – quanto à manutenção da cultura material, elaborada à base de palhas, sementes, conchas, cipós, madeiras, resinas e muito mais. O palmito nativo e a castanha são também bastante apreciados. Das roças colhem principalmente o algodão – fiado pelas mulheres –, banana, cará, milho e mandioca.

Ao estilo dos demais grupos Kayapó, a aldeia Xikrin tem forma circular, localizando-se ao centro o *Ngóbe*, um local para decisões e propagação da cultura. A divisão de tarefas é bem definida entre os sexos, o que, em geral, ocorre entre os povos indígenas que ainda preservam boa parte de seus padrões culturais de origem. Aos homens competem as atividades individuais ou coletivas de caça e pesca, a confecção de armas, esteiras, cestarias, instrumentos musicais e grande parte dos adornos para o corpo. As mulheres são responsáveis pelas práticas domésticas, cuidando dos filhos, fiando o algodão e abastecendo as casas com água e lenha. Após a derrubada de um trecho de mata pelos homens, cabe às mulheres, em tempo determinado, fazer o plantio e, posteriormente, a colheita diária. A pintura corporal tem função de destaque entre os Kayapó. Altamente elaborada, transmite toda uma linguagem referente à posição do indivíduo em seu contexto social, padrões mágico-religiosos, além de um conceito notoriamente estético. Em seus requintes de acabamento, a tarefa é exclusiva do sexo feminino. Quanto aos homens, limitam-se apenas a tingir o corpo e a face com a tintura de urucum, e de jenipapo misturado ao carvão.

O período de minha permanência entre os Xikrin, em parte, foi prejudicado pelo mal-estar proveniente dos comprimidos à base de quinino. Continuava a sentir enjoos e indisposição frequente, o que me fez, dez dias antes do meu retorno, abandonar em definitivo, a medicação.

De volta a Marabá, já me sentia bem melhor e fiquei hospedado na casa do frei Gil. Por motivos óbvios, sua residência era mais conhecida como a "casa dos índios". Frei Gil Gomes, maranhense de estatura mediana, pele morena e que mais parecia um sertanejo, passaria despercebido entre os regionais se não fosse por seu carisma e o enorme respeito e admiração que nutriam por ele. Bem à frente do seu tempo e beirando os 80 anos, dedicou-se por décadas

[7] Espécie de cipó de efeito narcótico sobre os peixes.

a fio à defesa e à proteção dos povos indígenas do sul do Pará. Foi ele quem estabeleceu o primeiro contato com os Suruí e os Gavião-Parakatejê, sempre valorizando suas culturas. Muito antes da renovação da Igreja Católica, a partir do Concílio Vaticano II, de Puebla e Medelin, frei Gil já adotava postura de respeito e não interferência no *modus vivendi* das populações indígenas, jamais catequizando ou celebrando missa nas aldeias. Foi pressionado e perseguido pela repressão militar que se instalou na região a partir de 1972. Certa feita, em Belém, teve de se vestir de freira para escapar de agentes dos órgãos de exceção que o estavam seguindo. Os militares acusavam-no de envolvimento com os guerrilheiros do Araguaia, pelo simples fato de que a área de abrangência da guerrilha inseria-se no território habitado pelos Suruí. Na verdade, não apenas ele, mas vários outros religiosos, e a simples e sofrida população do interior, foram alvos de uma desconfiança paranoica, o que lhes custou acusações e represálias do regime ditatorial então estabelecido.

Foi por lá que conheci Wamassu, cacique dos Suruí, também chamados de Mudyetíre,[8] designação que lhes atribuíram os Kayapó. Pessoa extremamente calma, falando pausadamente e em tom baixo, encontrava-se de passagem por Marabá, retornando em dois dias para sua aldeia. Na véspera da partida, perguntou-me se gostaria de seguir com ele a fim de conhecer sua comunidade, o que aceitei de pronto. Durante a noite, conversamos com frei Gil, que sem qualquer objeção concordou com minha visita à aldeia, acertando, em seguida, alguns detalhes da viagem.

Pela manhã, frei Gil embarcou em direção à sua terra natal, de onde seguiria para São Paulo, ausentando-se por um mês. Na companhia do cacique, partimos num pequeno barco de passageiros com motor de popa, subindo o Tocantins até a pequena localidade de São João do Araguaia. De lá, em uma velha caminhonete, passamos pelo remoto povoado de São Domingos das Latas, até chegarmos, no final do dia, a um lugarejo perdido na selva e denominado Metade.

Naquele trecho, armamos nossas redes num grande galpão de palha, ao lado de duas ou três choupanas de humildes sertanejos. Pouco depois que escureceu, fomos dormir, e às cinco da manhã já estávamos de pé. Fazia bastante frio nesse horário, e igualmente à noite, em razão da intensa umidade

---

[8] Estojo peniano de maior tamanho do que aquele que os Kayapó usavam; indumentária pudica de origem vegetal.

provinda da mata. Durante o dia, a temperatura passava dos 30°C, mas de madrugada caía para os 16 °C. Enquanto nos alimentávamos de beiju[9] com carne de veado cozida e chibé,[10] o tropeiro[11] do lugar preparava os burros para a última e prolongada etapa da viagem.

Pontualmente às sete da manhã, após nos despedirmos dos amáveis habitantes da Metade, eu, Wamussu e o "cabeça", apelido do tropeiro, rumamos em nossas montarias por um estreito caminho aberto na selva. Nas cangalhas[12] carregávamos pesados sacos de arroz, farinha, nossa bagagem pessoal, além da matula,[13] à base de farofa de carne de caça, e rapadura, para o trecho que percorreríamos.

Os aromas da floresta e as cantorias dos pássaros aguçavam nossos sentidos. No alto de uma gigante castanheira um mutum[14] solitário denunciava sua presença, revelando seu nome pelo som que emitia. Mais adiante, numa curva da picada,[15] macacos-guariba rompiam a quietude relativa da mata com roncos sinfônicos e fantasmagóricos, na frondosa copa de um taperebá.[16] Cinco horas depois, fizemos uma breve parada para descanso e almoço, à beira de um límpido córrego. Os animais de carga aproveitaram também para beber água, e depois de uma hora tocamos adiante. Um bando de araras, em revoada estridente, parecia alertar quanto à nossa presença. Ao longo do percurso, deparamos com Tiremé, um jovem Suruí que vinha montado em um belo cavalo branco e decidiu retornar em nossa companhia. Finalmente, às 16h, chegamos à aldeia.

Bastante diferenciados dos Xikrin e de outros povos Gê, os Suruí, pertencentes ao tronco Tupi, não dispunham suas aldeias em formato circular. As casas eram perfiladas paralelamente, com arquitetura do teto de palha, em duas-águas e paredes de barro socado, ao estilo sertanejo. Antes de serem contatados, em julho de 1954, agrupavam-se em uma única e grande maloca.

---

[9] Espécie de pão, de origem indígena, achatado e feito do polvilho de mandioca, assado em chapa de barro.
[10] Mistura de água ou leite com farinha.
[11] Condutor da tropa, no caso, os burros de carga.
[12] Armação de madeira em que se sustenta e equilibra a carga nos animais, distribuída em metade para cada lado.
[13] Farnel, merenda.
[14] Ave cracídea, neotropical.
[15] Caminho estreito e aberto na mata a facão.
[16] Também conhecido por cajá-mirim.

Pude constatar que se encontravam numericamente reduzidos, totalizando 46 pessoas em duas aldeias. O principal motivo dessa redução foram os surtos epidêmicos de gripe, sarampo e outras doenças contraídas dos regionais. Por outro lado, os ataques dos temidos Kayapó, objetivando o rapto de mulheres e crianças, devem ter contribuído, anteriormente, para as expressivas baixas entre os Suruí.

Com algumas exceções, a população era bilíngue, o que favorecia meu convívio e entrosamento na aldeia. À medida que iam me chamando, o que sempre ocorria, deixava-me levar pelos convites. Saíamos para as roças e caçadas noturnas, de espera, onde ficávamos durante boa parte da noite, no alto das árvores frutíferas, em silêncio, deitados em rede, aguardando a chegada da anta, do veado ou da paca, que sempre vinham para comer. Foi entre os Suruí que experimentei pela primeira vez um macaco assado. Aparências à parte, é uma das mais saborosas carnes, assim como a de outros animais que se alimentam de frutas e castanhas. Já o mesmo não ocorre em relação aos carnívoros, a exemplo da onça, cuja carne é dura e de sabor rançoso.

Minha disposição era ótima e não mais tive problemas de saúde. Na intenção de prevenir a malária, evitava os banhos no igarapé Sororó nas primeiras horas da manhã e ao fim da tarde. Dessa forma, expunha-me a menor risco de contato com o anofelino – mosquito transmissor da doença.

O carinho e a atenção que os Suruí me dispensavam não poderiam ser maiores. Buscavam o tempo todo me agradar com brincadeiras e gentilezas, sempre me ofertando os produtos de suas roças, muito beiju e carne de variados tipos de caça. Riam de forma divertida e espontânea quando eu cantava algumas músicas que aprendera entre os Krahô na Casa do Índio. Wamassu me deixava totalmente à vontade, fazendo questão de me emprestar o seu cavalo e o rifle de caça, sempre que me deslocava para as roças mais distantes. E por todo o período de férias em que lá permaneci fiquei hospedado na casa de Tiremé, o rapaz que encontramos na picada, durante o percurso à aldeia. Ele era casado com Opirême, uma linda jovem, e formavam um belo casal, ainda sem filhos. Com frequência, os Suruí me chamavam para participar do Xapurahái, uma dança tradicionalmente realizada no pátio da aldeia, o que muito me alegrava.

E, assim, o tempo ia prosseguindo de maneira calma e harmoniosa para aquele povo, até o dia em que uma nova ordem se estabeleceu. Não apenas os Suruí, mas toda uma população ribeirinha e sertaneja, sobretudo ao sul do Pará, sofreria as consequências. Era o sinal dos tempos... tortuosos tempos de ordem unida e de combate à Guerrilha do Araguaia.

Ao retornar ao Rio, dei prosseguimento às consultas com o dr. Conselheiro. Entretanto, as coisas não avançavam para lugar algum e cada vez mais me sentia entediado nas repetitivas sessões. Achava até mesmo que a recíproca fosse verdadeira, pois, certa feita, o médico perguntou-me se teria a exata noção da finalidade daquele tratamento. Diante de minha negativa, o psiquiatra, parecendo desabafar, fez o seguinte comentário:

> Sua mãe, quando o trouxe aqui, pediu-me para que eu tentasse retirar da sua cabeça esses pensamentos, essas ideias de índio! Acontece que eu não tenho como nem posso fazer isso! Acredito que o sentimento que você tem pelos índios é algo muito forte e somente o tempo revelará ser passageiro ou não. Quem sabe, não é esse mesmo o seu caminho, tornando-se futuramente um indigenista?

Se, por um lado, fiquei agradecido ao dr. Conselheiro por sua sinceridade e incentivo à minha prematura vocação, por outro, tal revelação me deixou bastante desapontado com minha mãe. Nosso relacionamento, que, devido às incompatibilidades, não era lá dos melhores, se agravou. Na mesma ocasião, frei Gil veio ao Rio trazendo o cacique Wamassu e sua esposa para me visitar. Por nada neste mundo meus pais permitiram que o casal Suruí ficasse hospedado em nosso apartamento por um ou dois dias, até mesmo em retribuição ao tratamento generoso e acolhedor que me dispensaram na aldeia. O próprio dr. Conselheiro reforçou o pedido, sem nada adiantar. Diante do impasse, frei Gil permaneceu no convento do Leme, enquanto o cacique e sua mulher foram para a Casa do Índio.

Hoje, analisando os fatos, deduzo que a presença do casal indígena deveria significar, na perspectiva de meus pais, uma possível ameaça em relação a meu futuro, uma vez que os laços iam se tornando cada vez mais estreitos. Naquela época, eu era ainda muito jovem e rebelde, incapaz de entender certos aspectos de nossas relações e o sentido maior da própria existência... Teria ainda um árduo caminho a percorrer, mas o tempo se encarregaria de tudo.

CAPÍTULO QUATRO

# O indigenista e a utopia

*Os vistosos adornos de coloridas plumas já não disfarçam nossa realidade.*
*Todavia, as roupas que hoje usamos não cobrem nossa identidade...*

TSIIPRÉ – TRECHO DO POEMA "GENOCÍDIO E RESISTÊNCIA"

Não pretendo aqui desenvolver qualquer análise ou reflexão sobre o indigenismo brasileiro. A esse respeito, várias teses e livros já foram e continuam sendo produzidos por antropólogos, cientistas sociais e indigenistas. Intenciono, pura e simplesmente, revelar um trabalho no qual, exceto eu, ninguém mais acreditava. Uma proposta considerada utópica, na "utopia" de um indigenismo alternativo. Ao mesmo tempo, seguirei contando histórias, das muitas que escutei e pude presenciar ao longo desses anos de convivência e aprendizado entre os índios. Neste capítulo, em particular, alguns fatos bem interessantes e abordados em seus respectivos locais de origem não seguem necessariamente uma ordenação cronológica. Tomei essa iniciativa no intuito de melhor ilustrar e caracterizar certas situações específicas e indispensáveis.

Trabalhar com índios requer ir além do que se imagina... Antes de tudo, é preciso se empenhar e ter amor à causa, por mais romântico que isso possa parecer. Aliás, nos tempos de hoje, e como nunca, necessitamos de amor, dedicação e perseverança em todas as causas justas que queiramos abraçar. E, nesse mote, obviamente, a questão indígena não se encontra desassociada dos aspectos ambientais, sociais, econômicos, políticos e culturais do país, fazendo-me percebê-la como um retrato 3 × 4 do Brasil em todos esses itens mencionados. Trata-se de uma tarefa árdua e que conflita com grandes interesses econômico-financeiros. Existem aqueles que a consideram uma causa perdida, ao contrário dos sonhadores, que seguem acreditando e lutando para interferir ou, até mesmo, transformar a realidade. Assim, a história nos revela abnegados e heroicos sertanistas e indigenistas que dedicaram a vida em prol das populações indígenas. Entre eles, encontram-se aqueles já bem conhecidos e outros raramente mencionados, mas que também deixaram importante contribuição ao indigenismo no Brasil. Para citar alguns, começarei por Cândido Mariano da Silva Rondon, o legendário Marechal Rondon, que fundou em 1910 o Serviço de Proteção aos Índios (SPI), extinto em 1967 por razões diametralmente opostas aos princípios éticos e humanísticos de seu fundador. A partir de um período da sua existência, o SPI deixou de ser de Proteção aos Índios para se tornar de "proteção aos íntimos...". E, seguindo o lema criado por Rondon, "MORRER SE PRECISO FOR, MATAR NUNCA!", vieram os irmãos Orlando, Cláudio e Leonardo Villas Bôas, Francisco e Apoena Meirelles, Gilberto Pinto de Figueiredo, Pimentel Barbosa, Zé Bel, Possidônio Bastos, Francisco Witt, Egipson Nunes Correia, padre Tomás de Aquino Lisboa-Yaúka, padre Clemente Deja, Vicente Cañas, Antonio João de Jesus, Odenir Pinto de Oliveira, Reginaldo Flores da Costa, Ezequias Hering, o Xará, José Porfírio de Carvalho, Fernando Schiavini, Cláudia Andujar, Maria Inês Hargreaves, Francisco de Assis Costa, Marcelo dos Santos, Sebastião Pereira e muitos outros, verdadeiros idealistas.

Em meados de 1981, após retornar de uma longa viagem às regiões andina e amazônica peruana, mantendo contatos com algumas comunidades e federações nativas daquele país, iniciei um trabalho junto aos índios Guarani-Nhandéva,[1] localizados em Sertão do Bracuí, município de Angra dos Reis, no estado do Rio de Janeiro. A primeira vez em que nos encontramos foi no final dos anos 1960, durante suas poucas passagens pela Casa do Índio. Quando por lá apareciam, levavam para vender seus arcos e flechas, machadinhos de pedra, colares e variadas cestarias.

Numa ensolarada manhã de agosto daquele ano de 1981, segui viagem com Ricardo Mansur, meu amigo e companheiro de causa. Assim que chegamos ao km 113,5 da litorânea BR-101, deparamos com o líder do grupo, Argemiro Karaí Tataendê, acompanhado de alguns de seus familiares. Treze anos se haviam passado desde que nos conhecemos na Casa do Índio. Após uma breve conversa, expondo-lhes resumidamente a finalidade de nossa visita, seguimos por uma picada, serra acima, em direção à aldeia. Naquele belo trecho de Mata Atlântica, o percurso em pouco mais de uma hora transcorreu tranquilo. Nossa chegada foi saudada por latidos e uivos costumeiros dos cachorros da comunidade, que, apesar da barulheira toda, eram mansos e amigos. De

[1] Um dos subgrupos Guarani, conforme eles mesmos se apresentaram a nós.

imediato, aproximaram-se algumas mulheres, rapazes e crianças, num total de 20 pessoas.

A pedido de Karaí, tomei a palavra buscando ser o mais claro possível:

> Viemos aqui para apresentar a ideia de um projeto em benefício desta comunidade, caso seja do interesse de todos. Na cidade do Rio de Janeiro existe uma entidade à qual pertencemos e que se chama Comissão Pró-Índio. A Comissão realiza um trabalho a favor da causa indígena, denunciando por meio de seu jornal Borduna, o problema da demarcação das terras e os crimes cometidos, contra os índios. Além do jornal, a Comissão também faz palestras em colégios e universidades, buscando esclarecer os estudantes e o maior número possível de pessoas sobre a realidade dos povos indígenas. É uma maneira de pressionar o governo para que cumpra com suas obrigações, determinadas por leis.

Eles me ouviam atentamente.

> Fomos informados, há poucos dias, que a Comissão recebeu um dinheiro vindo dos Estados Unidos para ser utilizado em benefício de alguma comunidade indígena. Acontece que ninguém sabia da existência de vocês... Quando informei a respeito, todos ficaram surpresos e interessados em apoiar. Foi por isso que resolvemos vir aqui neste final de semana, para oferecer essa possível ajuda.

Ricardo também fez algumas colocações e, após um breve silêncio, apenas quebrado por um curto choro de criança, Karaí se pronunciou:

> Olha aqui... agora eu vou dizer o que acontece quando vem o pessoal da cidade aqui em cima, na nossa aldeia. Sempre é a mesma coisa... o povo promete, promete que vai ajudar e a gente acredita, mas nada acontece! Logo dispois, ele vai embora e esquece tudo... Aí vem alguém, novamente, e é a mesma coisa. Já veio muita gente por aqui prometendo..., e é por isso que nós não acredita (sic) mais!

Os filhos de Karaí, Aparício R'okadju e Agenor Veraí, ratificaram imediatamente as palavras do pai, apenas deixando no ar uma curta frase de crédito e, ao mesmo tempo, de desconfiança:

> Agora, se vocês tão dizendo que vai (sic) ajudar a gente aqui... vamos ver, né?

Quando retomei a fala, convicto quanto à existência da tal verba, decidi empenhá-la na forma de um compromisso doravante assumido com aqueles índios. Eles manifestaram suas necessidades básicas, no tocante a ferramentas agrícolas, sementes, roupas e cobertores, devido ao rigor do clima frio naquela região serrana, principalmente no período de inverno. Contaram-nos também das atividades de subsistência, à base de pequenas roças de milho, cará, inhame e banana, da extração de palmito nativo para consumo próprio, coleta do mel silvestre e caça de alguns animais, como pacas, veados, porcos-do-mato, gambás e vários outros. Em menor escala, a pesca de anzol é realizada no rio Bracuí, relativamente distante da aldeia. Para a obtenção de dinheiro e a consequente aquisição de produtos industrializados, comercializam seu artesanato às margens da rodovia.

No meio da tarde nos despedimos, sob os olhares e a expectativa dos índios, perguntando se voltaríamos. Durante o trajeto montanha abaixo, comentei com Ricardo e com um dos Guarani que nos acompanhava sobre a intenção de comparecer no início da semana à Comissão Pró-Índio, a fim de relatar nossa visita à aldeia e acertar os detalhes necessários para a elaboração de um projeto. Repentinamente, fui tomado por um misto de esperança e otimismo, uma forte sensação de que tudo daria certo.

Conforme havia prometido, na terça-feira à tarde compareci à sede da Comissão, localizada no Centro do Rio. Minha expectativa era grande e, tão logo cheguei, fui entrando, já que a porta se achava apenas encostada. O recém-empossado presidente daquela entidade encontrava-se absorvido no encaixotamento de livros, pastas e outros objetos, levando algum tempo para notar minha presença. Quando comecei a expor os motivos que me haviam conduzindo ali, Pablo interrompeu-me, dizendo:

> Não poderemos acessar o restante da quantia doada, pois uma parte dela foi gasta com aluguéis em atraso e outras despesas da Comissão, contrariando a exigência do seu uso em benefício de alguma comunidade indígena. O quadro financeiro da entidade era crítico, sem caixa suficiente para cobrir nossas dívidas, e a única saída que encontramos foi essa.

De nada adiantaram meus questionamentos e, para completar, Pablo participou-me a decisão irreversível de tomar as devidas providências e fechar, em definitivo, as portas da Comissão Pró-Índio do Rio de Janeiro, encerrando, assim, suas atividades.

Diante da nova realidade, entrei em contato, naquele mesmo dia, com Thaís de Azambuja, artista plástica que também participava das reuniões na Pró-Índio, e que desde o início mostrou-se receptiva e interessada em desenvolver alguma atividade com os indígenas de Bracuí. De antemão, já sabia que Thaís era representante da Associação Nacional de Apoio ao Índio (ANAÍ), sediada em Porto Alegre. Em sua casa, no tranquilo e arborizado bairro do Jardim Botânico, contei-lhe detalhadamente o que havia ocorrido. Após uma hora de conversas, chegamos juntos à mesma conclusão, ou seja, de abrirmos um núcleo da ANAÍ na cidade do Rio de Janeiro, com a finalidade exclusiva de promover algum trabalho com os Guarani de Angra.

Uma semana depois, na presença de outras pessoas solidárias à causa, voltamos a nos reunir para acertarmos alguns aspectos práticos em relação ao novo núcleo. Em Porto Alegre, o presidente daquela entidade havia aprovado nossa proposta de trabalho, enviando-nos uma cópia dos estatutos da Associação. Por se tratar de uma atividade especificamente voltada para grupo indígena, achamos por bem, e mais sensato, limitar o número de seus integrantes.

A etapa seguinte seria propriamente a elaboração do projeto, suas proposições e metas, bem como a necessária fonte de recursos para desenvolvê-lo. Foi aí que me ocorreu uma alternativa viável e de curto prazo. Lembrei-me de um grande colaborador da causa, junto à Pró-Índio, o amigo e empresário gráfico Thélio Falcão. Este, quem sabe, poderia nos oferecer um bom desconto na confecção de pôsteres-calendário para o ano de 1982, contendo uma foto bem-expressiva dos Guarani, além de uma frase de impacto. A ideia era imprimir umas 1.500 unidades, cuja venda reverteria para a compra de sementes, ferramentas e cobertores para os índios, ajudando ainda em nossas despesas de viagem a Bracuí. Em médio prazo, encaminharíamos a proposta para a Oxford, Organização Não Governamental inglesa que financia projetos nos setores indígena e rural.

Como o objetivo maior encontrava-se focado na demarcação das terras, combinamos que as incursões na área teriam o perfil de uma "missão calada". Não poderíamos, de forma alguma, levantar suspeitas quanto às nossas reais intenções… Para os curiosos, seríamos tão somente bons amigos dos índios, levando roupas e alimentos para eles. Enfim, todas as propostas foram aprovadas por unanimidade.

No dia seguinte, desloquei-me até a gráfica dirigida por Thélio e Sérgio, seu primo e sócio. Após um cafezinho na recepção, a secretária da empresa convidou-me para entrar.

> Olá, Tsiipré, que prazer em revê-lo, meu amigo! Como você está, e a que devo a honra de sua presença?

Como sempre, os dois me receberam com atenção e gentileza. Após uma breve retrospectiva de nossos rumos pessoais, do encerramento das atividades da Pró-Índio e da atual proposta para a aldeia do Bracuí, expliquei-lhes o motivo da visita, ao que, em seguida, Thélio comentou:

> Quando fazíamos alguns trabalhos para a Comissão, tínhamos o desejo de contribuir com a causa indígena, porque acreditamos que é uma causa mais do que justa, meu amigo. Mesmo sendo um trabalho indireto, em nível mais político e de conscientização do público para o tema, nós o fazíamos com prazer! Agora, você vem me falando de um projeto diretamente voltado a uma comunidade... É claro que vocês poderão contar com nosso total e irrestrito apoio! Assim que você nos trouxer a fotografia e as demais informações que entrarão no poster, pode ficar tranquilo que faremos o melhor possível!

Foi uma grande alegria poder dispor daquela importante colaboração. Ao chegar em casa à noite, comecei a pensar e visualizar em minha tela mental as coisas dando certo, todas as etapas sendo vencidas, uma a uma. Concentrei-me, a fim de criar a tal frase de impacto para o poster, quando me veio à mente a imagem daqueles índios, que, apesar das vestes de branco, há séculos vêm lutando para a manutenção de sua cultura ancestral. E, assim, surgiu a seguinte frase: "As roupas que usamos não cobrem nossa identidade. Índios guarani, exemplo de resistência!"

Apesar de ter gostado da mensagem, achei que seria preciso algo mais. Talvez algumas informações sobre eles, mas não sabia exatamente de que forma. Enquanto pensava a respeito, brotou-me a inspiração e comecei a escrever:

> Os vistosos adornos de coloridas plumas já não disfarçam nossa realidade...
> Todavia, as roupas que hoje usamos não cobrem nossa identidade.

Não queiram nos ver apenas como exóticos ou cobaias para pesquisas;
não somos fósseis, tampouco somos párias... Somos seres humanos
como vocês, com os mesmos sentimentos!
Reflitam sobre a história de nosso povo, que há milhares de anos habita
este continente, tão afetado pela saga dos massacres, pelas fúrias epidêmicas
na ambição dos forasteiros. Somos explorados pelo turismo imprudente,
pela violação dos nossos direitos e por enganosos cartões-postais...
As criminosas motosserras que devastam nossas sagradas florestas rumo
aos caminhos da incerteza operam em nome da civilização...
O mesmo nome que há séculos nos vem dizimando, diluindo
nossa cultura e nos chamando de selvagens indolentes.
Apesar de tudo, continuaremos existindo, lado a lado com o rio, a mata e os animais, que sempre foram nossos amigos e aliados até mesmo no próprio destino...
Juntos, invocaremos as forças de nosso Deus, Nhanderu, e dos feitos heroicos
de nossos ancestrais, para que nos fortaleçam na derrota aos invasores
Caso contrário, resistiremos até o final... até o derradeiro dia do
último guerreiro, que, agonizante, entoará, na canção da morte, a memória
de nosso povo, perdida para sempre.

"Genocídio e Resistência" foi o título que dei ao poema. No dia seguinte, telefonei para Thaís, Ricardo e os demais companheiros, transmitindo-lhes a frase e a poesia, as quais todos gostaram, aprovando-as na íntegra.

Agora, o próximo passo seria uma nova ida à aldeia, no intuito de comunicar aos Guarani o episódio referente à Comissão Pró-Índio, mas também contar-lhes as boas-novas da proposta alternativa. Aproveitando, já levaria em mãos a máquina fotográfica para fazer as fotos do poster-calendário, caso os índios concordassem com as novas possibilidades.

Às 8h de sábado, embarquei na Rodoviária Novo Rio, com destino à cidade-balneário de Angra dos Reis, num percurso de duas horas. Posteriormente, após uns 20 minutos em outro ônibus, desci e segui caminhando pela trilha de acesso à aldeia. Ao chegar, outra recepção em latidos e uivos agudíssimos de Chumpim, Lobo e companhia limitada, fiéis guardiões e alarmes dos índios. Estava um pouco apreensivo, sem saber ao certo qual seriam a expectativa e o real interesse da comunidade em torno dos assuntos que iria abordar. No entanto, para minha tranquilidade, toda e qualquer dúvida se desfez pela forma acolhedora e alegre com que me receberam. Fizeram questão de dizer o quanto estavam contentes pelo retorno e querendo saber das novidades. Logo que comecei a falar, percebi na plateia maior interesse e atenção. Ao término de meu discurso, Karaí se manifestou:

> Eu fico satisfeito de ver que vocês tão querendo ajudar mesmo o meu povo aqui! De primeiro, pra falar a verdade, a gente nem acreditava muito não... Mas agora a gente tá sentindo, tá vendo que vocês têm palavra de verdade. Assim que é bom! Não tem problema não, pode tirar a foto, que Deus, Nhanderu, vai ajudar pra tudo dar certo. Agora, precisa tomar cuidado, porque tem gente por aí que diz que é dono da terra e não vai gostar nada de saber dessa história de projeto! Por isso, quando alguém perguntar, eu e meus parente vamo dizer que vocês vêm aqui só pra trazer roupa pra nós, comprar artesanato e coisa assim...

A fotografia que todos escolheram foi realmente a mais expressiva e adequada ao nosso objetivo. Nela aparecem os índios no interior da floresta, em cima c nas laterais de uma grande árvore tombada por uma tempestade. A naturalidade e a forte expressão do grupo fizeram jus às mensagens do texto. De posse da foto e das demais informações, eu me dirigi novamente à gráfica, visando acertar os detalhes finais.

Thélio, que também gostou do material, sugeriu que o poema entrasse vazado sobre a fotografia em preto e branco. A frase chamativa, ou de impacto, entraria logo abaixo da foto, antes do calendário, e que, ao término daquele ano, poderia ser retirado sem comprometer a estampa. A excelente sugestão de nosso amigo e colaborador acabou prevalecendo.

Dez dias depois, os 1.500 pôsteres ficaram prontos e nos foram integralmente doados, em apoio solidário à causa indígena. A partir de então, o negócio era ir à luta, com a venda do material, levantando, assim, o dinheiro necessário para o início de nossas atividades. Foi importantíssimo contar com o interesse e a solidariedade de vários artistas, dentre os quais, Nana Caymi, Jard's Macalé, Oswaldo Montenegro, Gonzaguinha, Elba Ramalho, Gilberto Gil, Moraes Moreira, Milton Nascimento e os grupos MPB-4, Boca Livre e Quarteto em Cy, na divulgação do nosso trabalho e na consequente obtenção de recursos. Pouco antes de o show começar, e já previamente informados, permitiam-nos subir ao palco para um breve enfoque sobre a causa e a venda dos pôsteres que, logo após o espetáculo, ofereceríamos ao público.

Gradativamente, fomos nos tornando mais constantes e conhecidos na região. Em Angra, existia uma lanchonete-restaurante, nossa parada obrigatória quando em trânsito para a aldeia ou de retorno ao Rio. Ali, eu e Ricardo disputávamos os mais montanhosos pratos feitos do Juarez, o que, aliás, para mim não era páreo... No convívio entre os Xavante, eu havia praticado, e muito, o ato de "subir montanhas", após uma caçada pelo cerrado mato-grossense, quando assávamos e comíamos uma anta inteira! Em pouco tempo, conquistamos a simpatia e a amizade dos frades do Convento do Carmo, no centro de Angra dos Reis, uma das raras e bem conservadas construções do século XVI (1590), ainda de pé no Brasil. Através do vigário e saudoso frei Fernando, que, jocosamente, se intitulava o "vigarista da paróquia", obtivemos o indispensável e irrestrito apoio da igreja local nas atividades do projeto. Sem exagero, posso afirmar que o Convento do Carmo foi uma espécie de base aliada ao nosso trabalho em Bracuí.

No dia 16 de janeiro de 1982 viajei pela primeira vez a Brasília. Pretendia encaminhar ao presidente da Funai, coronel Paulo Moreira Leal, um ofício da ANAÍ – núcleo Rio de Janeiro, solicitando as devidas providências daquele órgão para que se procedesse à necessária identificação antropológica da comunidade Guarani, juntamente com a delimitação de suas terras, com vistas à futura demarcação. Ao lhe entregar o documento, e também um poster do projeto, o presidente se mostrou surpreso com a existência de uma aldeia no estado do Rio de Janeiro, um dos poucos da Federação que oficialmente não registravam existência de índios. Aquele foi o primeiro de muitos outros ofícios e cartas que encaminharíamos reivindicando para os Guarani a proteção e a garantia de sua área pelo Estado brasileiro. Consequentemente, uma pequena matéria nos jornais *O Globo* e *Jornal do Brasil* tornou-se a primeira de várias outras reportagens da imprensa escrita, falada e televisada sobre o tema.

Ainda em Brasília, aproveitei para concluir a elaboração do projeto e entrar em contato com o representante da Oxford, Thimoty Cross, ou "Timy", buscando informá-lo sobre a proposta, para depois enviar-lhe, na íntegra, pelo correio. O ex-coordenador do Projeto Xavante, no qual trabalhei nos anos 1970, e antropólogo da Funai, Claudio Romero, apresentou a Timy as melhores referências quanto à nossa atuação, o que prontamente nos favoreceu.

No espaço de uma semana, conforme havia se comprometido, Thimoty chegou. Após ter alugado um carro, partimos, na manhã seguinte, com destino à então pequena e aprazível cidade de Angra dos Reis. Durante a viagem, como era de se esperar, o assunto predominante foi o trabalho junto aos índios que ele iria conhecer. O inglês me fez várias perguntas, mantendo-se bem atento às respostas e informações que eu lhe transmitia. Contou-me que a Oxford patrocinava muitos projetos com populações indígenas em praticamente toda a América Latina. Segundo ele, os recursos provinham de uma extensa rede de lojas de roupas usadas, em suma, um enorme brechó inglês, mantenedor de programas sociais pelo mundo afora.

Ao chegarmos ao caminho que conduz à aldeia, percebi a ausência dos índios nos arredores, onde costumavam vender seus artesanatos. Para ganhar tempo, uma vez que Thimoty precisava retornar naquele mesmo dia, sugeri que seguíssemos de carro pela estrada da Fazenda Itinga, que passava bem próximo às casas dos Guarani. Subimos um pouco além da metade do trajeto, e o restante percorremos a pé, já que o trecho mais íngreme encontrava-se bastante enlameado e escorregadio, impossibilitando a passagem do veículo.

Nossa chegada foi uma total surpresa para os índios, pois não conseguimos avisá-los com antecedência, conforme desejávamos. Após os cumprimentos de sempre e com simpáticas expressões de boas-vindas, o líder Karaí Tataendê e sua esposa Kretxu nos conduziram à sua casa, onde os demais se achegaram. A curiosidade e a interrogação estavam estampadas no semblante de cada um ali presente. O motivo principal era a pessoa do inglês, que deixava transparecer as razões de sua visita...

Como reza a tradição, antes das falações, os índios fumaram o Petynguá[2] e, em seguida, Karaí deu início aos cânticos, acompanhado dos demais.

Abençoado o recinto, iniciei fazendo um resumo dos últimos encaminhamentos e contatos mantidos na Funai, comunicando a todos que nosso trabalho havia resultado na abertura do processo de nº 3360/82, pelo órgão oficial do índio. Logo depois, apresentei o Thimoty e as razões de sua presença, passando-lhe a palavra:

> Eu recebi, em Brasília, a proposta de um projeto para esta comunidade, a ser desenvolvido pelo pessoal da ANAÍ, núcleo Rio de Janeiro. Pelo que consta no papel, não é o bastante para que eu possa elaborar um parecer favorável e enviá-lo para a sede da agência à qual pertenço, a Oxford, na Inglaterra. A segunda parte, e mais importante para mim, é saber diretamente de vocês se estão de acordo com

[2] Cachimbo tradicional Guarani, feito em nó de pinho (araucária).

> as intenções e práticas do trabalho que a ANAÍ vem realizando. Foi por isso que vim aqui, e gostaria de ouvir a opinião de vocês a respeito.

Um silêncio meio reflexivo se apoderou do local, subitamente interrompido pela voz de Karaí.

> Se é pra falar o que a gente pensa, então a gente não pode falar a mentira não... tá me ouvindo? Tem que falar a verdade... como que é, que tá acontecendo sobre o projeto.
>
> De primeiro, que nós chegou aqui, tinha só mato, bicho, até onça! Ainda tem umazinha, lá em cima da serra... O branco não incomodava nós aqui. Foi quando eu cheguei então com os meus parente e pegamo a derrubá o mato pra fazê as casa. Era mais embaixo, não tinha nem estrada ainda..., morador também não tinha, só um ou outro..., e assim mesmo, longe! Era sertão mesmo... sertão do Bracuí. Dispois, de pouquinho, é que o povo foi chegando e aí a gente resolveu sair fora, subir a serra. Alguns mudaram pro lado do Parati Mirim, mas nós resolvemo ficá aqui no Bracuí.

Em seguida, a mulher do líder que acabara de dar seu depoimento, tomou a palavra:

> Foi assim mesmo! Nós trabalhemo duro pra limpá o mato e fazê a aldeia... pra dispois ter que deixá tudo e vim cá pra cima e derrubá de novo, fazê tudo outra vez! Ninguém ajudava, então era só nós, índio Guarani, que pelejava pra podê dá conta do sirviço. De primeiro, quem que chegou pra ajudá nós mesmo aqui, foi esse Tsiipré e os companheiro dele.

Karaí, decidido e esperançoso, deu continuidade ao seu discurso:

> Tinha os povo que vinha aqui... só prometê que ia ajudá a gente, e nada! Mas a gente ia tocando..., até que o Tsiipré, o Ricardo, o Marcelo, aquela outra... Thaís, chegou e falou sério mesmo pra nós. Primeiramente, eu nem tava acreditando muito não..., mas dispois a gente foi vendo que esse pessoal era diferente dos outro. Eles falaram a verdade e tão cumprindo a palavra deles. Por isso é que nós tamo tudo gostando e animado com o Projeto.

R'okadju, filho de Karaí, cuja habilidade nas práticas espirituais de sua etnia era evidente, também participou das falações:

> Outra coisa muito importante pra nós aqui é a garantia da terra! Nós também precisamos de escola, tratamento de saúde pras doenças do branco que nós não sabe curá. Agora... a terra é muito importante, pra demarcá, pra garantir nós aqui... pra gente não ser expulso outra vez e ter que mudá pra outro rumo. Por isso eu tô contente com o pessoal do projeto, que tão lutando pra demarcá, pra segurá no futuro essa terra pra nós, índio Guarani.

Algumas outras questões foram levantadas e discutidas diretamente entre o representante da Oxford e os membros da aldeia. Procurei manter-me na condição de observador, até o momento em que fui indagado por Timy quanto às providências que estávamos tomando junto à Funai, no tocante à questão fundiária. Tão logo concluí minha explanação, ilustrada por cópias de nossos encaminhamentos à sede central do órgão, Timy Cross retomou sua fala, encerrando, ao final da tarde, aquela importante e decisiva reunião:

> Para mim já está bom! Encaminharei na próxima semana, para a Inglaterra, o meu parecer aprovando a liberação dos recursos financeiros. Acredito que, dentro de no máximo cinco meses o dinheiro já esteja sendo liberado para a viabilização prática dos trabalhos junto a esta comunidade.

Aquelas palavras soaram como notas harmônicas de um piano aos ouvidos de um bom músico. Ficamos incomensuravelmente satisfeitos e ainda mais otimistas com a aprovação do projeto. Durante o retorno até o ponto de onde o carro não pudera mais prosseguir, meus pensamentos mergulharam em devaneios, na íntima certeza que eu nutria em ver futuramente aquelas terras demarcadas.

Um dia após a visita aos Guarani, Timy retornou a Brasília. Felizmente, as coisas estavam tomando um rumo positivo! Até então, havíamos deparado com muitas opiniões pessimistas e contrárias à nossa proposta de trabalho. Cheguei a ouvir de um conceituado antropólogo, e ex-diretor do Museu do Índio, que jamais conseguiríamos a demarcação daquela área, numa região em que o metro quadrado é valorizadíssimo. Ele até afirmou, de maneira taxativa e arrogante, que a competência de nossa proposta seria exclusiva da Funai, rotulando-a, em seguida, de utópica. Foi aí que eu lhe disse, em resposta, que nossa missão seria transformar a utopia em realidade, finalizando, assim, a conversa.

Os dias foram se passando e, inesperadamente, recebi um telefonema a cobrar. Do outro lado da linha, uma voz preocupada e ansiosa. Era o Aparício R'okadju.

> Oi Tsiipré, a situação tá apertando por aqui... o Ryerson ficou sabendo da reportagem no jornal, e tá com muita raiva! Ele já anda desconfiado do trabalho de vocês e derrubou com o trator a casa do meu irmão. É bom você vir logo pra nós conversá e tomar alguma providência!

No dia seguinte, desloquei-me para a região. Ao chegar à aldeia, pude constatar o estrago provocado pela hostilidade do administrador da fazenda Itinga, que pusera ao chão o lar de Veraí e seus familiares. Os índios encontravam-se bastante revoltados com aquele episódio e sugeriram uma reunião na casa do cacique. Nove meses se passaram e nossas reais intenções haviam sido descobertas. Era preciso agir de forma rápida e objetiva para garantir a segurança de todos e, ao mesmo tempo, acelerar o processo de identificação antropológica do grupo.

Durante as conversas, Veraí decidiu que iria construir uma nova casa, próxima às demais. Karaí salientou a necessidade de se aumentar o número de famílias na área, proporcionando, assim, maior segurança coletiva. Achei ótima a ideia! Com a liberação da verba do projeto, poderíamos auxiliar no transporte de índios de outras aldeias que porventura quisessem mudar para o Bracuí. De minha parte, decidi comunicar o ocorrido à Funai, solicitando providências urgentes para uma possível intervenção da Polícia Federal.

Retornando ao Rio, reuni-me com os companheiros, informando-lhes a atitude violenta do administrador, na evidente tentativa de intimidação aos índios e à nossa equipe de trabalho. Thaís, a então presidente da ANAÍ, mostrou-se bastante preocupada com aquele novo fato, temendo também pela nossa segurança. Ricardo e Marcelo sugeriram que redobrássemos os cuidados e a atenção, tanto em Angra dos Reis como em Bracuí e adjacências, principalmente durante nossas incursões pela mata, rumo à aldeia. Deveríamos caminhar ainda mais em silêncio, observando cada palmo adiante e ao redor. Concordei plenamente com as recomendações, pois em outros tempos já deparara com ameaças de morte e emboscadas, promovidas por grileiros[3] e capangas de fazendeiros interessados nas terras indígenas. Logo após a reunião, redigi outro ofício, destinado ao presidente da Funai, reportando-me ao anterior e requerendo a imediata intervenção da Polícia Federal.

Na manhã subsequente, enviei o documento a Brasília, embarcando à noite com destino a São Paulo, a fim de participar do encontro de algumas entidades de apoio ao índio, que aconteceria paralelamente à reunião anual da Associação Brasileira de Antropologia (ABA), na Universidade de São Paulo. Seria uma ótima oportunidade para me inteirar dos acontecimentos mais recentes na causa indígena, e talvez até conseguir algum apoio significativo ao nosso trabalho. Aproveitando, levaria alguns artesanatos que os Guarani me haviam confiado para tentar vender, e também os pôsteres-calendário, até então nossa única fonte de recursos.

No terceiro e último dia do evento na capital paulistana, além das palestras e de ter concluído a venda do material que levara na bagagem, fiquei conhecendo Alfredo Walinga, expressiva liderança e secretário-geral da Federação Indígena Shuar, do Equador. De estatura mediana e face arredondada, Alfredo mantinha os cabelos negros e lisos aparados pouco abaixo dos ombros. Expressava-se com muita clareza e objetividade, com ampla consciência e profundo conhecimento da temática indígena nas Américas. Todavia, o que mais me chamou a atenção foi seu modo simples de ser e a sinceridade transmitida no olhar e em suas palavras. Ainda bem jovem na época, talvez com seus 28 anos, encontrava-se há quase um mês no Brasil, participando exclusivamente de conferências, reuniões e proferindo palestras em universidades. Ao lhe contar sobre o trabalho com os Guarani, ele revelou um grande desejo de conhecê-los, dizendo-me que passaria um breve tempo no Rio de Janeiro, e que essa seria a única oportunidade do gênero, antes de regressar ao seu país. Em seguida, forneceu-me o telefone de onde ficaria hospedado, e no qual eu poderia encontrá-lo dentro de dois dias.

Aproximava-se o horário do meu retorno. Despedi-me de Walinga, enfatizando a enorme satisfação de poder levá-lo à aldeia. Seria uma experiência interessante não só para ele, mas também para aquela comunidade em particular, no contato com a liderança de outra etnia e de outro país.

---

[3] Indivíduo que procura apossar-se de terras alheias mediante falsas escrituras de propriedade e também pelas armas.

Finalmente, embarquei, com seis horas de viagem pela frente e chegada prevista para o início da manhã. Inúmeros pensamentos me surgiram durante a primeira hora de estrada. Como estaria a situação no Bracuí... será que o Ryerson aprontara mais alguma? Dei-me conta de que os pôsteres já estavam terminando, e, mais do que nunca, seria necessária a chegada do dinheiro da Oxford destinado ao projeto. Em meio às reflexões, tomei a decisão de voltar a Brasília no final de maio, caso, até lá, nenhuma resposta positiva da Funai houvesse chegado. Se preciso fosse, permaneceria um mês inteiro na capital federal, mas não retornaria ao Rio apenas com promessas... Estava decidido a vencer pela persistência! Em meio a tantos pensamentos, o sono foi chegando e, por fim, adormeci.

Assim que voltei da viagem, conversei ao telefone com os demais companheiros, e acertamos uma reunião para o próximo dia. Marcelo adiantou-me que estivera em Bracuí, e, pelo menos aparentemente, tudo andava calmo por lá. Veraí encontrava-se trabalhando na construção de sua nova morada com o solidário auxílio dos membros da aldeia. O local que escolhera, numa elevação, tinha uma vista privilegiada, deixando à mostra um paisagístico pedaço do Atlântico.

A reunião ocorreu no dia e na hora combinados. Participei aos presentes quanto à falta de resposta da Funai até aquela data, o que, na realidade, ainda estaria dentro do prazo previsto, descontando-se, é claro, a grande ansiedade que pairava sobre nós. Estávamos apreensivos com o início das pressões impostas aos indígenas, mas também numa grande expectativa pelo recebimento da verba, condição fundamental às nossas atividades junto a eles. Submeti ao grupo, em votação, os planos que tinha em mente. Todos entenderam e concordaram com a necessidade de uma nova ida a Brasília, dentro da estratégia traçada de vencer pelo cansaço. Quanto à presença na área, os colegas se revezariam, nos finais de semana, pelo tempo necessário em que eu permanecesse fora. Qualquer situação emergencial, eles me comunicariam por telefone, na casa dos amigos e colaboradores Jorg e Neusa, onde eu costumava ficar hospedado.

Dois dias após a reunião, dirigi-me, à noite, ao encontro de Walinga, num pequeno prédio no bairro do Humaitá. Toquei a campainha e um homem moreno claro, de estatura mediana, abriu a porta.

– Por favor, o Alfredo Walinga se encontra?

– Você é o Tsiipré?

– Sim, sou eu mesmo.

– Pode entrar, meu nome é Robson; ele foi tomar um banho, mas disse que voce viria. Sente-se e aguarde um pouco.

Enquanto esperava, Robson começou a puxar assunto, perguntando como havia conhecido Walinga. Disse-lhe que o conhecera em São Paulo e que estava ali para combinarmos uma visita aos índios Guarani de Angra dos Reis. De imediato, informou-me ser antropólogo, e que havia trabalhado e desenvolvido pesquisas entre os Guarani do Paraguai e de Mato Grosso do Sul. Ele se surpreendeu, afirmando que desconhecia a presença de índios naquela região, sobretudo por se tratar da referida etnia. Quando lhe falei, resumidamente, de nossas pretensões e da aprovação do projeto pela Oxford, os olhos do antropólogo brilharam de forma estranha e seu tom de voz, até então meio frio e baixo, assumiu um timbre vibrante e eloquente. Perguntou-me se a verba já fora liberada. Ao lhe responder que aguardávamos a liberação para o mês de julho, ele afirmou:

> No que vocês precisarem, podem contar com meu apoio! O Timy é meu amigo e, com certeza, posso dar uma força ao projeto!

Não me senti nem um pouco à vontade, apesar dos esforços do antropólogo em tentar me convencer de suas melhores intenções solidárias, buscando apenas colaborar com a causa. De toda forma, como determinam as regras de conduta social, agradeci a intenção, mas, novamente, ressaltei que o projeto já fora aprovado, tendo, inclusive, o representante da Oxford visitado a comunidade indígena.

Em meio à conversa, Walinga chegou, cumprimentando-me com um abraço e um sorriso franco em sua face morena. Ficou contente ao me ver, e a recíproca foi verdadeira. Não obstante sua presença ter-me deixado um pouco mais tranquilo, decidi permanecer naquele recinto apenas o tempo necessário para marcarmos a viagem. Uma sensação estranha pairava no ar, sem que eu conseguisse decifrá-la e me sentindo bastante incomodado por isso. Conversamos brevemente, na presença sempre atenta de Robson, e acertamos a saída para o dia seguinte, segunda-feira.

Partimos pela manhã, bem cedo, chegando à aldeia antes do meio-dia. Ao passarmos pela primeira casa, deparamos com o pequeno Nhamandu, filho do Aparício. Assim que nos avistou, saiu correndo como sempre, duplamente assustado, para perto de sua mãe, Joana Potê. Aquele menino não tinha jeito! Era a única das crianças que não se acostumava com a presença de estranhos, mesmo que já fossem assíduos frequentadores de sua comunidade. Em certa ocasião, enquanto Nhamandu se entretinha brincando com um macaquinho, consegui me aproximar dele, a ponto de tocá-lo. Surpreendido, abriu um berreiro de tão alto volume que não foi fácil para seus pais contornarem a situação. Daquela vez em diante, sempre que me avistava, mesmo ao longe, o menino mais que depressa corria para junto da mãe, ou escondia-se atrás das paredes de pau a pique de sua casa, espreitando-me pelas frestas, enquanto aguardava o "perigo" passar.

Os índios demonstraram grande interesse pela presença de Walinga. Acabei servindo de intérprete quando surgia alguma dificuldade no entendimento do castelhano. Falando pausadamente, o líder Shuar fez um relato bem-detalhado sobre a história da organização indígena em seu país. Mostrou-se naturalmente à vontade e feliz por estar entre os Guarani, um contato interessante no intercâmbio de experiências entre as duas etnias. Karaí convidou-nos a pernoitar em sua casa, proporcionando ao jovem e ilustre visitante equatoriano direta aproximação com a cultura de seu povo.

Tão logo escureceu, os demais foram chegando e se acomodando na casa do cacique, cuja penumbra se fazia por conta da luz de lamparina, e pelas chamas de uma fogueirinha acesa sobre o chão de terra batida. As mulheres amamentavam seus filhos pequenos, carregados em tipoias de tecido, enquanto as crianças maiores conversavam baixinho entre si. R'okadju e seu pai acenderam os respectivos cachimbos, iniciando, em seguida, as bênçãos do local e dos presentes, soprando a fumaça do tabaco sobre nossa cabeça. O silêncio no recinto só não era total por conta de algumas poucas palavras sagradas proferidas em Guarani pelos benzedores. No entanto, minutos depois, uma sinfonia de sapos e grilos provenientes da mata ao redor parecia tomar parte do ritual, preenchendo de mistérios o manto noturno do Sertão de Bracuí.

De posse de seus Violões Sagrados, introduzidos na cultura Guarani por influência jesuítica, os dois homens, voltados para a frente da casa, deram início aos cânticos melodiosos e espirituais do Porahei.[4] As mulheres sustentavam as

---

[4] Canto sagrado dos Guarani, contendo sempre um significado mágico. Qualquer Guarani pode ter seu canto revelado durante o sono, pelo espírito de algum ancestral. Dele utilizam-se em ocasiões da vida familiar, em qualquer acidente circunstancial ou nos jyraky (danças).

crianças e o ritmo do Takuapu, um comprido e grosso bastão de taquara que, batido firme no chão, ressoava tal qual um tambor. Completando a percussão, alguns jovens tocavam o Mbaraká-mirim, ou chocalho, feito de cabaça.

Progressivamente, os cânticos foram se intensificando, num contraste de tons agudos e profundamente melódicos do coro feminino, com o tom grave e vibrante dos homens. Hora e meia depois, a cerimônia de bênçãos do Porahei terminou, com os participantes se retirando para suas casas.

Nos tempos antigos, os Guarani se agrupavam em grandes malocas comunais, abrigando várias famílias divididas espacialmente por pequenas fogueiras. Hoje em dia, cada casa comporta apenas uma família nuclear, com as habitações distantes entre si num raio de 100 a 200m.

Alfredo Walinga agradeceu a Karaí pela generosa acolhida e a oportunidade de ter assistido àquela forte e bela cerimônia. Tereza Kretxu nos ofereceu comida – uma grande panela cheinha de arroz fresco misturado com carne de tatu e abóbora, que acabara de sair do fogo à lenha. A caça foi abatida no mundéu, um tipo de armadilha montada por seu marido no interior da mata, e nos servimos fartamente da saborosa refeição.

Durante o jantar, comentei com Karaí e Kretxu sobre minha ida a Brasília na semana seguinte, início de junho, a fim de obter uma ação concreta da Funai. Acharam ótima ideia, uma vez que andavam preocupados com as ameaças, apesar da aparente trégua. Foi então que sugeri ao casal que me acompanhasse na viagem, pois a presença do cacique e de sua esposa significaria um reforço a mais em nossos objetivos. Ambos concordaram de imediato, aceitando o convite. Walinga também opinou favoravelmente a essa estratégia, ficando, assim, tudo decidido momentos antes de irmos dormir.

Pela manhã, após um revigorante banho de cachoeira e uma caneca de café acompanhada por uma espécie de broa de milho, despedimo-nos e descemos a serra.

Alfredo Walinga levava boas recordações daquele breve encontro com seus irmãos Guarani, e também alguns artigos tradicionais que ganhara de presente. Trocamos endereços e mantivemos ainda alguns contatos por carta após seu retorno ao Equador.

No primeiro sábado de junho do ano de 1982, às 22h, encontrávamo-nos na Rodoviária Novo Rio para embarcar com destino a Brasília. Na bagagem, além de nossas roupas e objetos pessoais, vários artesanatos produzidos pela comunidade, documentação e pôsteres-calendário do projeto, para o necessário reforço de nossas despesas. Eu me daria por satisfeito se Karaí e Kretxu conseguissem permanecer por dez dias úteis na capital federal. De minha parte, estava mesmo disposto a ficar o tempo que fosse necessário.

Chegamos em Brasília às 16h de domingo e, imediatamente, dirigimo-nos à casa de Jorg e Neusa Zimmermann, na Asa Norte, que já nos aguardavam com o carinho e a hospitalidade de sempre. De banhos tomados e já refeitos das 18 horas de viagem, reunimo-nos na sala com os amigos anfitriões e seus três filhos menores, numa conversa agradável em que trocamos as novidades. O ambiente acolhedor e de pessoas amigas quebrou qualquer resquício de timidez do casal, fazendo com que Karaí e Kretxu se sentissem a vontade e integrados ao grupo. O jantar foi servido e, um pouco antes das 22h, já estávamos em nossas camas para um sono profundo e reparador. Na manhã seguinte, começaríamos uma verdadeira maratona pelos corredores e departamentos da Funai.

O desjejum matinal teve início bem cedo, de modo que no começo do expediente já nos encontrávamos na sede central da Funai. Tomamos o elevador e nos dirigimos ao Departamento Geral de Operações (DGO), situado no terceiro andar do prédio. Ao entrarmos em uma das salas, deparamos com a antropóloga e amiga Maria Auxiliadora, que se alegrou ao nos ver.

– Luiz Filipe! Você por aqui de novo, amigo! E, pelo visto, o casal deve ser de Bracuí, certo?

– Exatamente, amiga! Chegamos ontem à tarde e esse é o cacique Karaí Tataendê e sua esposa, Kretxu. Viemos em grupo dessa vez, em missão persistente para com a Funai…

– É isso mesmo, eu vim mais minha mulhé, pra vê de perto como é que essa Funai tá fazendo, pra ajudá o Tsiipré e dar força pra resolvê os problema da terra!

Kretxu também falou, reforçando as palavras do marido e, em seguida, Auxiliadora nos colocou a par dos acontecimentos.

– As coisas por aqui andam meio vagarosas… Acho ótimo vocês terem vindo pra dar uma impulsionada a favor. Por outro lado, os Ofícios 12 e 13, da ANAÍ, encontram-se em tramitação na Agesp (Assessoria Geral de Estudos e Pesquisas). No que depender de nós aqui do DGO, vocês sabem que podem contar!

– Pois é, Auxiliadora, estamos pretendendo incrementar uma cobrança efetiva aqui na sede, visando a imediata identificação da área. E você é a pessoa certa para realizar esse trabalho. Confio plenamente em sua competência e dedicação à causa!

Como já esperava, Auxiliadora mostrou-se inteiramente disposta a assumir o trabalho, dependendo, entretanto, do trâmite interno de nossas correspondências. Naquela manhã, ainda percorremos o Departamento do Patrimônio Indígena (DPI) e a procuradoria jurídica do órgão, buscando obter informações complementares. Ao mesmo tempo em que mantínhamos nossa presença, deixávamos claro o propósito de acompanhar *in loco* o Processo 3360/82.

No período da tarde, logo após almoçarmos, tentamos em vão uma audiência com o presidente. A secretária nos informou que ele se encontrava viajando por uns dez dias, já tendo uma agenda repleta ao retornar, até meados de julho. Nesse caso, partimos para uma conversa com o superintendente, que, duas horas depois, acabou nos recebendo. O enfoque central do diálogo não poderia ter sido outro senão a urgência de se identificar e delimitar aquela área indígena. O superintendente concordou, assumindo o posicionamento de que a identificação antropológica viria a ser o carro-chefe de todas as ações posteriores do órgão oficial. Ainda externou, em nome do presidente, todo o empenho necessário para que essa primeira medida viesse a ser posta em prática o quanto antes.

Saímos do gabinete da superintendência já no fim do expediente. Karaí perguntou-me o que havia achado da conversa. Eu lhe disse que, apesar da boa receptividade, "seguro morreu de velho e desconfiado ainda está vivo…". Afinal, a questão do prazo era decisiva, e o segundo maior escalão não definiu quando afirmou: "o quanto antes." Não era à toa que o famoso cacique Mário Juruna costumava gravar todas as promessas daqueles dirigentes.

A semana transcorreu cansativa e sem novidades. De segunda a sexta-feira, permanecemos por tempo integral na Funai, conversando com os funcionários, diretores e muitos indígenas que por lá se encontravam. Reencontrei alguns Xavante com os quais convivi no Mato Grosso, lideranças Kayapó e representantes de várias etnias do Parque Indígena do Xingu. Foi uma experiência interessante, para os que me acompanhavam, entrar em contato e trocar ideias com os "parentes" de outras tribos.

Por fim, o final de semana chegou, e com ele a merecida oportunidade para o entretenimento e a reposição das energias num ambiente natural e saudável. O casal amigo, juntamente com os filhos Fábio, Andréa e Marina, nos levou na manhã de sábado a uma piscina de água mineral e corrente, situada no Parque Nacional do Distrito Federal, em plena área de cerrado brasileiro. Era exatamente o que estávamos precisando! Água cristalina e pura para um banho refrescante, milho cozido, pamonha e caldo de cana, vendidos no próprio local. Sem perder a oportunidade, os índios levaram consigo algumas cestas, colares e machadinhos de pedra para vender, sempre aproveitando as ocasiões favoráveis. O dia estava lindo, com o céu totalmente azul, como, aliás, se apresentam todos os dias nessa época do ano, entre maio e setembro, no centro-oeste do país.

No domingo, levei o casal Guarani para visitar o Jardim Zoológico de Brasília. Há alguns anos, havia levado um grupo de índios Xavante que se mostraram surpresos com a presença de certos animais para eles, até então, desconhecidos. Não me esqueço de quando perguntei ao velho e altivo cacique Celestino Tser'er'ó-õ se o leão lhe causava medo, e ele respondeu, sem pestanejar, do auge de sua bravura de guerreiro:

> Tem medo não! Tem coragem... borduna é forte, pode matar bicho grande!

Já os Guarani, descontando-se o ímpeto guerreiro dos Xavante, não ficaram em nada a dever em matéria de curiosidade e admiração por tantos animais exóticos ali existentes.

A segunda semana começou no mesmo ritmo da anterior, ou seja, "batendo o ponto" pela manhã na sede da Funai, e retornando para casa somente ao final do dia. Entretanto, o que já previa acabou acontecendo. Quarta-feira à noite, após oito dias de intensa rotina pelos corredores e gabinetes daquele órgão, Karaí disse-me que desejava retornar com sua esposa para a aldeia. É muito difícil e cansativo para o índio adaptar-se ao ritmo de vida na cidade grande e às enrolações da burocracia, mesmo em se tratando dos Guarani, que há séculos mantêm contato com nossa sociedade. No dia seguinte, pela manhã, comprei as passagens de volta para o casal, que embarcaria na Rodoferroviária de Brasília naquele mesmo dia, às 21h. No Rio, eles já saberiam como chegar à cidade de Angra dos Reis. Considerei muito positiva a permanência de ambos no Distrito Federal, mantendo presença diária na Funai até a véspera de seu retorno. Dali em diante, seria por minha própria conta, persistência e paciência redobrada, no afã de alcançar o objetivo maior daquela singular maratona.

Os dias foram se passando, e praticamente nada acontecia para quebrar a rotina do chá de espera interminável pelas dependências da Funai. No entanto, para minha surpresa e dissabor, nossas correspondências, como bolas de pingue-pongue, se deslocaram em vão entre os departamentos, até o dia 22 de junho daquele ano. Dois meses se haviam passado, e nós, na berlinda, aguardando uma resposta. No último despacho da Agesp para o DGO, em 17 de junho, o então assessor técnico e chefe daquela assessoria informou não dispor de um antropólogo para proceder ao levantamento na região de Bracuí. Ao término de seu parecer, ele salientou, com certo tom de desdém: "Essa tarefa não está incluída entre as altas prioridades da Agesp."

Em meio a todo tipo de entrave, nossa amiga Auxiliadora encontrava-se viajando a serviço por uma curta temporada. A alternativa que me restava seria conversar com o Claudio Romero, antropólogo e assessor do DGO, explicando-lhe a situação e pedindo seu apoio. E foi assim que Romero elaborou a Informação nº 661, enviando-a de pronto ao diretor do seu departamento. Nela, descreveu adequadamente o assunto e propôs a designação da antropóloga Auxiliadora para o trabalho requerido. Diante do exposto, o diretor do DGO emitiu finalmente um parecer favorável às atividades de campo. Determinou seu início no dia 17 de julho, e um prazo de cinco dias para serem concluídas.

Ao retornar de Brasília, eu me reuni com os companheiros do projeto, contando-lhes as boas-novas. Persistentemente, havíamos conseguido algo de absoluta prioridade.

No decorrer da segunda semana de julho e ao chegar ao Rio, Auxiliadora me telefonou. Sem rodeios, acertamos para o dia seguinte nossa viagem a Bracuí. Estávamos bastante satisfeitos com a vinda oficial da antropóloga, mas também apreensivos por nenhum comunicado da Oxford até aquela data.

O trabalho de identificação transcorreu da melhor forma possível, sem qualquer obstáculo, e os índios ficaram ainda mais confiantes e engajados no processo pela garantia das terras. Auxiliadora conversou longamente com os membros da comunidade, percorrendo seus roçados e algumas áreas de caça e coleta de matéria-prima destinada à confecção de artesanatos. As ameaças e provocações do Ryerson haviam cessado temporariamente, mas a antropóloga fez questão de registrá-las, bem como as ações do projeto e o recebimento da verba que estávamos aguardando. Concluída a primeira fase do trabalho, Auxiliadora regressou a Brasília, para, em seguida, elaborar seu relatório.

Alguns dias ainda se passaram quando, por fim, recebemos a tão almejada resposta da agência inglesa. Meu coração acelerou… Tratava-se de uma correspondência assinada pelo próprio representante da Oxford no Brasil. No decorrer da leitura, minhas esperanças e alegrias se transformaram bruscamente em decepção e raiva. Aquele inglês... o mesmo que aprovara nosso projeto, na teoria e na prática, em minha presença e na presença dos índios, assinava agora aquela traiçoeira carta, com a seguinte ressalva:

> O Projeto Guarani deverá passar por uma avaliação antropológica para a sua aprovação definitiva.

Mais adiante, tamanha foi a desagradável surpresa – proporcional à indignação que eu sentia – quando soube que o antropólogo sugerido, e orientado para que o contatássemos imediatamente, chamava-se Robson Tomázio Armador, aquele que fiquei conhecendo em sua residência quando para lá me dirigi ao encontro de Alfredo Walinga.

Para mim, estava tudo muito claro, não restando dúvidas quanto àquela armação... Os índios e os companheiros do projeto ficaram visivelmente revoltados com o novo curso da história. Mas não havia outra escolha... Telefonei para Robson, que agora, com ar de superioridade percebido pelo tom de sua voz, respondeu friamente à pergunta que eu lhe fizera:

> O meu parecer é fundamental para que a Oxford libere o dinheiro destinado ao projeto de vocês... Precisamos conversar, saber ao certo qual é a proposta de trabalho junto aos Guarani. Prefiro, num primeiro momento, que você fale com o pessoal e marque uma reunião para a gente discutir o assunto, antes de minha ida ao Bracuí a fim de conhecer a comunidade.

Durante aquela rápida conversa, consegui me controlar, a duras penas. Respirei fundo, contei mentalmente e diversas vezes de um a dez, evitando, assim, pôr o barco a perder, isto é, se já não estivesse perdido...!

A reunião foi marcada para a semana seguinte, em minha residência, que, ao mesmo tempo, era nossa sede provisória. No dia agendado, todos compareceram envoltos por grande decepção e descrédito no representante da Oxford e na pessoa do pretenso avaliador.

O tempo todo ele questionou nosso trabalho, sem conseguir disfarçar, em cada pergunta e observação, suas tendenciosas suspeitas e discordâncias. Depois de umas duas horas de intensas discussões, a reunião terminou com um mal-estar generalizado entre nós, uma sensação estranha, algo semelhante a um nó na garganta e outro no estômago.

Por outro lado, nossa ida à aldeia somente realizou-se mais de um mês após nos reunirmos, devido aos problemas pessoais do antropólogo. Passamos apenas um dia entre os índios, com Robson a questionar e dialogar junto à comunidade sobre o projeto. Por fim, após tantas falações e dúvidas que acabaram se esclarecendo, ele afirmou, diante de todos, que aprovaria a proposta de trabalho, fazendo, entretanto, algumas ressalvas... Senti que os Nhandéva ficaram com um pé atrás, pois já haviam deparado com o mesmo tipo de promessa quando da visita de Thimoty Cross, três meses antes.

No momento em que entrávamos no carro para retornar à cidade, R'okadju perguntou-nos se poderíamos levar sua mãe, já que ela se encontrava com uma consulta médica marcada para aqueles dias. Kretxu realizava exames periódicos para controle de mioma uterino, tendo sido encaminhada a tratamento por intermédio da Casa do Índio. O antropólogo imediatamente concordou, quando então seguimos viagem.

Tivemos ainda nossa última reunião com Robson, que reafirmou seu discurso junto aos índios, o qual testemunhei. Sugeriu que ficássemos tranquilos, pois o projeto seria aprovado, ainda que com algumas alterações, e, naquele momento, ele não poderia precisar exatamente quais...

Recordo-me bem das palavras do companheiro e agrônomo Ricardo Buchaul:

> Não confio em absolutamente nada nesse antropólogo... Acho que ele vai aprontar uma surpresa bem inconveniente para todos nós em seu parecer!

Em meados de setembro, Auxiliadora nos enviou uma cópia de seu relatório encaminhado ao diretor do Departamento Geral de Operações da Funai. Seu texto, composto de 19 páginas, abordou com a devida competência os aspectos históricos do povo Guarani, sua organização sociopolítica e econômica, atividades em agricultura, caça, pesca, coleta, artesanato, educação, saúde, sistema religioso, a questão da terra, a localização e o levantamento populacional dos indígenas de Bracuí. Assim, a comunidade passou a existir oficialmente e a constar no mapa etnológico do Brasil, em especial no Rio de Janeiro.

Na sequência, a próxima etapa seria a delimitação da área propriamente dita. Todavia, para prosseguirmos na causa, dependeríamos mais do que nunca da obtenção dos recursos financeiros. Os pôsteres-calendário praticamente se haviam esgotado, não fazendo mais sentido uma nova tiragem. O dinheiro que arrecadávamos com as vendas já não era suficiente, exigindo tempo e esforço cada vez maiores para cobrir as despesas em nossa atuação.

Foi em clima de grande expectativa e desconfiança que recebemos a correspondência da Oxford. Ao abrir o envelope, pude constatar uma carta assinada por Thimoty Cross, emitindo seu parecer, e, junto, uma cópia do relatório conclusivo sobre o Projeto Guarani. Logo no início da carta não me restaram dúvidas quanto ao teor da avaliação do antropólogo. No entanto, jamais conseguiria imaginar que a traição, o desrespeito e a mentira pudessem atingir níveis tão baixos...! Exatamente naquela conjuntura pela qual passávamos, Timy sugeria que elaborássemos uma nova proposta, tendo em vista os pontos discordantes apresentados por Robson. Confesso que custei a crer no que lia, e que descartava a menor chance de financiamento, depois das explícitas promessas aos índios e membros da ANAÍ.

Para o antropólogo, nossas ações não passavam de mero imediatismo voluntário e de cunho paternalista-assistencialista. Segundo ele, a questão fundiária estaria muito aquém das prioridades estabelecidas pelo projeto. Entretanto, o que mais nos surpreendeu e indignou foi o trecho referente ao deslocamento da mulher de Karaí, Tereza Kretxu, para a Casa do Índio, a fim de prosseguir no tratamento médico especializado. Robson considerou esse episódio um esforço, de nossa parte, na intenção de "mostrar serviços". Segundo ele, o Projeto

> parecia não levar em consideração a medicina Guarani, acarretando, assim, várias interferências naquela cultura indígena.

Porém, caiu em contradição. Bem-percebido pelo Ricardo Mansur, ora ele se referia àqueles índios como parte de um povo autônomo e forte, após séculos de contato com os brancos, ou, então, frágeis e indefesos como um castelo de cartas, que, ao menor sopro, poderia desmoronar. Mas, na realidade, as interpretações do antropólogo eram descabidas e desvinculadas de um propósito verdadeiro e em prol do Bracuí, dissimulando outros interesses... Por isso mesmo, seu relatório não passou de pura retórica demagógica e antiética, numa demonstração clara e evidente de desrespeito e traição aos próprios índios. De súbito, vieram-me suas "prestimosas" palavras ao encontrá-lo pela primeira vez:

No que você precisar, pode contar com o meu apoio! O Timy é meu amigo e, com certeza, posso dar uma força ao projeto!

Mais uma vez, precisei respirar fundo muitas vezes, ao me concentrar na escrita de um texto, rebatendo e comprovando a má-fé e as contradições de Robson e do representante da Oxford. Escrevi muitas páginas, remetendo-as diretamente à Inglaterra, com uma cópia enviada ao Sr. Thimoty Cross, em Brasília.

As semanas se alternavam sem resposta ou considerações por parte da Oxford, e, igualmente, sem qualquer perspectiva de sobrevivência do nosso trabalho, em razão da absoluta carência financeira. Mas, apesar dos pesares e de todas as dificuldades enfrentadas, o projeto teimava em ir adiante, ao menos no envio de correspondências à sede central da Funai, reiterando os pedidos de delimitação da área indígena.

Em abril de 1983, caminhava pelas ruas do Leblon, bairro no qual permanecia residindo com meus familiares, quando encontrei Lúcia, uma amiga que não via desde o ano anterior.

– E aí, Tsiipré, há quanto tempo! E o trabalho com os Guarani, como vai indo?
– Lamento dizer, está devagar quase parando... Ultimamente, tenho pensado até mesmo em desistir.

Contei resumidamente para minha amiga o que se passara, ao que ela enfatizou:

Não desista, não, Tsiipré, de maneira alguma! Escute só: eu conheço uma pessoa, um empresário do ramo da construção civil, que gosta muito dos índios e talvez possa apoiá-lo. Vou telefonar para ele hoje mesmo! Seu nome é Manoel Guerra Borges, mais conhecido por comandante Borges, desde o tempo em que pertencia à aviação civil. E aí, quem sabe...?!

Despedi-me de Lúcia agradecendo-lhe pela intenção de ajudar, indo em seguida para minha casa, sem mais pensar no assunto. Sinceramente, não alimentei a menor esperança nessa possibilidade de apoio.

Na manhã seguinte, quando já estava de saída, meu telefone tocou. Ao atender, era Lúcia.

Oi Tsiipré, bom-dia! Preste atenção; acabei de falar com o comandante Borges e ele está esperando por você, ainda hoje, em seu escritório, às 19h. Leve tudo o que achar mais interessante sobre o trabalho, para que ele tome conhecimento.

No horário estabelecido, eu, Ricardo e Thaís chegamos ao escritório da empresa do tal comandante, no Centro da cidade. Ao entrarmos, deparamos com um ambiente frio, formal e nada acolhedor. A presença de alguns homens armados com revólveres e o forte cheiro de fumaça de cigarro contribuíam para um clima de tensão e mal-estar na pequena sala de espera. Por alguns segundos, veio-me à mente a ideia de desistir, achando que aquela reunião não resultaria em nada. Enquanto aguardávamos em total silêncio e apreensivos, tratei de expulsar de minha mente os pensamentos pessimistas e obscuros. Logo em seguida, o comandante apareceu, convidando-nos a entrar numa sala de reuniões. Vestia calça bege, camisa social branca e gravata vinho. Seus cabelos eram lisos, castanho-claros, e penteados para trás.

Sentamo-nos em ambos os lados de uma grande mesa retangular, quando então o comandante Borges tomou a iniciativa da palavra:

A Lúcia me falou sobre vocês. Não reparem a presença dos meus seguranças armados ou, melhor dizendo, não se assustem! Acontece que aqui é o escritório financeiro da empresa e devemos nos precaver... Mas vamos lá ao que interessa! Estou à disposição para o que vocês tenham a me dizer.

O comandante falava olhando fixamente em nossos olhos. De rosto sereno, mas ao mesmo tempo frio, não deixava transparecer o menor sinal de emoção. Passei a descrever detalhadamente toda a história do Projeto Guarani, concluindo a narrativa com a lamentável experiência anterior em busca de apoio financeiro. Falei aproximadamente por duas horas, e em nenhum momento ele me interrompeu ou fez qualquer pergunta. Seu semblante permanecia impassível e, ao término de minha falação, após entregar-lhe uma cópia do projeto, o empresário proferiu uma única frase:

Vou ler com interesse o material, e daqui a uma semana me telefone para combinarmos outra reunião. Boa noite a todos.

Ao sairmos da empresa, por volta das 22h, nossos olhos pareciam renovados com um brilho de esperança, diante da possibilidade que se apresentava.

Lá no fundo, algo me dizia para acreditar naquele homem. Thaís e Ricardo comungavam do mesmo pressentimento. Mas... e se a resposta viesse a ser negativa? Não poderíamos contar com o ovo embaixo da galinha, segundo o dito popular. Achamos que a melhor postura seria não criar expectativas, conforme ocorrera em relação à de Oxford, mantendo certamente um pé atrás!

A semana demorou a passar, como se fossem duas. No dia determinado, telefonei para o comandante e ele confirmou para o dia seguinte, no meio da tarde, um novo encontro.

Às 15h, compareci sozinho no escritório da empresa imobiliária. Dessa vez, os companheiros não puderam ir, em virtude de suas atividades profissionais. Meia hora depois o comandante acenou para que eu entrasse em sua sala. Em seguida a um aperto de mãos, Borges foi logo comentando:

> Li com muita atenção a proposta do Projeto Guarani e também busquei maiores informações a seu respeito...

Naquele instante, eu me peguei surpreso pela maneira como ele se expressava. Teria sido eu, literalmente falando, investigado? Obviamente, nada tinha a temer, mas fiquei curioso com o tino investigador do empresário. Imaginei que ele teria conversado mais demoradamente com Lúcia, que, no entanto, sabia muito pouco a meu respeito. Na ânsia de obter logo uma resposta, permaneci ouvindo atentamente o que dizia o comandante.

> Em primeiro lugar, o que tenho a dizer é que vocês poderão contar com o meu total apoio. No que depender de recursos financeiros, darei toda a cobertura necessária para que os índios sejam beneficiados e venham a ter futuramente suas terras demarcadas e garantidas. Eu sou amigo da diretora da Casa do Índio... A Cariry me falou muito bem a seu respeito, dizendo que o conhece há 15 anos e que eu poderia ficar tranquilo no sentido de apoiar abertamente esse trabalho.

De tanta emoção e felicidade, meus olhos se encheram d'água. Como esse mundo é pequeno... e no caso, duplamente pequeno, pois, além de ser amigo da Cariry, o comandante Borges ainda auxiliava a aldeia do cacique Beijamim Wapariá, um antigo conhecido meu, nos tempos do Projeto Xavante.

Na continuidade da conversa, o comandante impôs duas condições. A primeira, no sentido de seu nome ser mantido em absoluto anonimato na imprensa em geral. A segunda, com a qual concordei plenamente, era para nos desvencilharmos da Associação Nacional de Apoio ao Índio, fundando uma entidade própria, na cidade do Rio de Janeiro.

Os Guarani e o pessoal do projeto receberam com imensa alegria a notícia, agora confirmada, de nosso primeiro e único patrocinador.

Em renovada e efusiva reunião, submeti à apreciação de todos a sigla CADIRJ, que significava Comitê de Apoio e Defesa dos Indígenas do Rio de Janeiro, como suporte ao Plano de Desenvolvimento Sociocultural da Comunidade Indígena Guarani da Região de Bracuí – Projeto Guarani. Tendo sido por unanimidade aceita, seus estatutos foram devidamente elaborados, e no dia 7 de maio de 1983, após ter as resoluções aprovadas em Assembleia Geral Extraordinária, o CADIRJ foi registrado no Cartório de Pessoas Jurídicas da cidade em que nasci. Logo em seguida, comunicamos à Funai nossa nova denominação.

A partir daquele fundamental apoio, os trabalhos do CADIRJ foram sendo prontamente desenvolvidos. Chegara o momento certo para incrementarmos algumas medidas estratégicas. Já que tentavam nos intimidar de forma indireta, por meio de recados ameaçadores, buscaríamos, em curto e médio prazo, surpreender o inimigo, desferindo-lhe um golpe certeiro.

Surgiu, assim, a ideia de um plano tríplice. Propusemos uma audiência com o então governador Leonel Brizola, a realização de um abaixo-assinado em prol da demarcação do Bracuí e, por último, a preparação de uma ampla matéria em jornal, expondo todo o assunto inerente àquela comunidade indígena. Concluída a elaboração do texto, corremos atrás de adesões em regime de mutirão. Íamos a universidades, teatros, shows e áreas públicas de lazer, conversávamos com as pessoas e preenchíamos páginas e mais páginas com seus nomes, profissões, identidades e respectivas assinaturas. Fiquei incumbido de colher as firmas dos parlamentares, o que, posteriormente, acabou resultando na Moção de Apoio da Assembleia Legislativa do Estado do Rio de Janeiro, remetida, logo após, ao presidente da Funai. Paralelamente, adquirimos o montante de 2.800 pés de banana cultivados por um posseiro, nas proximidades da aldeia, que, mediante o justo pagamento de indenização, passou a pertencer aos índios. A audiência com o governador do estado foi marcada para o dia 16 de novembro daquele ano e, até lá, teríamos tempo suficiente para a almejada e estratégica matéria jornalística.

Em 25 de agosto, mais uma vez acompanhado pelo cacique Karaí e sua esposa, entregamos ao recém-empossado presidente da Funai, Octávio Ferreira Lima, o abaixo-assinado da população do estado do Rio de Janeiro, em apoio à demarcação. O documento, contendo 7.068 assinaturas, incluía a quase totalidade dos vereadores e deputados estaduais, portanto, signatários representantes de milhões de eleitores. Em consequência, um mês depois, a Funai designou os servidores José Mancin, engenheiro agrimensor, e Antonio de Paula, engenheiro agrônomo, ambos lotados no Departamento de Patrimônio Indígena (DPI), juntamente com o procurador autárquico do Incra, José da Silva Leal, para darem início ao levantamento fundiário e à delimitação da área, entre outras medidas relacionadas na portaria presidencial.

Os resultados daquele grupo de trabalho foram de suma importância, pois, além de eleger e delimitar a referida área em 700 hectares, também identificou os ocupantes classificados como posseiros com benfeitorias, em número de três, e os titulados, mas sem benfeitorias, perfazendo o total de quatro. O grupo procedeu ainda ao levantamento dos valores em dinheiro, pelas benfeitorias encontradas, para efeito de futura indenização durante o processo desapropriatório das terras.

A segurança de poder contar com apoio financeiro integral nos proporcionava a tranquilidade necessária para nos dedicarmos exclusivamente ao trabalho com os indígenas e concretizar, passo a passo, as nossas metas.

Quase no final de outubro, recebi um telefonema de Patrícia Nolasco, repórter do jornal *O Globo*. Ela fora designada para realizar uma matéria jornalística sobre os Guarani de Angra. Quando eu menos esperava, percebi naquela ligação o fechamento da terceira etapa do nosso plano... Patrícia revelou certa urgência pela matéria, ao que, de imediato, busquei dissuadi-la. Conversamos abertamente ao telefone, e ela pareceu concordar quanto à necessidade e à importância de seu trabalho, mas no momento certo. Não podíamos incorrer em riscos por precipitações. As ameaças de morte estavam cada vez mais declaradas, tanto em relação aos índios quanto, em particular, ao coordenador do projeto. Tínhamos uma audiência com o governo do estado, e essa reportagem, se bem conduzida, seria de grande valia aos nossos objetivos. Do contrário, poderia até prejudicá-los, principalmente se ocorresse na hora errada. A jornalista mostrou-se bastante sensível aos meus apelos, compreendendo plenamente os motivos apresentados. Disse-me que comunicaria os fatos ao chefe de redação e pediu-me, tão somente, exclusividade. Então, eu lhe dei minha palavra.

Alguns dias depois, Patrícia esteve em minha residência e eu lhe forneci todas as informações que desejava obter. Seu chefe aceitou sem ressalvas as razões expostas por ela, ficando acertada a publicação da matéria para o dia 15 de novembro, véspera da nossa audiência com o governador. A repórter considerou importante ir à aldeia, juntamente com um fotógrafo, o que combinamos para o sábado seguinte. A viagem foi breve, apenas para sua apresentação aos índios e a sequência de fotos. Em um veículo da redação do jornal, fomos e voltamos no mesmo dia. Entretanto, ficou definido, que retornaríamos no outro final de semana, para pernoitar, dispondo, assim, a jornalista, de um tempo maior no convívio com a comunidade.

Patrícia muito apreciou aquele breve contato com os Guarani-Nhandéva, o que certamente enriqueceria ainda mais sua matéria. Pouco antes de regressarmos, acertei com Karaí que no dia 15 de novembro, na terça-feira da próxima semana, chegaria em torno das 11h ao km 113,5 para encontrá-los. Ele, Kretxu, seu filho Aparício R'okadju e outro Guarani que se instalara há pouco tempo na área, seguiriam em minha companhia para a audiência governamental.

Pela manhã do dia combinado eu me dirigi à estação rodoviária a fim de partir com destino a Angra dos Reis. Antes de passar no guichê, comprei uns cinco exemplares do jornal *O Globo*, que estampava na banca, em primeira página, a seguinte manchete:

> A COMUNIDADE GUARANI DO ESTADO DO RIO – AS MATAS DE ANGRA TÊM ÍNDIOS, AMEAÇADOS DE VIOLENTA EXPULSÃO. GUARANIS DE ANGRA VÃO PEDIR TERRA A GOVERNADOR.

Ao embarcar, dei início à leitura da matéria jornalística de página inteira assinada por Patrícia Nolasco, cuja introdução assim dizia:

> A existência de índios nas matas do estado do Rio é praticamente desconhecida para o carioca, como era para a própria Funai até há um ano. Mas eles existem e, dizem, sofrem até violentas ameaças de expulsão. São Guaranis do tronco Tupi, subgrupo Nhandéva, que vieram do Paraná e passaram por São Paulo em busca do litoral, a "Terra sem males" de sua mitologia. Chegaram a Paraty-Mirim há 25 anos, mas, expulsos por posseiros e pela abertura da Rio-Santos, acabaram se instalando, há 16 anos no alto da Serra da Bocaina, Angra dos Reis, no Sertão do Bracuí, a sudeste do rio de mesmo nome (...).

Patrícia fizera um belo trabalho. A matéria, como um todo, estava perfeita, sem erros. Abordou de forma abrangente e objetiva todo o contexto histórico da comunidade indígena, dando ênfase à luta pela terra e ao apoio do CADIRJ. Conforme o pedido do comandante Borges, a jornalista o deixou no anonimato, mencionando tão somente sua auspiciosa contribuição financeira.

Exatamente às 11h cheguei ao ponto da rodovia previamente combinado, e lá estavam os quatro à minha espera. Entreguei aos índios alguns exemplares do jornal, e eles ficaram satisfeitos com o tamanho da matéria jornalística e também com as quatro e bonitas fotos que ilustravam a reportagem.

Quando chegamos ao Rio, dirigimo-nos ao apartamento de meus pais, onde pernoitaríamos à véspera da audiência no Palácio Guanabara. Os Guarani se surpreenderam com meu quarto, que, respeitadas as proporções, mais parecia um museu... Eu possuía uma coleção etnológica que se formara espontaneamente. A maioria das peças me fora presenteada pelos próprios índios, ficando bem protegidas e guardadas no interior de um amplo armário. O restante decorava as paredes do quarto, que ainda continham variados pôsteres de índios de diferentes nações. Os Nhandéva se sentiram totalmente à vontade, pedindo-me para ler mais uma vez a matéria sob o fundo musical do Porahei, gravado meses atrás, na aldeia Itatinga.

Naquela mesma noite uma equipe de reportagem da TV Globo realizou uma gravação ao vivo no meu quarto, com a repórter Fernanda Esteves, do *RJTV*, entrevistando-nos sobre a esperada audiência com o governador. A chamada televisiva ficou bem natural e espontânea, mostrando os índios fumando o Petynguá. Concluída a gravação, restava-nos dormir cedo para estarmos bem-dispostos e descansados no outro dia, na longa trajetória que nos aguardava.

A audiência fora marcada para as 10h30, e assim, pontualmente, adentramos no Palácio Guanabara. Os profissionais da imprensa escrita, falada e televisada, ao nos verem chegar, cercaram-nos, disputando entre si a exclusividade das entrevistas. Tivemos de repetir inúmeras vezes as razões daquela reunião com o governo, respondendo, em seguida, a uma enxurrada de perguntas. Patrícia encontrava-se presente e nos informou que a audiência atrasaria, e que seríamos recebidos pelo governador em exercício e secretário estadual de Ciência e Cultura, Darcy Ribeiro, e também pelo secretário de Justiça e Interior, Vivaldo Barbosa. O deputado federal pelo Rio de Janeiro e meu velho conhecido de guerra, da Nação Xavante, Mário Adzurunã, equivocadamente chamado de Juruna (nome de uma tribo do Xingu), tomaria parte na reunião.

Já nos conhecíamos bem antes de ele ter despontado na imprensa por utilizar um gravador, registrando as promessas dos presidentes e diretores da Funai.

Também encontramos nossa outra aliada e repórter da TV Manchete, Eliane Furtado, que gravou uma belíssima matéria no Bracuí, com cenas exuberantes, e levada ao ar em horário nobre, pouco antes de nosso primeiro contato com a Patrícia. O presidente do CADIRJ, Ricardo Mansur, e o agrônomo do projeto, Ricardo Buchaul, marcaram presença, mostrando-se otimistas quanto ao futuro resultado de nossas ações junto aos índios.

Finalmente, após duas horas de espera e entrevistas com a imprensa, um funcionário do Palácio nos conduziu, escadaria acima, até o amplo salão destinado ao nosso encontro com as autoridades.

Os jornalistas posicionaram-se ao redor da grande mesa quadrangular. Na cabeceira, de frente para a porta principal, o governador interino, ladeado à esquerda pelo parlamentar Xavante, seguido pelo secretário de Justiça, Karaí Tataendê, Tereza Kretxu e Nivaldo Karaí Mirim. R'okadju encontrava-se à minha esquerda e à direita de Darcy Ribeiro.

O vice-governador e antropólogo, profundo conhecedor da temática indígena, abriu a audiência esclarecendo a impossibilidade da presença do governador Leonel Brizola, que se encontrava viajando. Em seguida, fez uma explanação sobre as sucessivas migrações da Nação Guarani, iniciada na segunda metade do século XVIII, e oriundas de um movimento messiânico em busca do *Ivy Maray*, ou a "Terra sem males". Tão logo concluiu sua empolgante narrativa, Darcy indagou:

> Eu estou sabendo que vocês têm documentos, e que os trouxeram; isso é muito importante para o governo poder ajudar... E onde estão esses documentos?

Naquele instante, tomei a palavra, já que trazia em mãos uma cópia na íntegra do Processo 3360/82/Guarani de Bracuí, contendo até a xerox de todo o abaixo-assinado que entregamos ao presidente da Funai. Na documentação, ainda constava a carta de apoio do bispo de Itaguaí, dom Vital Wilderink, cuja diocese abrange a região habitada pelos índios. A carta era dirigida ao governador, manifestando a confiança em uma decisão efetiva pela demarcação das terras.

Toda a imprensa registrou e conferiu quando abri a pasta do processo e comecei a falar:

Em nome do Comitê de Apoio e Defesa dos Indígenas do Rio de Janeiro, tenho a honra de passar às mãos de Vossa Excelência, na condição de ilustre representante do governo, uma cópia de toda a documentação que resultou na abertura do processo referente aos aspectos antropológicos, jurídicos e constitucionais que asseguram a regularização fundiária e a demarcação das terras habitadas pela comunidade indígena Guarani-Nhandéva, no Sertão do Bracuí. Tendo em vista o apoio da população, de políticos e da própria Funai, que vem satisfatoriamente atendendo às solicitações do CADIRJ, nossa intenção aqui é unir esforços, no sentido de que os índios...

Sem conseguir completar minha fala, numa linha de pensamento voltada exclusivamente para a segurança de todos e a maior rapidez na demarcação das terras, o governador em exercício, abruptamente, interrompeu-me:

Olha aqui, rapaz... quem vai resolver o problema das terras desses índios é o governo do estado, o governo do Brizola! Depois, então, nós comunicamos à Funai e pronto! Nós sabemos muito bem como funciona a Funai...

Em seguida, Darcy Ribeiro determinou ao secretário de Justiça e Interior que acionasse imediatamente a Delegacia Policial de Angra dos Reis, objetivando assegurar proteção aos Nhandéva, ameaçados de expulsão e morte pelo administrador da fazenda Itinga, que já iniciara a abertura de uma picada passando perto da aldeia.

A audiência prolongou-se por uns 20 minutos, com os jornalistas fazendo várias perguntas ao final. Antes de responder à última indagação de um repórter, o vice-governador levantou-se, observou atentamente a imprensa, os índios e as demais pessoas presentes no salão, reafirmando de maneira clara:

– As terras desses índios Guarani, na Serra da Bocaina, em Angra dos Reis, serão demarcadas por iniciativa do governo do estado.

Logo em seguida, retirou-se do recinto.

Ao sairmos do Palácio Guanabara, os índios manifestaram desconfiança e temor pela concretização das ameaças que vínhamos sofrendo, em consequência da ampla divulgação do nosso trabalho na imprensa. Mesmo testemunhando o contato telefônico do secretário de Justiça com o delegado titular de

Angra dos Reis, quando ordens expressas de proteção da polícia à comunidade Guarani foram transmitidas em nome do governador, R'okadju e Karaí disseram-me não confiar plenamente, a médio e longo prazo, na eficácia dessas recomendações.

Aquela audiência teve ampla repercussão, sobretudo na imprensa escrita, com matérias se propagando por sete dias consecutivos nos principais periódicos do estado e do país.

> DARCY APOIA LUTA DE GUARANIS EM ANGRA E PEDE PROVIDÊNCIAS (*O Globo*, 16/11/83)
>
> DARCY: ÍNDIOS DE ANGRA TÊM DIREITO ÀS SUAS TERRAS (*O Globo*, 17/11/83)
>
> DARCY PROMETE A ÍNDIOS NHANDÉVA DEMARCAR TERRAS NA SERRA DA BOCAINA (*Jornal do Brasil*, 17/11/83)

Apenas por poucos dias cessaram as pressões daqueles que almejavam a saída dos índios da região. A picada passou bem perto das habitações indígenas, na intenção de estabelecer os limites da fazenda Itinga com a Imbu. Certo dia, enquanto aguardava a condução para Angra dos Reis, às margens da BR-101, um homem jovem, moreno e com cara de poucos amigos, aproximou-se fazendo perguntas em relação ao meu trabalho na aldeia. Quando eu quis saber os motivos de seu interesse por minhas atividades, ele, que parecia trazer uma arma por baixo da camisa, afastou-se do local ao notar a aproximação dos Guarani. R'okadju, tendo percebido a presença do estranho, disse-me, num tom de voz carregado de ansiedade, tratar-se de um elemento perigoso, com fama de pistoleiro e bastante conhecido naquelas redondezas... Diante da situação de permanente insegurança no Bracuí, achei por bem realizar uma nova viagem a Brasília, na intenção de buscar uma resposta efetiva para a solução do problema.

Quatro dias depois, retornei ao Rio, tendo em mãos o ofício assinado pelo presidente da Funai e dirigido ao superintendente da Polícia Federal, comandante Edilberto Souza Braga. E no dia 5 de dezembro, ao me receber com total atenção, entreguei-lhe a correspondência formal. Conversamos por algum tempo, o suficiente para inteirá-lo dos fatos e definir a estratégia e data para que a missão fosse cumprida.

Enquanto aguardávamos a incursão da Polícia Federal na área, procuramos manter certos cuidados durante nossos deslocamentos pelas matas do Bracuí. Evitávamos qualquer exposição desnecessária durante o dia, procurando caminhar sempre atentos e em silêncio. De preferência, quando seguíamos pela picada à noite, utilizávamos o mínimo possível a lanterna. Orientei os índios para que buscassem estar sempre em grupo e precavidos em suas andanças pela região.

Finalmente, na manhã do dia 12 de janeiro, acompanhei a diligência do delegado da Polícia Federal de Angra, dr. Guilherme dos Santos, integrada por mais dois agentes. Percorremos as fazendas Imbu e Itinga, como também as casas de alguns posseiros que foram convocados a prestar declarações na delegacia. O administrador da Fazenda Itinga, um dos principais suspeitos pelas ameaças de morte, assim como os demais, todos foram devidamente advertidos de que seriam responsabilizados, caso qualquer tipo de agressão viesse a nos ocorrer. No dia seguinte, o jornal *O Globo* publicou matéria intitulada "POLÍCIA CONVOCA ACUSADOS DE AMEAÇAR OS GUARANIS". Na mesma, Ryerson negou a denúncia, afirmando "que os Guaranis estão sendo jogados contra ele pelo indigenista Luiz Filipe". Pelo menos, em virtude da intervenção direta da Polícia Federal, a situação na área ficou bem mais calma.

De 18 a 25 de fevereiro de 1984 realizamos, na cidade de Angra dos Reis, o Primeiro Simpósio sobre a Questão Indígena. O evento, promovido pelo CADIRJ, contou com a participação e o apoio da Sociedade Angrense de Proteção Ecológica (SAPE), da Comissão Pastoral da Terra (CPT) e da Prefeitura de Angra, nossos aliados pela demarcação. Mais uma vez, o comandante Borges deu todo o apoio, disponibilizando uma caminhonete para que pudéssemos conduzir as 316 peças de minha coleção etnológica e que seriam organizadas em uma exposição nas dependências do Convento do Carmo. Como sempre, nossos amigos do Convento, em particular o frei Fernando, nos acolheram com total solidariedade e carinho, oferecendo-nos acomodações e alimentação durante os oito dias do simpósio. A imprensa local deu boa cobertura ao evento, constituído por documentários sobre os povos indígenas, palestras e debates proferidas pela CPT e pelo CADIRJ, em que abordamos os objetivos e as metas do projeto, além da mostra sobre a cultura material de mais de 40 etnias. A população de Angra dos Reis e arredores compareceu diariamente às atividades, tendo a exposição recebido um grande público ao longo da semana. Pelas assinaturas no livro de visitação, incluindo turistas de várias partes do mundo, foi considerada, literalmente falando, "a exposição dos 1.001 visitantes"!

Sem dúvida, aquele evento em muito contribuiu para esclarecer, sensibilizar e conscientizar os habitantes de Angra no tocante aos indígenas. Teríamos agora de insistir junto ao governo, em busca também de conscientizá-lo da fundamental importância de se unirem esforços com a Funai, em razão do objetivo principal. Não havia sido outra nossa intenção, durante o encontro com as autoridades, em novembro do ano anterior.

Encerrado o simpósio, fizemos em março uma tomada de imagens aéreas em Sertão do Bracuí. Eu e minha amiga Márcia Carnaval, fotógrafa e colaboradora do CADIRJ, levantamos voo de helicóptero, no Aeroclube de Jacarepaguá, com destino à área indígena. O tempo estava aberto, com um céu de brigadeiro, durante todo o percurso até a região da Serra da Bocaina. Ao sobrevoarmos o trecho entre as montanhas e a pequena cidade de Angra, a paisagem avistada era realmente deslumbrante! O contraste entre o azul-turquesa do Atlântico e o verde imponente da mata em elevações nos deixou completamente extasiados diante de tamanha beleza! O helicóptero, que parecia uma bolha transparente, contribuía ainda mais para a expansão do nosso campo visual. Não houve qualquer dificuldade para que localizássemos a aldeia envolta pela Mata Atlântica. Orientei o piloto para que seguisse o traçado da BR-101, no sentido Rio-Santos. Tão logo avistamos a casa do Ryerson, à beira de uma estrada de terra e partindo da rodovia, alteramos a rota. Em linha reta à direita, até as montanhas, fomos ganhando a necessária altitude no sobrevoo de reconhecimento e localização. Minutos depois, lá estavam as choupanas dos índios e a roça coletiva de milho que haviam plantado. Márcia, com sua câmera, foi registrando por todos os ângulos. Os Guarani, que já haviam sido avisados do trabalho fotográfico aéreo, observavam curiosos e atentos a movimentação da aeronave. Tentamos descer no pátio, entre a casa de Karaí e o escritório local do projeto, mas uma única árvore acabou por impedir nossa aterrissagem.

As fotos ficaram excelentes, dando a dimensão exata e exclusiva da ocupação indígena na área. O aluguel do helicóptero – e seu respectivo tempo de voo para a realização do trabalho – foi mais uma contribuição significativa e importante do comandante Borges, nosso aliado e patrocinador.

Fazia poucos dias que eu havia chegado de Brasília, juntamente com R'okadju e seu irmão Veraí, onde participamos do Primeiro Encontro de Povos Indígenas de todo o país, realizado no auditório Nereu Ramos, na Câmara dos Deputados. Vera, que acabei reencontrando no Distrito Federal, decidiu vir junto, na intenção de conhecer minha família, e também o Bracuí. Ela tinha direito a dois meses de férias, pelo prolongado tempo em que permanecera trabalhando no Parque Indígena do Xingu.

Desde a audiência com o governo, cinco meses já se haviam passado, quando, em 27 de abril daquele ano de 1984, resolvemos retornar ao Palácio Guanabara para cobrar as promessas ainda não cumpridas. Dessa vez, chegaríamos de surpresa... Duas horas antes, confirmadas as presenças de Darcy Ribeiro e do governador Leonel Brizola na sede do poder, comunicaríamos nossa intenção à imprensa.

Ao chegarmos ao Palácio, na manhã de uma sexta-feira, fomos encaminhados à secretaria da vice-governança, na expectativa de falarmos com a segunda maior autoridade hierárquica do governo estadual. Estava acompanhado por Vera e dez representantes da aldeia Itatinga, tendo à frente o cacique Karaí Tataendê. Dessa vez, a espera foi curta, mas recebemos a informação de que Darcy Ribeiro não nos poderia receber, encaminhando-nos ao secretário-executivo da Comissão de Assuntos Fundiários, Edgar Ribeiro de Souza. Diante do que não contávamos, o cacique Karaí foi logo desabafando ao secretário, na presença dos jornalistas:

> O governo do estado prometeu demarcar a nossa terra e até agora nada! Já morreu muito índio na mão dos branco; dos fazendeiro, dos grileiro... A gente não procura guerra com ninguém, somo pouquinho... O branco tá enchendo o mundo todo. Tem que garantir a terra pro índio, pra gente podê viver em paz!

Segundo o secretário-executivo, o governo enviaria um documento à Funai propondo a demarcação da área com base no levantamento topográfico do órgão federal. Confirmando o que todos nós já sabíamos, ele declarou que a criação da Reserva Indígena Bracuí seria de competência exclusiva da Fundação Nacional do Índio. Naquele momento, lembrei-o de que, em novembro do ano anterior, o vice-governante havia textualmente garantido que o estado faria a demarcação, independentemente da Funai. Edgar de Souza assegurou-nos que a palavra do vice-governador seria honrada, e que intercederia junto ao órgão federal para que as reivindicações dos índios fossem atendidas.

Apesar da descrença que se acentuou na fisionomia de cada um de nós ali presentes, meu coração dizia que poderíamos confiar nas palavras daquele secretário-executivo.

No dia seguinte, o jornal *O Globo* publicou a matéria intitulada "GUARANIS COBRAM DE DARCY RIBEIRO DEMARCAÇÃO DE TERRAS". O *Jornal do Brasil*, igualmente, abordou o tema.

Para felicidade geral, eu não me enganara em relação ao dr. Edgar. Mantivemos, dali em diante, contato permanente, o que me permitiu colocá-lo a par de nossas atividades, dando ênfase, é claro, à questão da terra. O secretário mostrou-se bastante sensibilizado e interessado no assunto, e no dia 17 de maio fizemos uma visita à aldeia, acompanhados por um agrimensor da Comissão de Assuntos Fundiários, que também pôde constatar a existência da picada aberta pela fazenda Itinga.

De concreto, a primeira iniciativa de apoio do governo estadual foram os termos de um ofício do dia 4 de junho de 1984, redigido pelo próprio secretário da Comissão de Assuntos Fundiários e assinado pelo titular da pasta de Justiça e Interior, Vivaldo Barbosa. Destinado ao então e novo presidente da Funai, Jurandy da Fonseca, o documento ressaltava a disponibilidade do estado em colaborar para a demarcação dos 700 hectares reservados aos Guarani, oferecendo pessoal técnico especializado em topografia, mão de obra para a abertura de picadas, plantas aerofotogramétricas, meios de transporte e ferramentas, a exemplo de teodolito, nível, bússola, trenas, foices, facões, marretas e machados. Dois dias depois, mediante a proposta de colaboração estadual ora formalizada, encaminhamos um ofício à presidência da Funai, solicitando imediatas providências no âmbito de uma ação conjunta, visando, assim, o favorecimento da comunidade Guarani.

Posteriormente, muitos outros ofícios do CADIRJ foram enviados, enfatizando que as boas intenções não ficassem apenas no papel... Ao término de cada correspondência dirigida às autoridades da Funai eu fazia questão de lembrá-las quanto aos seus atos, originários de suas atribuições e deveres para com os povos indígenas, e que, favoráveis ou contrários, ficarão registrados nos anais da história.

CAPÍTULO CINCO

# *A utopia transformada*

*A utopia está no horizonte. Aproximo-me dois passos, ela se afasta dois passos. Caminho dez passos e o horizonte se distancia dez passos mais além. Para que serve a utopia? Serve para isto: para caminhar.*

EDUARDO GALEANO

*As coisas difíceis levam muito tempo.*
*O impossível pode demorar um pouco mais.*

ANÔNIMO

O início do meu relacionamento afetivo com a Vera desencadeou algumas mudanças em minha vida. Durante um passeio-acampamento em Trindade, belíssima praia no litoral sul do estado do Rio, depois de Paraty, ela novamente mencionou a suspeita de estar esperando um filho nosso. Aquela notícia, ainda não confirmada e revelada pela primeira vez ao regressarmos de Bracuí, causou-me surpresa e contentamento. Todavia, logo em seguida, uma legítima preocupação se apossou de mim, em virtude da longa caminhada, com subidas e descidas, até Trindade. Afinal, havia sido um esforço demasiado para alguém que, provavelmente, se encontrava no começo de uma gestação. Além do mais, ainda nos restava o trajeto de volta, para o qual tentaríamos conseguir uma carona.

Ao término da primeira semana de junho, decidi acompanhá-la em seu retorno a Brasília, onde sua mãe e seus irmãos residiam. Comuniquei ao comandante Borges, aos índios e aos companheiros do projeto sobre meu afastamento por tempo indeterminado, solicitando especialmente a Ricardo e Marcelo que marcassem presença na aldeia, telefonando-me em caso de necessidade. Se, por um lado, estaria distante fisicamente do Bracuí, por outro, eu me encontraria bem próximo à sede central do poder e da Funai, podendo, assim, acompanhar diretamente o andamento do processo.

O exame clínico laboratorial confirmou as suspeitas de Vera, já entrando em sua sétima semana de gestação. Subitamente, um pequeno sangramento nos deixou alarmados, com receio de perder a criança. A médica com a qual ela se consultava foi enfática em suas recomendações alimentares, determinando ainda repouso absoluto pelo período de 40 dias. Ela concordou com a possibilidade de isso ter decorrido em razão do grande esforço a que Vera se submetera naquele passeio.

Graças a Deus a quarentena havia passado, e o risco de perder a criança, também. O período de férias, juntamente com os dias de licença médica havia terminado, e Vera precisava retornar ao trabalho no Parque Indígena do Xingu.

No final de julho, embarcamos em um pequeno avião bimotor da Funai, com destino ao Posto Leonardo Villas Bôas, no sul do Parque. Seria nossa primeira e única escala, para o desembarque de duas mulheres Kamayurá. Tão logo o aeroplano aterrissou na ampla pista, como de costume, vários índios Iaualapíti, Kamayurá e alguns poucos Ikpeng, mais conhecidos por Txicão, se aproximaram. Ao desembarcarmos, avistei a figura simpática e supercomunicativa de minha velha amiga Kalu, que viveu por longos anos entre os Bakairí do rio Paranatinga, também no Mato Grosso, e que habitaram, até algumas décadas atrás, a região do Alto Xingu. Kalu, pertencente ao povo Kalapalo, é exímia poliglota das etnias locais, e havia retornado a seu território de origem. Assim que me viu, aproximou-se sorridente em seus passinhos curtos e ligeiros, falante e com o mesmo brilho no olhar característico dos índios e das demais pessoas portadoras da chama da vida.

> Filipe! Num tô nem acreditando que é tu mesmo que chegô por essa banda do Xingu! Tanto tempo que faz..., lá do Bakairí, do Cuiabá..., mas eu nunca esquece ocê, nem dona Morena, o Zé Augusto Pairague, Maninha, Zezinho e o pessoá tudo!

Após abraçá-la carinhosamente, apresentei-lhe minha companheira, contando a novidade sobre o futuro neném. Conversamos um pouco mais, até o momento em que o piloto sinalizou a partida.

A chegada ao Posto Indígena Jarina ocorreu tranquilamente, por volta do meio-dia. A outra novidade, dessa vez, era o marido da professora da aldeia, que todos queriam conhecer. Foram dezenas e dezenas de indagações de uma única frase:

Môina anidi kuté? Môina anidi kuté?

E o equivalente ao número de respostas, informando-lhes o nome que recebi dos Xavante, ou seja, Tsiipré.

A casa em que Vera morava era bastante simples e acolhedora. Situava-se nas proximidade da aldeia, porém, fora de seu círculo. Foram os próprios Mentuktíre, ou Txukarramãe, que a construíram assim que souberam, pelo diretor do Parque, da indicação de uma professora para aquela comunidade. Sua arquitetura, com paredes de pau a pique e telhado de palha em duas-águas, assemelhava-se bastante às casas dos Guarani. Seu interior era dividido em dois ambientes: um quarto e uma sala-cozinha, onde havia uma pequena mesa de madeira com três tamboretes. Próxima ao chão de terra batida, e apoiada sobre três pedras, uma chapa de ferro com o mesmo número de bocas compunha nosso fogão à lenha. A cama foi confeccionada com design próprio dos Kayapó, consistindo em três pares de grossas forquilhas traspassadas por caibros roliços, sobre os quais fixaram um estrado de alongadas lascas de palmeira nativa. O colchão, improvisado, era composto por dois acolchoados de algodão adquiridos na cidade grande. Presa à parede, em forma de estante, uma tábua comprida sustentava alguns livros e outros objetos. Do lado direito, um bom filtro de barro completava o mobiliário da casa. Devido à ausência de armários, o que seria um luxo, parte das roupas ficava guardada nas mochilas, e outra parte, em uso, pendurada sobre um cordel de náilon, esticado de uma parede a outra.

A vida transcorria sem pressa e do jeito que a natureza se mostrava em nosso dia a dia. Além dos índios, nossos relacionamentos se estendiam a mais seis pessoas, dois casais e duas crianças pequenas que moravam no posto. Egipson, chamado pelos Mentuktíre de Krãin Bãn, que significa "cabeça-dura", no bom sentido, era o enfermeiro indigenista da Funai e responsável pelo atendimento à aldeia. Natural de Pernambuco, da capital – Recife, há muitos anos vivia e trabalhava entre os índios, nas mais remotas regiões do país. Pessoa do mais alto valor, pela dignidade de caráter e compaixão para com o próximo, casou-se com Parurrá, uma jovem e meiga descendente direta do povo Madrrá, também conhecido por Kulina, do rio Juruá, no estado do Amazonas. Na época, tinham apenas um filho, Eurico, logo batizado pelos Kayapó de Te-ô, que quer dizer "cabelo da perna", nome pelo qual passou a ser chamado e conhecido pela vida afora. Samuel era o técnico indigenista da Funai que chefiava o Posto Jarina. Casado com Jose, encontrava-se viajando por algum tempo. Ambos tinham apenas um filho, Thiago, ainda muito pequeno, que se encontrava no Jarina, aos cuidados da mãe.

Vera retomou às atividades na pequena escola da aldeia, construída pelos índios com material da própria região. Seu trabalho consistia basicamente na alfabetização pelo método Paulo Freire, incluindo noções de matemática, buscando instrumentalizar os indígenas para que, em suas relações com os brancos, não se deixassem facilmente enganar.

Era muito dedicada e paciente em seu labor, recebendo dos Kayapó toda consideração e respeito. As mulheres da aldeia sempre a chamavam para a pintura corporal com jenipapo e urucum, oferecendo-lhe os produtos das roças, mel, carnes de caça e peixe. Com frequência, era convidada a participar das danças e dos cânticos rituais.

Buscava sempre ajudar minha companheira em tudo que lhe pudesse poupar esforços. Com frequência, saía para pescar com meu amigo Krãin Bãn, rachava lenha e abastecia nossa casa com água do rio Jarina, distante uns 500 metros, transportando-a em balde.

Certo dia, quando me direcionava ao rio em busca de água, deparei de surpresa com um porco-do-mato, da espécie caititu, que não pressentiu minha aproximação. Imediatamente, e sem fazer barulho, retornei à aldeia para comunicar o achado aos índios, que se encontravam em meio a uma cerimônia ritual. Diante da notícia de caça fácil, bem ali na "esquina", ocorreu verdadeiro alvoroço. Cessaram-se as danças, silenciaram-se os maracás e os cânticos, com os homens correndo em gritaria na direção das casas, em busca de bordunas, flechas, espingardas, facões e o que mais estivesse à mão. Vera sempre me contava que, devido à recente abertura daquela aldeia, portanto, uma região ainda pouco explorada, os porcões, ou caititus, de tão abundantes e ousados, costumavam atravessar em correria por entre as casas e o pátio central. Diferindo-se do queixada, que se desloca em varas de até 70 porcos e com extrema ferocidade, o caititu vive em grupos bem menores, de oito a 15 animais.

Partimos em direção aos porcos. Eu seguia à frente, ao lado de Puiu, puxando a fila de uns 20 guerreiros, todos pintados e empunhando armas. Sentia-me orgulhoso e, ao mesmo tempo, prestativo, pois, certamente, haveria uma boa quantidade de comida para várias famílias da aldeia. Por fim, chegamos e logo avistamos um caititu. Os índios, estrategicamente, cercaram o local, e Puiu, que permaneceu ao meu lado, posicionou a espingarda em pontaria certeira... Subitamente, o índio abaixou a arma e, olhando em meu rosto, com ares de riso, exclamou:

> Esse é o caititu de criação do Teí, nosso benadjore! [1]

Para mim, aquele dia e especialmente aquele porco se transformaram, sem dúvida alguma, no grande mico da minha vida de indigenista...

Felizmente, os índios levaram na esportiva, e após muitas e boas gargalhadas e brincadeiras, retornaram à cerimônia. Pra lá de sem graça, e com o desejo de entrar por um grande buraco de tatu, acabei optando por sair com Krãin Bãn para uma prolongada pescaria noite adentro. No dia seguinte, o comentário geral da aldeia era a "caçada" ao porco do Teí, que nem sabia de nada, pois se encontrava em tratamento de saúde no Distrito Federal. Aquele porco nasceu de novo e, muito provavelmente, foi a primeira "caçada" na história dos Mentuktíre em que eles desistiram tão facilmente da presa! Talvez, se a espingarda estivesse em minhas mãos, o curso da história poderia ter sido outro... As mulheres, em especial a Põepõe, sempre que passavam por mim, faziam a mesma pergunta, com um sorriso brincalhão no rosto:

> – Tsiipré..., Nara porcão?
> – Traduzindo: onde está o porco?

Era o dia 19 de determinado mês e ano já bem distantes. A cachorrinha recebeu do *benadjore* Teí o nome correspondente ao dia em que fora achada pelos índios, caminhando sem rumo pela BR-80 (Xavantina-Cachimbo), que em 1972 cortou transgressoramente a parte norte do então denominado Parque Nacional do Xingu. Ouvi dizer que ela fora a única sobrevivente ao ataque dos Mentuktíre, ocorrido no início dos anos 1980, aos 11 peões que faziam derrubadas no interior do parque, contratados por quem jamais colocaria sua cabeça em perigo. Os Kayapó, no entanto, advertiram os pobres trabalhadores quanto ao risco que corriam. De nada adiantaram os avisos, e as bordunas entraram em cena... Os que morreram teriam sido aliciados em regiões dis-

---

[1] Designação de chefe em língua Kayapó.

tantes, pois assim ignoravam a real dimensão do que poderia e acabou acontecendo. Mas o fato é que Dezenove se afeiçoou gratuitamente à minha pessoa. Aonde quer que eu fosse, Dezenove ia atrás. Confesso que, mesmo gostando imensamente dos bichos, aquela cachorrinha conseguiu ainda mais me cativar! Saíamos juntos para pescarias, tomar banho no rio ou ir à roça. Sempre compartilhava o alimento com a melhor amiga do homem, que acabou se mudando, em definitivo, de ossos e pulgas para a nossa casa, e que, se fosse gente, então eu diria, de mala e cuia. Dezenove era uma típica representante da raça mais doce, amigável e sem frescuras que existe, ou seja, a "raça" vira-latas! De corpo delgado e pelos em tom bege claro, tinha as orelhas caídas e um olhar ao mesmo tempo astuto e nostálgico. A presença constante da amiga não chegou a causar maiores abalos na relação com Vera. Entretanto, minha mulher não escondia certa dose, digamos assim... de implicância para com a pobrezinha, provocando muitos risos em Kokotum, nome que a mulher de Krãin Bãn, Parurrá, também havia recebido dos Kayapó. Durante o dia, Vera ainda aturava o entra e sai da Dezenove em nossa casa; porém, à noite, as ordens eram expressas, num solene e bom tom de voz, em uma única frase: "Fora Dezenove, anda... saia já!"

Obediente, retirava-se cabisbaixa e com o rabo entre as pernas. Meu coração se partia, pois, durante a noite e a madrugada, a temperatura caía bruscamente na região do Xingu. Acontece, no entanto, que os cães se acomodavam naturalmente nas casas dos índios, à beira do fogo. Porém, em razão de sua lealdade para com o novo dono que escolhera, Dezenove se recusava a retornar ao lar de origem, prostrando-se à beira de nossa porta, toda trêmula de frio. Assim que minha companheira pegava no sono, bem de mansinho eu me levantava e abria a porta para que ela entrasse, acomodando-se de imediato à beira das brasas de nosso pequeno fogão. Pela manhã, bem cedo, antes de Vera acordar, abria novamente a porta, liberando a fiel amiga!

No Jarina, outra grande surpresa foi ter reencontrado o João Xavante, provavelmente lá pela casa dos seus 30 anos. Eu o conhecera no ano de 1975, em Brasília, na Casa do Ceará, instituição à época conveniada com a Funai para alojamento e alimentação dos índios em trânsito pelo Distrito Federal. Ao avistá-lo, em meio aos Xavante, logo percebi um detalhe curioso que o diferenciava dos demais, relacionado à ampla perfuração de seus lóbulos. Em verdade, João não era Xavante, mas sim um Mentuktíre que fora raptado por aqueles, quando ainda muito novo. Os dois grupos, tradicionalmente inimigos, sem esperar, se depararam, ocorrendo, então, o embate. Os Xavante levaram vantagem, carregando consigo o filho de colo do líder Krumare, chefe guerreiro daquele subgrupo Kayapó. Sincronicamente, o destino arquitetou para que ambos se encontrassem na Casa do Ceará, naquela mesma ocasião. Embora pertencessem ao mesmo tronco linguístico, macro-Gê, Xavante e Kayapó falam línguas distintas entre si, não restando outra opção de diálogo que não seja o português regional. Emocionado, Krumare deu início à conversa, sem a menor sombra de dúvida quanto à ascendência do suposto Xavante.

> Eu conhece ocê, eu sabe ocê... faz muito tempo! E teve briga no cerrado, quando Xavante roubou ocê, levou ocê pra aldeia dele.

Atônito e atento, sem, contudo, deixar transparecer uma dose maior de emoção, o rapaz ouvia a narrativa, marejada em lágrimas do chefe guerreiro.

> Mas eu lembra, eu nunca esquece ocê, meu filho! Eu sou seu pai e seu nome é Tenhõto! É bom ocê volta Xingu! Lá é sua terra, lugar que ocê nasceu. Lá é bom procê..., tem muito bicho, muito peixe, tem muié procê casá! Se ocê volta Xingu, eu ajuda ocê falá nossa língua, e dá de presente espingarda e cartucho procê caçar porcão, veado, anta... que tem muito, muito bicho, muita caça pro rumo de lá!

Tenhõto não disse nem que sim nem que não, mas certamente sentiu na alma o impacto inesperado daquele encontro. Muito embora soubesse algo, ainda que vagamente, de seu passado, essas revelações e apelos não lhe seriam jamais transmitidos por seu povo adotivo.

Um ano depois, em 1976, estive com Tenhõto na aldeia Xavante de Areões, onde vivia, na enigmática região da Serra do Roncador, banhada pelo Rio das Mortes. Lembro-me de ter brincado com ele, entoando aos seus ouvidos algumas canções que havia aprendido, tempos atrás, com seu povo de origem. Sua reação, entretanto, só não foi mais receptiva devido ao esforço em se manter "indiferente". Alguns Xavante que estavam ao redor pediram-me, com insistência, para que repetisse as canções, enquanto Tenhõto, meio que disfarçando, não dava o braço a torcer. Em Areões também havia uma mulher Tapirapé, que inicialmente fora raptada pelos Kayapó e, anos depois, levada, pelos Xavante, juntamente com o filho de Krumare.

O chamado interno às origens, com a semente da curiosidade germinando em seus pensamentos, falou mais forte ao coração de Tenhõto. Em certa ocasião, talvez no início dos anos 1980, decidiu integrar-se ao time de futebol dos Areões, que iria disputar algumas partidas no Parque do Xingu. Krumare e os seus recepcionaram Tenhõto de forma calorosa e acolhedora. É possível que alguns Mentuktíre, incluindo o próprio Krumare, tenham pensado em vingança contra a delegação Xavante... Todavia, os tempos eram outros, e, para o bem de todos, a diplomacia acabou prevalecendo. Krumare presenteou o filho com muitos objetos, incluindo a própria espingarda que lhe havia prometido em Brasília.

O rapaz ainda regressou com os companheiros para a aldeia Xavante. Levou consigo muitas e boas lembranças do lugar e dos povos do Xingu, em especial dos Kayapó-Mentuktíre. Acredito que seu retorno, em definitivo, não tardou a ocorrer. Ao reencontrá-lo no Jarina, Tenhõto já se mostrava plenamente integrado ao seu povo, tendo, inclusive, aprendido a língua materna. O corte de cabelo já não era Xavante, e eu o achei bem mais feliz e realizado em sua nova etapa de vida. Repeti com ele a mesma brincadeira de outrora, ao inverso. Falei e cantei em Xavante, e ele, a princípio, mostrou-se tímido, meio desconcertado... Dessa vez, entretanto, a plateia Kayapó, que assistia ao "show" de última hora, tal qual os Xavante de Areões, pediu bis, sendo o suficiente para que João, ou Tenhõto, se soltasse, cantando junto as mesmas músicas que já faziam parte do seu passado.

Outro personagem marcante que conheci no Jarina tinha o nome de um pássaro chamado mutum. Ele foi o primeiro dos Mentuktíre com quem os irmãos Villas Bôas, no início dos anos 1950, estabeleceram contato. Recentemente, Mutum voltara da mata, onde permanecera sozinho durante meses. Pelo seu jeito de ser, introvertido e meio caladão, fugia à regra do convívio social na aldeia, sendo visto pelos demais como um possível feiticeiro, devendo ser, portanto, eliminado. Quando os comentários e a barra começavam a pesar para o seu lado, Karinhotí, seu irmão, o alertava, indo o pobre Mutum esconder-se na densa floresta, aguardando por lá até que a situação se acalmasse. Mesmo sendo índio, e com toda a intimidade em seu ambiente natural, não era simples para ele aquele isolamento forçado, tendo de sobreviver por seus próprios meios a todo tipo de dificuldade. Ao retornar à aldeia, mostrava-se magro e abatido, com o corpo marcado por arranhões de espinhos e picadas de insetos.

Mutum gostava de nos visitar, o que fazia regularmente pela manhã, e algumas vezes no final da tarde. Não raro, presenteava-nos com mel de jataí,[2] peixe, ou um bom pedaço de caça. Sentava-se de cócoras num canto qualquer da casa, esperando que Vera lhe servisse chá ou café com biscoitos. Sua fisionomia era sempre serena, apesar dos sobressaltos pelos quais costumava passar. Certo dia, deu-me de presente um *warikókó*, o cachimbo tradicional comumente usado pelos Mentuktíre e pelos demais grupos Kayapó. Por vezes, permanecia em silêncio, com olhar contemplativo; em outras, cantava baixinho e fazia alguns poucos comentários em seu idioma. A presença de Mutum era sempre bem-vinda, pois nos transmitia muita calma, generosidade e pureza interior.

Em minha vida, sempre gostei de pescar. Mesmo que o peixe nem estivesse beliscando, o simples fato de ficar na espera, aguardando pacientemente e em silêncio o momento exato da fisgada já servia para relaxar e harmonizar meu espírito. Quando os índios me chamaram para uma breve pescaria de canoa, subindo o Jarina, aceitei de imediato o convite. Partimos um pouco antes de escurecer e, após uns 40 minutos de remadas, decidi aportar num ponto ideal para se pescar trairão. Os demais prosseguiram rio acima, em busca de outros locais de pesca.

Era um trecho do rio de pedras e corredeira, com ampla abertura da mata ciliar, afastada por uns 50 metros da margem esquerda. Já havia lançado o anzol na água, esperando tranquilo e atento pela primeira mordida, quando fui surpreendido por um ruído na mata. Acendi a lanterna e percebi que não era o único nas imediações... O foco possante mostrou o reflexo dos olhos de uma grande onça-preta. Imediatamente, e por motivos de força maior, minha atenção desviou-se por completo da pescaria. Precisava fazer um fogo, com urgência, mesmo "sabendo" que o felino, em tal circunstância, dificilmente me atacaria. Reuni pequenos gravetos, raspando-os com uma faca, para a obtenção da chama inicial. O problema, no entanto, era que a vegetação encontrava-se molhada, devido à chuva no início da tarde, o que me fez gastar ao léu quase todos os palitos da derradeira caixa de fósforos que trazia no bolso. Repentinamente, a onça rosnou, fazendo-me olhar para o rio, já que essa seria minha única rota de fuga em caso de necessidade, pois estava desprovido de arma e portava apenas um simples facão. Felizmente, surgiu-me a ideia de

[2] Espécie de abelha nativa cujo mel, medicinal, tem sabor doce-amargo.

cortar a bainha de minha calça com a faca, acendendo-a em meio aos finíssimos gravetos. Foi trabalho de chinês ou, melhor dizendo, também de índio, mas o fogo aos pouquinhos acabou pegando, vencendo finalmente a batalha contra a umidade. Não tardou e a preta foi embora, para meu alívio e reinício da pescaria, até o retorno dos Mentuktíre para me buscar.

Numa noite de céu salpicado de estrelas, favorecido em seu esplendor pela total ausência de luz elétrica, eu e Vera conversávamos tranquilamente, sentados em um longo banco de madeira encostado à lateral da entrada de nossa casa. Deveria ser em torno das 20h30 e, alguns metros à frente, um pouco à direita, o visual da aldeia transpirava quietude e silêncio, de quando em quando alterado pelos latidos intermitentes de alguns cães. Pelas frestas de pau a pique das casas Kayapó podíamos avistar o frágil fulgor de pequenas fogueiras, indispensáveis para se manter o ambiente aquecido. Num dado instante em que contemplávamos, admirados, a vastidão do céu, eis que surge algo muito estranho, diferente de tudo o que eu tinha visto até aquele momento! Um enorme círculo vazado, parecendo uma nuvem branca, a mais de mil metros de altitude, se deslocava calmamente pela imensidão do espaço. Parecia nuvem, mas não era... até porque o céu encontrava-se totalmente limpo até onde nossas vistas podiam alcançar. Na manhã seguinte, durante as comunicações radiofônicas de praxe, os índios, do Posto Leonardo, comunicaram ter avistado o mesmo objeto sobrevoando a região à noite.

Alguns meses depois, recebi um exemplar da revista *UFO*, publicação mensal do Centro Brasileiro para Pesquisa dos Discos Voadores (CBPDV), entidade civil à qual eu me filiara. Tratava-se de um exemplar extra, contendo várias fotografias de Objetos Voadores Não Identificados (OVNIs), consideradas absolutamente autênticas, sem quaisquer indícios de fraude, após rigorosos exames laboratoriais. Entre as fotos, para nossa surpresa e admiração, havia uma que mostrava um objeto sobrevoando os céus da Europa, exatamente idêntico ao que minha mulher e eu avistáramos no Jarina.

Há um bom tempo manifesto profundo interesse pelas possibilidades de vida inteligente em outros planos do universo. Das boas razões que contribuíram para tal, eu poderia citar a própria Via Láctea, formada por mais de 200 bilhões de estrelas – apenas uma, da multiplicidade de galáxias que a astronomia nos revela; as pesquisas avançadas da NASA, no campo da escuta e observação do espaço sideral, com investimentos volumosos e aplicados em projetos de possantes telescópios; o tratamento confidencial dispensado ao assunto pelo governo norte-americano e de outros países; a evasão de documentos sigilosos provenientes de organismos governamentais e divulgados por fidedignas entidades de pesquisas ufológicas; os relatos que ouvi de viva voz pelo Brasil afora, de pessoas urbanas, sertanejos e índios, sobretudo os Xavante, mas principalmente pelas muitas experiências de avistamentos que eu próprio presenciei e que seguramente não se tratavam de balões meteorológicos, aviões, estrelas cadentes ou de fruto da imaginação. Por tudo isso, e muito mais, não tenho o menor receio de afirmar que, certamente, não estamos sós nesta imensidão cósmica! Seria muita pretensão de nossa parte achar que a raça humana tenha sido a única espécie inteligente, eleita pelo Criador, a reinar soberana e solitária no universo. Em contrapartida, caso fôssemos, verdadeiramente, os únicos, teríamos de reconhecer e admitir a total falta de imaginação e criatividade do próprio Criador! Acredito ser apenas uma questão de pouco tempo para que a verdade, hoje bem menos oculta e confidencial junto às superpotências, seja definitivamente revelada, proporcionando, talvez, novas perspectivas de um salto evolutivo espiritual para a humanidade.

A temporada no Jarina me proporcionou a mais profunda, "contraditória" e perceptiva experiência de minha vida, que somente fui compreender muitos anos depois, com a prática de meditação. Certa vez, retornava da roça acompanhado pela fiel e inseparável amiga Dezenove. Estava bem cansado, suado, todo sujo de carvão e carregando, além do machado, um enorme feixe de lenha no ombro direito. Defronte à casa, joguei ao chão o volumoso fardo. Naquele instante, e por alguns segundos, uma sensação intensa, absoluta e transcendental de felicidade inundou-me a alma e minha mente aquietou-se. No entorno, tudo era paz e equilíbrio. Na linha do horizonte, o azul do céu contrastava com matizes rosáceos, lilases e rubros, enquanto um bando de araras-vermelhas cruzava o espaço aéreo do Xingu, em algazarra inconfundível. Foi um momento de sublime felicidade.

Sem saber, involuntariamente eu entrara em estado de êxtase meditativo, em conexão direta com a Fonte Criadora.

Lá pela última semana de setembro, precisei retornar meio que às pressas ao Rio de Janeiro, após ter recebido um comunicado, via rádio, retransmitido pelo escritório do Parque, em Brasília, informando tristemente sobre a morte do cacique Guarani Karaí Tataendê. Vera encontrava-se na vigésima semana de gravidez, e tudo, até aquele momento, corria tranquilamente. Dez dias antes de seguir com destino à Capital Federal, deixei para ela um bom estoque de lenha, que deveria durar por umas cinco semanas.

Ao chegar ao Rio, tomei ciência da situação no Bracuí, percebendo o quanto os índios ainda estavam desolados com a morte de seu chefe, atropelado acidentalmente no dia 30 de junho de 1984, por volta das 19h, na BR-101. Karaí teve morte instantânea, devido ao traumatismo craniano. Seu filho, R'okadju, seria o novo cacique e responsável pela condução dos trabalhos em prol da garantia das terras.

Passaram-se os meses, e no dia 14 de janeiro do ano de 1985 Vera deu à luz uma linda menina que chamamos Hilda Maíra. Estávamos nos programando para que nossa filha nascesse no Xingu, mas, dois meses antes do nascimento, uma queda súbita de pressão arterial fez com que Vera decidisse retornar a Brasília para ter a criança.

No início de abril, viajei com minha mulher e nossa filha para o Rio de Janeiro, para que meus familiares conhecessem a mais nova integrante do clã. Aproveitando a renovação do seu período de licença na Funai, implementei uma série de eventos alusivos a Bracuí. Em 19 de abril, realizamos um manifesto público no Museu do Índio, agora em Botafogo, com a presença dos Nhandéva, que ostentavam uma enorme faixa reivindicando: "PELA DEMARCAÇÃO IMEDIATA DA ÁREA INDÍGENA BRACUÍ – 700 HA CADIRJ – PROJETO GUARANI." O ato despertou o interesse e a participação de visitantes do museu, dos estudantes e da imprensa escrita, que divulgou, inclusive, uma carta aberta à população.

Durante a terceira semana de maio, recebemos um ofício diretamente do presidente da Funai, Gerson da Silva Alves, encaminhando, em anexo, a Informação nº 196 da Procuradoria Jurídica do Órgão, que nos deixou bastante apreensivos. O documento, assinado pelo advogado Geraldo Wilson, entre outros assuntos, abordava o processo administrativo sobre a área indígena que pleiteávamos, informando alguns encaminhamentos da Funai ao secretário estadual de assuntos fundiários. Os dois parágrafos seguintes, extraídos do texto-mãe, constituíram o pivô de nossa maior apreensão.

> Na oportunidade, ficou estabelecido que esta entidade (Funai) enviaria um ofício àquela Secretaria *solicitando um levantamento cartorial, com vistas a esclarecer a veracidade ou não dos títulos incidentes sobre a área indígena.* (grifos meus)
>
> Neste ponto, quero sugerir uma visita do antropólogo Robson T. Armador à Secretaria Executiva de Assuntos Fundiários, a fim de, mais uma vez, externar o interesse da Funai pela regularização fundiária da área indígena, solicitando ao governo do estado do Rio a colaboração naquilo que lhe for possível.

Tal qual um pesadelo a se repetir, quem diria, o próprio Robson cruzando outra vez nossos caminhos... Sem perda de tempo, entrei em contato com o dr. Edgar Ribeiro, àquela altura já bem afeito e dedicado à causa pela qual lutávamos, informando-o detalhadamente dos dissabores sofridos, três anos antes, com aquela mesma pessoa. Dr. Edgar ouviu-me com total interesse e atenção. Somente então fiquei sabendo que o antropólogo Armador ingressara na Funai, para ocupar o cargo de assessor da presidência, coordenando, junto ao órgão oficial, todas as questões relacionadas à etnia Guarani. Participei o fato aos companheiros de causa e aos integrantes da aldeia Itatinga. Todos foram unânimes quanto aos riscos que possivelmente correríamos com a vinda de uma pessoa que já interferira e prejudicara os anseios dos índios. Além do mais, mesmo que se tratasse de outro servidor, seria o equivalente a chover no molhado, pois a missão a ele atribuída já fora oficial e satisfatoriamente realizada pela Funai.

Felizmente, por intermédio do Ofício nº 08/P.G./CADIRJ, de 27 de maio de 1985 e dirigido ao presidente da Funai, conseguimos contornar a tempo aquela estranha falha!!?? Após os devidos esclarecimentos de nossa parte, e desmentida a Informação nº 196, tornaram-se nulas as propostas contidas no documento da Procuradoria Jurídica, sem tecermos qualquer juízo de conduta ético-moral referente ao antropólogo.

No mês seguinte, entre 10 a 14 de junho, conseguimos promover nas dependências da Assembleia Legislativa do Estado do Rio de Janeiro, no Palácio Tiradentes, a importante e promissora programação intitulada "*ÍNDIOS DO BRASIL – EXPOSIÇÕES, TEXTOS E DEBATES*". Nesse período, pudemos contar com a necessária e quase absoluta adesão política dos parlamentares, o que resultou na Moção de Apoio aos Guarani de Bracuí pela demarcação de suas terras. Na oportunidade, chegamos a receber telegramas do presidente da República e do governador, formulando votos de êxito na proposta do evento e na apresentação dos trabalhos. Representando o ministro da Cultura, o então assessor, e líder indígena, Marcos Terena, veio especialmente de Brasília prestigiar a programação.

No Salão Nobre da ALERJ, as centenas de peças de minha coleção etnológica novamente entraram em cena. A bem-organizada mostra subdividiu-se em arte plumária, adornos corporais, armamentos, cerâmica, cestaria, fabricação da farinha de mandioca, instrumentos musicais e utensílios domésticos, cujo acervo, no último dia da programação, foi doado ao Museu Histórico Nacional, localizado nessa cidade. Um grupo boliviano de música andina, Los Inkamáru, abriu e encerrou o evento, exibindo belos temas de origem Quechua e Aymára, do Peru e da Bolívia.

Mais do que não deixar passar em branco, a imprensa realizou excelente e fundamental cobertura jornalística da programação, que alcançou resultados muito além de nossas expectativas.

Na segunda quinzena de julho, retornei a Brasília, acompanhado pelo jovem cacique da aldeia Itatinga, Aparício R'okadju. Levávamos em mãos um ofício assinado pelo secretário de Justiça, Vivaldo Barbosa, destinado ao ministro do Interior, Ronaldo Costa Couto. O documento era semelhante a outro, dirigido ao presidente da Funai, no qual o governo do estado reiterava o interesse e a disposição de colaborar para a regularização fundiária do Bracuí. Aproveitando a ampla divulgação jornalística, durante e após o evento realizado na ALERJ, nossa intenção era conseguir uma audiência com o ministro Costa Couto, a cujo Ministério a Fundação Nacional do Índio se subordinava.

Dois dias após nossa chegada em Brasília, dirigimo-nos à sede da Funai. Queríamos saber sobre o andamento do processo e, aproveitando, solicitar o fornecimento de duas grandes placas proibindo o acesso à Área Guarani, para serem fixadas em seus pontos estratégicos.

Ao entrarmos no Departamento de Patrimônio Indígena, encontramos o dr. Geraldo Wilson, que respondia interinamente pela Procuradoria Jurídica do Órgão. Assim que nos viu, cumprimentou-nos com certo ar de surpresa, proferindo um estranho comentário:

> Confesso que fiquei sem entender direito... afinal, depois de tanto trabalho pela futura demarcação, chegou ao nosso conhecimento que a comunidade quer se mudar do Bracuí!?

R'okadju e eu nos entreolhamos, sem compreendermos absolutamente nada do que acabávamos de ouvir. A partir de então, sucedeu-se o seguinte diálogo entre nós:

> – Eu, que sou cacique de lá, agora, depois que o meu pai faleceu, não tô sabendo nada dessa conversa de mudança... tanto, que eu e o Tsiipré viemos aqui pra saber como é que tá o processo pra demarcar a nossa área lá no Bracuí!

– Dr. Geraldo, de que forma o senhor ficou sabendo dessa suposta desistência dos índios em relação à área?

– Olha Tsiipré... acontece que o assessor da presidência para a etnia Guarani, o antropólogo Robson Armador, foi quem me transmitiu essa informação, alegando ser verdadeira!

Já estava na hora de darmos um basta, em definitivo, a esse tipo de situação. Dessa vez, o tal antropólogo fora longe demais...! Anteriormente, nos prejudicara pelas vias do indigenismo alternativo, e agora, nos bastidores do poder, permanecia com as mesmas atitudes suspeitas e danosas aos interesses fundamentais dos Guarani.

Naquele mesmo dia, 24 de julho, logo no início da tarde de uma quarta-feira ensolarada, eu e R'okadju encontramos o Megaron Txukarramãe, administrador do Parque Indígena do Xingu, juntamente com Aritana, chefe dos Iaualapíti, nos corredores do andar em que se localizava a presidência da Funai. Conversamos por alguns instantes e contei-lhes sobre o trabalho que realizávamos e o entrave com que havíamos deparado poucas horas antes. Para nossa surpresa e grata sincronicidade, Megaron e Aritana estavam a caminho de uma audiência com o ministro do Interior, e fomos convidados pelo primeiro a integrar a comitiva. Ainda bem que me achava de posse do ofício dirigido pelo secretário estadual ao ministro Costa Couto! Também levávamos um grande mapa contendo a localização precisa da área indígena que buscávamos demarcar.

Afinal, às 15h30, fomos recebidos pelo ministro em uma ampla sala anexa a seu gabinete. As lideranças do Parque do Xingu expuseram inicialmente seus assuntos e, logo depois, o convidaram para assistir, em agosto, ao Quarup, a cerimônia sagrada que homenageia os mortos daquela rica e diversificada área cultural. Em seguida, quando chegou a nossa vez, abrimos o mapa sobre a mesa de centro. Enquanto indicávamos a região habitada e requerida pelos índios, fiz um breve relato de nosso trabalho junto a eles. R'okadju representou dignamente sua comunidade, enfatizando a urgência de se demarcarem aquelas terras. Em meio ao assunto, e respondendo à pergunta do ministro sobre o que estaria faltando para dar início à demarcação da área, aproveitamos para denunciar a informação caluniosa do antropólogo, da qual havíamos tomado conhecimento. Por último, entregamos o ofício ao ministro Costa Couto, que, após a leitura, comprometeu-se a entrar em contato com o presidente da Funai para as medidas necessárias.

A imprensa escrita e televisada registrou toda a audiência, e os jornais de maior circulação no país publicaram os fatos. O editorial do *Correio Brasiliense*, do dia 30 de julho de 1985, estampou o seguinte título de reportagem: "GUARANIS PEDEM DEMARCAÇÃO DE TERRAS À FUNAI." No texto, abaixo de uma grande foto do Aparício R'okadju, os dizeres: "Índios Guaranis entregaram ao Ministro do Interior, Ronaldo Costa Couto, um documento que tem por objetivo garantir a demarcação de suas terras. A área já está delimitada, oficialmente, pela Funai. A reivindicação é acompanhada de uma denúncia: o descaso e o oportunismo do antropólogo Robson Tomázio Armador."

No dia seguinte à matéria, R'okadju e eu entregamos ao superintendente executivo da Funai, o sertanista Apoena Meireles, uma carta de mesma data, assinada pelo cacique da aldeia Itatinga, solicitando as medidas cabíveis para que o antropólogo assessor da presidência não mais interferisse nos trabalhos desenvolvidos junto aos Guarani, e que até a presente data vinham sendo satisfatoriamente atendidos pelos demais departamentos daquela fundação.

Durante a nossa estada em Brasília, conseguimos estabelecer um importante contato político em apoio à causa, por meio de uma audiência com o então procurador-geral da República, dr. José Paulo Sepúlveda Pertence. Este, ao receber uma cópia de toda a documentação referente ao Processo nº 3360/82, garantiu-nos encaminhar ao ministro do Interior parecer favorável à luta dos Guarani-Nhandéva do município de Angra dos Reis.

Nos primeiros dias de outubro, recebemos, em resposta, um ofício assinado por Apoena Meireles, futuro e breve presidente da Funai. Nele, Apoena nos informava sobre o definitivo afastamento do sr. Robson Tomázio Armador, que, face às ocorrências, fora exonerado no dia 23 de setembro do mesmo ano. Aquele foi o último fato relativo aos índios de Bracuí, envolvendo o contraditório antropólogo. Dali em diante e para o bem-estar de todos, nunca mais ouvimos falar em seu nome.

À semelhança de uma luz no fim do túnel, em novembro de 1986, um decreto estadual assinado pelo governador, desapropriou, para fins de utilidade pública, a área de 700 hectares delimitada pela Funai. E o Museu do Índio, pertencente àquele órgão, passou a contribuir de forma bem positiva para a demarcação das terras.

Finalmente, após várias tentativas visando o aumento de seus integrantes, a aldeia Itatinga deu um gigantesco salto populacional. Por meio de contatos e acertos diretos entre membros de outra aldeia Guarani, à época localizada na Ilha da Cotinga, no Paraná, e a comunidade indígena do Bracuí, em janeiro de 1988, um grupo inicial de 136 índios se instalou naquelas matas de Angra.

Na matéria do *Jornal do Brasil*, de 06/02/88, intitulada "A VOLTA DOS GUARANIS", Aparício R'okadju prestou o seguinte depoimento:

> Estou alegre, conheci muitos parentes, estou perto de gente da minha raça, que tem meus traços e fala uma língua que não esqueço.

Como num piscar de olhos, a pequena aldeia Itatinga passou de 28 para 164 índios, chegando algum tempo depois a um contingente populacional de 350 pessoas, em sua maioria constituído por crianças e jovens, oriundos do Paraná e liderados pelo cacique João Verá Mirim.

Quatro meses depois da chegada dos novos Guarani à região da Serra da Bocaina, o superintendente regional da Funai em Curitiba retransmitiu ao Museu do Índio o teor de um radiograma enviado pelo chefe da Administração Regional do órgão, em Bauru, São Paulo, comunicando que o servidor Francisco Aureliano Dornelles Witt estaria se dirigindo à Área Bracuí para assumir a chefia do Posto Indígena.

A indicação e a presença de Francisco Witt me deixaram bastante tranquilo, feliz e ainda mais esperançoso. Jovem, idealista e profundo conhecedor da cultura Guarani, Witt sempre conviveu e trabalhou com aquela etnia, tratando os indígenas com carinho, respeito e dedicação, valorizando suas tradições e, por isso mesmo, representando um exemplo de amor à causa no indigenismo brasileiro. Contudo, muitas águas rolaram antes do que pretendíamos...

Em julho de 1988, foram repassados pela Funai ao governo estadual recursos destinados ao pagamento de indenizações, demarcação e regularização fundiária da futura Reserva Indígena. Entretanto, após muita burocracia e morosidade, o governo se declarou juridicamente incapaz de continuar movendo a ação desapropriatória das terras, remetendo o processo à 17ª Vara Federal. As razões aduzidas pelo procurador do estado e consubstanciadas na decisão do juiz da Comarca de Angra dos Reis deixavam dúvidas que foram amplamente questionadas pelo CADIRJ, por intermédio de um minucioso dossiê que encaminhamos, em junho de 1989, à Procuradoria Geral da República e à Fundação Nacional do Índio. Ao mesmo tempo, os Guarani continuavam à mercê de ameaças, dessa vez por uma empresa interessada em criar cavalos de raça na região, utilizando as águas do córrego Imbu, que abastece a aldeia.

Transcorrida quase uma década do compromisso que firmamos junto aos Guarani, parecia que tudo caminhava para um desfecho triunfal. A tão esperada demarcação fora iniciada com base no convênio firmado entre o governo estadual e a Funai. Entretanto, corria o mês de abril de 1990 e a picada demarcatória fora impedida em seu prosseguimento. Segundo Witt, os trabalhos de demarcação foram interrompidos pela presença de homens armados, a mando de um suposto proprietário.

Apesar dos percalços, que acabaram paralisando por quatro anos seu andamento, o processo de regulamentação da Área Indígena Bracuí tornou-se irreversível. Contudo, novas estratégias foram adotadas a partir de um ofício do então secretário de estado de Assuntos Fundiários e Assentamentos Humanos, Vicente de Paula, formalizando à diretora do Instituto Estadual do Patrimônio Cultural, Dina Lerner, um pedido de tombamento da referida área, conforme ofício de 19 de fevereiro de 1991. Dois dias após tê-lo recebido, a diretora do Inepac encaminhou um novo ofício à secretária de Cultura, Aspásia Camargo, que, por sua vez, remeteu à apreciação do governador Moreira Franco a proposta de tombamento provisório da Área Indígena, cuja autorização ocorreu no dia 4 de maio, em pouco menos de três meses. O tombamento ficou a cargo do Instituto Histórico e Geográfico Brasileiro, por intermédio de seu representante, Marcelo Ipanema, tendo ocorrido no dia 5 de novembro daquele mesmo ano.

Ainda em 1991, firmou-se um convênio entre a Fundação Nacional do Índio e a Organização Não Governamental denominada Centro de Trabalho Indigenista (CTI), sediada na cidade de São Paulo, com o propósito de se proceder a uma nova identificação e delimitação das terras, tendo em vista o considerável aumento populacional com a chegada dos Guarani da Ilha da Cotinga. Em 1992, o Grupo Técnico Interinstitucional, constituído no âmbito do convênio mencionado, deu início aos trabalhos de campo. A antropóloga do CTI e coordenadora do grupo, Maria Inês Ladeira, no dia 8 de abril de 1993, encaminhou à diretora de Assuntos Fundiários da Funai em Brasília, Isa Rogedo, seu relatório final. A área habitada por aqueles índios, sob a nova nomenclatura de Terra Indígena Guarani de Bracuí, foi ampliada para mais de 2.100 hectares.

Em virtude da nova realidade demográfica, a ampliação da área foi defendida, considerando-se os levantamentos e estudos antropológicos sobre a presença indígena em vários pontos da Serra do Mar. Segundo Maria Inês, o processo de ocupação Guarani, tanto em São Paulo quanto no Rio de Janeiro, principalmente nas décadas de 1930 e 1940, não foi realizada de forma aleatória, pois

> vários pontos do litoral são tidos como território onde viviam seus antepassados, sendo que a perambulação e a procura de fixação sempre ocorreram nesses mesmos locais. A tradição histórica e/ou cosmológica orienta a escolha de tais locais. (1982: 32).

Agora, definitivamente, teriam início os trabalhos de demarcação! Foi por intermédio da Portaria nº 580, de 13/06/94, assinada pelo então presidente da Funai, Dinarte Nobre Madeiro, que o engenheiro agrimensor Donizetti Brinder e o técnico em agrimensura Adelino de Souza foram designados para executar os trabalhos demarcatórios, consubstanciados pela Portaria nº 151, de 04/04/94, do então ministro da Justiça, Maurício Corrêa. Dois meses depois, em agosto de 1994, concluiu-se a demarcação dos novos limites da Terra Indígena.

No dia 3 de julho de 1995, decorridos 14 anos do início de nosso trabalho, o presidente da República, Fernando Henrique Cardoso, e o ministro da Justiça, Nelson A. Jobim, assinaram o decreto definitivo homologando a demarcação administrativa aprovada pela Funai.

Desde o princípio, sempre acreditei na vitória final... Enfim, a vida seguiu em frente, ao ritmo do *mbaraká-mirim* e do *takuapu*, sem ressentimentos, sem mágoas retidas, mas na vontade suprema de Nhanderu, e por meio dessa utopia, finalmente transformada!

CAPÍTULO SEIS

# *Mudança de rumo: em busca do autoconhecimento*

*A jornada de cada um possui o tempo necessário à consciência buscadora. Quando o discípulo está pronto, eis que surge o mestre. No entanto, o verdadeiro e imprescindível mestre não habita em moradas externas à nossa própria existência.*

TSIIPRÉ

Com frequência eu ouvia falar que a causa indígena era uma causa perdida, um sonho em vão. Mesmo assim, diante da dura realidade que bem à frente dos meus olhos se descortinava, a todo custo insistia em manter acesa a chama de um ideal que até então definia o sentido maior de minha vida.

Os desmandos, as denúncias de corrupção e a conivência na exploração ilegal de madeiras, ouro e diamantes em terras indígenas envolviam até mesmo o presidente e servidores de diversos escalões da Funai. Ao mesmo tempo, associavam-se ao modelo de política desenvolvimentista nacional e não sustentável, que, no afã para a construção de várias usinas hidroelétricas, acarretariam irreparáveis prejuízos às populações indígenas e caboclas ribeirinhas, além da fauna e flora, tendo em vista o alagamento de extensas áreas de um meio ambiente rico e diversificado, ao longo dos estados formadores da Amazônia legal.

Essas circunstâncias viriam a promover toda sorte de violações aos direitos dos índios, fosse em relação às condições necessárias para a sua sobrevivência física, fosse referente à manutenção de seus valores culturais e da própria dignidade.

Em outubro de 1986, eu e Vera trabalhávamos na Divisão de Patrimônio Indígena da Segunda Superintendência Executiva Regional (2ª SUER) da

Funai, sediada em Cuiabá, Mato Grosso. Em uma de minhas viagens, na tentativa de solucionar problemas de conflito e averiguar irregularidades que estariam ocorrendo, deparei com fortes indícios de envolvimento do chefe do posto da Área Indígena Tadarimana, uma das reservas da etnia Borôro, na retirada e venda ilegal de madeiras.

Procedi a um minucioso levantamento das evidências, obtendo provas documentais de imagem e o testemunho dos índios que haviam denunciado os fatos na sede da 2ª SUER. No entanto, para minha consternação, o amplo e criterioso relatório que eu havia concluído não resultou sequer na instalação de uma comissão de sindicância com vistas à abertura de um inquérito administrativo para se apurarem as responsabilidades por aquela prática lesiva ao patrimônio indígena. Por fim, meu relatório foi arquivado. O chefe do posto em questão foi apenas transferido para outra área, não se tocando mais no assunto. Coincidências à parte, o então superintendente daquela SUER, e militar da reserva, além de não reunir qualquer predicado para atuar na causa indígena, o que acabava favorecendo esse tipo de situação, era ainda proprietário de uma empresa madeireira no Pará. E esse mesmo personagem, por meio da conjuntura política da época e de seus aliados no poder, chegou a ser empossado no cargo de presidente da Funai, tendo, no entanto, permanecido no posto por um curto período de tempo, em razão das fortes pressões e dos contínuos protestos promovidos pela unanimidade das lideranças indígenas.

Devido aos constantes entraves burocráticos e administrativos na Divisão de Patrimônio Indígena, reflexos da própria inoperância do sistema e de quem chefiava o setor, acabei solicitando transferência para a Divisão de Assuntos Fundiários da Superintendência Regional. No âmbito dessa Divisão, fora criado o Serviço de Identificação, Delimitação e Análise de Terras Indígenas (SEIDAN), que também incluía algumas áreas habitadas por grupos indígenas isolados e praticamente sem contato com a população neobrasileira. Como indigenista, uma das minhas maiores preocupações era exatamente em relação às perspectivas de futuro e à sobrevivência desses povos autônomos, em decorrência do avanço das frentes de expansão da sociedade nacional sobre os seus territórios.

A história dos primeiros encontros com esses grupos, tanto pelo extinto Serviço de Proteção aos Índios quanto, posteriormente, pela Funai, ocorreu quase sempre de forma desastrosa para eles, em razão dos diversos surtos epidêmicos que lhes ceifavam a vida, durante e em pouco tempo após o contato.

Por outro lado, a dependência causada pela aquisição dos produtos industrializados de nossa sociedade – panelas de alumínio, roupas, facões etc. –, em detrimento da cultura material dessas etnias, era fruto, muitas vezes, de ações inconsequentes e de cunho paternalista dos respectivos órgãos oficiais de assistência aos índios. Conversando com Vera, que fora designada a responder pela chefia do SEIDAN, concordamos que seria interessante e oportuno desenvolver uma pesquisa em torno da história de contato com esses povos, objetivando viabilizar, na prática, uma nova concepção metodológica de trabalho junto às Frentes de Atração a serem instaladas em áreas sob jurisdição da 2ª SUER. De pronto, manifestei o interesse em realizar a tarefa, dando início à procura de material bibliográfico referente ao assunto.

Aproximadamente 20 dias depois, o trabalho foi concluído e seu título era "ÍNDIOS ISOLADOS – ATRAÇÃO E SOBREVIVÊNCIA, EIS A QUESTÃO". Nada muito extenso, somava um total de 57 páginas, fora os anexos, apresentando uma abordagem descritiva e, ao mesmo tempo, crítica em relação às frentes de contato a partir da primeira década do século XX. Propunha também algumas sugestões inovadoras e sensatas a essa delicada e especial modalidade de atuação no indigenismo brasileiro.

Após seu encaminhamento ao superintendente interino, Irado da Silva, tomei ciência de que a proposta fora vetada. Apesar de mais um boicote em minha atividade profissional, não cheguei a ficar surpreso, pois o que se poderia esperar desse outro superintendente que, tal qual o anterior, era completamente inadequado e ocupava um cargo de comando sem o menor comprometimento com a causa indígena? Mesmo assim, enviei às administrações da Funai em Porto Velho, Vilhena, Pimenta Bueno, Guajará-Mirim (Rondônia) e Tangará da Serra (Mato Grosso), todas jurisdicionadas à 2ª SUER, uma cópia na íntegra do trabalho, além de tê-lo enviado ao chefe da recém-criada Coordenadoria de Índios Isolados, na sede central, em Brasília. Para completar meu ato de rebeldia, tomei a iniciativa de promover um abaixo-assinado pela garantia da sobrevivência física, territorial e cultural dessas etnias ainda livres no planeta, e também por uma nova política indigenista oficial em relação a elas. O documento original, assinado pela maioria absoluta dos servidores da Superintendência, foi remetido ao presidente da Funai com uma cópia enviada ao dr. Sepúlveda Pertence, na época procurador-geral da República.

Depois de passar por tantas outras decepções, acabei submetido a um total isolamento burocrático, sem quaisquer possibilidades de atuação direta junto às populações indígenas. Essa foi a estratégia adotada para que eu não mais incomodasse, e muito menos interferisse no andar da carruagem...

O clima em geral naquela Superintendência, além do calor causticante de Cuiabá, era de quase absoluta insatisfação entre os funcionários, fosse por razões salariais, por melhores condições de trabalho ou pelos próprios rumos da política indigenista. No entanto, havia uns poucos que, motivados exclusivamente pelo primeiro item, estavam bem satisfeitos, sem nada a reclamar...

Vivíamos, na Funai, o período turbulento e tenebroso de um famigerado presidente. Em seu discurso de posse, eu o ouvi pessoalmente afirmar, de forma autoritária e infeliz: "A empresa tem que funcionar!" A "empresa", no caso, o próprio órgão governamental de atendimento aos índios, e que, pela lógica do discurso, viria a ser presidido não por alguém de sensibilidade ou ligado à causa, mas tão somente por um frio e calculista empresário.

Confesso que, se fiquei chocado com o que ouvi, pouco tempo depois me encontrava revoltado com o que passei a presenciar...

O presidente-empresário chegou à Funai por via aérea, mais precisamente de paraquedas, conduzido e amparado por seu padrinho político, um alto escalão do governo federal, da chamada Nova República. Sua gerência foi marcada por demissões e perseguições de indigenistas comprometidos com a causa e também pelas tentativas de desarticulação das alianças indígenas regionais, construídas ao longo de duas duras décadas. Para isso, valia-se do apoio do Serviço Nacional de Informações (SNI), que centralizava e coordenava as atividades das Assessorias de Informações (Asis), à época implantadas por todos os órgãos públicos do país.

Durante sua gestão, ordenou expressamente para que nenhum representante indígena fosse atendido pelas unidades administrativas da Funai, exceto com autorização de encaminhamento, por escrito, oriunda dos respectivos postos indígenas. Essa medida gerou uma série de transtornos às lideranças, dificultando ou impedindo-as de chegar às unidades regionais e à sede central do órgão, para expor os seus problemas e reivindicar seus direitos. Além do mais, essas unidades, e principalmente a sede, foram ocupadas por centenas de novos funcionários burocratas, insensíveis à causa, por seguranças armados e policiais, numa desrespeitosa e intimidadora conduta declarada aos índios.

Mesmo assim, não se deixando intimidar, líderes e guerreiros de várias etnias marcavam presença constante em Brasília, na tentativa de pressionar e fazer cair o presidente. O chefe dos Kayapó-Mentuktíre, Raoni, a princípio menos diplomático e mais direto, intencionava fazê-lo com a própria borduna... Revoltado e furioso, chegou a declarar, publicamente, que só deixaria o Distrito Federal depois que o matasse, ou se fosse retirado não só da presidência, como também da própria Funai. Temeroso por sua vida, apesar do esquema de segurança e da carta-branca do governo, ele preferiu despachar de um gabinete do Conselho de Segurança Nacional, na Esplanada dos Ministérios.

Enquanto isso, algo de mais grave e danoso ao patrimônio indígena e a essas populações vinha ocorrendo à revelia da imprensa e, por sua vez, da opinião pública. Quanto ao fato, o dedicado e combativo indigenista Fernando Schiavini, em seu livro *De longe, toda serra é azul: histórias de um indigenista,* assim se referiu:

> Seu negócio era ouro e madeira. Através de escritórios praticamente clandestinos que funcionavam no Setor Comercial Sul de Brasília. A turma de Jucá firmava contratos ilegais com empresas madeireiras e mineradoras. Por esses contratos, as madeireiras e mineradoras ganhavam o direito de extrair determinadas quantidades de materiais das terras indígenas. Em contrapartida, deveriam prestar assistência em saúde, educação e transporte às comunidades ali existentes. Assim, cinicamente, Jucá não cobrava formalmente nada por essas riquezas, o que seria inconstitucional, mas repassava para terceiros as funções institucionais do Estado brasileiro. E o pior, para terceiros que não tinham o mínimo interesse de que as comunidades indígenas ao menos existissem.

Algum tempo depois, o escândalo veio à tona. Várias cópias dos referidos e ilegais contratos vazaram, municiando a quem mais pretendia e aguardava impaciente por sua derrocada... A estratégia partiu de Schiavini. Este, após conversar com Raoni, em Brasília, seguiu viagem para as regiões sul e sudeste, a fim de articular o plano. De volta ao Distrito Federal, batalhou e conseguiu passagens aéreas para o chefe Kayapó e mais dois líderes Xavante que o acompanhariam.

Tanto em Curitiba, participando de um evento cultural, quanto em São Paulo, numa recepção em sua homenagem na Assembleia Legislativa do estado, Raoni não perdeu tempo... Rodeado por autoridades locais e a imprensa, procedeu à farta distribuição de cópias dos contratos fraudulentos, ao mesmo tempo em que denunciava o presidente da Funai. E a decidida estratégia funcionou. Seguramente, foi a gota d'água de todo um esforço conjunto, organizado por entidades indigenistas e lideranças indígenas, pela sua expulsão definitiva.

Por mais absurdo que pareça, após tantos danos causados às populações indígenas e como forma de compensação, foi nomeado governador biônico de Roraima. Por lá, da mesma maneira com que tratara a política indigenista na Funai, favoreceu e assumiu a defesa dos garimpeiros que invadiram as terras da Nação Yanomami. Lutou, sem êxito, pela demarcação reduzida dessas terras, em forma de ilhas, e assim elegeu-se senador da República. E, da tribuna do Senado, também sem êxito, fez coro contra a demarcação contígua da Terra Indígena Raposa/Serra do Sol, no noroeste de Roraima, juntamente com o senador Moronildo Diamante, outro inimigo declarado das populações indígenas. Pelo menos 18 processos foram impetrados pelo Ministério Público contra o ex-presidente, mas eles nunca foram julgados, e jamais se tomou conhecimento de seu paradeiro.

O ambiente em que nos encontrávamos inseridos, na sede da 2ª SUER, refletia o exato modelo daquela administração. E para termos uma ideia mais concisa e, ao mesmo tempo, abrangente do que ela representou em termos catastróficos, reporto-me outra vez ao indigenista Schiavini:

> Sempre fui da opinião que Romero Jucá deveria ser processado por algum Tribunal Internacional, por crime de lesa-humanidade. Situações sociais degradantes e devastações do meio ambiente como entre os Yanomami, em Roraima, os Kayapó, no Pará, os Cintas-Larga, os Suruí e os Nhambikwara em Rondônia, entre outros casos, acontecem ainda hoje em consequência desses contratos ilegais de exploração de madeira e ouro nas Terras Indígenas, firmados por Jucá.

Muitos anos depois, assistindo a uma programação alusiva ao Dia do Índio, na TV Senado, deparei com o senador proferindo um apológico e efusivo discurso em referência àquela data, cujos homenageados, os povos indígenas, ele tão bem conhecia... Nauseado e indignado, troquei de canal para assistir a *Mister Magoo*.

Eu e Vera passávamos por dificuldades em nossa relação. Além de questões pessoais, misturavam-se ainda os problemas do trabalho, que, não raramente, carregávamos para casa. O fantasma da separação, volta e meia, costumava assombrar nossa vida. Algo precisaria ser feito, com urgência, no intuito de aliviar tamanha carga de estresse que nos sufocava.

Num certo dia de fevereiro de 1988, encontrava-me totalmente encostado, como de costume, na sede da 2ª SUER, quando recebi uma comunicação interna da Superintendência, anexada a um ofício do Museu Rondon, da Universidade Federal de Mato Grosso (UFMT). Logo no começo, assim relatava o ofício: *Através de nossos registros, obtivemos referências a respeito do servidor da Funai, senhor Luiz Filipe de Figueiredo, de ter conhecimento e experiência sobre a cultura material de vários grupos indígenas, tendo, inclusive, doado sua coleção particular ao Museu Histórico Nacional do Rio de Janeiro, conforme cópia em anexo do catálogo "O índio artista artesão", que inaugurou aquela mostra.*

Mais adiante, a diretora do Museu, Joana Moreira, solicitou ao superintendente da Funai que eu fosse cedido para colaborar em um trabalho de reestruturação e catalogação do acervo.

Nem é preciso dizer que a tal solicitação foi prontamente atendida e que, a partir de então, voltei a me sentir útil e, mais do que isso, vivo e respirando! Não era exatamente aquilo que eu mais gostava de fazer, ou seja, estar em contato direto com os índios, mas certamente eu o faria de bom grado e com dedicação.

Fez-me muito bem, em todos os sentidos, afastar-me daquele ambiente pesado e tenso da 2ª SUER. O Museu Rondon se situava num agradável e arborizado espaço da UFMT, no então tranquilo bairro do Coxipó, nome de um afluente do piscoso rio Cuiabá.

Um belo dia, conversando com a diretora Joana e meu grande amigo e também indigenista Antonio João, contei-lhes sobre os absurdos e desmandos que presenciara na 2ª SUER. Num dado instante, talvez percebendo alguns indícios do elevado grau de estresse pelo qual havia passado, Joana perguntou-me se teria interesse em um tratamento com acupuntura.

> Acupuntura? Aquele negócio de espetar agulhinhas nos outros? Ah, eu não acredito nisso!

Mas Joana insistiu, informando-me que, bem próximo do Museu, havia uma excelente acupunturista, praticamente a única nessa modalidade de tratamento em toda Cuiabá, e sempre que necessário recorria ao auxílio das agulhas. Diante daquelas informações, até então inéditas na minha vida, e ao mesmo tempo necessitando de auxílio terapêutico, acabei por aceitar sua estranha sugestão.

Num final de tarde da semana seguinte, cheguei ao consultório da Evelyn para submeter-me à primeira consulta, previamente agendada. Bem na frente da casa, talhado em madeira, o símbolo chinês do *Tai Ch'i*, na configuração dos opostos que se complementam, o *yin* e o *yang*, chamou minha atenção.

Poucos minutos depois, enquanto aguardava na sala de espera, Evelyn apareceu convidando-me a entrar. Pelo sotaque, pensei que fosse argentina, mas só depois, ao indagar-lhe, foi que tomei conhecimento de sua nacionalidade chilena. Após abrir uma ficha de paciente, anotando nela os principais dados a meu respeito, perguntou como era minha alimentação. Convicto, eu lhe respondi ser excelente, que comia de tudo, incluindo, e todos os dias, muita carne vermelha. Eu era um daqueles campeões de churrascaria rodízio, que passava longe dos bufês de saladas, aproveitando, assim, o principal da casa... Disse-lhe ainda, em tom brincalhão e como se fosse vantagem, que apenas não comia pedra em razão de sua consistência; mas poderia até fazer uma sopa! Evelyn, que me ouvia atentamente, evidenciou ainda mais seu sotaque ao fazer o seguinte e desconcertante comentário:

> Quer dizer, então, que a sua alimentação é péssima!

Sentindo aquele nó na garganta e, ao mesmo tempo, afirmando não haver entendido muito bem aquela observação, passei a receber algumas orientações da acupunturista, após ter aferido meus pulsos e observado o aspecto de minha língua.

> Se você quer obter um resultado melhor e mais rápido no seu tratamento, precisa modificar em vários aspectos sua alimentação! Em primeiro lugar, substituir carne vermelha por peixe, de preferência, ou frango; evitar alimentos enlatados e refinados, dando prioridade aos integrais; evitar também o leite, usando os derivados com moderação. Queijo, somente o branco ou ricota; verduras durante o almoço, legumes cozidos e raízes no período da noite...

Ao término de sua avaliação, Evelyn perguntou-me se estaria de acordo com essas recomendações. Respondi que tudo bem! Procuraria seguir o que me fora recomendado, pois, para mim, aquele tipo de tratamento seria uma espécie de desafio. Estava disposto a pagar para ver, ou melhor, para sentir... Já naquela consulta inicial recebi minhas primeiras agulhadas.

As semanas foram passando e, consequentemente, fui me sentindo bem melhor em função do tratamento, das mudanças na alimentação e, sem dúvida, em decorrência de meu afastamento temporário do epicentro de conflitos e tensões chamado Funai/2ª SUER. Vera também decidiu aderir à terapia das agulhas. Apesar da breve convivência semanal com Evelyn, a grande empatia que, desde o início, havíamos sentido por ela, sendo a recíproca verdadeira, foi o suficiente para estreitarmos os laços de uma amizade sincera e duradoura.

Os três meses acertados para minha permanência no Museu Rondon já estavam terminando. Ainda assim, para o prolongamento da minha paz de espírito e felicidade temporária, Joana tomou a decisão de tentar renovar o período por mais quase cinco meses, o que, finalmente, acabou conseguindo. Dessa vez, seria para um trabalho de pesquisa, de interesse do Museu, junto ao Núcleo de Documentação Histórica e Informação Regional (NDHIR) daquela universidade, sobre a dinâmica das relações entre índios e brancos em Mato Grosso, no século XVIII. Desse modo, fui tocando a vida entre a pesquisa no NDHIR, as sessões de acupuntura e o convívio familiar ao lado de Vera e de nossa filha, Maíra.

Nos finais de semana, sempre que possível, tomávamos um banho de rio e, por vezes, estávamos com Evelyn e seus familiares, já àquela altura nossos amigos. Clóvis, seu marido, é um autêntico cuiabano de estatura mediana e traços de índio. Quando se conheceram, nos Estados Unidos, ela realizava sua formação de acupunturista, e ele, agrônomo, mestrado em Economia e pós-graduação em Ciência, Filosofia e Política. Ao concluírem seus estudos, rumaram em direção ao Brasil, diretamente para a capital de Mato Grosso. O casal e seus filhos moravam em uma bela e aconchegante chácara às margens do rio Cuiabá, situada a uns 50 quilômentros da Universidade Federal. Na chácara, produziam organicamente a maior parte dos alimentos que consumiam. Mesmo no elevado nível cultural e social que haviam adquirido, mantiveram-se pessoas simples, verdadeiras, talentosas e sem ostentações. Para nós, foi uma grande honra a descoberta e a presença dos novos amigos.

Com o passar dos meses, fui concluindo o trabalho de pesquisa para o Museu Rondon, junto ao NDHIR. Joana demonstrava estar satisfeita com os resultados, mas eu sabia que, dessa vez, já não seria possível prorrogar, por mais uma semana sequer, meu tempo de permanência naquela instituição. Muito a contragosto, teria de reassumir minhas atividades na Funai, mas, só de pensar em tal hipótese uma sensação angustiante se apossava de mim. Já não fazia mais sentido permanecer num ambiente de trabalho completamente desfavorável à causa dos índios e que deveria ser exatamente o oposto. Contraditoriamente e, respeitadas as exceções, que confirmam a regra, a causa agora, como no extinto SPI, passara a ser dos íntimos... Talvez a saída fosse batalharmos uma transferência para outro estado, noutra região do Brasil. Afinal de contas, pelo menos no meu caso, não vislumbrava outra perspectiva de atividade fora do setor indígena. E foi assim, com a cabeça fervilhando em pensamentos, que me dirigi, poucos dias antes de retornar à 2ª SUER, a mais uma reequilibradora sessão de acupuntura.

Evelyn parecia fazer mágica com as agulhas! Eu entrava num estado de total relaxamento! Por algumas vezes, cheguei a dormir profundamente, durante os 20 minutos da sessão, quando então despertava ao ruído do cronômetro. Antes de deixar seu consultório, perguntei à terapeuta sobre algo que havia aguçado minha curiosidade. Tratava-se de um pequeno cartaz exposto na sala de espera. Fazia alusão a um breve curso de Massagem Esalen, proveniente do instituto homônimo situado em Big Sur, na Califórnia, a ser realizado num final de semana, em tempo integral. Evelyn me disse conhecer o professor, um argentino radicado em Cuiabá que prestava atendimentos com a técnica que agora se propunha a ensinar. Imediatamente, como se penetrasse em meus pensamentos, indagou-me:

Por que você não aproveita e se inscreve no curso? Acho que seria muito legal!

As habilidades manuais, que desde a infância me haviam surgido como um dom natural, na fase adulta me inclinaram a intuitivas e eventuais massagens, mesmo sem o devido conhecimento de qualquer técnica. Durante o período no Museu Rondon, num final de tarde prestei um breve socorro ao Sardinha, outro indigenista que também trabalhava por lá, encontrando-se acometido por uma forte crise de dor de cabeça. Ao concluir a massagem, ele, aliviado, exclamou:

Rapaz, você tem uma profissão nas mãos e não sabe!!

Parecendo indiferente ao comentário incentivador, lembrei-o de que o meu negócio mesmo era trabalhar com os índios, retrucando em seguida:

Que profissão nas mãos, que nada!

Já inscrito regularmente no curso de Esalen, assisti, numa sexta-feira à noite, na casa do professor e terapeuta Gabriel Sananda, à palestra introdutória àquela técnica de massagem.

Na manhã seguinte, às 8h de um belíssimo sábado, lá estava eu com outras vinte e tantas pessoas, sob a frondosa copa de uma centenária mangueira. Presenciávamos as demonstrações sobre o método, realizadas e explicadas pelo professor, em uma aluna que se oferecera como voluntária.

A cada etapa do trabalho, o professor Gabriel ia abordando com pleno conhecimento os principais benefícios da massagem:

Além de atuar sobre a musculatura tensionada e promover profundo relaxamento, favorece também os sistemas sanguíneo e linfático, proporcionando um estado de total bem-estar, equilíbrio e interação entre corpo e mente. Durante todo o procedimento o terapeuta não deve perder o contato com o paciente, propiciando-lhe um toque suave, porém seguro, por meio das diferentes manobras de mãos, facilitadas pelo emprego do óleo de gergelim aromatizado.

Após outra demonstração, dessa vez num voluntário e objetivando ensinar algumas variantes das manobras, Gabriel sugeriu a formação de duplas para que colocássemos em prática o que vínhamos observando.

Logo no primeiro dia do curso senti grande afinidade com aquela proposta de trabalho terapêutico. No intervalo do almoço, a grande variedade de saladas, brotos, arroz integral e peixe do rio Cuiabá, na grelha, tudo caprichosa e saborosamente preparado, ia ao encontro dos novos hábitos alimentares sugeridos por Evelyn.

No domingo, segundo e último dia daquele curso introdutório, a prática fora intensa, na intenção de que gravássemos toda a sequência e aperfeiçoássemos a qualidade das manobras. E, ao término, um pouco antes de nos despedirmos, Gabriel solicitou que déssemos um pequeno depoimento quanto à nova experiência. Na minha vez de falar, não traduzi por completo o que sentia... No entanto, ao chegar em casa, contei para Vera como fora a imediata afinidade com a técnica de Esalen, mas também a respeito de uma forte intuição sinalizando mudanças em nossa vida. A partir de então, para praticar, comecei a fazer massagens na minha mulher, em minha filha, nos amigos e até mesmo em nosso cão Soneca, que, pelo nome, muito apreciava e relaxava com os toques...

Conforme havia pressentido, as mudanças finalmente ocorreram. Após ter concluído os trabalhos no Museu Rondon, retornei à Funai para uma sucessão de novos desgastes e desgostos, cujos reflexos se fizeram sentir na família.

No dia 2 de fevereiro de 1989 eu, Vera e Maíra estávamos de retorno ao Distrito Federal, dessa vez oficialmente desvinculados da questão indígena. Com o dinheiro proveniente da venda de nossa casa em Cuiabá, e também das respectivas rescisões de contrato com a Funai, alugamos um pequeno e jeitoso apartamento de dois quartos na cidade-satélite do Núcleo Bandeirante. E, com a chegada de nossa mudança, fomos em frente, tocando a vida.

Era o início de um novo recomeço. Enquanto Vera mantinha contatos junto à Universidade de Brasília, em busca de novas perspectivas de trabalho, eu colocava anúncios nos principais veículos de comunicação da Capital Federal, divulgando, assim, minha mais recente profissão de massagista.

Jamais poderei me esquecer do meu primeiro atendimento em domicílio, solicitado por uma senhora de meia-idade e de classe média alta, residente na Asa Sul de Brasília. Até então, eu fazia apenas massagens na Vera, em seus familiares e amigos, almejando aperfeiçoar a prática e ampliar minha sensibilidade com o método Esalen.

Pontualmente, às 16h, cheguei ao apartamento de minha cliente. Ao tocar a campainha, meu coração deu uma breve disparada que, por fim, consegui controlar por meio de algumas inspirações mais profundas. Foi a própria cliente quem abriu a porta e, com uma expressão bastante simpática, convidou-me a entrar. Minutos depois, enquanto conversávamos, já me sentia totalmente seguro e tranquilo na roupagem de "experiente terapeuta".

Falava com desenvoltura e convicção a respeito dos benefícios da massagem Esalen, detalhando as principais indicações do método e o consequente estado de relaxamento e bem-estar ao término da sessão. Após algumas perguntas, e convencida quanto à minha, até então, teórica competência, a cliente conduziu-me ao espaço no qual realizaríamos o trabalho. Eu carregava uma bolsa enorme, com várias divisões laterais. Em seu interior, levava um acolchoado de algodão que ocupava quase todo o seu espaço, um som de boa qualidade, algumas fitas cassete, de música New Age, incensos e, pelo menos, uns dez frascos de óleo de gergelim aromatizados com diferentes fragrâncias e indicadas para cada tipo de paciente. Ainda levava a calça de moletom e a camiseta branca de algodão que vestia momentos antes de iniciar a massagem. Admito que carregar todo aquele peso era algo meio sacrificante, ainda mais porque havia vendido meu carro, precisando andar, por vezes, longas distâncias no percurso entre as superquadras. Eu procurava ser fiel aos ensinamentos que havia recebido durante o curso, realizando com dedicação e amor meu ofício. Afinal, como já dizia Fernando Pessoa: *Tudo vale a pena, quando a alma não é pequena.*

Num ambiente bem tranquilo, aromatizado por um suave incenso, ouvindo o som de cachoeira e cantos de pássaros reproduzidos pela fita, dei início à sessão. Em primeiro lugar, trabalhei toda a extensão das costas, empregando ambas as mãos. A partir do cóccix, fui manipulando todos os segmentos da coluna vertebral e, em seguida, passei a trabalhar os braços, antebraços, mãos e dedos. Na região glútea, empreguei manobras firmes e profundas de amassamento e batidas com os punhos cerrados. Depois, flexionando ambos os joelhos, alonguei-lhe a musculatura anterior das coxas, realizando, em seguida, manobras intercaladas de deslizamentos superficiais e profundos nos membros inferiores.

Àquela altura, com minha cliente entregue por completo ao trabalho, dediquei especial atenção aos seus pés. E, assim, em harmonia, fui prosseguindo pela parte anterior do corpo, palmo a palmo, até, por último, alcançar a cabeça.

Profundamente relaxada, confiante e de semblante tranquilo, começou a dar sinais de adormecimento. Sentia-me para lá de satisfeito e realizado pelo meu primeiro e bem-sucedido atendimento profissional! O passo seguinte seria deixá-la dormir por algum tempo, para então fazê-la despertar serena e progressivamente. Silencioso, comecei a engatinhar para me afastar do local quando, de súbito, meu coração disparou com o grito de dor de minha ex-relaxada paciente... Sem perceber, havia pressionado com o joelho a ponta de seu dedo mínimo esquerdo. Meu total desconcerto, acompanhado por um sincero pedido de desculpas, não conseguiu contornar a constrangedora situação.

Quando cheguei em casa, contei a Vera o trágico incidente que me fizera até pensar em desistir da nova atividade. Naquele momento, eu me senti como se estivesse congelado! Eu sabia que se tratava de uma situação irreversível, que minha primeira cliente jamais voltaria a me procurar e, muito menos, indicar-me a alguém. Sentia-me frustrado e arrasado, enquanto Vera, solidariamente, procurava me confortar:

> Tsiipré... deixa disso! Essas coisas acontecem e, com certeza, você não foi o primeiro nem será o último a passar por esse tipo de situação! Encare isso como um teste, uma espécie de batismo de fogo, para pôr à prova sua capacidade de persistência; mas nem pense em desistir!

O tempo foi passando e, graças a Deus, para minha felicidade, os pacientes foram surgindo. Demorou um pouco para que eu conseguisse me adaptar a esse método de massagem, realizado no chão. Inicialmente, quando concluía um trabalho, sentia muito desconforto; dores nas costas, nos joelhos e tornozelos. Não raro, absorvia uma forte carga energética negativa de alguns clientes, pois ainda não havia aprendido a me defender ou lidar corretamente com essas circunstâncias. Aos poucos, fui melhorando minha flexibilidade articular, observando e corrigindo a postura durante os trabalhos, a ponto de também me trabalhar, tanto em termos de respiração e alongamento quanto do ponto de vista da própria consciência corporal.

Meu relacionamento conjugal, que já andava meio desgastado desde o Mato Grosso, com o passar dos meses, em Brasília, tornou-se algo insustentável. Não havia outra pessoa interferindo em nossa relação. Era apenas uma questão de esvaziamento amoroso que, aos poucos, foi nos distanciando, até a separação definitiva.

Nosso envolvimento acontecera de forma muito rápida. Em pouco mais de um mês de convivência nossa filha já estava sendo gerada em seu ventre. Não tivemos, na prática, o tempo necessário para nos conhecer melhor e, assim, perceber e trabalhar as substanciais diferenças que nos incomodavam, fator preponderante para o amadurecimento de uma vida conjugal.

Acredito que nossa maior dificuldade deveu-se ao fato de concebermos a existência por ângulos de visão tão díspares, ou seja, materialismo dialético *versus* espiritualismo. Um claro exemplo era a maneira pela qual Vera entendia minha ligação com os índios, rotulando-a de "puro emocional", o que para ela seria algo inapropriado devido à sua formação em Antropologia. Vera jamais admitia influências de ordem espiritual, apesar das sincronicidades dessa vida... Certa vez, muito antes de nos conhecermos e durante sua passagem pela Bolívia, um fato comum e aparentemente irrelevante se transformaria em algo surpreendente. Enquanto conversava e saboreava uma refeição popular servida por uma índia Aymára, esta lhe falou a respeito de um brasileiro que por ali estivera há poucos meses. Contou-lhe em detalhes seu modo de ser e da atividade que realizava em seu país. Posteriormente, como sempre fazia, Vera anotou em seu diário aquelas informações. Uns dois anos mais tarde, do início de nossa relação até viajarmos para o Xingu, talvez por não se haver lembrado ou desejar fazer surpresa, nunca chegou a mencionar o referido assunto. Porém, ao fim de uma tarde, enquanto conversávamos no interior de nossa casa, no Jarina, Vera pegou e entregou-me aberto seu velho diário de viagem à Bolívia. Nele, pude constatar, admirado, a descrição e o nome do tal brasileiro muito ligado aos índios, que se chamava Tsiipré.

Apesar de todo o seu racionalismo pragmático, fora ela quem sonhara premonitoriamente comigo lá no Xingu. No meu caso, seguramente, a narrativa daquele sonho ficara perdida no tempo ou arquivada nas profundezas da memória. Suas palavras apenas entraram e saíram pelos meus ouvidos, provocando-me risos, na certeza, que julgava ter, de jamais nos separarmos e, tampouco, ir morar nos Estados Unidos. Porém, o futuro, que a Deus pertence, já se aproximava...

CAPÍTULO SETE

# *Do alto Rio Turiaçu ao Rio de Janeiro*

*Amigo é coisa para se guardar*
*No lado esquerdo do peito,*
*Mesmo que o tempo e a distância digam não,*
*Mesmo esquecendo a canção.*
*O que importa é ouvir a voz que vem do coração.*
*Pois seja o que vier,*
*Venha o que vier.*
*Qualquer dia amigo eu volto a te encontrar,*
*Qualquer dia amigo a gente vai se encontrar.*

"Canção da América", Milton Nascimento

Exatamente cinco anos depois, ali estava eu, naquele apartamento do Núcleo Bandeirante, numa tarde chuvosa e sombria, mergulhado num turbilhão de pensamentos, incertezas e angústias. Vera levara nossa filha em uma programação da escola, e, nesse espaço de tempo, o telefone tocou. No instante em que atendi, não poderia ter sido um melhor lenitivo do que escutar a voz amiga que se apresentava com clareza:

> Olá, Tsiipré, aqui é o Egipson! Eu estou falando de Santa Inês, no Maranhão, e desejo saber de você, Vera e Maíra. Como vão passando?

Egipson, ou Krãin Bãn, como costumo chamá-lo, ficou surpreso ao tomar conhecimento de nossa situação. A grande amizade e a sintonia que mantemos de longa data são tão profundas que isso o faz captar as fases mais difíceis de minha vida, sempre me telefonando nessas horas.

Após contar-lhe sobre nossa iminente separação e o delicado momento que estávamos atravessando, Krãin Bãn sugeriu-me que eu fosse passar um período com ele no alto Turiaçu, onde exercia sua atividade de indigenista e chefe do posto. Agradeci o carinho de sempre daquele grande amigo, mas expliquei-lhe que, além da dificuldade existencial, como se já não bastasse, ainda atravessava uma crise financeira devido aos poucos clientes que vinha atendendo, o que me impossibilitaria de viajar para o Maranhão. Krãin Bãn ouviu-me atentamente, mas, determinado e solidário, intimou-me:

> Ô Tsiipré, preste atenção… eu vou emitir agora, pelo Banco do Brasil, uma ordem de pagamento em seu nome, no valor suficiente para você comprar as passagens e cobrir despesas com alimentação durante o percurso. O pessoal da Funai, aqui de Santa Inês, estará aguardando por você. Você poderá alojar-se na sede, seguindo viagem posteriormente, de burro, quando então lhe encontrarei no caminho, compreendido?

Diante de tamanha generosidade, só me restou aceitar aquele abençoado e irrecusável convite de apoio.

Tudo correu como combinado e, cinco dias depois, já me encontrava na companhia de meu amigo e dos índios Guajá. Desde o momento em que nos encontramos na mata, a caminho da aldeia, Krãin Bãn desejou saber do meu estado, e também sobre Vera e Maíra, e lhe contei, meio que desabafando. Enquanto falava, seguíamos pela trilha em nossos respectivos animais, envoltos pela natureza e pela forte amizade que nos une ao longo de tantos anos. Sentia-me confortado por estar ali naquele exato momento, na solidária presença do amigo e novamente entre os índios. Contudo, sua esposa, Parurrá, e seu filho, Te-ô, encontravam-se em Brasília, o que me deixou com saudade. De todo modo, teríamos quatro semanas pela frente, com muitas conversas e atividades comuns a uma área indígena.

O povo Awá-Guajá, pertencente ao tronco Tupi, é formado por pequenos grupos de dez a 30 indivíduos de estatura mediana. São nômades, caçadores e coletores de produtos da floresta, sobretudo do coco-babaçu, ainda abundante na região por eles habitada. Cultivam uma pequena agricultura de subsistência, principalmente à base de algodão, milho e mandioca. As mulheres fiam e tecem o algodão, confeccionando tipoias para carregar crianças e peças maiores, tingidas com urucum, que trazem em volta da cintura. De temperamento afável, têm o hábito de criar animais silvestres que permanecem soltos na aldeia. A preferência é pelos macacos-prego, cujos filhotes dividem com as crianças o leite das índias. Gostam tanto desses animais que, em geral, a quantidade de macacos é quase o dobro da população na aldeia.

Dentre os Guajá que conheci, um deles despertou minha atenção e sensibilidade por sua triste porém incrível história. Seu nome é Karapiru. Naquela ocasião, já era um homem maduro, com mais de 40 anos, vivendo solitário e afastado da aldeia, na companhia exclusiva de seus cães de caça.

Em meados da década de 1970, Karapiru e seu grupo, em torno de 12, incluindo os pais, mulher, filhos, irmãos e primos, foram surpreendidos por um bando de capangas, a serviço de fazendeiros da região de Amarantes. No meio da confusão, entre tiros e gritaria, cada um tentou escapar como pôde. Atônito e apavorado, Karapiru embrenhou-se na mata, levando junto a filha, ainda bebê. Todavia, desprovida do leite materno e da presença da mãe, em pouco tempo a criança morreu. Em vez de se juntar a outro grupo de seu povo, talvez pelo trauma sofrido e por precaução, optou distanciar-se para mais além de seu território, sob a proteção e a exclusiva companhia dos espíritos ancestrais e da natureza, na orientação das estrelas e do astro-rei. A partir de então, teve início sua dura sina em busca de sobrevivência ou, quem sabe, de si mesmo.

À época do ataque, Txiramukõn, então com 8 anos e filho de Karapiru, foi encontrado por trabalhadores rurais, quase morto, sobre uma cerca de arame farpado. Quanto a seu pai, somente as matas, os campos e cerrados poderiam dizer de seu paradeiro...

Doze anos depois, surgiram rumores ao norte da Bahia de que os animais de algumas propriedades estariam sendo misteriosamente abatidos e depois transformados em churrasco. Não tardou para que essas ocorrências fossem relacionadas à presença de índios nas redondezas, ainda mais quando uma flecha, perdida no campo, fora encontrada pelo peão de uma fazenda. A notícia chegou ao conhecimento da Funai, em Brasília, que desconfiava da existência de um grupo reduzido de Avá-Canoeiro, errante por aquelas terras. O que ninguém poderia ao menos imaginar era que se tratava do próprio Karapiru.

Em outubro de 1988, antes mesmo de a Funai enviar uma equipe para averiguação, inesperadamente o índio fora surpreendido por um agricultor que decidiu segui-lo. Carregava flechas, facão e uma panela ao perceber a presença de seu perseguidor. Os dois se entreolharam, mas Karapiru continuou caminhando. No seu encalço, o regional tentou se comunicar com ele, sem entender uma só palavra do que dizia. Daí em diante e, por meio de gestos, o convenceu a acompanhá-lo até o povoado em que morava.

Lá chegando, Karapiru tornou-se o centro das atrações, principalmente das crianças, e todos queriam tocá-lo. O acontecimento foi comunicado à Funai e o índio, conduzido ao Distrito Federal, onde ficou sob os cuidados do sertanista Sidney Possuelo, que, muito embora conhecesse bem os Guajá, revelou-se confuso quanto à origem daquele seu tutelado.

Na tentativa de dirimir as dúvidas, um índio Guajá foi levado a Brasília com o propósito de identificá-lo. Por ocasião do esperado encontro, algumas frases foram proferidas pelo jovem índio, candidato a intérprete. Em pouco mais de um minuto, algo surpreendente aconteceu... O olhar até então desconfiado de quem apenas ouvia encheu-se de lágrimas que transbordaram pela face morena curtida de sol. Aquele homem entendera plenamente o que o rapaz lhe havia perguntado. A partir de então, estabeleceu-se um amplo e fluente diálogo entre os dois, sob a evidente e ansiosa curiosidade dos que testemunhavam o encontro. Àquela altura da conversa, o rapaz também chorava, traduzindo para o sertanista o significado das palavras que agora ouvia e lhe faziam relembrar, num episódio já distante, quando eles foram emboscados e seus parentes, massacrados pelos brancos. O que, talvez, ele jamais pudesse ter imaginado era o fato de estar ali, naquele instante, num espaço de tempo orquestrado pela sincronia do destino, frente a frente com seu pai... Karapiru. O jovem Guajá era Txiramukõn, o menino encontrado, ainda vivo, sobre a cerca de arame.

O período de um mês em que permaneci na Área Indígena Awá-Guajá me fez muito bem em todos os sentidos. Os banhos de rio, as pescarias com Krãin Bãn, as caminhadas pela mata em visita aos índios que viviam mais isolados da aldeia central e as conversas diárias com meu melhor amigo, tudo isso serviu para me fortalecer espiritualmente, harmonizando, assim, os pensamentos, a energia e o físico. Dias antes de partir, em forma de gratidão, deixei-lhe meu rifle de caça, certamente útil para a eventual complementação de sua dieta alimentar.

De volta a Brasília, demorei apenas alguns dias, o tempo necessário para arrumar as malas e proceder às despedidas antes de seguir viagem para o Rio de Janeiro.

No momento do embarque, na rodoferroviária de Brasília, a imagem da pequena Maíra no colo de Vera me fez sentir um aperto no peito. Em silêncio, trocamos olhares, acenos de mãos e, minutos depois, o ônibus partiu. Meu novo destino seria a residência de minha mãe, que se mudara recentemente do Leblon para um pequeno apartamento em Botafogo. Uma nova mudança e um novo recomeço me aguardavam...

Cheguei de surpresa! Mamãe se alegrou e, ao mesmo tempo, surpreendeu-se ao me ver entrar em casa carregando, além da mochila, duas grandes bolsas. Deixei a bagagem no chão e parti para o abraço. Em seguida, fui direto ao assunto, já que o seu sexto sentido a fizera perceber algo de estranho, perguntando-me, com ênfase, sobre Vera e Maíra. Tanto quanto Krãin Bãn, mamãe lamentou a notícia da separação, mas acabou se conformando, já que se tratava de um fato consumado e sem chance de retorno.

Não foi nada fácil recomeçar minha atividade profissional no Rio. Colocava anúncios em jornais, ou pequenos cartazes informativos em pontos estratégicos, mas nada acontecia. Depois de algum tempo, cheguei a pensar em desistir de trabalhar com massagem, partindo em busca de um emprego convencional. No entanto, no último instante, a Providência Divina acabou me socorrendo, e o que havia de ser, finalmente aconteceu.

Certa tarde, assistia, despreocupado, ao programa *Sem Censura*, na TV Educativa, que sempre exibia entrevistas interessantes com profissionais das mais diferentes áreas. Pouco antes do intervalo, a apresentadora divulgou o número de um telefone, para qual os telespectadores poderiam ligar, dar opiniões e ainda se inscrever para apresentar suas respectivas atividades, que poderiam ser escolhidas a partir de um critério de seleção. Não pensei duas vezes! Após várias tentativas, finalmente consegui me comunicar com a produção do programa, que se mostrou interessada em obter maiores informações sobre o a técnica de Esalen, instruindo-me como deveria proceder. Tão logo desliguei o aparelho, peguei um caderno e a caneta, começando a rascunhar um *release* sobre meu trabalho. No dia seguinte, eu me dirigi à TVE, levando o texto devidamente datilografado. Agora, só me restava aguardar!

Para minha sorte e contentamento, o retorno não levou mais de quatro dias. Por telefone, avisaram que minha participação no programa fora aprovada para a quinta-feira da semana seguinte.

Os resultados da entrevista me surpreenderam e não poderiam ter sido melhores. Meu telefone não parava de tocar! Até mesmo Lenora, uma amiga com a qual eu havia perdido o contato, foi quem primeiro me ligou. Havíamos nos distanciado pelas circunstâncias da vida e a entrevista na televisão propiciou nosso reencontro. Tive alguns pacientes que se tornaram meus amigos, mas Leonora foi a primeira amiga que acabou se tornando minha paciente.

As pessoas que comecei a atender por intermédio da entrevista permaneceram por um bom período recebendo semanalmente as sessões de massagem. Algumas me indicaram parentes ou amigos por meio do eficiente e conhecido método de divulgação boca a boca. E assim fui seguindo meu caminho, ou melhor, meus caminhos, atendendo, em domicílio, uma clientela simpatizante e afeita a esse método de massagem, de Esalen. Todavia, em minha trajetória profissional, o tal método acabou com seus dias contados.

A sede por maiores conhecimentos motivou-me a entrar em contato com o antigo Serviço Nacional de Aprendizagem Comercial (Senac), onde fiquei sabendo da existência de um curso de *shiatsu*, técnica oriental, japonesa. No entanto, para se aprender a técnica, havia o pré-requisito de conclusão do curso de Qualificação Profissional de Massagista, à época o único reconhecido oficialmente no país. Uma vez que as inscrições encontravam-se abertas, sem perda de tempo inscrevi-me para o início das aulas em janeiro do ano seguinte. Inquestionavelmente, na teoria e na prática, incluindo-se o estágio ambulatorial, o curso me foi de grande proveito, por seu extenso conteúdo.

Agora, sim, no início de 1991, ali estava eu na ampla sala de aulas junto aos demais, sentado no chão em círculo, naquele primeiro dia do curso de *shiatsu* com o professor Jorge Santos. Havia certa expectativa no ar... Vestíamos calça preta de moletom e camiseta branca. A turma, de uns 40 alunos, era proporcionalmente dividida entre os sexos, com uma faixa etária bastante variada. Tão logo o professor Santos entrou na sala, fizemos silêncio. Deu-se início às apresentações individuais com os respectivos nomes, profissão e o que motivara cada um a aprender o *shiatsu*. Por último, o professor se apresentou. Ao começar a aula, assim o fez com uma forte e, ao mesmo tempo, tranquila expressão:

> Em japonês, *shiatsu* significa pressão com os dedos. *Shi*, é o dedo polegar, atsu corresponde à pressão, pressionar. Falar de *shiatsu* é falar em equilíbrio e saúde, por meio de um trabalho preventivo e, em vários casos, terapêutico, realizado não apenas com os polegares, mas também com a palma das mãos, os cotovelos e pés, ao longo dos meridianos e pontos de acupuntura situados por todo o nosso corpo. Sua prática teve origem no Japão, a partir do século XX, porém sua filosofia e fundamentos remontam a cinco mil anos de sabedoria e conhecimentos da Medicina Tradicional Chinesa, introduzida em solo japonês por volta de mil anos atrás.

Para que possamos compreender o funcionamento do *shiatsu* e da acupuntura, bem como sua eficácia de atuação em nosso organismo, devemos raciocinar um pouco como os chineses. Precisamos entender e descobrir o significado de *Ch'í*, sopro ou energia vital, e suas correlações entre *yin* e *yang*, saúde/equilíbrio, doença/desequilíbrio. Devemos também refletir e considerar que o ser humano e os demais seres vivos, incluindo a própria Terra, não são apenas uma parte isolada do cosmo, e sim, seus integrantes, influenciando e sofrendo influências. Somos um microcosmo inserido no macrocosmo. Segundo o conceito chinês, *Ch'í* é a força cósmica primordial, o sopro vital, a origem e essência que permeia todos os fenômenos e seres, animados ou não. No princípio, havia apenas o *Ch'í*, a unidade, posteriormente rompida e transformada em dualidade. O universo relativo, ou dual, encontra-se representado por seus dois aspectos polarizadores, opostos e, ao mesmo tempo, complementares: o *yin* e o *yang*. As características de *yin* (lua, terra, água, noite, inverno, expansão, feminino, passivo etc.) e de *yang* (sol, céu, fogo, dia, verão, contração, masculino, ativo etc.) manifestam-se incessantemente. Em outras palavras, ambos são representações ou manifestações diferenciadas do *Ch'í*.

De acordo com a visão oriental, toda enfermidade tem origem a partir de um desequilíbrio energético, que, por sua vez, afetará o funcionamento dos órgãos, lesando-os posteriormente em seus aspectos funcionais e estruturais. Esse desequilíbrio traduz-se pelo excesso, deficiência ou estagnação do *Ch'í*, detectado nos canais e pontos por meio de avaliações específicas (...).

À medida que o professor ia falando, fascinava-me com a beleza e a sabedoria daquela cosmovisão. Ao mesmo tempo, sentia como se já a conhecesse, provavelmente pela imediata afinidade com o tema, ou das sessões de acupuntura em Cuiabá. De qualquer forma, fez-me lembrar a máxima espiritual que nos garante: "Onde estiver o seu coração, estará o seu tesouro..."

No ano de 1992, encontrava-me trabalhando exclusivamente com *shiatsu*, tendo levado algum tempo até reunir uma nova clientela. Paralelamente, nas oportunidades que se apresentavam, prosseguia investindo em minha formação. E, quanto mais cursos ia fazendo, mais me conscientizava da real dimensão e responsabilidade nessa área do conhecimento.

Em junho do mesmo ano, um evento internacional realizado na cidade do Rio de Janeiro me fez reduzir pela metade os atendimentos terapêuticos. Na ocasião, eu havia passado pela incrível experiência das três primeiras visões, que mexeram profundamente comigo. E, como se não bastassem, quatro meses após o encerramento da Rio-92, em outubro, uma quarta e impressionante visão trouxe consigo, naquele mesmo dia, o claro sinal e a confirmação de que uma nova e profunda mudança estaria prestes a acontecer em minha vida.

Seguramente, para mim, aquele ano não passou despercebido!

CAPÍTULO OITO

# *Os astros já sabiam!*

*O sol, a lua, as estrelas..., como o coração do homem, são os lugares onde Deus se deteve para revelar seu amor. O índio pensa nesses locais e a eles dirige suas preces. Ali ganha assistência e bênção. Teu espírito não se encontra encerrado, agrilhoado em ti mesmo. Sem que o saibas, ele se comunica com a natureza sutil dos seres e das coisas. Ele se desloca por grandes distâncias, fala em teus sonhos e te dirige sinais que não sabes traduzir. Aprende a ler em teu espírito, e o Grande Espírito do universo te responderá.*

PRINCÍPIOS DE VIDA: TRADIÇÃO INDÍGENA NORTE-AMERICANA

Cirlei era uma assídua paciente de *shiatsu* que, semanalmente, eu atendia na distante Praça Seca, em Jacarepaguá. Atenciosa e receptiva, antes ou após as sessões sempre costumávamos conversar um pouco. Em uma dessas conversas, fiz menção à possibilidade de ir morar nos Estados Unidos. Tomada de surpresa e meio perplexa, perguntou-me sobre o que me motivara, talvez achando, como, em geral, ocorre, que eu estivesse indo em busca das tão cobiçadas "verdinhas"... No entanto, a paciente se mostrou ainda mais confusa ao saber da finalidade que me levaria a viver na terra do Tio Sam. Desvinculada de intenções materialistas, expliquei-lhe que minha busca era puramente espiritual, e que tivera origem nas visões, oito anos depois daquele sonho premonitório da Vera, em 1984.

A conversa com Cirlei, iniciada antes do atendimento, e que prosseguiu após, resultou no comentário que lhe fiz no sentido de encontrar alguém para elaborar meu mapa astral. Poderia ser uma forma de melhor entender o processo que vivenciava.

Sem saber, havia falado com a pessoa certa! Recentemente, ela fizera seu mapa e, além das boas referências em relação à profissional, sugeriu-me escutar alguns trechos de uma fita cassete contendo as orientações da astróloga. Logo no início, a firmeza da voz e sua conduta de raciocínio me fizeram decidir procurá-la, solicitando à minha paciente o telefone de seu consultório.

Transcorria o ano de 1992, com realizações importantes ocorrendo em minha vida. Aprendi o método de meditação da Ananda Marga, organização espiritualista indiana que desenvolve um bonito trabalho social pelo mundo afora. A partir de então, não consegui mais parar. A meditação integrou-se como parte fundamental do meu cotidiano, pois, além de promover um profundo estado de relaxamento na interação corpo e mente, permite-nos acessar outro nível de consciência, relativo ao plano espiritual.

Não obstante as profundas experiências e os novos rumos que despontavam, com certeza, nada foi mais significativo e marcante para mim naquele ano do que o ocorrido uma semana após o telefonema da astróloga. Nele, Beá solicitou-me a data, o local e a hora de meu nascimento, informando também que deveria levar duas fitas virgens com 60 minutos para a gravação da consulta.

No dia agendado, lá estava eu no seu tranquilo espaço de atendimentos em Ipanema, para a tão almejada consulta astrológica!

Sentei-me frente a frente com Beá. Entre nós, sobre a mesa, deparei com uma folha de papel ofício contendo o desenho vivamente colorido de meu mapa astral, e, à minha direita, um gravador. Depois de encaixar a fita e acionar o aparelho, a astróloga foi logo comentando:

> Tsiipré, em primeiro lugar, quero lhe dizer que o seu mapa é muito incrível! Sabia? Você irá passar por uma profunda transformação nesta vida, e não é coisa de longo prazo não! O processo já teve início e vai te conduzir à realização de uma longa viagem ao exterior que, muito em breve, você fará. Por acaso, você pretende ir para os Estados Unidos?

Aquela pergunta, direta e certeira, me deixou bastante surpreso, dando início a um breve diálogo.

> – Como você sabe que estou pretendendo viajar para os Estados Unidos? Além de astróloga, você também é vidente?
> – Estados Unidos, eu intuí... mas no seu mapa está evidente essa viagem ao exterior, e tem mais... existe uma pessoa te esperando por lá!

Nessa hora, ao comentar com Beá sobre Michael, o americano do Arizona, que eu havia conhecido no Fórum Global, ela de imediato retrucou:

> Eu não estou falando aqui de homem não! Eu me refiro a uma mulher que o está esperando e com a qual você vivenciará uma história muito profunda! É uma história de vidas passadas, de reencontros que eu não sei dizer... mas que certamente você irá resgatar lá na América!

A essa altura do campeonato, de tão impressionado que eu estava, acabei contando a Beá o sonho de Vera, e também as quatro visões ocorridas naquele ano. Ao término de minha narrativa, a astróloga prosseguiu, de maneira enfática:

> Está muito claro! Você não pode deixar de ir... você tem que fazer essa viagem! Caso contrário, não haverá nesta vida outra oportunidade. É uma chance que o Universo está lhe proporcionando para o seu crescimento espiritual. Você está preso a uma encarnação passada e tem de se libertar... Se você não for, muito da sua ""magia" vai se perder! Portanto, vá... sem fazer planos para a volta!!

Beá expressava-se com total eloquência, inteiramente concentrada diante do mapa. Após me orientar quanto à melhor data para ir ao Consulado americano, seguiu falando sobre conjunções, quadraturas e trígonos, dentre outros relevantes aspectos das configurações planetária, e que, ao longo dos próximos anos, me causariam influências.

Ao deixar seu consultório, caminhei na direção da praia a fim de refletir melhor sobre tudo o que acabara de ouvir. Com os pés descalços, à beira-mar, segui rumo às pedras do Arpoador, enquanto os pensamentos afloravam... De que maneira aquela mulher teria captado, com tamanha precisão, circunstâncias tão particulares da minha vida? Conforme procedi em outras consultas com tarólogas ou videntes, procurei manter a mente vazia, sem pensar em nada que tivesse relação com minha história e que pudesse deixar pistas... Com toda certeza, minha paciente Cirlei não havia entrado em contato com a Beá. Porém, mesmo diante dessa possibilidade, pelo seu perfil ético, jamais teria comentado algo a meu respeito. Num dado momento, cheguei a pensar que Beá poderia ser uma bruxa... no bom sentido, é claro!

Seja lá como for que essas revelações surgiram no meu mapa, só sei dizer que a astrologia revelou-se para mim como algo fascinante. Apesar de minha completa desinformação sobre o tema, deu para perceber que estava diante de um poderoso recurso para o autoconhecimento. Restava-me, agora, seguir a recomendação de Beá, de aprender a "ler redondo",[1] pois, como já dizia o poeta e dramaturgo William Shakespeare: *Existem muito mais mistérios entre o céu e a terra do que supõe nossa vã filosofia.*

[1] Modo de expressão para o estudo do mapa astral, cujo formato é circular.

CAPÍTULO NOVE

# *Afinal, a viagem dos sonhos...*

*É necessário uma pessoa com uma missão para que um objetivo seja atingido.*

CLARENCE THOMAS

*Nada é tão real como um sonho e, se você for atrás dele, algo maravilhoso lhe acontecerá: pode ser que você envelheça, mas jamais será velho.*

TOM CLANCY

No Consulado americano a fila para a obtenção do visto de entrada no país até que não era das maiores. O mesmo não se poderia dizer em relação à ansiedade que eu sentia e aumentava a cada instante em que algum pretendente tinha o visto negado. O rigoroso critério de seleção para se decidir quem vai ou quem fica era o principal assunto da roda de conversas formada na espera da próxima entrevista.

Pessoas de alto padrão financeiro, residência fixa e a tão valorizada boa aparência tiveram suas pretensões recusadas nove anos antes do fatídico e histórico episódio ocorrido em 11 de setembro de 2001.

Finalmente, chegou a minha vez. Já me encontrava pleno de uma sensação de segurança e tranquilidade, ao término de algumas respirações profundas e fervorosa prece.

Após os cumprimentos formais, encaminhei ao funcionário toda a papelada que levava comigo e que se constituía, além do passaporte, de farta documentação alusiva ao trabalho com os Guarani e do meu trunfo-convite para ir aos Estados Unidos: a carta de Michael. Após checar minuciosamente o material, o jovem funcionário americano pediu-me para sentar e aguardar ser chamado pelo nome. Concentrado, prossegui em minhas preces, mentalizando positivamente a obtenção do visto.

Decorridos 20 minutos, escutei, otimista, a próxima chamada:

Senhor Luiz Filipe de Figueiredo.

Ao receber meu passaporte, a alegria me contagiou assim que o abri e constatei o selo e o carimbo do visto *multiple* B-1 B-2, de 08 de dezembro de 1992, permitindo meu livre acesso aos Estados Unidos. De acordo com o visto, eu teria até quatro anos para embarcar. Restava-me apenas agradecer a Deus por aquela primeira vitória, arregaçar as mangas e ir à luta, a fim de juntar o dinheiro necessário para a viagem.

Um ano e meio se passara e eu conseguira comprar quase 5 mil dólares trabalhando exclusivamente com *shiatsu*.

Numa tarde de domingo, uma semana antes de viajar, subi o Morro da Urca com Luciana, minha namorada. Seguimos pela trilha a partir de determinado trecho da pista litorânea, conhecida por "Caminho do Bem-te-vi", que tem início bem próximo à Praia Vermelha. Nosso destino era a pequena e solitária clareira localizada naquela nesga de Mata Atlântica, entre o Morro da Urca e o Pão de Açúcar. Meu objetivo seria cumprir uma tarefa que havia intuído. Em uma bolsa de lona verde, a tiracolo, levei toda a minha coleção de pedras semipreciosas, quase uma centena delas. Havia citrinos, piritas, malaquitas, jaspe e várias outras. Conforme combinamos, subimos em silêncio, e às 17h lá estávamos naquele agradável e quase desconhecido refúgio da cidade grande.

No outro extremo da clareira, em relação à picada de acesso à mata, comecei a cavar. Em pouco menos de meia hora abri um buraco de dois palmos e meio de diâmetro por uns três de profundidade, e nele fui depositando, no formato do *Tai Ch'i*, ou *yin* e *yang*, o total de pedras de que dispunha. No processo, mentalizei com absoluta confiança meus caminhos se abrindo e a proteção divina me acompanhando na jornada.

Após tampar completamente o buraco, fizemos uma breve oração de agradecimento e, em seguida, descemos a montanha. Quem sabe um dia, as pedras seriam resgatadas contendo todo o potencial energético do lugar...

Dois outros eventos inesquecíveis ocorreram pouco antes do meu embarque para a América. Naquele 23 de julho, mesmo chovendo de forma torrencial, vários amigos e pacientes compareceram à minha festa de despedidas em Jacarepaguá, na casa da comadre Diléa, mãe de minha querida afilhada Juliana. E, para completar a alegria, fechando com chave de ouro meu bota-fora, o Brasil foi tetracampeão da Copa do Mundo disputada exatamente no país para o qual eu estaria partindo. O erro de Baggio, na angustiante disputa dos pênaltis, deixara a Itália como vice, consagrando meu país campeão do mundo!

Fazia um calor desproporcional! Apesar de nos encontrarmos em plena estação do inverno, os termômetros ao longo do percurso para o Aeroporto Internacional do Galeão, atual Tom Jobim, surpreendentemente registravam a temperatura de 40ºC! Coisa rara até aquele ano, mas que, a partir de então, acentuar-se-ia nas alterações climáticas pelo mundo afora, o chamado efeito estufa, agravado por nossa interferência sobre o planeta e, principalmente, com a excessiva emissão de carbono na atmosfera.

Luciana me levou de carro ao aeroporto, aonde chegamos com bastante antecedência. Meu voo, com destino a Miami, estava marcado para as 22h, de modo que fui logo tratando de confirmar a passagem e despachar as duas grandes bolsas de mão e a não menos volumosa e velha mochila, companheira inseparável de tantas viagens e aventuras. As poucas horas que nos restavam foram integralmente desfrutadas em conversa amorosa e troca de afagos. A cada minuto que passava, o sentimento de saudade parecia aumentar. Minha namorada, que sabia dos objetivos da viagem, um tanto insegura, comentou enciumada sobre as duas visões com a índia... No ato, lembrei-a do que ela mesma costumava dizer em tom afirmativo, numa alusão a si mesma:

Que índia, que nada!! A sua índia se encontra é por aqui mesmo...!

Naquele instante final, despedimo-nos com abraços e um prolongado beijo, em um curto diálogo de boa viagem e até breve.

Ao seguir pelo portão de embarque, num instante virei-me e trocamos acenos. Receptiva, porém sem esboçar sorriso, Luciana distanciou-se e não olhou para trás. Por fim, em 29 de julho de 1994, embarquei no voo que me levaria, no exato sentido do termo, à viagem dos meus sonhos ou, quem sabe, como dissera a astróloga, ao resgate de alguma história passada...

Desembarquei em Miami às 6h, horário do Rio, ou 4h, hora local. Após retirar as bagagens da esteira giratória, eu me dirigi à autoridade do Serviço de Imigração do aeroporto, seguindo à risca as orientações de um primo de minha mãe que por muitos anos residira nos Estados Unidos. No guichê, quando me perguntaram quanto tempo eu pretendia permanecer no país, respondi que seria em torno de um mês. De acordo com o primo, a tal resposta era apenas uma estratégia para que eu conseguisse o visto padrão, com seis meses de validade, destinado aos turistas e conferencistas, como no meu caso. Não posso dizer se algum passageiro do meu voo teria recorrido a essa "estratégia" no intuito de conseguir o visto de permanência máxima. No entanto, de todos aos quais perguntei, pude concluir que apenas um passageiro obteve o visto de 30 dias; ou seja, eu! É provável que as orelhas do primo tenham ficado superaquecidas, em consequência dos meus pensamentos irados e emitidos a distância, em razão da "incrível estratégia"... Mas, como nem tudo é perfeito, o negócio era esfriar a cabeça e seguir em frente, porque, como se diz, atrás vem gente!

A etapa seguinte foi passar pela fiscalização alfandegária, que ocorreu de forma tranquila, após eu ter apresentado o passaporte, a carta de Michael e a do presidente do CADIRJ. Ao contrário do que ocorreu com os demais passageiros do meu voo, os policiais praticamente nem revistaram minha bagagem, tratando-me com respeito e consideração. Um deles chegou a me dizer que eu iria gostar muito do Arizona, seu estado natal, e que me considerasse "*Bien venido a los Estados Unidos!*".

Depois da "revista", eu me dirigi ao balcão de passagens para confirmar o próximo embarque para Houston, no Texas. Foi então que as coisas se complicaram um pouco, pois tive de caminhar por um trecho de 500 metros, carregando todo o peso de três bagagens enormes para um simples mortal, e ainda aquela bolsa a tiracolo simplesmente abarrotada. Ao chegar, o guichê encontrava-se fechado. Como os atendimentos recomeçavam somente às 5h30, e o meu voo para Houston era às 7h30, estirei-me no chão do aeroporto, como muita gente faz, procurando descansar da viagem e do peso que carregava. O piso acarpetado, supermacio e limpo, era convidativo a um bom sono!

A chegada a Houston foi tranquila, após o breve e confortável voo proveniente de Miami. Enquanto aguardava meu próximo embarque, dessa vez para São Francisco, Califórnia, aconteceu meu primeiro contato com um índio americano. Ele aparentava ter uns 55 anos e seu tamanho avantajado poderia ultrapassar os 2 metros altura. Com a pele cor de jambo, trazia os negros cabelos em uma pequena trança às costas, amarrados por uma tira de couro. Usava um anel de prata com turquesa e também um vistoso e bonito colar com detalhes no mesmo tipo de pedra. Fui a seu encontro tentando expressar-me numa mistura de castelhano, inglês e sinais. Apesar das limitações linguísticas, ele parecia entender-me, mostrando-se receptivo e simpático.

Na Califórnia, eu me hospedaria por umas duas semanas na casa da filha daquele primo de minha mãe. Tudo fora previamente acertado para que eu tivesse um local onde ficar, antes de seguir viagem para a Conferência no Arizona.

Em 30 de julho, meu avião aterrissou em São Francisco, e imediatamente tratei de telefonar para minha prima em terceiro grau. O telefone tocou cinco vezes e uma voz feminina, gravada na secretária eletrônica, me fez deduzir que ela não estava em casa. Como a mensagem era longa, e meu inglês, curto, desliguei o telefone. Após discar outra vez, pedi a um cubano que se achava próximo para ouvir a gravação. Assim feito, ele me disse:

> A pessoa que gravou a mensagem está informando que saiu de férias por 20 dias, pedindo para que deixem recados com os respectivos horários e datas das ligações!

Naquele instante, agradeci ao cubano por sua ajuda, e uma sensação de incerteza apossou-se de mim. Enquanto vivenciava aquele sentimento de abandono e solidão, saquei da carteira uma bela e expressiva gravura do Cristo que minha mãe me confiara às vésperas da partida. Concentrado no olhar penetrante e misericordioso que a imagem transmitia, entrei em oração. À medida que ia me tranquilizando, lembrei-me de haver trazido, na última hora, minha agenda! Nela, anotara, há vários meses, o nome e o telefone de Eliane, que me pedira para que a procurasse, caso algum dia viesse a passar por São Francisco. Tivéramos um único encontro na casa de Olga, uma cliente que atendo há muitos anos, sua melhor amiga e irmã espiritual.

De posse da agenda, localizei o número e liguei. Um homem atendeu aos chamados e, inutilmente, tentamos nos comunicar. Todavia, ao ouvir o nome de quem eu buscava, ele fez uma pausa e, vagarosamente, continuou falando sem fazer a menor diferença... Decidi reutilizar a mesma tática da ligação anterior, conseguindo alguém que me servisse de intérprete. Segundo meu interlocutor, havia sido o companheiro de Eliane quem falara ao telefone, informando-lhe que ela se encontrava trabalhando e às 16h estaria em casa.

Mais tranquilo, só me restava ir em busca de algum restaurante no aeroporto, enquanto o tempo se incumbisse de correr.

No horário estabelecido, tornei a telefonar e, para minha alegria, Eliane atendeu. Assim que a surpresa se desfez, abordei direto o assunto e contei-lhe o sucedido com a prima, minha única referência para contato e hospedagem.

Disse-lhe também sobre o meu destino, faltando ainda 22 dias para o início da Conferência.

Eliane ouviu-me atentamente, mas alegou a impossibilidade de me hospedar, pois estaria recebendo alguns familiares de seu marido. No entanto, em busca de outro caminho, comentou ser amiga de um casal de irmãos brasileiros, do Recife, que talvez pudesse me acolher. Em seguida, orientou-me o local em que deveria pegar o ônibus que me conduziria até Santa Rosa, cidade onde morava, distante uns 90 quilômetros de São Francisco.

Procedi conforme fui orientado, e ao descer no local previamente estabelecido, em dez minutos ela chegou. O encontro foi alegre e espontâneo, como se nos conhecêssemos há tempos. Por um lado, era mais uma referência brasileira, um novo conterrâneo que chegava. Por outro, há anos ela ouvia falar a meu respeito, e eu, dela, por intermédio de Olga e de seus familiares, cuja grande amizade, admiração e amor levaram à sua inserção no seio familiar. Ao entrarmos no carro, fiquei sabendo de sua conversa com o casal de irmãos, que já me aguardava.

Lenira e José me receberam de braços abertos e um sorriso sincero em seus rostos. Há anos haviam se tornado amigos de Eliane. José trabalhava num hotel e num supermercado, e tanto Lenira quanto Eliane faziam faxinas em domicílios. A casa em que moravam e generosamente me acolheram, além de muito ampla e bonita, era aconchegante e prática. Cada um tinha o próprio carro e ainda ajudavam regularmente os familiares no Brasil. Ambos vieram de baixo, e não apenas geograficamente falando. De origem humilde, pude perceber, pelo álbum de fotografias, as enormes dificuldades que haviam enfrentado no Recife. Lenira encontrava-se há 12 anos nos Estados Unidos e faltava pouco para receber o seu *Green Card.*[1] José encontrava-se há menos tempo, sete anos, e Eliane era a mascote, tendo chegado em 1992, portanto, apenas dois anos antes.

Santa Rosa é uma linda cidade, bem-arborizada e limpa. Nessa época, os dias são ensolarados e quentes, beirando os 35°C, mas as noites são agradáveis e com um céu tão repleto de estrelas que me fazia lembrar o interior do Brasil. Os amigos brasileiros e alguns mexicanos que fiquei conhecendo me dispensavam toda a atenção e generosidade. Sempre me levavam para jantar em ótimos restaurantes e para conhecer lugares novos e atraentes. José me apresentou

---

[1] Refere-se ao visto de permanência definitivo nos EUA.

uma índia do povo Diné, mais conhecido por Navajo,[2] do Arizona, casada com um americano não índio e que residia nas proximidades de sua casa. Levou-me, igualmente, a visitar outra amiga sua, que trabalhava com massagem, de quem recebi boas dicas e orientações preciosas quanto aos detalhes legais e de mercado profissional no país.

Eliane, José e Maria, outra amiga brasileira, me ajudaram a obter o seguro social, documento obrigatório para se tirar carteira de habilitação, realizar cursos e outras atividades. Os amigos não poupavam tempo nem esforços para o suprimento de tudo que fosse necessário ao bem-estar e à segurança no curso de minha jornada. Até mesmo indicavam-me clientes a fim de que eu pudesse poupar as economias.

Uma série de ideias preconcebidas começou gradativamente a ruir desde que cheguei aos Estados Unidos. A começar pela questão do racismo, que é um fato notório principalmente nos estados do sul, mas que passa despercebido ao presenciarmos no dia a dia a grande quantidade de casais interétnicos, sobretudo de negros e brancos transitando pelas ruas. Outro aspecto que me chamou a atenção foi o conceito bem-estruturado de cidadania e respeito às leis. Nem pensar em andar de carro sem o cinto de segurança, pois é multa na hora! Fumar em restaurantes, lojas ou aeroportos é totalmente proibido. Caso se atravesse a rua sem perceber o sinal fechado para pedestres, os motoristas imediatamente param seus veículos, sem qualquer xingamento. E, por falar em ruas e trânsito, pude constatar toda uma infraestrutura de apoio aos deficientes físicos.

A temporada de 20 dias que passei em Santa Rosa, além de muito feliz, foi especialmente importante para o meu processo de adaptação na América. Em contrapartida, os últimos momentos vivenciados no aeroporto de São Francisco foram marcados por lágrimas coletivas e um aperto de saudade em nossos corações durante os abraços e beijos com os amigos. José e Lenira deixaram claro que estariam me aguardando de volta, caso os acontecimentos se tornassem desfavoráveis lá pelo Arizona.

Finalmente, às 10h30 do dia 20 de agosto de 1994, levantei voo rumo a Phoenix, tendo como única certeza minha participação no World Unity Festival & Conference, dois dias depois.

---

[2] Pronuncia-se Návaho, termo perjorativo dado pelos espanhóis, algo equivalente a cão.

CAPÍTULO DEZ

# *Arizona, aí vou eu!*

*Não te desvies do obstáculo, nem tentes fugir de tuas dificuldades. Quando encontra uma pedra em seu caminho, o rio nunca retrocede. Ele a contorna, deslizando, brinca com ela como o curandeiro que murmura e encanta o ferimento ou, então, salta, num feixe de luz. Aprende a dançar com o obstáculo, se queres progredir. Conhecer o mundo é conhecer a si mesmo.*

PRINCÍPIOS DA FILOSOFIA DE VIDA DOS ÍNDIOS NORTE-AMERICANOS

Às 12h, desembarquei em Phoenix, capital do Arizona. Uma sensação de desconforto voltou a me acompanhar, parecida com aquela que me tomara de assalto ao chegar a São Francisco. A grande incógnita em relação ao que viria pela frente, após a conferência em Flagstaff, me fazia sentir numa corda bamba. Que direção, quais perspectivas estariam reservadas para mim? Ao mesmo tempo em que as dúvidas afloravam, a fé e a esperança batiam à porta da minha alma, deixando-as entrar. Afinal de contas, havia um propósito bem-determinado e orquestrado pelo Universo, o que acabava me fortalecendo na mais profunda convicção de que tudo se resolveria.

Antes de seguir para Flagstaff, precisava passar em Mesa, um bairro de Phoenix, para reencontrar 18 anos depois uma grande amiga, Carmem, a quem remetera um cartão-postal lá de Santa Rosa.

Após recolher a bagagem no salão do aeroporto, identifiquei um rapaz com fisionomia de índio e que havia chegado no mesmo voo que eu. Aproximei-me perguntando-lhe se falava castelhano, pois poderia ser descendente de mexicanos... Como a resposta foi negativa, mostrei o endereço de Carmem, fazendo-o entender que necessitava encontrá-la, embora não tivesse a menor ideia de como chegar à sua casa. Quando não se fala a mesma língua, aquele ditado afirmativo, "Quem tem boca vai a Roma", se apresenta limitado...

Ao ler o endereço, o rapaz com cara de índio e que era índio legítimo, do povo Arapahô, conduziu-me até o seu carro e, depois de ter ajeitado minha bagagem no porta-malas, convidou-me a entrar no veículo.

À medida que íamos nos distanciando recorri a um recurso algumas vezes empregado junto aos índios no Brasil, objetivando quebrar o gelo proveniente da barreira linguística. Na totalidade das ocasiões em que assim procedi, os resultados foram bem interessantes!

Do repertório de que dispunha, puxei da memória uma canção Xavante e entoei o seguinte cântico:

Rôni, rôni djé wẽ r'ê-ê<br>
japó-ó, japó-ó r'ê wẽ } (bis)<br>
Rôni, rôni djé wẽ r'ê rê wẽ<br>
wẽ rẽ<br>
Rôni, rôni djé wẽ r'ê-ê<br>
Japó-ó, japó-ó, r'ê wẽ } (três vezes)<br>
Rôni, rôni djé wẽ r'ê-ê<br>
hê, hê-a-hê, hê-a-hê japó-ó, r'ê (bis)<br>
wẽ (voltando à primeira parte).

Assim que terminei de cantar, o rapaz sorriu em forma de aprovação, entoando em seguida uma canção Arapahô. Enquanto ele cantava, ocorreu-me estar ao lado de um legítimo descendente do mesmo povo que, em aliança com os Oglala-Sioux e Chayenne, derrotaram, em 25 de junho de 1876, no vale do rio Little Bighorn, em Montana, as tropas do Sétimo Regimento de Cavalaria lideradas pelo general George Armstrong Custer. A música, seja lá na cultura que for, tem o poder mágico de interligar as pessoas e ativar as lembranças...

Durante os 15 minutos do percurso até a casa de Carmem, o jovem Arapahô e eu conversamos utilizando todos os recursos disponíveis, ou seja, palavras, gestos, sinais e, certamente, música indígena. Ao descer do carro, observei a aproximação de um homem moreno e com cabelos negros, que achei tratar-se de Zarco, o marido de minha amiga. Obtida a confirmação, apresentei-me, despedindo-me em seguida do rapaz que voluntariamente me conduzira até lá. Antes de retornar ao veículo, o Arapahô trocou algumas palavras com Zarco, que logo depois me convidou a entrar em casa, anunciando em voz alta a inesperada visita.

Assim que me viu, Carmem arregalou os olhos no instante em que seus lábios sorriam, dando lugar às palavras, numa expressão facial de muita surpresa:

> Tsiipré! Olha... não estou acreditando! Nós chegamos ontem de viagem, e quando peguei as correspondências vi o seu cartão, mas nem imaginava que você fosse aparecer por aqui! Afinal de contas, lá se vão quase vinte anos em que nos encontramos naquele congresso de linguística do CIMI (Conselho Indigenista Missionário), em Cuiabá.

Eu e Carmem nos conhecemos por ocasião de sua vinda ao Brasil, em 1976, com o propósito de estabelecer contatos em algumas áreas indígenas do Mato Grosso. Naquela época, ela já morava nos Estados Unidos, sendo ligada ao American Indian Movement (AIM).[1] Pernambucana de Recife, ex-militante e ativista política de esquerda, no auge da ditadura militar viu-se forçada a exilar-se no México, conhecendo de perto a realidade indígena daquele país e identificando-se profundamente com a causa.

Na manhã seguinte, ao término desse congresso de linguística, tomei conhecimento de que o delegado da Funai estaria enviando um ofício à Polícia Federal solicitando a busca e captura de Carmem de Novaes para averiguações. Cheguei a ler o sinistro documento que se achava bem à vista na bandeja de expedientes, sobre a mesa de protocolo da 5ª Delegacia Regional da Funai. Procurei disfarçar a todo custo qualquer apreensão, batendo em retirada ao encontro de Carmem para informá-la sobre os riscos que estaria correndo. Estávamos ainda sob regime militar, e Carmem havia entrado em determinada área indígena sem a permissão da Funai. O chefe do posto, ao tomar conhecimento de sua presença, apropriou-se indevidamente da carteira de identidade da moça, remetendo os dados, via radiocomunicação, ao delegado regional do órgão, em Cuiabá. Este, por sua vez, havia interceptado a correspondência de uma índia Borôro para Carmem, na qual denunciava várias irregularidades que estariam ocorrendo em sua área de origem.

Ao saber da situação, Carmem mostrou-se nitidamente preocupada e nervosa, pois Cuiabá ainda era uma cidade relativamente pequena, e seria muito fácil encontrá-la. No dia seguinte, eu estaria viajando a serviço para a Reserva Pareci, na região do Rio Verde, uma área assistida por missionários leigos da

---

[1] Surgido na cidade de Mineápolis, em 1970, o AIM foi criado e dirigido por lideranças indígenas em defesa de seus direitos e pelo respeito às suas tradições e cerimônias sagradas.

antiga Operação Anchieta (Opan), e atual Operação Amazônia Nativa, que se achava invadida por uma fazenda. Após uma breve reflexão, decidi correr o risco de ocultá-la no interior da Reserva... até que a poeira assentasse. E, assim agindo, durante uma semana ela permaneceu na aldeia do Rio Verde. Logo depois, retornou a Cuiabá, de onde felizmente embarcou sem problemas para Recife, regressando em poucos dias aos Estados Unidos.

Zarco é descendente de índios do México e pertence à grande população de ticanos residentes no Arizona, ou seja, filhos de mexicanos que nasceram nos Estados Unidos. Recebeu muitos prêmios e é considerado em todo o estado um dos maiores artistas plásticos em esculturas. Por meio de uma bolsa, pôde viver no Japão por um ano, pesquisando as diferentes técnicas das expressivas máscaras japonesas. Casado há muitos anos com Carmem, aprendeu, juntamente com os três filhos, a falar português, formando, assim, uma bela família. Carmem permanecia ligada à causa indígena, mas não como a ativista de outrora. Suas convicções haviam mudado bastante e, além de professora e artista musical, tornou-se uma pessoa mais espiritualizada. Sentiu profundamente a recente perda de sua mãe e, por meio de um famoso livro abordando o tema da reencarnação, escrito por um psiquiatra americano, encontrou respostas e alento para sua vida.

O casal tem uma banda de música denominada "Zum-Zum-Zum", na qual o filho mais velho, Quetzal, à época com apenas 11 anos, participava tocando percussão e violino maravilhosamente! A banda, composta por oito integrantes, desenvolvera um extenso repertório, incluindo rumba, merengue, samba e música andina. Futuramente, eu viria a participar de algumas apresentações do grupo.

Nos dois dias de minha permanência em Mesa, conheci lugares interessantes. Carmem e Zarco me levaram até a base da "Montanha da Superstição", onde Gerônimo, o famoso chefe Apache, e seus guerreiros se escondiam, sem que os soldados conseguissem encontrá-los. Também conheci a reserva dos índios Pima, tradicionais inimigos dos Apache, que se situa bem próximo à casa de Carmem. No século XIX, os Pima foram utilizados pelo Exército para auxiliar na captura de Gerônimo e seus bravos. Hoje, sedentários e inseridos no padrão nutricional comum aos americanos, lamentavelmente os Pima são considerados, por meio de pesquisas, o segmento populacional com maior taxa de obesidade mórbida dos Estados Unidos...

Aproveitando que Zarco necessitava ir a Flagstaff verificar algumas de suas esculturas expostas à venda em um salão, acabei seguindo de carro com ele, num percurso de aproximadamente três horas. Quando nos encontrávamos na metade do caminho, passando por uma pequena e simpática cidade incrustada na vastidão do deserto, Zarco comentou:

> Aqui é Sedona, um lugar especial! Estou com o pressentimento de que alguém vai convidar você a vir morar nesta cidade...

Chegamos a Flagstaff em torno das 21h. A cidadezinha é linda, parecendo cenário dos antigos filmes de faroeste. Por se encontrar na faixa de 2.500 metros de altitude, a temperatura no verão é sempre amena, se comparada com Phoenix ou Mesa, cujos termômetros chegam aos 50°C nessa época do ano. As noites são agradáveis e chegamos a dormir de cobertor. Já no inverno, o frio é rigoroso e a cidade é muito procurada pelos praticantes de esqui.

Houve alguns desencontros em Flagstaff, pois o endereço que Michael me passara era, na verdade, o da agência dos correios onde ele tinha acesso às suas correspondências. Naquela primeira noite, dormimos num hotel distante do centro e, pela manhã, depois de muita procura, conseguimos finalmente localizar a casa de Michael, afastada da cidade uns 15 minutos de carro. Fomos muito bem-recebidos por Feliss, sua esposa, e pela pequena Ananda, a filha de 3 anos, uma graça de criança e que, de pronto, se achegou para o meu lado. Feliss pareceu-me, desde o início, uma pessoa sincera e atenciosa. Michael encontrava-se no local da Conferência, para onde eu deveria seguir no mesmo dia, aproveitando a carona de alguns participantes que para lá se dirigiam.

Ao me despedir de Zarco, que já retornava para Mesa, a sensação de angústia ressurgiu. A grande dificuldade de comunicação em inglês e, novamente, a incerteza em relação ao que viria pela frente faziam-me sentir inseguro.

Durante as poucas horas em que permaneci na casa de Michael, acabei conhecendo John Kent, um jovem amigo do casal. Ao deparar com ele, fiquei impressionado por sua enorme semelhança com o Cau, um ex-paciente meu no Rio. De imediato, tivemos uma forte empatia, favorecida pela ajuda de Feliss, que por falar e compreender um pouco de castelhano, acabou servindo de intérprete. John, insistentemente, deixava claro que de alguma forma gostaria de me ajudar. Ele estava apenas de passagem pelo Arizona, visitando os amigos, tendo de retornar dentro de poucos dias para sua casa em Rockville, Maryland. Em razão de seu interesse em me auxiliar, mostrei-lhe uma gravação de 50 minutos, traduzida simultaneamente por uma amiga, na qual eu ia contando a minha história com os índios, o sonho de Vera e as quatro visões que tivera em 1992.

Após ouvir a narrativa, e dispondo mais uma vez do indispensável auxílio de Feliss, John me falou:

> Sua história tocou forte em meu coração e agora fica mais fácil ajudá-lo. Senti que suas palavras são verdadeiras e a sua jornada por aqui é muito importante no seu processo espiritual. Com certeza, aqui neste estado, o lugar perfeito para você ir morar chama-se Sedona! É um lugar mágico e tem uma incrível energia! Tenho uma grande amiga de Carolina do Norte, que lá reside há vários anos, e seu nome é Rita Livingston. Ela tem um coração supergeneroso e conhece muita gente interessante. Vou escrever ainda hoje para ela, contando a seu respeito. Tenho quase certeza de que ela ficará disposta e interessada em apoiá-lo. Também conheço outras pessoas em Sedona que você poderá procurar em meu nome tão logo lhe entregue uma lista com os respectivos contatos. Em relação aos índios americanos, sou amigo de um respeitado líder da Nação Oglala, que se chama Gilbert Walking Bull. Todos os anos no mês de julho, em Dakota do Sul, ele promove e organiza uma importante Cerimônia Sagrada, a Dança do Sol. Portanto, no que depender da minha pessoa, pode estar certo de que tudo farei para você realizar plenamente a sua jornada neste país. Deus o abençoe!

Para a minha agradável surpresa, ao entrar no carro, pude reconhecer Fadini, um amigo de Michael que estivera com ele na Rio-92. Fadini era músico e sabia falar castelhano, o que, para mim, significava poder dialogar – e com alguém que já não era de todo desconhecido. A viagem de Flagstaff até o local da conferência, numa reserva indígena, levou oito horas e foi bastante cansativa devido às más condições da estrada. Quando já estávamos a apenas um quilômetro e meio do ponto assinalado no mapa, um pequeno grupo sinalizou para que parássemos o veículo. Olhei o relógio, que marcava 22h, e quatro rapazes se aproximaram do carro, dando início a um diálogo. Michael, que se encontrava entre eles, ao me ver, cumprimentou-me sem conseguir conter as lágrimas, provenientes de um choro nervoso. Fiquei ao mesmo tempo feliz e apreensivo ao revê-lo, pois, mesmo sem compreender o que diziam, pude perceber nitidamente que algo não estava bem... Para confirmar as suspeitas, Fadini olhou-me de relance, proferindo em castelhano uma palavra semelhante ao inglês e idêntica no português: "Problemas!"

Inicialmente, o World Unity Festival & Conference era para ter sido realizado na região do Grand Canyon. No entanto, os organizadores não obtiveram autorização, em virtude do aspecto ambiental, e pretenderam viabilizá-lo no *campus* da Universidade de Flagstaff, o que também não foi permitido. Dessa forma, acabaram optando, praticamente na última hora, por uma área na Reserva dos índios Hopi e Diné, ou Navajo, o que acabou resultando em um grande e delicado entrave. Tradicionalmente, as terras pertencem aos Hopi, que, contudo, são minoria. Embora grande parte do Conselho Tribal se tenha manifestado favorável à conferência, outra, representada pelos Diné, e tendo à frente os pelegos a serviço do governo americano, decidiu pressionar contra a realização do evento no interior da Reserva. Inflexíveis, ameaçaram chamar a polícia indígena para a retirada dos participantes, que eram, aproximadamente, 4 mil. Nesse clima tenso e de iminente conflito, os organizadores solicitaram um prazo de 42 horas para conseguir outro lugar e, consequentemente, desocupar a área.

Na primeira noite que passei em terra indígena, estirei-me ao relento, envolto apenas pelo saco de dormir, na intenção de poder apreciar o colossal manto de estrelas que se estendia pelo céu do Arizona. Havia algumas fogueiras acesas e pessoas dançando em êxtase ao som de tambores. A poeira subia densamente, contrastando com os corpos suados e iluminados pelo fogo num cenário espectral. Contando as estrelas, ao ritmo do som dos tambores, adormeci.

Pela manhã bem cedo, ao despertar com os primeiros raios do sol aquecendo meu rosto, dei-me conta do cenário à minha volta. Pelo menos naquele trecho, o ambiente era desolador. Havia apenas pedras e poeira, pouquíssima vegetação, típica do deserto, e um calor sufocante que perdurava até o pôr do sol.

A expectativa e a tensão eram evidentes, com as pessoas aguardando a qualquer instante uma definição quanto ao rumo que deveríamos tomar. Nosso prazo se esgotaria às 16h do dia seguinte, com ou sem uma nova opção de local para a realização da conferência.

Naquela parte da Reserva, não havia sequer um filete d´água para banho. Para beber e cozinhar, contávamos apenas com a distribuição de garrafas e galões trazidos de fora pelo grupo de apoio.

Quando o sol estava quase se escondendo por trás das montanhas, a notícia mais esperada do dia finalmente acabou se espalhando. Para felicidade geral, haviam conseguido permissão para o evento ser realizado no interior de uma reserva florestal bem distante dali. A turma se animou e, mais uma vez, as fogueiras foram acesas, dessa vez para comemorar, ao som dos tambores, o lugar definitivo para a realização dos trabalhos.

Na manhã seguinte, teve início uma grande movimentação no acampamento para o desmonte das centenas de barracas e o preparo do almoço destinado às milhares de pessoas presentes. Havia muitos carros, trailers e até ônibus estacionados nas proximidades. Vários índios Hopi e Diné chegaram para conversar e manifestar seu descontentamento e repúdio quanto à ingerência do governo americano na Reserva. Ao longo do dia, alguns desses índios auxiliaram nos preparativos da viagem, dispostos a seguirem juntos. Enquanto isso, sem esperar o almoço, um bom número de participantes resolveu ir à frente, objetivando ganhar tempo e luminosidade solar para a reconstrução do camping.

Finalmente, às 16h, deixamos a Reserva Indígena Hopi para trás, chegando algumas horas depois ao nosso destino. Segui viagem com o mesmo grupo que me oferecera carona a partir de Flagstaff. Para minha maior alegria e também dos demais, o novo lugar escolhido tinha um visual belíssimo! Tratava-se de uma extensa floresta de pinheiros, a se perder de vista. O único problema, a exemplo da paragem anterior, era a carência absoluta de qualquer recurso hídrico. Da mesma forma, toda água vinha de fora, incluindo, dessa vez, a aquisição de grandes tambores de plástico e metal para o seu armazenamento.

As tendas foram armadas em torno de uma grande área plana e gramada, bem maior do que um campo de futebol. Numa das extremidades, ergueram uma ampla cobertura de lona, semelhante à estrutura de um circo, o local das palestras, encenações, shows e plenário.

Eu conseguira por empréstimo uma prática e confortável barraca do tipo iglu, que montei sob o abrigo de três grandes pinheiros, fora do campo e no extremo oposto da tenda em formato de circo. Os índios que lá se encontravam também haviam erguido seus *tipis* em um ponto mais afastado da grande concentração de barracas. Todas as noites eles se reuniam próximo à fogueira, entoando belas e fortes canções ao redor de um grande tambor coletivo, sob um céu infinitamente estrelado.

Particularmente, algo que andava estranhando e me incomodava bastante era a falta de banho, em virtude do necessário racionamento de água. No entanto, bem no meio da tarde do segundo dia da programação, uma chuva abençoada desabou repentinamente, convocando a todos para uma deliciosa e celeste ducha coletiva. A maioria do povo tirou a roupa, ficando totalmente pelada e começando a ensaboar-se. Todavia, poucos minutos depois, São Pedro fechou a torneira, antes mesmo de a turma conseguir se enxaguar! Aquela cena, na qual eu me encontrava inserido, foi ao mesmo tempo dramática e hilariante! Então, não houve jeito, e tivemos de utilizar uma parte da água armazenada para concluir a retirada do sabão. Nos cinco dias restantes, não cairia sequer uma única gota de chuva.

No terceiro dia do encontro, fui solicitado a fazer uma palestra em castelhano sobre a situação dos índios no Brasil, pois boa parte da plateia poderia entender. Mal havia iniciado a fala, uma simpática moça com a mão erguida aproximou-se, perguntando se gostaria que ela traduzisse minhas palavras e, caso desejasse, poderia ser até mesmo em português. Naquele instante, senti uma grande felicidade por encontrar alguém na multidão que conhecia meu idioma.

Ao concluir a palestra e responder a perguntas, apresentamo-nos. Para aumentar a surpresa, Kamala era namorada de André, um carioca que se encontrava realizando um documentário em vídeo sobre o World Unity Festival & Conference. Ambos também pertenciam à Ananda Marga, aquela organização espiritualista da Índia, na qual havia feito meu primeiro curso de meditação. Kamala é americana e morou alguns meses no Brasil, onde aprendeu razoavelmente o português.

Seguramente, nada nesta vida é por acaso... A sincronicidade do destino proporcionou-me encontrar, num lugar ermo do Arizona, um casal de namorados fluente em português, praticando meditação, traduzindo minhas falas e não deixando eu me sentir só, tal qual um estranho no ninho. Lamentei minha limitação do idioma, que me impossibilitava compreender o conteúdo de várias palestras interessantes. Mesmo assim, sempre que André ou Kamala estavam por perto, com boa vontade e por conta própria, faziam questão de traduzir para mim, ao pé do ouvido, os trechos mais significativos dos discursos. Graças a Deus e a eles, não fiquei totalmente excluído do contexto inteligível da Conferência.

Outro aspecto que me chamou a atenção, despertando minha curiosidade, foi no tocante à plateia, constituída, em grande parte, por hippies! Aliás, desde que passei pela primeira vez em Flagstaff, impressionou-me a enorme quantidade de hippies para todos os gostos... Havia caravanas de hippies se deslocando em carros, vans, ônibus e até de bicicletas. A lembrança que eu tinha daquele movimento prendia-se aos anos 1960 e 1970, ou a uns poucos adeptos que eventualmente encontrava pelo Rio. A própria Feira Hippie de Ipanema de há muito já não fazia jus ao nome que a inaugurara naqueles tempos. Mas, nos Estados Unidos, a situação era bem diferente, com milhares de hippies se deslocando pelo país.

Dois dias antes de se encerrar a Conferência, fiquei conhecendo um cidadão de conduta bastante suspeita... Antony, que era americano, e fora casado com uma brasileira. Num português sem erros, apenas carregado pelo sotaque, aproximou-se abertamente, puxando conversa:

– Quer dizer então que você viveu com os índios no Brasil? Eu sou antropólogo e fui casado durante sete anos com uma brasileira que me ensinou português e assim acabei conhecendo muitos estados do seu país! Estive no Rio, São Paulo, Pernambuco, Mato Grosso, Pará e também no Amazonas! Mesmo depois de nos separarmos, continuo indo todos os anos ao Brasil, a negócios...

– Que tipo de negócios você tem por lá?

– Eu compro objetos indígenas para vender aqui nos Estados Unidos. Vou diretamente às aldeias, negociando com os próprios índios, na fonte e sem intermediários. Viajo muito para os Kayapó do Gorotíre, no Pará, os Borôro, em Mato Grosso, e para várias outras tribos desses estados e do Amazonas. Tenho também um bom contato em Brasília, um jovem índio Fulni-ô ,que me consegue boas peças! Você sabe, Brasília é um ponto de confluência dos índios de todo o Brasil, o que acaba me facilitando a vida...

– Além dessa, você possui outra atividade?

– Não, eu vivo exclusivamente do artesanato indígena, que pelo menos até o momento é um bom negócio!

– E você compra também o material dos índios americanos para revender no Brasil?

– Os índios daqui vendem muito caro o seu artesanato, o que torna impossível conseguir um bom preço lá no Brasil ou em qualquer país da América do Sul. Agora, de lá para cá, é diferente, e sempre consigo comprar e revender o artesanato por um preço que vale a pena!

Encerrada a conferência em 30 de agosto, acabei aceitando o convite de Antony para seguir viagem até Sedona, em seu confortável trailer puxado a reboque por uma caminhonete. Antes, porém, teríamos de passar em Flagstaff para buscar o restante de minha bagagem na casa de Michael e ainda despedir-me dos amigos. Até a primeira etapa do percurso, um jovem casal de hippies seguiria conosco de carona.

Após uns 40 minutos de viagem, Antony decidiu cortar caminho saindo da estrada principal e pegando um atalho à esquerda. Tudo corria tranquilamente até que, um pouco mais adiante, deparamos com uma cancela contendo um aviso de "Passagem proibida". Sem se importar, parou o veículo e dirigiu algumas palavras para o rapaz que se achava no banco traseiro. Segundos depois, o jovem hippie desceu e abriu a cancela, aguardando que o condutor do veículo prosseguisse naquela indevida manobra... Perguntei-lhe o porque de tal procedimento, ao que me respondeu enquanto o jovem retornava para o carro:

– Por aqui, além de ser mais rápido, é bem mais seguro e sem barreira policial, como ocorre regularmente na rodovia!

Por ironia do destino, mal o antropólogo terminara de pronunciar aquelas palavras, sem que tivéssemos rodado mais do que cinco minutos, eis que surge à nossa frente uma barreira com dois carros de polícia. Antony mostrou-se bastante preocupado, comentando comigo que estava torcendo para que não houvesse cães farejadores... Sem entender muito bem, perguntei-lhe o motivo. Por alguns segundos, ao tomar consciência da resposta que acabara de ouvir, confesso que fiquei paralisado pela sensação de medo que subitamente me apossou... Aquele irresponsável e mercenário negociante de artefatos indígenas do Brasil também trazia consigo, escondido em alguma parte do trailer, nada menos do que 1kg de marijuana! [2]

Enquanto dois policiais se aproximavam, pensei rapidamente que, se conseguíssemos ultrapassar aquele obstáculo, meu destino final ao lado daquele maluco seria tão somente Flagstaff. Jamais arriscaria seguir viagem com ele até Sedona. Os policiais, que não traziam cães, aproximaram-se do carro pela lateral do motorista. Um deles começou a fazer indagações ao Antony, enquanto o outro vistoriava o veículo. Solicitaram-me que mostrasse o passaporte, ao que de imediato atendi, respirando fundo ao saber que meu visto de perma-

---

[2] *Cannabis sativa*, popularmente conhecida no Brasil por maconha.

nência no país era válido somente até aquele dia... ou melhor, por apenas dez horas a mais. Necessitava, com urgência, procurar o serviço de imigração, a fim de renová-lo.

Finalmente, e felizmente, após uma hora de revistas e blá-blá-blá, os agentes da lei permitiram que prosseguíssemos. Antony voltou a puxar conversa sobre quem eu iria encontrar em Sedona, e acabei aproveitando para dispensar o motorista... Informei-lhe que havia alterado meus planos, desejando permanecer por mais alguns dias em Flagstaff. Sem o menor senso da própria inconveniência, o mercenário sugeriu que poderia me aguardar para que seguíssemos juntos na viagem.

Com as graças de Deus e da proteção celeste, às 16h30 cheguei são e salvo à casa de Michael. Fiquei muito contente ao rever Feliss, que com aquele mesmo sorriso meigo e sincero me recebeu com um abraço afetuoso e a breve frase em castelhano "*Bien venido, Tsiipré!*". Michael estava para chegar, mas as crianças, ao me verem, correram em algazarra ao meu encontro, propondo brincadeiras! Desde o início, havíamos nos dado superbem, e a mais velha, em sua espontânea e alegre tagarelice, revelou-se excelente professora de inglês.

Apesar das promessas de ajuda por parte de John Kent, que ficara de entrar em contato com sua amiga, em Sedona, até aquele momento não havia chegado qualquer resposta. De toda forma, antes de seguir para a Conferência, enviei uma carta aos amigos de Santa Rosa aventando a possibilidade de retorno, caso minha situação no Arizona se tornasse inviável. Obviamente, não era o que desejava, mas na falta de perspectiva não haveria outro caminho.

Enquanto me encontrava envolto em pensamentos e preocupações, Michael chegou: "*Olá, Tsiipré, como estás, amigo?*". Trocávamos um forte e caloroso abraço pelo reencontro quando Feliss aproximou-se trazendo em mãos uma folha de papel dobrada ao meio. Após dirigir algumas palavras e um beijo de atenção a seu companheiro, virou-se para mim dizendo que acabara de receber um fax do amigo John Kent, proveniente de Rockville. Mostrou-me a correspondência e, aos poucos, sem maiores dificuldades, conseguiu traduzir o texto. John me passava o telefone de sua amiga Rita Livingston, solicitando-me que, por intermédio de Feliss, entrasse em contato com ela o mais rápido possível. Segundo John, Rita já estava informada a meu respeito, aguardando minha presença.

Imediatamente, Feliss procedeu à ligação. Ambas conversaram por uns 15 minutos e, após desligar o aparelho, a companheira de Michael transmitiu-me, com um sorriso na face, a boa-nova. Havia uma pessoa em Sedona que falava bem castelhano e um pouco de português, pois estivera no Brasil em duas ocasiões. Chamava-se Ehrton e eu poderia, a princípio, ficar hospedado em sua casa. Naquele instante, meus olhos marejaram de tanta alegria. Pela segunda vez, abri a carteira para contemplar a imagem do Cristo que minha mãe me dera, agradecendo profundamente e em silêncio por mais uma graça que acabara de receber.

Contei a Michael e Feliss sobre os transtornos que havia passado ao lado de Antony, e os amigos me tranquilizaram, afirmando que eles próprios me levariam de carro a Sedona.

No dia seguinte, o casal me conduziu ao Posto de Imigração de Flagstaff, onde, sem problema algum, obtive a renovação do visto de permanência por mais três meses. E na companhia de Rick, uma ótima pessoa que conheci na casa dos novos amigos e durante a Conferência, segui viagem com Michael, no dia 2 de setembro, rumo a Sedona.

Intimamente, eu pressentia uma nova fase que começava a despontar. Algo inusitado estaria me aguardando... Quem sabe, talvez, o marco inicial de um processo irreversível, a razão maior de minha busca.

CAPÍTULO ONZE

# *Sedona: nova morada, grandes amigos!*

*Terra, Mãe Sagrada, as árvores e toda a natureza são testemunhas dos teus pensamentos e das tuas ações.*

PROVÉRBIO WINNEBAGO[1]

As magníficas montanhas vermelhas, esculpidas pelo tempo, se impunham cada vez mais à medida que íamos nos aproximando, pela Highway 89A, da tão comentada e pequena Sedona, situada na imensidão de um vale em pleno deserto. Assim como a cidade, pouco a pouco éramos cercados pelas formações rochosas de singular beleza e mistérios. Num breve instante, veio-me à memória a profética frase de Zarco, quando de nossa viagem a Flagstaff, e exatamente no trecho pelo qual passávamos:

> (...) Estou com o pressentimento de que alguém vai convidar você para morar nesta cidade...

Conforme ficou combinado entre Feliss e Rita, às 16h Michael estacionou em frente ao New Frontiers Market, um mercado e lanchonete de produtos orgânicos. Pouco antes de descermos do veículo, pude observar uma senhora de meia-idade, com cabelos loiros e armados, vestindo calça branca e blusa lilás, parecendo esperar por alguém. Na mão direita, curiosamente, trazia acesa uma vareta de incenso. Não poderia ser outra pessoa senão a própria Rita Livingston. A recíproca de pensamentos foi verdadeira, pois, assim que descemos do carro, a tal senhora aproximou-se, tomando a iniciativa de perguntar se entre nós havia algum brasileiro.

[1] Povo indígena do nordeste dos Estados Unidos.

Feitas as apresentações, Rita convidou-nos para uma breve conversa no New Frontiers. Escolhemos uma das mesas próximas à ampla janela que nos permitia observar o horizonte e também uma fina chuva que caía persistente desde que chegamos. Pedimos algo leve para comer, acompanhado por suco de laranja. Rita preferiu um café descafeinado e um apetitoso bolo de nozes. A conversa tomou impulso entre os três, enquanto eu, sem nada compreender, concentrava-me mais em saborear o lanche, observando o movimento ao redor. À primeira vista, as pessoas que circulavam pelo mercado transpareciam um modo de ser descontraído e calmo. Algumas tinham jeito de artistas, outras, de intelectuais e, como não poderiam faltar, ali também os hippies marcavam sua presença. Por alguns minutos, andei pelo ambiente bem-provido de verduras, legumes, frutas, cereais, castanhas e vários outros tipos de produtos naturais e orgânicos. Muito me agradou a opção de poder adquirir alimentos saudáveis na cidade em que acabara de chegar para viver.

Retornando à mesa, Rita dirigiu-me a palavra sem a presença de qualquer intérprete. Feliss havia ficado em casa com os filhos menores, e tanto Michael quanto Rick não falavam castelhano, muito menos português. Apesar de não entender totalmente o que dizia, pela linguagem corporal e o gestual de suas mãos, pude deduzir que ela estivesse se referindo aos habitantes de Sedona e ao forte campo energético do lugar como a motivação maior de boa parte dos que por lá viviam. Em dado momento, chamamos a garçonete, pagamos a conta e nos retiramos. Ao entrarmos no carro, e de acordo com o estabelecido, seguimos Rita em direção à casa da tal pessoa que falava um pouco de português, na qual eu ficaria hospedado. Seu nome era Charles Ehrton Hinkley.

Uns dez minutos depois, tão logo estacionamos em frente à entrada principal da casa, a chuva engrossou. O cheiro de terra molhada se fez sentir na curta e rápida corrida ao interior da residência, cuja porta encontrava-se apenas encostada. Com sorrisos abertos e cativantes, fomos inicialmente recebidos por um casal. O homem alto, de cabelos e cavanhaque grisalhos, porte robusto e aparentando uns 55 anos, dirigiu-se à minha pessoa num português hesitante e, logo em seguida mais desenvolto, porém mesclado com castelhano. Disse-me que gostava imensamente do Brasil e particularmente do jeito de ser dos cariocas. Visitara o país em duas ocasiões, tendo passado vários meses em contato com a cultura e o povo brasileiro. A mulher a seu lado, de estatura mediana e aparentando idade mais avançada, apenas ouvia atentamente a conversa, com expressão serena e um discreto sorriso estampado no rosto. Chamava-se Naomi Miles, a grande companheira e mulher de Ehrton.

Pouco a pouco, fui conhecendo as demais pessoas que moravam na casa. Com o auxílio de Ehrton, Rita despediu-se, convidando-me gentilmente para o café da manhã do dia seguinte em um aprazível restaurante local. Ficou combinado que às 9h ela passaria para me pegar. Michael também aproveitou para se despedir e retornar a Flagstaff. Muito lhe agradeci por todo o apoio e a decisiva influência na realização de minha viagem. No entanto, acabou retornando sozinho, uma vez que Rick fora convidado por Ehrton a permanecer na casa.

Além de Sharon Lee, filha de Naomi, e Zinna, uma negra mestiça de Apache, havia ainda mais dois casais ali residentes. Gordon e Suzan trabalhavam em casa, na confecção de cones à base de cera de abelhas e utilizados numa forma de tratamento, por calor e aspiração, no conduto auditivo. Chiwah e Paul tinham atividades distintas, sendo ela responsável pela editoração do *Good Times News*, um jornal comunitário de Sedona, e ele, terapeuta de vidas passadas.

Assim que escureceu, Ehrton me convidou para participar da meditação coletiva que em breve começaria, contando com a presença de algumas outras pessoas que acabavam de chegar. Reunimo-nos em círculo, sentados em almofadas. Nas proximidades, uma ampla e aconchegante lareira refletia, ao clarão do fogo, um quadro com a imagem de Paramahansa Yogananda,[2] encostado na parede lateral. Os estalidos da lenha e o crepitar das chamas fizeram-me rapidamente aprofundar nos estados de concentração e relaxamento, enquanto o dirigente do grupo, em voz suave e pausada, procedia às orientações.

A primeira noite de sono transcorreu serenamente, embalada pelo silêncio convidativo a um descanso reparador. O dia amanheceu com o dissipar das nuvens e o ressurgir do sol. Assim que me levantei, tomei uma ducha e procurei um canto para meditar. Ao passar pela sala, deparei com Ehrton e outros dois moradores que já se achavam de pé. Saudamo-nos com um caloroso bom-dia, seguido de um fraterno abraço. Perguntaram-me se havia

---

[2] Iluminado guru indiano, nascido em 5 de janeiro de 1893, dedicou sua vida à orientação e à condução de pessoas de todas as raças e credos a realizarem com plenitude a verdadeira divindade do espírito humano. Paramahansa Yogananda atingira o estágio de maior elevação e ininterrupta comunhão com Deus.

dormido bem, ao que respondi positivamente, agradecendo-lhes pelo carinho e a atenção. Em seguida, pedi licença, dirigindo-me à parte externa da residência. Do quintal lateral da casa avistei não muito longe uma bela e imponente montanha vermelha. Olhando ao redor, descobri um cantinho aconchegante, próximo a um arbusto, e ali mesmo sentei-me na posição de lótus,[3] entrando rapidamente em estado meditativo.

Quarenta minutos se haviam passado quando retornei da meditação e abri os olhos. Tudo era calmo e quieto a partir de mim mesmo e nos arredores. Aliás, Sedona revelou-se o lugar ideal para quem quer distância de barulhos e tumultos da cidade grande.

Ao entrar em casa, Ehrton e Naomi me disseram que Rita acabara de ligar e que dentro de meia hora, estaria chegando, conforme o combinado de véspera. Enquanto Ehrton preparava o café da manhã, incluindo um saboroso waffle, apressei-me até o quarto para me vestir e separar algumas fotos.

Às 9h, ela chegou, anunciando sua presença em breves buzinadas. Instantes depois, tocou a campainha e, quando a vi, trazia novamente, acesa na mão, uma vareta de incenso. Após os cumprimentos e despedidas, entremeados por um breve diálogo, seguimos sem pressa em direção ao carro. Antes de acionar a ignição, mostrei-lhe os três pequenos álbuns do meu tempo de indigenista, contendo belas imagens dos povos Xavante, Kayapó, Panará e Guarani. Rita demonstrou grande interesse e atenção, observando demoradamente as fotografias. Ao mesmo tempo, tecia comentários e me fazia perguntas que eu não podia responder, por razões óbvias... Mesmo assim, com total paciência, esforçava-se por meio de gestos e palavras, no intuito de que eu pudesse entendê-la. Durante o percurso até o Coffee Pot Restaurant não parou de falar um só minuto, e eu sem compreender absolutamente nada...!

Ao chegarmos, escolhemos um lugar mais destacado, na parte externa, e fizemos os pedidos ao garçom. Em seguida, Rita conduziu-me até uma grande mesa no salão interno, apresentando-me alguns amigos seus. Enquanto ela mostrava os álbuns a um homem de cabelos grisalhos que se encontrava na cabeceira, este, numa mistura de castelhano e inglês, me fez entender que trabalhava com filmagens e que Rita estaria interessada em produzir um vídeo sobre a minha história e os motivos que me haviam levado ao seu país. Fiquei surpreso e contente com a informação, por sentir que o único propósito da-

[3] Com as pernas cruzadas e o dorso dos pés apoiados sobre cada coxa.

quela senhora não era outro senão o de me ajudar de forma pura e sincera. Meu amigo John Kent sabia muito bem o que estava fazendo ao lhe escrever contando a meu respeito.

Retornamos à nossa mesa e ao término do farto e nutritivo café da manhã a nova amiga conduziu-me de volta à casa de Ehrton. No caminho, paramos por alguns minutos no The Center for the New Age, uma loja e espaço alternativo ligado a temas metafísicos. O lugar era bem interessante, com atividades voltadas ao autoconhecimento. Rita revelava-se não apenas uma generosa anfitriã, mas também uma competente relações públicas, divulgando e convencendo as pessoas a experimentarem meu trabalho terapêutico.

Os dias foram transcorrendo e cada vez mais eu ia desfrutando da generosidade constante dos novos amigos. Ehrton deixava sua bicicleta de corrida ao meu inteiro dispor, para que pudesse me deslocar diariamente aos diversos pontos da cidade.

Chiwah, a editora do *Good Times News*, ofereceu-me amplo espaço em seu jornal, cuja matéria ficaria sob a incumbência de Ehrton, que, além de livros, escrevia regularmente para aquele periódico de Sedona. Fora as pessoas, a casa ainda acolhia dois gatos negros enormes, cujos nomes formavam a marca de um computador. Mac e Tosh tinham temperamentos bem distintos entre si, sendo um totalmente sociável e tranquilo, e o outro, arredio e arisco. Ambos, com seus pelos de um negrume lustroso e olhos verdes arregalados e estáticos, mais pareciam duas minipanteras.

Diariamente, pela manhã, costumava caminhar pelas redondezas em busca de um novo local tranquilo e agradável para meditar. Às vezes, Rick me acompanhava, mas quase sempre seguia sozinho. A vegetação baixa e contorcida do deserto em muito me fazia lembrar o cerrado das planícies do Brasil Central, exceto pela grande quantidade e variedade de cactos, e também pela imponência das montanhas vermelhas. Não raro, eu avistava grupos de coiotes,[4] brincalhões e barulhentos, ao longo dos desfiladeiros. Um detalhe que me chamou a atenção foi o fato de percorrer todos os dias por entre montanhas e vales do deserto de Sedona sem deparar sequer com uma única cascavel. No entanto, ao visitar o comércio no centro turístico da cidade, fiquei tristemente admirado ao descobrir onde esses incríveis répteis iam parar... Cintos, bolsas e outros artefatos são produzidos a partir do couro, das cabeças e dos guizos

[4] Espécie de lobo, de menor porte, das Américas do Norte e Central.

dessas serpentes. Inúmeros exemplares embalsamados e exibidos em diversas posições encontram-se à venda em grande parte das lojas. Depois, tomei conhecimento de que nos Estados Unidos, anualmente, são realizados vários torneios de caça às cascavéis, ganhando a competição aquele que apresentar o maior número de cobras abatidas. Não deve estar longe o tempo em que os souvenires desses exemplares começarão também a desaparecer das lojas do complexo comercial e turístico do lugar...

Numa bela manhã, algo surpreendente me ocorreu após a meditação matinal. Encontrava-me não muito distante de casa, porém num local inacessível aos carros e raramente frequentado por pessoas. Embora o terreno não fosse tão elevado, o ângulo de visão me permitia uma deslumbrante panorâmica do deserto e das montanhas mais afastadas. A uns 50 metros à minha esquerda havia uma pequena e bela montanha avermelhada, parcialmente revestida por aquela típica vegetação do Arizona. O sol brilhava solitário e solidário a todas as formas de vida, na imensidão de um límpido céu. O vento era suave e silencioso, como tudo ao redor. Eu estava sentado diretamente na terra e bem de frente para o sol, que se distanciava moroso de sua morada no leste. Alguns segundos antes de fechar os olhos e dar início ao processo meditativo, um ponto escuro muito alto entre mim e o sol se movimentava num amplo voo circular de sentido horário. Sem poder distinguir sua forma, ocorreu-me tratar-se de uma águia, marcando solitariamente sua presença nas alturas.

Com os olhos cerrados e a coluna ereta, comecei a relaxar, aquietando a mente e o corpo. A respiração fluía espontânea, profunda e de forma pausada, ao som interno e constante de um mantra.[5] Depois de uns 40 minutos, nos quais pude atingir níveis bem profundos na meditação, iniciei o retorno ao estado de vigília do mundo exterior. Como de costume, fui gradativamente abrindo e fechando as mãos, mexendo o tronco e a cabeça, em movimentos circulares, ao mesmo tempo em que lentamente abria os olhos. A paisagem à minha volta permanecia tranquila e silenciosa, em profunda harmonia. Por último, num gesto bem natural, buscando transpor o estado de relaxamento e tornar a sentir integralmente a presença do corpo, elevei os braços, alongando a coluna, numa boa espreguiçada. Todavia, esse movimento me conduziu a olhar para o céu, permanecendo fixo no que avistava... Voando a uma altitude extremamente baixa, a ponto de distinguir seus olhos, uma grande águia planava em círculos

---

[5] Frase ou palavra específica, utilizada repetidamente, com o objetivo de ampliar a concentração e o foco.

sobre mim. Naquele instante, sugestivamente mágico, intuí tratar-se da mesma águia que avistara tão longínqua entre o sol e mim, pouco antes de meditar. Tocado pela emoção gerada nesse episódio, ofereci ao Criador uma espontânea prece de agradecimento. Enquanto agradecia, a águia se afastava em amplo voo espiralado para as alturas. Aquela experiência, de flagrante sincronicidade, também representou minha primeira constatação sobre tudo o que já vinha escutando a respeito da energia e dos mistérios de Sedona.

A vivência com a águia lembrou-me outro fato do qual só pude saber quando cheguei a Flagstaff, logo após o World Unity Festival. O que mais se falava era sobre o nascimento de um búfalo branco, em 22 de agosto daquele ano, numa fazenda de criação de búfalos, no Wisconsin, exatamente no primeiro dia da Conferência! Ao tomarem conhecimento, Michael e os demais se puseram em verdadeira euforia. Posteriormente, Ehrton e Chiwah comentaram comigo a respeito.

Segundo a tradição espiritual dos Sioux, a Mulher-novilha do Búfalo Branco, um ser divino de rara beleza, foi quem ofertou àquele povo o Cachimbo Sagrado e seus fundamentos. Ela informou aos índios ser portadora das "quatro idades", ou quatro eras, e que, após transmitir-lhes os conhecimentos necessários, deveria partir, regressando à Mãe Terra ao final da quarta idade. De acordo com a profecia, de tempos em tempos nascerá um Búfalo Branco em algum ponto dos Estados Unidos, prenunciando profundas mudanças para a humanidade. Conforme me contaram, o antecessor do atual nascera ao término da Segunda Grande Guerra. Caravanas de milhares de índios, dos Estados Unidos e do Canadá, se dirigiam a Wisconsin para visitar, fazer orações, oferendas e cerimônias em honra e reverência ao pequeno Búfalo Branco. Esse nascimento é um fenômeno raro e que desafia a ciência, por não se tratar de um simples caso de albinismo.

Setembro chegava a seu término, com os dias ensolarados e o final das tardes já bem mais frio, anunciando o inverno que se aproximava. Além de aplicar *shiatsu* regularmente no pessoal da casa, passei a realizar alguns atendimentos em domicílio, todos indicados por Rita. Aliás, ela não apenas se incumbia de conseguir os clientes, como ainda me levava de carro às suas residências, aguardando que eu concluísse o trabalho para então me trazer de volta. No retorno, sempre que dispunha de tempo, costumava me levar para conhecer algum recanto pitoresco de Sedona, ou então parávamos em uma lanchonete para saborear um delicioso e avantajado sorvete de baunilha, inquestionavelmente o de minha preferência! Cada vez mais, Rita se mostrava solidária, disposta e disponível a contribuir para que os objetivos de minha permanência em seu país se concretizassem. Por trás de sua aparente austeridade, um ser humano de elevada grandeza se revelava a todo instante. Até então, minha única dificuldade era não poder comunicar-me plenamente, pelo fato de não saber falar inglês. Por outro lado, Rita fazia questão de conversar comigo o tempo todo, como se eu pudesse entendê-la sem obstáculo algum. Às vezes, eu me pegava cansado mentalmente, após longas horas de frustrada atenção, na intenção de compreender o que ela dizia. No fundo, eu sabia a importância de me manter constantemente em contato com a língua inglesa. Afinal de contas, não fazia o menor sentido viver na América do Norte limitado aos diálogos em castelhano ou, esporadicamente, em português. Seria necessário matricular-me em um dos cursos de inglês para estrangeiros, que regularmente são oferecidos em Sedona e demais cidades do estado. Entretanto, teria de superar minha maior barreira: a total falta de sintonia com esse idioma.

Algumas vezes durante a semana, costumava frequentar o New Frontiers, aquele mercado e lanchonete de produtos naturais. O ambiente agradável e tranquilo me inspirava na escrita aos familiares e amigos distantes no Brasil. Numa dessas ocasiões, enquanto pagava um lanche que fizera, alguém sutilmente aproximou-se, perguntando-me se falava inglês. Diante da curta e negativa resposta, essa pessoa dirigiu-me outra pergunta, dessa vez querendo saber de minha procedência. Ao lhe responder que era do Brasil, sem o z, o homem, que se chamava Jon, sem o h, para minha surpresa exclamou:

Quer dizer então que você fala português!?

Essa constatação deu início a um diálogo que se estendeu por quase uma hora. Ele apresentou Karol, sua então companheira, que, apesar de não entender o que conversávamos, se comunicava plenamente com um meigo sorriso e pureza no olhar. Jon vivera por cinco anos no Brasil, em São Paulo, capital, onde desenvolvia atividades de cunho religioso, doutrinário, por intermédio de uma congregação religiosa criada nos Estados Unidos e à qual havia pertencido. Fora casado com uma brasileira e falava fluentemente o português. Um belo dia, começou a se questionar sobre a validade de seu trabalho e da interferência daquela seita em relação aos povos e às culturas do Brasil e do mundo. Chegando à discordante conclusão sobre tudo que vinha praticando e observando, decidiu dar baixa, abandonando em definitivo a pregação religiosa e retornando a seu país, os Estados Unidos. Filho de um ex-caçador de ursos no Utah, acabou voltando às origens, passando, assim, de um extremo a outro. Dos pesados sapatos com grossos solados de borracha, calça social escura, camisa branca de mangas curtas e gravata, além dos cabelos aparados ao estilo militar, Jon passou a andar descalço, usar tanga e colete de couro, ao antigo estilo Apache, deixou a barba e os cabelos crescerem, usando sempre em torno da cabeça um ramo de flores torcido e retirado do deserto. Antes de conhecer sua namorada, vivia perambulando pelas montanhas, dormindo em cavernas e erguendo esculturas de pedras com as mãos. Karol, que deixara de lecionar para crianças, optou por viver ao lado de Jon uma inédita aventura. Como o inverno estava chegando, os dois passaram a morar no interior de uma van, devidamente equipada e adaptada para a próxima estação. Entretanto, muito em breve, Jon seria obrigado a pendurar a tanga, usar roupas comuns e adequadas, para manter o corpo aquecido.

Existe em Sedona uma ampla e bela área cercada por arbustos e árvores maiores, na qual os adeptos do movimento New Age mensalmente se reúnem por ocasião da primeira noite de lua cheia. Afastado do centro uns 30 minutos de carro, o local é palco de cerimônias e danças circulares ao redor de uma fogueira. A primeira vez em que lá compareci foi para ser oficialmente apresentado à comunidade. Rita, divulgadora de minha presença em Sedona, convocou a população para ouvir minhas histórias naquela noite de lua cheia e céu estrelado. A princípio, Ehrton seria meu intérprete. Entretanto, após ter conhecido o Jon, este não apenas se tornou mais um grande amigo, como também se disponibilizou a colaborar em semelhantes situações. Certamente, seu domínio da língua portuguesa favoreceria em muito a tradução de minhas palavras.

Conforme combinado, Rita, Jon e eu nos encontramos às 14h30, na parte externa do New Frontiers. Karol também estava presente, e assim que Rita chegou, seguimos juntos para o local. No percurso, Rita aproveitou a presença de Jon para traduzir nossos diálogos. Segundo o amigo, ela combinara com um profissional de vídeo para gravar todo o evento e, posteriormente, fazer a editoração da fita, para que eu a guardasse de lembrança e ainda pudesse enviar uma cópia aos familiares. Uma vez mais agradeci àquela grande amiga por todo o seu carinho e atenção em meu favor.

Ao chegarmos a Schnebly Hill Medicine Wheel cumprimentamos aqueles que por lá já se encontravam, dando início, em seguida, aos preparativos da programação. De minha parte, ajudei na obtenção de lenha para a montagem da fogueira central. O homem que Rita contratara, desde aquele instante, dera início à filmagem, registrando os momentos mais significativos da movimentação do público presente. Em pequenos grupos, outros habitantes de Sedona e arredores foram chegando.

Às 17h, a fogueira foi acesa, com as pessoas, em número de quase 100, se posicionando em um grande círculo ao redor das chamas. Já havia resumido para Jon o roteiro da palestra. No instante em que o grupo silenciou, dei início à apresentação. Falei sobre o país em que nasci, sobre meu envolvimento desde criança com os índios e os motivos que me haviam conduzido a viajar para os Estados Unidos. Narrei detalhadamente o sonho de minha ex-mulher e as quatro visões que tivera. Impressionaram-me a facilidade e a rapidez com que Jon ia traduzindo. Parecia até mesmo ter o poder de penetrar em meus pensamentos, tão incrível era sua habilidade como tradutor. Após contar toda a história, revelando o desejo de futuramente entrar em contato com os índios americanos, ouvi os comentários e as perguntas de algumas pessoas do grupo, prontamente respondidas e traduzidas por Jon.

A excelente receptividade, o apoio e as afirmações de boas-vindas partiram de todos, sem exceção, deixando-me profundamente feliz. E, para encerrar as apresentações, organizei com o povo algumas danças dos índios Xavante e Kayapó, fechando com descontração e alegria o encontro da lua cheia.

Alguns dias antes da primeira nevasca, num início de tarde daquele ano de 1994, fui com algumas pessoas de casa ajudar Zinna a encontrar sua *medicine bag*, uma pequena bolsa de couro, à maneira de colar, muito utilizada pelos índios para carregar amuletos ou talismãs. Aquela foi o que podemos chamar de missão impossível, pois, além de Zinna não ter percebido o momento exato em que a *medicine bag* se desprendera de seu pescoço, a área em questão era imensa e deserta. Tratava-se de um bonito vale com terreno irregular em discretas elevações e cobertura vegetal, o que, mais uma vez, me fez lembrar o cerrado brasileiro. Ao fundo, um extenso e imponente paredão avermelhado completava o cenário. Caminhamos por aproximadamente três horas, em infrutíferas buscas. Meus olhos atentos como os de um falcão em busca da presa procuravam por algo específico e acabaram encontrando outro objeto. Bem na curva do caminho, solitária e atraente, uma bela pedra vermelha me deteve. Ao me abaixar para pegá-la, lembrei-me da quarta e última visão, com o índio do cocar de penas de águia. Em seguida, também me veio à lembrança aquele camelô que vendia pedras semipreciosas, a quem acabei confiando o exemplar de jaspe. Retornando minha atenção para o achado, refleti sobre o propósito de estar ali com os demais, procurando algo que se perdera; afinal, como se costuma dizer, "Fui caçar, atirei no que vi e acertei no que não vi...".

Definitivamente, a *medicine bag* de Zinna ficou perdida, mas acabei encontrando a pedra vermelha, no tamanho ideal para fazer o cachimbo. Essa ocasião, além de ter reativado e reforçado os objetivos da jornada, fez-me deduzir que tudo na vida tem uma razão de ser, pois o acaso não existe.

CAPÍTULO DOZE

# *Muito prazer, Rollas!*
## Mas não era o momento...

*Não há necessidade de sair da sala. É suficiente sentar-se à mesa e escutar. Nem sequer é necessário escutar; basta esperar. Nem é preciso esperar; basta aprender a ficar em silêncio. O mundo se oferecerá a você livremente para ser descoberto.*

Franz Kafka

Uma conhecida de Ehrton e Naomi foi quem primeiro me falou a respeito de Orville Looking Horse, guardião hierárquico de Xanúpa, o ancestral Cachimbo Sagrado de toda a Nação Sioux. Ela enfatizou ser importante que eu entrasse em contato com Orville, passando-me, em seguida, seu telefone e a caixa postal. De minha parte, havia uma forte e direta atração para com aquele povo indígena das planícies. Inicialmente, não conseguia entender muito bem o porque dessa afinidade, uma vez que os Diné e os Apache se encontravam bem mais próximos e numerosos no Arizona, onde eu vivia. Da mesma forma que na mais tenra idade os índios influenciaram minha vida, é bem provável que a única explicação para esse fato residisse no lado espiritual, de onde surgiram as visões.

Acabara de entrar em casa, após a meditação matinal, quando deparei com Chiwah, sorridente, e como de costume ofereceu-me um abraço.

Bom-dia, Tsiipré! Estou indo daqui a pouco, logo depois do desjejum, visitar meu amigo Rollas, um velho índio do povo Ojibwa, de Minnesota, que mora há vários anos aqui em Sedona. Gostaria que você fosse junto, pois seria muito interessante conhecê-lo!

Tal convite despertou-me apenas o reconhecimento pela gentileza e a atenção de Chiwah em relação a mim. Afinal, poderia ser um bom passeio além da oportunidade de conhecer mais um índio americano.

Acompanhado de Zinna e Paul, seguimos no carro do namorado de Chiwah até a casa de Rollas, relativamente próxima. O lugar era tranquilo e de bonito visual; aliás, como tudo que conhecera até o momento em Sedona. A casa simples e de aparência convidativa apresentava um tom rosa claro nas paredes externas, tendo muitos arbustos e plantas ao redor. Como a porta se encontrava totalmente aberta, fomos logo entrando, após um *hello* em bom-tom proferido por Chiwah. O ambiente era aconchegante, e, no ar, um aroma característico denunciava o café fresquinho que estava sendo coado. Dirigimo-nos à varanda lateral, onde se encontravam umas dez pessoas sentadas em compridos bancos ao redor da grande mesa. Sobre essa mesa, havia alguns aros de madeira e também várias tiras e peças circulares de couro curtido. Ao nos aproximarmos, a maioria levantou-se para os cumprimentos e apresentações. Em meio ao grupo, um homem que já passava dos 70, de pele morena-avermelhada e cabelos longos, mais grisalhos do que negros, se destacava. As apresentações ficaram a cargo de Chiwah, que contou ao índio a meu respeito. O homem, fitando-me nos olhos, estendeu-me a mão direita com certo ar de indiferença e poucas palavras, sentando-se, em seguida, para continuar suas tarefas. Chiwah explicou-me, em seu castelhano misturado com algumas palavras inglesas, que ali se realizavam oficinas de tambores e flautas indígenas, dirigidas por Rollas. As pessoas que por lá encontrei, em sua maioria na faixa dos vinte e poucos anos, eram uma espécie de alunos e discípulos do velho índio. Uns 15 minutos depois, uma jovem e bela mulher aproximou-se, servindo bolo, biscoitos e café a todos.

Enquanto lanchávamos, Rollas retirou três objetos de uma bolsa de couro marrom, envoltos, respectivamente, em tecido vermelho, branco e preto. Ao desembrulhá-los, bem diante dos meus olhos, fiquei surpreso e totalmente absorvido pelos três belíssimos cachimbos de pedra, sem os cabos de madeira e nas mesmas cores citadas. Calado, e num gesto espontâneo, o índio entregou-me o cachimbo vermelho para que pudesse observá-lo detalhadamente. Fora a beleza plástica do objeto, pude sentir nas mãos a forte energia que dele emanava.

Nossa permanência na casa de Rollas não demorou muito. Ao nos despedirmos, ele disse a Chiwah que eu poderia voltar quando quisesse, mas sempre deveria trazer um pouco de tabaco para ele.

Aquela visita não representou para mim nada de extraordinário, exceto a circunstancial oportunidade de observar os belos cachimbos. No fundo, meu desejo maior era conhecer os Sioux. Eu tinha essa convicção, motivada por algo muito forte e ainda não revelado... O velho Ojibwa, apesar de me ter tratado com atenção, significou apenas um índio a mais que acabei conhecendo na América.

Tão logo chegamos em casa, peguei o telefone e liguei para Orville Looking Horse, pedindo a Chiwah que intermediasse o diálogo. Entretanto, quem atendeu a ligação foi sua esposa, informando que o marido estaria ausente pelo prazo de um mês. Mesmo assim, minha amiga achou por bem informá-la sobre o assunto e nosso telefone, na intenção de um eventual e futuro retorno por parte do guardião de Xanúpa.

No dia seguinte, Rita me levou para conhecer um pequeno museu sobre o Velho Oeste, situado no baixo Sedona. Ela perguntou o que eu havia sentido em relação àquele índio que ensinava aos brancos a confecção de flautas e tambores. Disse-lhe, sem rodeios, que, além dos instrumentos tradicionais e dos belíssimos cachimbos, nada mais havia despertado meu interesse e atenção. Na verdade, nem simpatizara com o tal do Rollas. Pareceu-me uma pessoa meio estranha e carrancuda!

Ao entrarmos no museu, fui envolto por uma estranha sensação. Não era boa ou ruim, nem triste ou alegre. Mesmo não conseguindo descrevê-la, ela me preenchia totalmente. Na realidade, tratava-se de uma grande loja que vendia pedras, peles de animais e artesanatos das tribos indígenas do Arizona, em especial os lindos colares, pulseiras, brincos e anéis dos povos Navajo e Zuni, confeccionados em prataria, turquesa e coral. No entanto, o que me chamou mesmo a atenção foram as peças do século XIX, expostas em vitrines e que justificavam o nome de museu daquele estabelecimento. Meus olhos se fixaram detalhadamente em cada artefato original. Eram roupas e mocassins confeccionados em peles de cervo, ricamente bordadas com miçangas coloridas; arcos e flechas, clavas de guerra, lanças, cocares de penas de águia, *medicine bags* e, como não podiam faltar, os mais belos cachimbos que eu já vira! Rita, percebendo o meu total estado de contemplação por aqueles objetos, aguardou-me pacientemente por duas horas. Havia também muitas fotografias e vários livros ilustrados sobre os índios norte-americanos. A maior parte das peças expostas pertencera aos Sioux e a seus antigos aliados, os Cheyenne.

Sempre que surgia uma oportunidade para ir ao baixo Sedona, minha presença no museu era certa. Posteriormente, comprei uma bicicleta, adquirindo, assim, maior autonomia para frequentar assiduamente o museu e outras lojas similares que depois acabei descobrindo. Do mesmo modo, quando adolescente, na biblioteca do Museu do Índio, eu devorava todos aqueles livros, fartamente ilustrados com belíssimas fotos dos povos das planícies, e não cansava de ver e rever os utensílios tradicionais do século passado. Era como se tudo aquilo, de alguma forma, alimentasse meu espírito...

CAPÍTULO TREZE

# *A lição do primeiro cachimbo*

*Porque, às vezes, caem as pontes, fecham-se as janelas e as portas...*
*e nada mais permanece, a não ser uma espiral azul para fugir*
*das trevas... a espiral de fumo dos sonhos.*

LEON FELIPE

Cheguei a pensar que Ehrton duvidara da minha capacidade em confeccionar o cachimbo com a pedra que havia encontrado... O fato de a pedra não ser a mais apropriada, em hipótese alguma, me faria desistir. Muito pior foi o jaspe, duro como um ferro, que acabara desaparecendo com o camelô. Eu não tinha dúvida de que conseguiria trabalhá-la.

O local escolhido ficava no jardim lateral da casa em que vivia, afastado uns 15 metros e próximo a uma pequena vegetação. As ferramentas disponíveis resumiam-se a uma simples serra manual para madeira, um canivete suíço, uma pedra ampla e lisa e lixas de várias texturas.

Motivado, dei início à tarefa que recebi do índio de minhas visões. E aos poucos aquela pedra vermelha que aparecera em meu caminho ia assumindo novas formas. Para mim, era como se o tempo houvesse parado, em consequência do mais absoluto estado de concentração. Um trabalho harmonioso e até mesmo meditativo, na interação entre mim, o mineral, as ferramentas e o ambiente ao redor. Procurei direcionar a intenção e as manobras manuais ao formato que desejava dar à pedra, seguindo o modelo tradicional dos cachimbos que eu vira na casa de Rollas e também no museu. De tão importante e significativa aquela incumbência, por duas ou três vezes deixei passar a hora do almoço.

Em dado momento, quando a forma do cachimbo cada vez mais se revelava, inesperadamente, um terço de sua extremidade anterior se rompeu. Há quase uma semana eu vinha trabalhando com esmero e dedicação exclusiva, para acontecer justamente o que jamais poderia esperar! Naquele instante, foi como se algo dentro de mim também tivesse partido...

Recuperado do susto, e da consequente frustração, decidi dar prosseguimento à tarefa, aproveitando o restante da pedra já meio trabalhada. Dei asas à imaginação e liberdade suficiente para que minhas mãos se movimentassem no uso das ferramentas.

Decorridos mais cinco dias, o cachimbo finalmente ficou pronto. Todavia, uma nova forma, ornitomorfa, se apresentou. Do modelo tradicional, que inicialmente pretendia esculpir, o cachimbo se transformara em um pássaro, com a cabeça, os olhos e um bico acentuado, tendo as asas abertas. No centro superior do corpo situava-se o fornilho para se depositar o tabaco. Todos, inclusive eu, ficamos surpresos com a belíssima estética da peça! Ehrton foi quem associou o significado de meu nome Xavante ao cachimbo, chamando-o de pássaro vermelho.

Sem dúvida, fora um trabalho espiritualmente orientado. Porém, tão logo o mesmo foi concluído, quem passou a se manifestar constantemente foi o sentimento de vaidade, originário do ego... Para todos que eu conhecia e outros, que passei a conhecer, fazia questão de mostrar a minha "obra-prima". Chiwah sugeriu que eu voltasse a procurar Rollas, no intuito de que ele fizesse um cabo da madeira apropriada para cachimbo. Sem responder que sim ou não, eu lhe agradeci pela ideia, mas, internamente, gostaria mesmo era de contar com o auxílio de um Lakota para tal finalidade; quem sabe, o próprio Orville Looking Horse...

Solar era mais um amigo que vivia em Sedona, e que me fora apresentado por Rita desde o momento em que lá cheguei. Se não me engano, era de origem grega e vivia nos Estados Unidos há pouco mais de dois anos. Morava em uma van bem confortável e, a cada noite, estacionava para dormir em diferentes pontos da cidade ou das montanhas. Adorava crianças, assemelhando-se, de certo modo, a elas. Profundamente ligado à filosofia oriental indiana, trabalhava com a arte das técnicas de cura pelas mãos.

Ao final de uma tarde, no New Frontiers, deparei com Solar, quando, então, conversamos rapidamente. O amigo convidou-me para ir, na manhã seguinte, visitar as ruínas dos Anazázi,[1] um antigo povo que habitara a região.

[1] Termo em Diné, ou Navajo, que significa inimigos antigos. Já os Hopi, que se consideram descendentes dos Anazázi, preferem designá-los "aldeões ancestrais".

Pontualmente às 9h, Solar buscou-me na casa de Ehrton. Além de frutas e granola, coloquei na bolsa o cachimbo-pássaro vermelho, embrulhado e protegido por uma toalhinha branca de algodão. Assim que chegássemos ao local das ruínas mostraria a ele o resultado de meu trabalho.

O lugar era verdadeiramente impressionante em termos de beleza nativa, mas, em especial, devido à sua poderosa energia imanente. Por alguns momentos, tive a sensação de retornar ao passado, um passado longínquo e muito anterior à invasão das Américas pelos europeus. Nas encostas de uma grande montanha cor de brasa, ali estavam, quase intactas, as paredes de adobe erguidas pelos Anazázi, "os ancestrais", cujas coberturas, um dia, haviam sido de troncos, ervas e terra, constituindo, assim, as habitações de um povo fascinante!

A cultura Anazázi surgiu nos planaltos e desfiladeiros do sudoeste americano por volta do ano 100 a.C. O florescimento cultural desses ameríndios ocorreu entre os anos 700 e 1300 d.C., abrangendo hoje os estados do Arizona, Novo México, Colorado e Utah, a sagrada e imemorial região dos Quatro Cantos. Suas aldeias eram formadas por enormes complexos habitacionais, a exemplo de Pueblo Bonito, em Chaco Canyon, no Novo México, com até 700 casas erguidas em cinco andares. Deixaram uma diversificada coleção constituída por mosaicos, tecidos coloridos, delicadas joias feitas em turquesa, potes ricamente decorados em pinturas, vestuário adornado com plumas e muitos outros objetos. Em razão das constantes secas que se prolongaram por várias gerações, em torno do ano de 1300 os Anazázi abandonaram seus povoados e partiram em direção aos rios, retomando a vida de caçadores e coletores.

Quando das primeiras penetrações espanholas, entre 1539 e 1540, vários grupos indígenas haviam estabelecido suas aldeias às margens dos rios e também nas terras altas do deserto. Dentre eles, estavam os Hopi, os Zuni, os Pima e os Papago. Já os Apache e os Navajo transitavam pela região caçando e recolhendo. Seguramente, os herdeiros mais diretos do modo de vida Anazázi são os Hopi, que se adaptaram à área do rio Colorado, no Arizona, nas fendas e reentrâncias das montanhas de arenito até as planícies localizadas a centenas de metros abaixo. Ali, plantavam milho em grandes baixadas, no intuito de alcançar as águas subterrâneas trazidas pelas tempestades de verão. As mulheres recolhiam os grãos secos de milho para o preparo do *piki*, um tipo de pão assado sobre uma placa de arenito, após terem sido transformados em farinha por um sistema de moagem com pedras duras e arredondadas.

Confeccionavam belos cestos de vime, com galhos de arbustos, e vasilhames de cerâmica semelhantes aos dos Anazázi, com pinturas simples, porém de bom padrão estético, nas cores vermelho-castanho e negra, sobre o barro branco. Os homens colhiam e fiavam o algodão para que as mulheres o tingissem e depois tecessem, nas cores vegetais amarelo, laranja, verde, preto e vermelho, obtidas no deserto.

Encontrava-me completamente absorvido pelas vibrações energéticas da ancestral cultura Anazázi e da natureza quando me lembrei de apresentar o cachimbo ao Solar. Ao retirá-lo da bolsa, desembrulhando-o da pequena toalha branca, os olhos de meu amigo se mostraram paralisados e contemplativos. Passada a primeira impressão, as palavras sinceras de Solar adjetivaram elogiosamente meu trabalho, ao mesmo tempo em que massageavam meu ego! Caminhei pelas ruínas segurando o cachimbo, deixando-o por algum tempo em contato com aquele sítio sagrado e irradiado pelo sol. Meditei, orei, cantei em Xavante, agradecido ao Grande Espírito por mais aquele mágico e único momento.

Quando o sol já ia se pondo, decidimos retornar às nossas casas, ou, melhor dizendo, para a casa onde eu morava, uma vez que o amigo Solar encontrava-se apenas a poucos passos de sua residência sobre rodas...

À medida que os dias iam passando, o inverno dava sinais bem mais intensos de sua aproximação. Isso se evidenciava pelas tardes e noites cada vez mais frias. Ao entrarmos no carro, a casa de Solar, ele acionou levemente o sistema de aquecimento, segundos antes de partirmos. Enquanto conversávamos, envolvi o cachimbo na toalhinha, amarrando-a com uma tira de couro cru. Conversa ia, conversa vinha, e eu permanecia segurando o cachimbo, em vez de guardá-lo na bolsa. Eu o mantive apoiado no banco do carona, entre as coxas, sustentando-o levemente com uma das mãos até chegar em casa.

Por fim, com um firme aperto a quatro mãos, despedimo-nos, agradecendo ao amigo pelo passeio tão maravilhoso e especial! Ao descer, acenei-lhe com a mão direita, aguardando que a van se afastasse até sumir em definitivo na primeira curva. Seguindo em direção a casa, dois pensamentos me vieram à mente. O primeiro, por mera curiosidade, referente ao local a ser escolhido por Solar para passar a noite. Já o segundo, com certa preocupação em relação ao cachimbo, que acabei esquecendo no banco do carona... De todo modo, fiquei tranquilo, pois no dia seguinte eu o pegaria de volta.

Pela manhã, bem cedo, saí para atender uma cliente que residia nas imediações. Ao me aproximar do trecho em que desci da van na noite anterior, fiquei surpreso e pessimista com o que avistei… Distraidamente, ao descer do carro, derrubara o cachimbo no chão. Mesmo envolto na toalha, meu pressentimento foi o pior possível. Por fim, ao pegar o embrulho, tudo se confirmou pelos cacos ali encontrados. A roda do veículo passara por cima, danificando totalmente meu cachimbo. O sentimento que me ocorreu foi um misto de angústia e desânimo. Pagara um preço bem alto pelo meu desligamento e distração. Procurei concentrar-me no trabalho que iria realizar, mas antes devolvi à Mãe Terra os vários pedaços do "ex-pássaro vermelho"…

Ainda bem que consegui fazer um bom *shiatsu* em minha paciente. Graças a Deus, o aspecto emocional não interferira no meu trabalho. Porém, terminada a sessão, algo inesperado e fora do comum ocorreu-me enquanto trocava as roupas. Não foi intuição, muito menos um pensamento, quando ouvi nitidamente aquela voz misteriosa e clara:

> Você é muito vaidoso! O Cachimbo Sagrado não é brinquedo; não pode ser utilizado de forma irresponsável e ao deleite do ego.

Passado o susto, preencheu-se o vazio da pergunta que me fiz em voz alta, ao deparar com o cachimbo esfacelado:

> Mas por que isso aconteceu?

Havia finalmente compreendido a resposta… ou melhor, a lição!

CAPÍTULO QUATORZE

# *A Tenda de Purificação e o primeiro Lakota*

***Tributo às Direções***

*How, Grande Mistério!*
*Ancestral do Grande Espírito*
*Refletido em cada ser*
*No poder da criação*

*How, Mitakuye Oyasin!*
*Por todas as nossas relações*
*Pelas virtudes reveladas*
*Na pureza do Amor, a verdade essencial.*

*Corre o vento em pradarias*
*Cai a chuva nas colinas*
*Um trovão relampejou, clareando a imensidão da Direção do Urso Negro*

*How, Seres do Oeste!*
*Da quietude do silêncio, das cavernas da alma, da escuridão que me destes ao poder do despertar, da ignorância à claridade...*

*How, campos de Sálvia!*
*Doce fragrância de Wakan-Tanka*
*Seres do Norte, Mulher-Novilha,*
*Sublime consorte do Búfalo Branco*
*Condutora da Paz do Cachimbo Sagrado*
*Aos povos Sioux, por Ti revelado*
*Elevando a fumaça, envolta em preces*
*De gratidão e súplicas, rumo à Águia Sagrada, mensageira da Luz*

*How, Seres do Leste!*
*De onde o Sol nasce*
*Antecipado pela Estrela da Manhã*

*Que recebe os poderes do Grande Espírito de Wakan-Tanka*
*Pondo fim à escuridão*
*Trazendo-nos a Luz do dia*
*Do conhecimento, da sabedoria*
*Para que possamos ver com clareza*
*E a nobreza do olhar*
*Dos olhos do coração...*

*How, Seres do Sul!*
*Da Terra vermelha, criança coiote*
*Que nos faz perceber os caminhos da dor*
*E nos faz renascer em Beleza e Amor*
*Destruindo a ilusão da imagem criada*
*Restaurando a inocência leveza do Ser*
*O sentido da vida, a razão do viver...*

*Ao Pai Céu*
*À Mãe Terra*
*Às outras Quatro Direções e às nossas relações*
*Toda gratidão, todo Amor*
*How, Mitakuye oyasin!*

Tsiipré

*Ó Wakan-Tanka, que nos guiou a este lugar sagrado!*
*Nós somos os últimos de sua criação e Tu és e sempre serás o primeiro!*
*Ajude-nos a nos tornar puros, para enviarmos nossas preces a Ti.*

Prece Sioux

A primeira vez em que tomei parte de um *sweat lodge*, ou Tenda de Purificação, conforme os Sioux preferem chamá-la, foi a convite de Rosane, uma brasileira do Rio Grande do Sul que conheci em Sedona, mais precisamente no New Frontiers. A tenda era realizada todas as quartas-feiras por um amigo dela, não índio, mas que seguia a tradição da maneira correta, sem cobrar pela prática.

A cerimônia da Tenda, ou *Inipi*, em língua Sioux, se desenvolve numa pequena cabana circular e arredondada, construída com 12 a 16 varas de salgueiro, flexíveis e entrelaçadas. Bem no centro, encontra-se um buraco de aproximadamente 50cm de diâmetro por uns 20cm de profundidade, onde se depositam as pedras incandescidas durante as quatro etapas da cerimônia. Cada etapa relaciona-se com uma direção, na sequência Oeste, Norte, Leste e Sul. A estreita e única abertura de entrada e saída da Tenda encontra-se voltada para a direção Leste, de onde provém a luz da sabedoria, a morada da Águia Sagrada e mensageira do Grande Espírito. Antigamente, a Tenda de Purificação era vedada por peles de búfalos. Hoje em dia utilizam-se várias camadas de cobertores, e, por último, uma grossa e ampla lona envolvendo sua estrutura.

Na tradição Lakota-Sioux, a Tenda representa o Universo e todos os seres. O buraco central, ou local das pedras quentes, representa o centro do Universo, a morada de *Wakan-Tanka*. As pedras representam a Avó Terra,[1] a natureza indestrutível de *Wakan-Tanka*. A água utilizada durante a cerimônia, derramada aos poucos sobre as pedras e gerando um forte vapor, representa os Seres do Trovão, que chegam com a tempestade de chuva, trazendo bondade. O vapor que emana das pedras quentes, ao mesmo tempo em que nos impõe respeito, purifica-nos física, mental, emocional e espiritualmente, na vontade dignificante de *Wakan-Tanka*. A uns dez passos da abertura da Tenda, na direção Leste, localiza-se a Fogueira Sagrada, o fogo ou a chama eterna, onde as pedras são aquecidas de determinada forma, segundo as quatro direções. Entre a abertura de acesso e a fogueira, que corresponde ao Avô Sol, localiza-se um pequeno altar construído a partir da terra retirada do centro da Tenda, durante a escavação do buraco. Essa terra é espalhada na forma de um caminho, o Caminho Sagrado da Vida, e segue até o referido altar, que representa a Avó Lua, onde o Cachimbo Sagrado situa-se em posição de destaque.

Pouco antes das 20h já nos encontrávamos em trajes de banho e enfileirados na lateral esquerda de entrada. Éramos 15 participantes, e eu era o único do grupo a tomar parte pela primeira vez. Assim que o dirigente da cerimônia entrou, fomos defumados com sálvia branca, tradicionalmente queimada em uma concha de abalone. Feito isso, cada um de nós agachou-se à entrada e, após dizer em voz alta "*How! Mitakuye oyasin*", engatinhou circundando no sentido horário o pequeno espaço interno. E, a partir do dirigente, posicionado à esquerda da abertura da Tenda, o círculo se formou. Encontrava-me

[1] A designação Avó ou Avô refere-se respeitosamente aos seres mais antigos do princípio do mundo.

sentado na direção Oeste, bem defronte à entrada, seguido à minha esquerda pela amiga Rosane. Em dado instante, ficamos em absoluto silêncio.

O clarão da fogueira invadia o espaço, reluzindo estranhamente os rostos e corpos seminus de cada um de nós. O silêncio só foi quebrado pela voz firme e de poucas palavras do dirigente ao Homem do Fogo. Ele é o responsável pelo incandescimento e a condução das pedras ao interior da Tenda, o que se realiza por um comprido cabo de madeira, encaixado num garfo de ferro com quatro pontas alongadas. Dentro das possibilidades, Rosane obteve permissão para traduzir aos meus ouvidos as explicações do dirigente.

Ao Homem do Fogo solicitou-se o envio de quatro pedras vulcânicas, as mais resistentes e que melhor absorvem o calor das chamas. Assim que a quarta pedra foi depositada no buraco central, o dirigente arrumou-as com o auxílio de duas pequenas galhadas de cervo, tocando-as ritualisticamente em seguida com a base de um balde metálico repleto de água. Logo depois, o Homem do Fogo vedou completamente a entrada, aproveitando a sobra da grossa lona que envolvia toda a cabana. Os Seres de Pedra, vermelhos em brasa, eram tudo que conseguíamos enxergar em meio à escuridão absoluta. A seguir, o dirigente depositou algumas folhinhas secas de sálvia branca sobre as pedras, enquanto proferia num suave tom de voz uma oração ao Grande Espírito. O aroma da sálvia, considerada pelos Sioux a fragrância de *Wakan-Tanka*, espalhou-se agradavelmente pelo recinto. Concluída a prece, o homem exclamou em bom tom "*How! Mitakuye oyasin*", ao que todos repetiram em uníssono. Com uma concha de cozinha, começou a despejar água sobre as pedras, produzindo um ruído característico de chiado, enquanto o vapor se formava, aquecendo pouco a pouco o ambiente. O procedimento daquela primeira etapa, em honra à direção e aos Seres do Oeste, foi realizado totalmente em silêncio, após uma breve explanação de seu significado.

É tarefa difícil descrever o que senti, além do forte calor e da profusa transpiração no curso da cerimônia. A sensação maior que me veio foi a de estar novamente no ventre materno e, ao mesmo tempo, no centro do mundo. Surgiram pensamentos, lembranças e, consequentemente, uma forte emoção... Quando a temperatura parecia ultrapassar o limite da tolerância, o dirigente exclamou em voz alta: "*Open the door!*" Imediatamente o Homem do Fogo levantou a parte da lona que vedava a entrada, dando passagem ao ar e ao clarão das chamas da fogueira. Mais uma vez, solicitaram-se outras quatro pedras, porém de maior tamanho.

O tempo médio da duração de cada etapa da Tenda gira em torno de 20 a 30 minutos, podendo ou não, ao término de cada período, oferecer-se água aos participantes. Concluídos os procedimentos como da primeira vez, a porta foi novamente fechada, e o responsável ofereceu uma prece à direção e aos Seres do Norte, depositando outras folhas de sálvia sobre as pedras quentes. Antes mesmo de despejar água, o calor já se fazia mais intenso, devido ao acréscimo e ao volume dos novos Seres de Pedra. O vapor se espalhou intensamente... Segui as recomendações de Rosane, para abaixar o tronco e a cabeça ao máximo tão logo sentisse queimar o ápice das orelhas. Concluídas as explicações sobre o Norte, o dirigente entoou um belo cântico indígena ao som do tambor, e ao terminar, pela segunda vez a porta foi aberta.

As duas últimas etapas, referentes às direções Leste e Sul, foram por demais intensas e também providas de cânticos. O diferencial ficou por conta da direção Sul, na qual os participantes, individualmente, puderam expressar-se. Foi um momento de rara emoção e beleza, em manifestações de fé, gratidão e súplicas ao Grande Espírito, pela paz entre os povos. Ao chegar a minha vez, proferi algumas palavras que foram traduzidas por Rosane, concluindo com um cântico do *Wai-á*, principal cerimônia sagrada e espiritual da Nação Xavante. O último a se pronunciar foi o dirigente da Tenda, solicitando, em seguida e pela última vez, ao Homem do Fogo que abrisse a porta. Ofereceu-se água aos participantes, e uma brasa da fogueira havia sido posta à saída da Tenda, sobre a qual o dirigente depositou delicadamente quatro folhas de sálvia. Ao pronunciar a saudação "*How! Mitakuye oyasin*", repetida por todos, o líder retirou-se de gatinhas, igualmente seguido pelos demais.

No quintal da casa, próximo à Tenda, havia uma mangueira d'água com boa pressão. Após um período de duas horas de intenso calor, o esperado banho frio foi de todo agradável e revigorante!

Finalmente, quando já estávamos de banho tomado e vestidos, participamos de uma farta e deliciosa ceia, composta por frutas, castanhas, pães, queijos, pastas variadas, biscoitos e sucos, tudo preparado e oferecido com amor e a colaboração de cada um. Ao término da saborosa refeição coletiva e fraternal, despedimo-nos com abraços e desejos de saúde e felicidade.

Muitas outras Tendas surgiram no meu caminho. Os amigos constantemente me convidavam a participar. Uma delas – certamente a que mais me tocara até então – havia sido dirigida por Chief Long Standing Bear, líder espiritual da Nação Black Foot, que estivera de passagem por Sedona, acompanhado de sua pequena e graciosa filha. Oriundos do estado de Montana, Standing Bear convidou-me para assistir, em sua Reserva, à celebração da Dança do Sol, a principal cerimônia dos povos das planícies. Senti-me honrado com o convite, e passei a fortalecê-lo em meus pensamentos, no intuito de conseguir materializar a viagem para o ano vindouro.

Algumas pessoas me haviam falado sobre a Dança do Sol, enfatizando o quanto seria importante e até mesmo fundamental para mim assistir a ela. O próprio John Kent contou-me a respeito de seu amigo Lakota, Gilbert Walking Bull, que há vários anos, no mês de julho, vinha promovendo a realização de um poderoso, concorrido e tradicional Sun Dance. Já sabendo das dificuldades de acesso e demais limitações quanto à presença de estranhos nos territórios indígenas, ainda mais de um estrangeiro e, principalmente, na Dança do Sol, não poderia desperdiçar aquele primeiro e único convite. Afinal de contas, dificilmente a sorte bateria duas vezes à mesma porta...

A Tenda da Purificação da qual participei a convite de Long Standing Bear foi verdadeiramente especial. Durante suas quatro etapas, cheguei a me surpreender com a temperatura, que esperava estar bem mais forte. Por outro lado, a força estava mesmo era na condução dos trabalhos, e lamentei não conseguir entender o significado das palavras por ele proferidas. Mesmo assim, a serenidade do líder e a sonoridade da sua voz transmitiam intensa vibração de paz e equilíbrio. Acredito também que a profunda harmonia e elevada frequência espiritual geradas no decorrer da cerimônia tenham contribuído favoravelmente para o processo adaptativo dos participantes aos intensos vapores emanados pelas pedras incandescidas.

Cada vez mais, e a cada dia que passava, Sedona revelava-se um lugar de incrível beleza e profundas experiências! Certa manhã, ao abrir os olhos, deparei com um visual até então inédito para mim, a não ser nas telas dos cinemas. A paisagem a meu redor estava por inteiro tomada pela neve. O vermelho das montanhas e o verde do gramado e da copa das árvores simplesmente haviam desaparecido! O único contraste que pude observar se fazia através de Mac e Tosh, os dois gatos pretos da casa, caminhando graciosamente e sacudindo as patinhas traseiras sobre a espessa neve que tingia o jardim. De um dia para o outro, fiquei impressionado com a súbita transformação da paisagem... Dentro da casa, a temperatura era agradável e aconchegante, devido ao sistema de calefação e à providencial lareira, diariamente acesa. Por outro lado, o de fora, somente com muita roupa de lã, gorro e luvas era possível suportar a baixa temperatura.

Passada uma semana da primeira nevasca, o que para mim era novidade acabou se transformando em tédio, e eu não mais suportava ver o branco da neve por toda parte. Comecei a sentir saudades do Brasil, da família, da namorada, dos amigos, do calor humano e também do sol, do samba, da praia, enfim... de tudo o que não tivesse a ver com frio e neve! Levou algum tempo para eu me adaptar àquela realidade da mãe natureza e ao consequente estado de recolhimento e introspecção que, ao contrário do apogeu energético e *yang* do verão, caracterizava-se pelo extremo frio do "*yin-verno*". Porém, com a maior frequência de dias ensolarados, pouco a pouco a neve ia se derretendo, proporcionando uma linda e renovada visão das montanhas, agora parcialmente vermelhas e ainda brancas, de Sedona.

Ao início de uma tarde, já ia saindo de casa para dar um passeio, talvez ir ao New Frontiers tomar um chá quente e encontrar os amigos Jon e Karol, quando Chiwah me chamou:

> Tsiipré, preciso falar urgente com você, sobre um Sweat Lodge que será realizado hoje às 16h, e dirigido por um Lakota que vive aqui em Sedona. Eu não poderei ir, mas meu amigo Tom irá. Caso você queira, posso pedir para que ele venha apanhá-lo às 15h.

Nem pestanejei ao responder afirmativamente, enquanto Chiwah, pegando o telefone, deixava tudo acertado com o amigo.

Como todo americano que até então pude conhecer, exatamente às 15h Tom buzinou à minha porta. Já o conhecia de vista, do mercado natural e também ponto de encontro, ou reencontro, de muita gente, o New Frontiers. Cumprimentamo-nos e antecipadamente agradeci pela gentileza. Enquanto dirigia, além de estar me levando a participar da Tenda, Tom presenteou-me com uma fita cassete contendo gravações originais de um Powwow[2] dos índios Sioux em Pine Ridge, em Dakota do Sul. E, já no clima da programação, fui logo acionando a fita. Os cânticos bem marcados pelo som de tambores eram extraordinariamente fortes e vibrantes! Aquelas canções me pareciam familiares, sendo, no entanto, muito diferentes da musicalidade indígena do Brasil.

---

[2] Encontro de tribos para celebrar o verão.

Em certo trecho da rodovia principal, a 40 quilômetros de Sedona, Tom estacionou. Caminhamos não mais que cinco minutos, quando avistei a grande fogueira, a Tenda e os que lá se encontravam. Após ouvir a gravação dos cânticos, minha expectativa seguramente aumentou.

Contei exatamente 22 pessoas que tomariam parte na cerimônia. O líder da Tenda encontrava-se conversando com o Homem do Fogo, talvez lhe passando algumas instruções. A maioria dos presentes encontrava-se sentada no chão ou em pequenas toras de madeira. Aguardavam em silêncio o início da prática cerimonial, observando a tarefa de quem cuidava do Fogo Sagrado, cujas chamas, gradativamente, davam lugar a um enorme braseiro.

A princípio, pensei que poderia ser apenas impressão... O dirigente da Tenda, o Lakota que morava em Sedona, pareceu-me sério demais; sua fisionomia era fechada e seus movimentos, meio bruscos. Em suma, não foi uma pessoa pela qual tivesse sentido alguma empatia à primeira vista.

No momento determinado, após cumprirmos a etapa inicial da defumação com sálvia, entramos na Tenda. Instantes depois, o dirigente solicitou ao Homem do Fogo que trouxesse as pedras da primeira direção. Foram cinco Seres de Pedra de grande porte e fumegantes em brasa. Quando a porta se fechou e a escuridão se fez presente, realçando o brilho fosco e avermelhado das pedras, o líder começou a falar. Ao contrário de Standing Bear, sua voz era grave, seca e impositiva. Uma sensação de desconforto, um misto de ansiedade e medo foi me envolvendo. Porém, aos poucos, em orações e controlando a respiração, fui me sentindo melhor. Mesmo assim, a energia predominante naquela Tenda era bem diferente do que eu havia imaginado...

O vapor começou a subir encorpado e atroz, à medida que o dirigente ia despejando água sobre as pedras ardentes. Lembrei-me pela segunda vez das palavras de minha amiga Rosane, curvando-me o máximo possível. Não apenas as pontas de minhas orelhas estavam queimando, mas também as costas. A sensação de desconforto havia retornado, dessa vez por razões óbvias!

Ao término da primeira etapa, senti um grande alívio quando a porta foi aberta e o ar refrescante entrou no recinto. Pensei em outras experiências de Tendas pelas quais passara, com um calor semelhante, mas nada se igualava àquele momento. Estava claro para mim que não se tratava apenas de uma questão térmica ambiental. O real motivo do meu desconforto relacionava-se à energia gerada no recinto. O intenso calor era tão somente um detalhe a mais... E que detalhe!!

Quando as pedras da segunda rodada chegaram, pude imaginar o que viria pela frente... Eram mais cinco, e das grandes! Em dado instante, meu intestino deu sinais de querer funcionar. Resolvi permanecer na Tenda até o final da segunda etapa, quando, então, pediria licença para ir ao banheiro ou, sendo mais claro, às imediações do deserto.

A escuridão retornou à Cabana, tenuemente reluzida pelas pedras em brasa. Mesmo antes de se despejar água, a temperatura já era por demais elevada. O dirigente depositou sálvia sobre as pedras vulcânicas e, em seguida, se pôs a falar. Sua voz parecia transmitir um tom agressivo de revolta. Lentamente, foi despejando água sobre as pedras, que desprendiam um forte vapor, com som característico de quando fritamos batatas. E o calor se fez intenso, muito... mas muito intenso mesmo, para mim quase insuportável!

Quando o Homem do Fogo abriu a porta, pedi permissão ao líder para me retirar brevemente, por motivos de força maior... Expliquei-lhe que não conseguiria me segurar por mais dez minutos, ao que ele bruscamente afirmou:

– Se sair, não poderá mais retornar!

De imediato, agradeci por tamanha "compreensão e sensibilidade", retirando-me duplamente aliviado!!

Sem dúvida alguma, a qualidade da energia de quem dirige uma Tenda de Purificação é de fundamental importância. Se a pessoa se encontra em harmonia e conectada com a Luz do Grande Espírito, o resultado será plenamente positivo e elevado. Mas, ao contrário, se o padrão energético do líder for negativo, liberando questões mal resolvidas em sentimentos de revolta e rancores, o processo de purificação e o apoio espiritual se tornam prejudicados, limitando-se apenas ao plano físico, por meio do calor produzido pelas pedras. No caso em questão, achei que o único objetivo daquele dirigente Lakota fosse testar nossa capacidade de resistência ao calor, nada mais que isso.

Permaneci nas imediações, próximo ao carro de Tom, aguardando seu retorno após as duas últimas etapas.

Enquanto seguíamos de volta para casa, Tom revelou-me alguns detalhes elucidativos sobre a vida daquele índio, e que bateram plenamente com o que eu suspeitava e sentira desde o momento em que o avistei. No início dos anos 1970, ele tomara parte na rebelião dos Oglala-Sioux em Wounded Knee, contra uma série de arbitrariedades do governo americano na Reserva Indígena de Pine Ridge. Na época, ainda jovem, por ser membro e ativista do American Indian Movement, foi preso pelo FBI, amargando um mau período... Para completar o triste quadro, ao sair da cadeia, entregara-se ao alcoolismo como rota de fuga das desilusões vivenciadas.

Não obstante a decepção que sofri quanto à tão almejada Tenda, a primeira de que participei dirigida por um Lakota, nada mudou em relação ao meu desejo de, talvez um dia, conhecer a Nação Sioux. Era uma vontade profunda, intuitiva e muito intensa, embora não tivesse um conhecimento maior do inglês, tampouco qualquer contato direto e fundamental para poder viajar às planícies de Dakota do Sul.

CAPÍTULO QUINZE

# *Meras coincidências ou conspiração do universo?*

*A mais alta sabedoria é a do coração. Diante dele, o Universo se faz ao mesmo tempo humilde e protetor, e as estrelas se põem a orar. Para compreender algo com profundidade, conhecer seu conteúdo, sua natureza, olha no interior de teu espírito. Ele detém os poderes misteriosos do Grande Universo, a mesma magia, e é capaz de todos os milagres.*

PRINCÍPIOS DA FILOSOFIA DE VIDA DOS ÍNDIOS NORTE-AMERICANOS

Os dias e as semanas foram transcorrendo e, felizmente, acabei me adaptando à neve e ao clima frio da estação. Para matar as saudades, sempre que possível, telefonava e escrevia cartas para minha filha, minha mãe, familiares, amigos e a namorada. Ouvir a voz das pessoas, receber correspondências e notícias do Brasil, tudo isso me deixava muito contente e com o espírito renovado.

Rita, como de costume, prosseguia indicando-me bons clientes. Em tom de brincadeira, dizia que, além de amiga, era a representante de minha mãe em Sedona, fada madrinha e também chofer. Estava sempre de prontidão, interessada e disposta em me ajudar. Após obter informações, conseguiu matricular-me em um curso noturno de inglês destinado aos imigrantes de língua hispânica que residiam e trabalhavam em Sedona. Em sua maioria, a turma era composta por mexicanos, mas também havia um casal de irmãos argentinos. Eu era o único que fugia à regra, falando português.

Nos primeiros dias de aula, até aprender o caminho, Rita me levava e trazia. Posteriormente, exceto em caso de chuva, passei a ir de bicicleta às duas aulas semanais. Certa vez, num final de tarde, pedalava tranquilamente rumo à escola quando, ao fazer uma curva, um grande lobo cinzento cruzou a minha frente, atravessando a estrada para o lado esquerdo e desaparecendo no matagal. Nos arredores de Sedona, algumas vezes já deparara com porcos-do-mato, gambás, veados e coiotes; mas aquele lobo fora o primeiro e único que avistei, num misto de susto e admiração.

Apesar da resistência em aprender o inglês, quem sabe até mesmo inconsciente, meu professor era tranquilo, atencioso e dedicado. Tinha uma ótima cabeça e profunda consciência das questões sociais. No instante em que soube de minha nacionalidade, revelou-se abertamente um convicto aficionado e estudioso da obra do educador Paulo Freire. Em outras palavras, era fã de carteirinha dele! Contei-lhe sobre a experiência de minha ex-mulher nesse método de ensino, junto aos Kayapó-Mentuktíre, e claramente pude constatar que suas aulas de inglês tinham algo em comum, pois buscavam abranger o universo cultural, social, político e econômico dos alunos, a partir de determinadas palavras-chave.

Findava-se o ano de 1994 e, com a chegada do Natal, Rita convidou-me para participar da ceia na casa de Maria, uma americana apaixonada pelo Brasil, onde estivera, com seu marido, por algum tempo. Mesa farta e pessoas agradáveis e acolhedoras me deixaram totalmente à vontade. O simpático casal anfitrião descreveu-me carinhosamente suas impressões sobre os estados da Bahia, Rio de Janeiro e São Paulo, que haviam conhecido ao longo da turnê pelo país. Durante a festa, fui apresentado a uma jovem e encantadora senhora, no auge dos seus 99 anos. Chamava-se Iris Clarck e, segundo Rita, era alguém muitíssimo especial e querida por todos.

Em Sedona, a passagem daquele ano ocorreu em outra animada festa, também a convite de Rita.

Novos contatos e novos amigos foram surgindo com frequência no meu caminho. A generosidade, a cordialidade e a atenção de todos para comigo foram modificando pouco a pouco meu ponto de vista em relação aos americanos, outrora bastante preconceituoso e radical.

Bem no início de abril de 1995, um fato curioso me aconteceu no âmbito das sincronicidades da vida; aliás, nada de tão incomum em se tratando de Sedona! No entanto, somente um mês depois é que me dei conta do ocorrido...

Rita me apresentou sua amiga de Carolina do Norte, que se encontrava de passagem pelo Arizona. Simpática e comunicativa, ao tomar conhecimento da minha história sugeriu-me com toda convicção que eu deveria estabelecer contato com um casal de índios amigos dela, que viviam em Wamblee, na Reserva Indígena de Pine Ridge, em Dakota do Sul. De agenda nas mãos, forneceu-me seus nomes, telefone e o endereço para correspondências. Segundo ela, eram pessoas sérias e comprometidas com a manutenção das tradições espirituais da Nação Lakota, incluindo, é claro, a Dança do Sol. Sem perda de tempo, Rita incumbiu-se de escrever uma carta e remetê-la no dia seguinte para Wamblee. Fizera um resumo de minha ligação com os índios e da jornada em seu país, enfatizando meu desejo de conhecer os Sioux e de poder assistir ao Sun Dance.

Em menos de duas semanas a resposta de Morning Star e de seu marido, Walking Bull, chegou, convidando-me para assistir à cerimônia da Dança do Sol e passando-me também algumas instruções.

Transcorrido um mês do recebimento da referida carta-resposta, procurando em meu caderno de apontamentos o endereço de uma amiga no Brasil, qual não foi a minha grande surpresa ao deparar com os nomes de Gilbert Walking Bull e sua esposa Morning Star, como referências de John Kent, o amigo que muito me ajudara e que eu havia conhecido em setembro do ano anterior, na casa de Michael. Na realidade, eram as mesmas pessoas indicadas sete meses depois, pela amiga de Rita, para que eu entrasse em contato! No entanto, mesmo tendo recebido a resposta do casal, não me ocorreu associar seus nomes à indicação de John, em Flagstaff.

Os meses se passaram e o inverno ficou para trás, dando lugar ao florescer da primavera. Não apenas a natureza havia mudado, no exuberante desabrochar das flores do deserto, como eu também não mais continuava morando na casa de Ehrton. Por intermédio de Rita, mudei-me para a casa de Íris, num conjunto residencial. Eram casas conhecidas como "*mobilhome*", em formato de trailers, porém fixas e confortáveis. Iris, que morava sozinha, encontrava-se meio deprimida na ocasião, devido à recente perda de um de seus últimos parentes. De fala mansa e pausada, recebeu-me de coração em seu cantinho. Havia por lá, em anexo, um pequeno quarto na medida certa para mim. Rita incumbiu-se de providenciar a instalação de uma linha telefônica. Ofereceu-me ainda um aparelho telefônico sem fio, uma minigeladeira, estante, cortinas, mesa de escritório, cadeira giratória, suporte com torneira para garrafão de água mineral e um aconchegante sofá.

A partir do segundo dia em meu novo lar, dei início a um tratamento semanal com *shiatsu* e moxabustão[1] em Iris. Felizmente, e graças a Deus, em

[1] Parte integrante da Medicina Tradicional Chinesa, à base de calor proveniente da queima de artemísia, objetivando tonificar e fortalecer o sistema energético.

menos de um mês ela começou a responder positivamente ao trabalho, recuperando o brilho de seus olhos e a vitalidade do corpo. Desde o início do tratamento, surpreendeu-me sua extraordinária flexibilidade articular, o que me permitia determinadas formas de alongamentos, não raro impraticáveis em certos jovens e adultos de meia-idade. Apesar de minhas dificuldades para me comunicar plenamente em inglês, a grande sintonia com Iris e Rita me permitiu uma ótima interação com ambas. Em circunstâncias mais específicas, os amigos Jon ou Ehrton traduziam as falas.

Como dissera Rita, Iris, quase centenária, era verdadeiramente uma figura muito especial! Viúva de um diplomata, percorrera vários países nos quatro cantos do mundo, incluindo o Brasil, onde visitara o Amazonas, o Mato Grosso e o meu estado natal. Todas as terças-feiras, das 14h às 17h, sua casa era aberta para a realização de um encontro destinado ao estudo de religiões e espiritualidade, criado e dirigido por ela própria. Segundo Iris, tudo começou quando, aos 33 anos de sua existência, idade de Cristo, encontrava-se na companhia de seu marido em um passeio de navio pelo Golfo do México. Certa noite, enquanto todos dormiam, intuitivamente dirigiu-se até a popa da embarcação. Lá chegando, foi surpreendida, minutos depois, com a presença de um Ser magnífico, alto e luminoso, que telepaticamente se identificou pelo nome de Astar Sheran, um comandante extraterrestre espiritualmente vinculado ao nosso planeta. De acordo com sua descrição, aquele Ser, com mais de 2 metros, afirmou: "Você irá viver por muitos anos neste mundo. Entretanto, deverá dedicar-se integralmente à expansão da consciência espiritual dos seres humanos."

Daquele dia em diante, Iris começou a pôr em prática aquela orientação, e não mais parou. Escrevia artigos para jornais e revistas de enfoque holístico, mas também publicou dois livros, sendo um com o título *Para sempre jovem*. Certo dia, ao indagá-la a respeito do segredo de sua excepcional memória e vitalidade aos 99 anos, ela me respondeu na ponta da língua: "Exercitar a mente, dar muitas gargalhadas e não desejar mal a ninguém!"

Aos poucos, fui ajeitando o meu quarto de acordo com minhas preferências e maneira de ser. Bem à direita de quem entra havia uma estante com quatro amplas prateleiras, onde dispus meus livros e fitas de vídeo. Na parte superior, encostado à parede, um poster-gravura com uma bela reprodução em tamanho natural do rosto expressivo e olhar penetrante do legendário líder Hunkpapa-Sioux, Tatanka Yotanka ou Touro Sentado. Além de objetos indígenas, berimbau e outros artigos regionais do México e Equador que decoravam o ambiente, claro que não poderia faltar um toque especial de minhas raízes... E assim, em uma das paredes, afixei um amplo painel fotográfico montado sobre duas folhas de cartolina e com recortes de revistas sobre o carnaval carioca. Outro painel, porém menor e com fotos da Escola de Samba do meu coração, a Estação Primeira de Mangueira, eu expus na parte externa da porta, destacando logo acima, em letras garrafais, o nome do meu país, BRASIL.

A vida transcorria harmoniosa nos contatos com a natureza e com os amigos. A convivência diária com Iris não podia ser melhor. Buscava sempre ajudá-la no que estivesse ao meu alcance, mantendo a limpeza da casa e sua terapia semanal com *shiatsu* e moxa. De vez em quando, ela gostava de experimentar a minha comida, o que me deixava contente pela expressão de seu rosto em aprovação ao tempero. Nos finais de semana, uma amiga e aluna a levava de automóvel à igreja espiritualista que regularmente frequentava, e, depois, a um supermercado para as compras da semana.

Sempre que possível, eu me deslocava até a capital, Phoenix, para desfrutar de um programa diferente, renovando o sabor e alegrando o espírito pela conversa, o tempero e a musicalidade brasileira. Café Brasil era o ponto de encontro dos saudosos da terrinha espalhados pelo Arizona. O restaurante, fundado e dirigido por dois irmãos baianos, oferecia música ao vivo em ritmos de samba e bossa nova, acompanhada por pratos típicos como feijoada, moqueca de peixe, angu à baiana e, entre outros, a internacional e brasileiríssima caipirinha! Para mim, foi um achado, e o lugar mais adequado para estar nos momentos de saudade... Como bom carioca, fui logo me entrosando com o pessoal, tocando pandeiro, cuíca e tamborim nas rodas de samba às sextas-feiras. Lá, os americanos eram minoria, mas gostavam de frequentar o ambiente e receber aquele banho cultural diferenciado e o calor humano em verde e amarelo.

Além do cheiro da terra, o Café Brasil possibilitou-me conhecer pessoas interessantes, a exemplo do Miro, primeiro baterista do Tim Maia, que me confidenciou histórias ao mesmo tempo surpreendentes, inéditas e hilariantes, e do ex-craque Rildo, do nosso futebol canarinho. Quando, no mais tardar às 23h30, a roda de samba terminava, horário em que no Brasil estaria apenas começando, eu me despedia de todos e seguia de táxi para a casa de Carmem e Zarco, em Mesa, onde passava agradáveis finais de semana. Eles tinham vários instrumentos musicais e um salão estúdio, no qual os integrantes da banda Zum Zum Zum se reuniam para ensaiar. Zarco e Quetzal pediam-me para incrementar um ritmo de samba no pandeiro ou no repique, ao que buscavam acompanhar-me na cuíca e no tarol, respectivamente. Cheguei a participar de um baile de carnaval promovido por uma associação de brasileiros residentes no Arizona, principalmente em Phoenix. Nem seria preciso dizer que a banda contratada para animar a festa foi a Zum Zum Zum, do casal, engrossada por mim e uns baianos que tocavam samba e também as batidas afro-brasileiras características do Olodum.[2] Rita compareceu a esse evento, encantando-se com a descontração e a alegria calorosa das centenas de brasileiros foliões que preenchiam e animavam o salão de festas do clube local. Para minha surpresa, encontrei uma jovem, natural do meu estado, ostentando em vermelho e branco uma bela fantasia da Escola de Samba do Salgueiro. Imediatamente, Rita nos fotografou, lado a lado. Nessa foto, eu me encontrava com calça e sapatos brancos e uma camisa verde e rosa da Mangueira, especialmente enviada do Rio de Janeiro por Beki, uma antiga e estimada paciente.

A partir daquele episódio do cachimbo que se quebrou, comecei a ficar mais atento às minhas intuições e aos sutis sinais do cotidiano. Afinal de contas, Sedona já se havia revelado, sobretudo em razão da existência e da proximidade de seus quatro vórtex, ou montanhas acumuladoras e geradoras de energia, mexendo no inconsciente das pessoas.

Com os trabalhos que realizava, incluindo atendimentos em *shiatsu*, uma pequena produção e venda de berimbaus de bambu e a breve experiência como camareiro num hotel, fui juntando dinheiro na intenção de viajar em julho para Wamblee, Dakota do Sul, e poder assistir à Dança do Sol entre os Oglala.

Regularmente, pelas manhãs, prosseguia meditando no quintal da casa de Iris. Num cantinho acolhedor e afastado, ergui um montículo de terra, coberto por uma toalha, no qual me sentava na postura de lótus para fazer minhas orações e, em seguida, meditar. Quase ao término de uma dessas práticas meditativas intuí fortemente para fazer, o quanto antes, uma série de quatro meditações, cada uma correspondendo a um dos vórtex de Sedona, *in loco*. Comentei a respeito com a Rita, que se prontificou a me levar no dia seguinte, à tarde, para meditar na primeira montanha.

---

[2] Agremiação carnavalesca da Bahia.

Segundo fontes locais, a região de Sedona propriamente dita nunca foi *habitat* de povos indígenas, por se tratar de um sítio especialmente sagrado e destinado aos espíritos. Em virtude do seu poderoso campo magnético, muitos Homens Santos para lá se dirigiam em busca de visões, a fim de meditar, jejuar e também realizar determinadas cerimônias. Os vórtex aumentavam mais ainda sua sensibilidade e poderes espirituais. Para eles, intermediários entre os dois mundos, não havia diferença quanto aos seres humanos, os animais, as montanhas e os demais reinos.

Às 17h do dia combinado Rita passou para me apanhar. Disse-lhe que gostaria de dar início à meditação no horário das 18h, o terceiro dos quatro períodos de troca energética que se estabelecem ao longo do dia. Seguimos para Cathedral Rock, totalmente esculpida em rocha pela mãe natureza, a cerca de 1.500 metros de altitude. Minha amiga permaneceu no carro, estacionado nas proximidades do riacho Oak Creek, enquanto eu me deslocava a passos largos, entre os arbustos, ao encontro do poderoso vórtex da grande montanha Catedral de Pedra.

À medida que eu ia subindo e olhava para trás, uma deslumbrante paisagem se descortinava e o absoluto silêncio era quebrado apenas pela passagem dos meus pés. Ainda faltavam dez minutos para as 18h quando resolvi parar. O carro de Rita era apenas um ponto escuro a distância. Num pequeno e liso platô de rocha posicionei-me em lótus na direção Oeste, de olhos abertos a contemplar a paisagem. Tudo era calma e absoluta paz naquele instante. Ao longe, e por apenas alguns segundos, escutei o uivo de coiotes, enquanto minha respiração, lenta e ritmada, inalava o característico e agradável aroma do deserto. Finalmente, ainda com relativa claridade e na quietude interior, fechei os olhos e comecei a meditar.

O tempo, literalmente, havia passado num piscar de olhos... Ao abri-los, a escuridão era total e uma sensação de medo se apossou de mim. Rapidamente, peguei a lanterna no embornal, verifiquei a hora e iniciei a descida daquele trecho da montanha. Rita, ao perceber meus movimentos, piscou os faróis. Segui com relativa pressa em direção ao carro, porém atento, buscando evitar acidentes ou pisar em alguma cobra. Havia meditado por quase duas horas, sem, no entanto, sentir o tempo passar. Minha grande amiga esperava pacientemente e, ao me ver com o semblante sereno, perguntou como havia sido a experiência. Contei-lhe até onde a racionalidade poderia descrever...

Sem dúvida, até aquele dia, havia sido a mais profunda meditação que realizei ao longo dos últimos nove anos.

Segundo os místicos e sensitivos, cada um daqueles vórtex tem uma vibração ou padrão energético peculiar. No caso, a Cathedral Rock caracteriza-se por seu aspecto feminino-meditativo, ativando, assim, no hemisfério cerebral direito, a sensibilidade artística, a parte emocional e tudo mais a ele relacionado.

As demais práticas foram realizadas nas semanas posteriores e nos três vórtex restantes, ou seja, em Boyton Canyon (masculino-equilíbrio), Airport Mesa (masculino-criativo) e em Bell Rock (masculino-criativo). Especialmente neste último, situado nas proximidades da rodovia HWY 179, algo de estranho ocorreu-me durante o processo meditativo. Quando estava quase terminando, subitamente fui tomado por uma desconcertante ansiedade, associada ao pressentimento de que alguma coisa nova e repentina estaria prestes a ocorrer. Instantaneamente, recordei-me das visões com a bela índia americana, dizendo que estaria à minha espera...

Um dia após a última meditação em Bell Rock, a quarta montanha-vórtex incluída no meu roteiro, peguei a bicicleta vermelha na intenção de ir até a casa de Doroth, minha acupunturista havaiana, com quem semanalmente vinha trocando *shiatsu* por acupuntura. Quando já ia saindo, deparei com Rita estacionando o carro para visitar Iris. Falamo-nos por alguns minutos e aproveitei para perguntar-lhe sobre as perspectivas de carona, ou de alguém conhecido que estivesse viajando no mês seguinte para Dakota do Sul. Já estávamos na metade de junho e eu não fazia a menor ideia de como chegar a Wamblee para assistir ao Sun Dance. Até às planícies do norte, teria uma longa distância a percorrer, na oportunidade ímpar que havia surgido e que não poderia deixar passar. Sem conseguir esconder minha ansiedade, recebi da amiga em sua voz segura e solidária palavras de fé e otimismo, na certeza de que tudo se resolveria na hora certa. Também me disse que fixara um pequeno cartaz no mural do New Frontiers, solicitando carona para Dakota do Sul no início do mês de julho, mediante a divisão das despesas de combustível. Agradeci a ela por todo apoio e atenção, seguindo em frente no meu caminho.

Quarenta e cinco minutos de pedaladas era o tempo que eu costumava fazer até a casa de Dorothy Goo em Quail Run. Ao passar pelo New Frontiers, resolvi entrar para encher o cantil e comprar granola, não demorando nem dez minutos para isso. Já estava montado em minha bicicleta e pronto para partir quando alguém me chamou. Ao virar-me, tive a grande e feliz surpresa

O merecido descanso no Parque Nacional de Brasília. Da esquerda para a direita: Neuza com as filhas, eu, Dânia, Kretxu e o cacique guarani Karaí Tataendê. Junho de 1982.

Ao centro, de camisa branca, o cacique João Verá Mirim e parte de seu grupo. À sua direita, sem camisa, Aparício R'okadju.

No interior de nossa casa, no Jarina, Vera, com Te-ô no colo, e eu, com um menino e duas meninas mentuktíre.

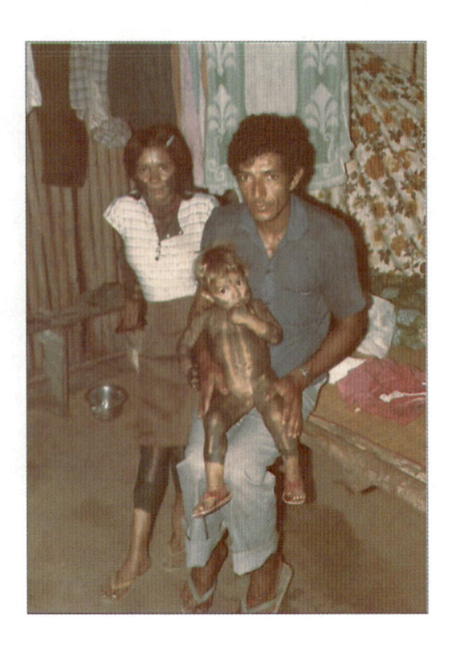

Sentados sobre minha cama, os amigos Egipson, ou Krãin-Bãn, sua esposa Parurrá e o pequeno Te-ô, com pinturas dos Kayapó-Mentuktíre. Posto Indígena Jarina.

Parque indígena do Xingu, Posto Indígena Jarina. Dança Korekangô, dos Kayapó-Mentuktíre.

Eu entre os Xavante de Sangradouro, preparando-me para pintar o companheiro por ocasião de uma cerimônia.

Nossa amada filha, Maíra,
pintada de Urucum,
à beira do Rio das Mortes,
no território dos Xavante.

Povo Xavante, os futuros iniciados.

Eu com meus queridos amigos Paul, Chiwah, Sharon Lee, Zinna, Ehrton e Naomi. Meu primeiro lar em Sedona.

Em dezembro de 1994, Rita, Sakina e eu, nas cercanias de Sedona.

Ao lado do inesquecível mestre Rollas – Pássaro Vermelho –, segurando um maracá e a bolsa de couro de alce contendo o Cachimbo Sagrado, em Sedona, Arizona.

Iris Clarck, uma linda jovem de 99 anos, dançando sorridente ao som do atabaque. Detalhes do meu quarto na casa de Iris, minha segunda morada em Sedona.

De volta ao Brasil, duas visitas inesperadas e muito especiais! Aáwẽ, ao lado de minha querida e saudosa mãe Semí, e seu pai, o Líder Xavante Joãozinho Terriyacé. À minha esquerda, o jovem Pedro e seu pai, Ricardo, meu compadre e companheiro de causa junto aos Guarani de Angra.

"Olhai, meus irmãos, chegou a primavera; a terra recebeu os abraços do sol e em breve veremos os frutos deste amor! (...)
Escutai-me porém, meu povo: temos agora de tratar com outra raça – pequena e débil quando os nossos pais com ela depararam pela primeira vez, mas hoje grande e arrogante. (...) Esta nação é como um degelo da primavera, que salta do seu leito e tudo destrói no seu caminho."

Tatanka Yotanka, ou Touro Sentado, em 1884.

Foto do céu: a partir da esquerda, José de Arimateia, Jesus Cristo, João e Pedro.

O chefe Big Foot, ou Si-Tanka, no séc. XIX, e Tsiipré com crianças Sioux durante a celebração do Powwow, em julho de 1995. O mesmo espírito em duas épocas bem diferentes...

Após o massacre, os corpos dos Sioux foram jogados em uma grande vala pelos soldados.

**Transcrição da psicografia:**

"Meu caro Tsiipré
O nosso Touro Sentado se prepara para a sua volta à Terra, brevemente, trazendo consigo outros irmãos que carecem, como ele, de continuar o trajeto de Luz. Continue na sua luta, certo de que o Grande Espírito Branco* está sobre vós."

White Eagle (Águia Branca)

** Refere-se ao Ser Espiritual denominado Búfalo Branco, que, em tempos longínquos, enviou à Mãe Terra a sua Mulher Novilha para ofertar o Cachimbo Sagrado aos Sioux. (nota do autor)* de reencontrar, após dez meses, meu amigo John Kent, que me abrira as portas do Arizona. Depois de um forte e prolongado abraço, conversamos por algum tempo e ele elogiou o meu inglês, que, embora ainda básico, já me permitia manter um diálogo mais abrangente. Disse-me que estava apenas de passagem por Sedona, viajando ainda naquele mesmo dia para Louisiana, onde morava. Antes de nos despedirmos, agradeci novamente por toda e fundamental ajuda que ele me havia prestado e que jamais esqueceria.

Ao prosseguir meu rumo, fui tomado de assalto por um lampejo em minha mente, uma ideia repentina que me fez retornar para casa, à procura de Rita. Felizmente, eu a encontrei quando manobrava o veículo para partir. Bastante ansioso, contei-lhe sobre o inesperado encontro com John Kent e, de imediato, saímos à sua procura na direção do New Frontiers. Lá chegando, tivemos a sorte de localizá-lo enquanto falava ao telefone público. Rita não apenas já sabia o que dizer, como também tinha, como poucos, o dom do convencimento... Conversamos por uns 15 minutos, e dessa conversa surgiu um talvez... uma possibilidade de viajar com o meu amigo para Wamblee, em Dakota do Sul.

Restou-me apenas aguardar, orar e mentalizar positivamente, confiando nos poderes do Grande Espírito, capaz de todos os milagres...

CAPÍTULO DEZESSEIS

# *Rumo à Dança do Sol*

*Ó Grande Espírito, cuja voz distingo nos ventos e cujo sopro*
*dá vida ao mundo inteiro, ouça-me!*
*Ponho-me na tua frente como um dos teus inúmeros filhos.*
*Vês, sou pequeno, sou fraco*
*Preciso da tua força, preciso do teu saber!*
*Deixe-me caminhar em beleza e deixe meus olhos*
*contemplarem sempre o púrpuro pôr do sol.*
*Zelem as minhas mãos pelas coisas que criaste e ouçam meus ouvidos tua voz.*
*Faz-me sábio, para que eu possa compreender tudo o que ensinaste e ocultaste*
*embaixo de cada folha, de cada pedra, em cada palmo da Mãe-Terra...*
*Não desejo a força para impor-me aos meus irmãos; desejo-a somente para*
*lutar contra o meu maior inimigo, eu próprio...*
*Faze com que eu esteja sempre pronto, para, de mãos limpas e olhos leais, ir*
*ao teu encontro, a fim de que meu espírito, quando do corpo sumir, como*
*some o Sol ao fim de cada dia, possa chegar a ti, sem precisar envergonhar-se!*
*How! Mitakuye oyasin.*

PRECE LAKOTA-SIOUX

*Dentro do Caramanchão Sagrado, os guerreiros dançam o Sol,*
*atados à Árvore da Vida, até que a dança termine.*
*Eles sentem a dor da mulher, para que o povo possa viver,*
*buscando Visões de Cura, na dor que eles ofertam.*

JAMIE SAMS[1]

*Dou-vos este pedaço do meu espírito, dai-me a paz de*
*vossa presença. Sinto-vos ao tocar a Mãe-Terra; sede benevolente*
*para comigo e dai vida a meu povo.*

JURAMENTO DOS DANÇARINOS

---

[1] Autora de *As cartas do caminho sagrado* e outras obras, índia norte-americana da Nação Seneca e professora na Tenda Escolar do Clã do Lobo.

Na manhã de 3 de julho de 1995 saí às pressas do banho para atender o telefone que tocava insistentemente. Ao atendê-lo, meu pressentimento se confirmou: era Rita.

> Olá, Tsiipré, bom-dia! Tenho uma ótima notícia para você! John Kent acabou de me ligar confirmando a viagem para Wamblee. Ele achou melhor você tomar um ônibus até Amarillo, no Texas, e encontrá-lo na própria rodoviária, às 7h do dia 6, pois seria um ponto central para ambos.

Certamente, aquela notícia me fez ganhar o dia! Telefonei para os amigos, que se mostraram felizes e congratularam-me por mais uma importante realização de minha jornada. A etapa seguinte seria arrumar a mochila com antecedência, procurando lembrar-me absolutamente de tudo o que precisaria levar.

Deixei Sedona às 10h15 do dia 5, uma quarta-feira. Rita levou-me até Flagstaff, onde peguei o ônibus às 11h30 para Amarillo. Como sempre, essa grande amiga deu-me todo apoio e atenção, fornecendo-me 5 litros de água mineral, pacotes de biscoitos à base de milho e ainda emprestando-me sua máquina fotográfica para o indispensável registro da viagem. Rita é uma dessas pessoas que se disponibilizam em auxiliar sem querer nada em troca e não julgando os outros pela aparência. A maior riqueza que a vida pode nos legar encontra-se nas sucessivas experiências de relações humanas e nas amizades verdadeiras. Pessoas iguais a ela formam elos de uma corrente de fraternidade e consciência cósmica universal. E, ao contrário do que possa parecer, essa corrente se encontra em franca expansão, apesar do equívoco da grande mídia, divulgando e elegendo a violência e o medo como prioridades em seus noticiários...

A primeira etapa da viagem durou 15 horas e meia, depois de percorrer os estados do Arizona, Novo México e uma pequena parte do Texas. No percurso, não dormi quase nada, o que veio somar-se à noite anterior maldormida, em virtude da arrumação das bagagens e demais tarefas. O trajeto até o Texas teria sido mais agradável se não fosse um sujeito que viajou a meu lado com um terrível bafo de cachaça... Ainda bem que foi pelo período de apenas três horas!

Atravessando o deserto, passamos por um longo trecho no interior da Reserva da Nação Diné, que oferece todos os serviços de infraestrutura local em lanchonetes, postos de gasolina, restaurantes e hotéis. Por vários pontos da rodovia os índios comercializam sua produção artesanal, constituída por tecelagem e adornos em prata e pedrarias, destacando-se a turquesa.

Às 3h, já bastante cansado, cheguei a Amarillo. Na pequena rodoviária, sentei-me num banco de madeira, aguardando ali a chegada do amigo John às 7h. Juntei a mochila, a grande bolsa azul de náilon, o recipiente de água e a borduna ao estilo Xavante, que eu fizera em Sedona, esperando com paciência entre um cochilo e outro. O tempo foi passando, até que chegou a hora do encontro. Observava atentamente o movimento de chegada e saída dos veículos, na expectativa de localizar o *mobilehome* branco de John, com listras nas cores laranja e negra.

Os primeiros minutos se passaram, 7h30 chegou, mas nada de John... Quando o relógio marcou 8h15, o cansaço e o sono de duas noites em claro eram enormes. O vendedor de passagens me chamou pelo microfone, comunicando um telefonema. Não poderia ser minha namorada... Ao pegar o aparelho, meu amigo desculpou-se, informando que sua filha menor havia passado a noite toda com problemas de estômago, vomitando muito, de maneira que estaria saindo de Louisiana naquele horário, devendo chegar a Amarillo por volta das 15h. Não havia mais o que fazer, senão lavar o rosto, acomodar a bagagem no guardador de malas da rodoviária e prosseguir na espera. Ao meio-dia, decidi almoçar, uma vez que a fome insistia em competir com o sono... A opção foi um razoável restaurante chinês nas proximidades do terminal rodoviário.

Ao retornar para meu segundo turno de espera, na pequena e movimentada rodoviária, comecei a ficar ansioso quando o relógio marcou 15h30, sem o menor sinal de John. Naquele exato momento, fui chamado para atender a um novo telefonema. Para meu desânimo total, John Kent informou-me que ainda não fora possível sair de Louisiana, dessa vez em razão de um problema no motor do carro. O que, de certa forma, me confortou foi saber que o tal problema já havia sido superado; ainda bem! Somente, então, tomei conhecimento de que a distância que nos separava era de 885 milhas, ou seja, mais ou menos 1.400 quilômetros! Por indicação do bilheteiro, falei a John que iria para um hotel nas imediações, pois necessitava urgentemente de um bom e demorado banho morno e de uma confortável cama para dormir. Às 17h30, já de banho tomado e quando me preparava para deitar, atendi a mais uma chamada de John, para saber se estava tudo bem comigo, e que finalmente estaria deixando a Louisiana.

No dia seguinte, 7 de julho, acordei relativamente cedo, bem-descansado e disposto, após um sono reparador de 15 horas. Num pequeno copo de cristal, tomei minha dose diária de guaraná em pó, costume mato-grossense que herdara de meu pai; minutos depois, fiz ginástica, banhei-me e, por último, meditei. Aproximadamente às 10h, enquanto arrumava meus objetos pessoais, pois a diária já estava para vencer, o amigo telefonou outra vez, só que agora para confirmar sua chegada em Amarillo entre 15 e 16h.

Deixei a bagagem sob os cuidados da recepção e desci para o restaurante do hotel, a fim de escrever uma longa carta coletiva para a família e outra à namorada, almoçando logo depois uma boa salada com purê de batatas, feijão e peixe de rio; de sobremesa, uma fatia deliciosa de torta de maçã, daquelas de dar água na boca!

Por incrível que pareça, a saída para Dakota do Sul somente ocorreu às 2h do dia 8, quando John e sua filha Orissa, de 6 anos, acabaram aparecendo. Na ocasião, minha paciência já estava quase esgotada, mesmo porque o pessoal da rodoviária não queria mais que eu permanecesse no local, por não dispor de bilhete para embarque. John alegou que ocorrera uma série de contratempos pelo caminho, atrasando em muito sua viagem. Por fim, partimos rumo a Denver, no Colorado, aonde chegamos aproximadamente às 20h.

Durante dois dias, ficamos hospedados na casa da avó paterna de John. Em um grande e bem-suprido supermercado-restaurante de produtos naturais aproveitamos para fazer a compra dos gêneros alimentícios que iríamos precisar durante a viagem e o período de permanência na Reserva. Compramos muita granola, missô, barras de cereais, sopas variadas, biscoitos e frutas, além de um bom estoque de água mineral.

Gostei imensamente do Colorado! Bem-arborizado e com grandes montanhas, diferenciava-se por completo do Texas, pelo menos em relação ao trecho que conheci, da monocultura, onde não há absolutamente nada em matéria de natureza, a não ser a própria terra despida e desolada a se perder de vista.

Finalmente, no dia 10, às 18h, partimos de Denver, atravessando os estados do Colorado e de Nebrasca, com destino à Reserva Indígena de Pine Ridge, em Dakota do Sul. No percurso, fazíamos refeições e dormíamos no próprio trailer, devidamente adaptado para longas viagens. Em certo trecho de Nebrasca, quase chegando a Dakota, estacionamos em frente a um rio e aproveitamos a oportunidade, talvez a única, para um delicioso e prolongado banho, já que o sol encontrava-se a pino e o calor era intenso!

Ao chegarmos no meio da tarde do dia seguinte a Pine Ridge, antes de nos dirigirmos à casa de nossos anfitriões Gilbert *e* Morning Star, escolhi um belo recanto para meditar e fazer uma prece de gratidão por aquele especial momento, reverenciando também os espíritos dos ancestrais que haviam habitado aquelas terras de imensas pradarias. Em seguida, num impulso de liberdade e não resistindo ao convite das planícies, saí correndo com os cabelos ao vento durante 30 minutos, enquanto John e sua filha me aguardavam no carro.

Na casa de Morning Star fomos muito bem recebidos e tomamos conhecimento de que o Sun Dance seria realizado em um local denominado Allen, distante cerca de 45 milhas. Lá, também, recebi as correspondências de minhas queridas irmãs, Ângela e Regina, que haviam chegado para mim em Sedona e me foram reenviadas por Rita. À noite, as pessoas da casa e alguns outros Oglala assistiram aos vídeos que eu havia levado: um sobre a minha história, que Rita patrocinara, e o outro, referente aos povos indígenas do Parque do Xingu. Todos gostaram e se admiraram com a diversidade cultural das etnias e as belezas naturais daquele parque indígena. Fizeram perguntas sobre minha jornada, demonstrando particular interesse em relação às visões. Na medida do possível, e aos tropeços, eu ia conseguindo me comunicar.

Embora a saída para Allen estivesse programada para as 12h30, fiz questão de acordar bem cedo. Quinze minutos antes de o sol despontar já me encontrava em postura de lótus, voltado para o leste e meditando. Aos poucos, os primeiros raios solares deslizavam suavemente pela Mãe-Terra, chamando seus filhos à vida e aquecendo deliciosamente meu corpo em luz e energia. Ao redor, havia uma grande extensão de área com sálvia branca nativa, que, na véspera, os índios se incumbiram de colher para levar à cerimônia. Depois de meditar, pratiquei um pouco de exercício para aquecimento e corri alguns quilômetros pela estrada que corta a Reserva.

O percurso até o local de realização do Sun Dance durou aproximadamente uma hora e meia e, quando lá chegamos, a cerimônia encontrava-se em pleno andamento. Ao descermos do carro, a uns 200 metros de distância, já podíamos ouvir o som agudo e rítmico dos apitos de osso de águia, utilizados exclusivamente e sem cessar pelos dançarinos homens ao longo das três etapas diárias da dança, cada uma com duas horas ou mais de duração.

Em Sioux, a Dança do Sol tem o nome de *Wiwanyag Wachipi* e é realizada todos os anos em junho e julho, na lua de fazer sebo, ou das cerejas que escurecem, respectivamente. Como disse Hehaka Sapa (Alce Negro), respeitado

*Wichasha Wakan*[2] Oglala-Sioux que nasceu em princípios dos anos 1860, tendo alcançado a primeira metade do século XX:

> A Dança do Sol é um dos nossos maiores rituais, e foi instituído há muitos invernos, depois que o nosso povo recebeu o Cachimbo Sagrado da Mulher-Novilha do Búfalo Branco. É celebrada todos os anos durante a lua da engorda (junho), ou a lua das cerejas que escurecem (julho), sempre na lua cheia, pois o crescimento e a diminuição da lua nos fazem recordar nossa ignorância, que vai e vem; mas, quando a lua está cheia, é como se a Luz Eterna do Grande Espírito se estendesse por todo o mundo (em O Cachimbo Sagrado e os Sete Ritos Sioux).

Nessa época, o sol encontra-se no zênite, o que significava maior concentração de energia no universo. No centro do pátio sagrado, os Oglala fixaram um grande pé de Cottonwood, previamente extraído e considerado por muitas tribos norte-americanas a Árvore da Vida. Em sua copa haviam amarrado várias tiras de pano, nas cores negra, branca, amarela e vermelha, representando as Quatro Direções. Num raio de 50 metros de diâmetro, circundando a Árvore da Vida, situam-se os abrigos contíguos, com o teto de galhos de pinheiros, para proteger do Sol os que assistem à cerimônia, e também os cantadores e tocadores do grande tambor coletivo, localizado ao sul desse círculo. Em destaque, o pé de Cottonwood representa o ponto central do Universo. Durante quatro dias os guerreiros e também as mulheres dançam em fila lateral para as Quatro Direções, em louvor a Wakan-Tanka, o Grande Espírito.

Existem normas bem-definidas que regem esse importante e sagrado cerimonial. Em primeiro lugar, aqueles que participam da dança passam, necessariamente, por uma prévia e extensa preparação. Ao longo de toda a cerimônia, os dançarinos não podem ingerir qualquer alimento, nem beber absolutamente nada. Também não é permitido o banho, e a limpeza do corpo e do espírito ocorre no interior da Tenda de Purificação, duas vezes ao dia. No tocante às outras pessoas que se encontram apenas assistindo ao Sun Dance, ficam vedados exclusivamente o banho e a utilização de bebidas alcoólicas. Para estas, o acesso às Cabanas de Purificação se estabelece ao critério de cada uma, já que elas permanecem abertas 24 horas, ao curso de todo o cerimonial. Os cantores

[2] Sacerdote, homem Santo.

e tocadores do tambor são os únicos diretamente relacionados à cerimônia que podem ingerir água, em razão da tarefa que executam.

Segundo os Sioux, o primeiro dia do Sun Dance é o mais difícil de superar. Nos intervalos da dança, parentes e amigos abanam, com leques de penas de águia e de coruja, os exaustos dançarinos. Nos terceiro e quarto dias, tive a honra e a grata satisfação de aplicar massagem e *shiatsu* a vários dançarinos que apresentavam muitas tensões e dores pelo corpo. Aos mais enfraquecidos, além das massagens, a moxabustão proporcionou o necessário reforço energético. Em dado momento, também ajudei a cuidar do fogo e a selecionar os Seres de Pedra. Em hipótese alguma, mesmo que chova, o que ocorreu do segundo para o terceiro dia, a grande fogueira pode apagar-se, ficando essa responsabilidade sobre aqueles que assumiram o compromisso de mantê-la acesa.

Há muitos anos, Gilbert Walking Bull e outros patrocinam a Dança do Sol, oferecendo farta alimentação complementada com a carne de um búfalo abatido especialmente para o evento. As refeições, para um público de 350 pessoas, eram servidas em lugar bem distante dos dançarinos. Pela primeira vez após tantos anos sem ingerir carne vermelha, experimentei a de búfalo, achando-a bem semelhante à carne de anta, que eu muito apreciava junto aos índios em meu país. A maioria absoluta dos que lá se encontravam, constituía-se por indígenas, muitos deles oriundos do Canadá.

O principal fundamento da Dança do Sol encontra-se relacionado à sobrevivência física, cultural e espiritual dos povos indígenas que conseguirem irmanar-se em torno do Círculo Sagrado. Afirmam que, se cumprirem as promessas de seus antepassados ao Grande Espírito, a Terra sobreviverá. Os índios acreditam que todos os sacrifícios vivenciados durante a cerimônia poderão equilibrar o outro lado da vida, trazendo saúde e harmonia para suas famílias, tribos e a humanidade em geral. Alguns não conseguem cumprir devidamente os quatro dias; entretanto, a desistência não é considerada uma desonra, pois cada um é respeitado nos próprios limites.

O terceiro dia do Sun Dance foi bem interessante! Entraram em cena quatro elementos mascarados, com trajes coloridos, representando o lado oposto do sério, da compenetração, azucrinando a vida daqueles que se achavam no espaço do pátio sagrado. Faziam palhaçadas, atrapalhavam os tocadores do tambor, imitavam zombeteiramente os dançarinos e mexiam com todos que estivessem em seu caminho. De minha parte, não consegui escapar desses mascarados...

No quarto e último dia, pela manhã, logo após o primeiro turno da dança, uma longa fila se formou entre o público presente. Em seguida, um a um ia sendo conduzido até a Árvore da Vida para fazer orações e súplicas ao Criador. Isso feito, num gesto de submissão ao Grande Espírito, uma pequena incisão na parte superior do braço direito de cada um foi realizada. Concluída essa etapa, que durou em torno de três horas, teve início o momento mais difícil e aguardado do Sun Dance, exigindo muita fé e determinação daqueles que nele tomariam parte.

Com exceção das mulheres, os dançarinos, quatro de cada vez, deitam-se sob o pé de Cottonwood, sobre um grande couro de búfalo, para serem finalmente submetidos às perfurações. O mestre de cerimônias e *Wichasha Wakan*, auxiliado por outro homens introduz uma pequena e resistente vareta de cada lado da parte superior do grande peitoral do guerreiro. Após varar totalmente os músculos, as varetas são atadas a um cordel amarrado à Árvore Sagrada. Assim concluído, ao som do tambor e dos cânticos, os homens seguem dançando ao encontro da Árvore, onde param por alguns instantes e proferem, em voz baixa, suas orações e um juramento. Em *A dança dos curandeiros* Carl A. Hammerschlag descreve essa passagem: *"Dou-Vos este pedaço do meu espírito, dai-me a paz de Vossa presença. Sinto-Vos ao tocar a Mãe-Terra; sede benevolente para comigo e dai vida a meu povo."*

Logo em seguida, os guerreiros retornam dançando até que as correias de couro se estiquem. Por algum tempo, deixam seus corpos inclinados para trás, ficando totalmente sustentados pelas varetas traspassadas aos músculos do grande peitoral. Então, novamente, partem dançando em direção à Árvore, repetindo a mesma sequência por quatro vezes consecutivas. No retorno final, já não voltam em passos de dança, mas, sim, correndo em velocidade máxima, até o esticar das correias, libertando-os definitivamente pela dilaceração dos tecidos. Nesse momento, familiares e amigos que se encontram logo atrás dos participantes os amparam solidariamente nos braços. Em atitude de respeito e reverência, os guerreiros circundam o pátio e saúdam os demais companheiros que irão realizar, ou que já tenham realizado a difícil prova. Alguns também optam por serem perfurados nas costas, na altura das escápulas, onde as varetas são amarradas a quatro caveiras de búfalo que os homens vão puxando, arrastando-as pelo chão até o necessário rompimento. Quanto às perfurações, estas não implicam qualquer obrigatoriedade, o que significa ser do desejo de cada um. Todo o processo relatado é individual, com as mulheres participando tão somente das danças.

Concluída a etapa das libertações, todos dançam em gratidão e louvor ao Grande Espírito de Wakan-Tanka. Logo depois, os que realizaram o Sun Dance cumprimentam as pessoas presentes, posicionadas numa grande linha lateral. Na ocasião, alguns me presentearam gentilmente com seus adornos ritualísticos da cerimônia, em agradecimento pelas massagens recebidas. Por último, de forma calorosa, cumprimentam-se em ampla e prolongada confraternização, e a Dança do Sol terminou com uma troca coletiva de objetos tradicionais e um farto banquete à base de milho, batatas, carne de búfalo, melancia e torta de maçã, servido com generosidade a todos aqueles que por lá se encontravam.

Desde o início do século passado até um período bem próximo a Dança do Sol havia sido proibida pelo governo americano, por considerá-la, autoritariamente, um "ritual bárbaro". Os Sioux, entretanto, entraram com um recurso na Suprema Corte, alegando que cumprir essa tradição sagrada seria de fundamental importância para assegurar a continuidade de sua vida e a de toda a humanidade. A partir de então, o governo readmitiu a cerimônia, mas sem as perfurações. No entanto, em 1978, com a aprovação de uma emenda favorável à liberdade religiosa para os nativos americanos, as perfurações foram admitidas. Tal intolerância, historicamente implantada, permite-nos constatar e refletir a respeito do quanto a visão colonizadora discrimina e repudia as diferenças étnicas e culturais, buscando segregá-las ou transformá-las em outro estilo comportamental de pensar a existência, supostamente correto, único e mais elevado. Essa mesma visão, que deu origem ao conhecido *american way of life*, o "modo de vida americano", foi responsável pelo extermínio de muitas nações indígenas, não raro em nome de "Deus" e do "progresso" da civilização. Contraditoriamente, ao julgarem os costumes e a tradição de um povo como algo inferior e bárbaro, se esquecem das milhares de crianças que anualmente morrem vitimadas pela fome e pelas guerras, e do volumoso montante em dólares utilizados no lucrativo comércio de armas...

Enquanto prosseguia o banquete pelo encerramento da cerimônia, por um momento afastei-me, indo em direção ao carro, a fim de encontrar John, que se achava trocando um pneu. Quando já me aproximava, alguém por trás tocou sutilmente no meu ombro direito. Ao me virar, sem ter levado susto, deparei com uma jovem e bela índia canadense, da Nação Cree, que se encontrava acampada nas proximidades. Em questão de segundos lembrei-me das visões com a índia, há três anos... Apesar de alguma semelhança fisionômica, meu coração dizia que não era ela. Graciosa, perguntou-me se haviam sobrado algumas pulseirinhas Xavante, feitas de fibra torcida da palmeira buriti,[3] que havia levado e amarrado de presente nos pulsos de vários Sioux. Diante da afirmativa, a jovem Cree insinuou-se, estendendo-me o braço esquerdo. Logo após, pediu-me para que também amarrasse as pulseiras nos pulsos de seus dois irmãos.

No início da tarde do dia 16 despedimo-nos de Walking Bull e Morning Star, agradecendo-lhes por toda atenção e acolhida. Estávamos partindo em direção a Porcupine, outro ponto da Reserva Indígena, onde estaria sendo realizado um *Powwow*, a celebração entre várias tribos que ocorre naquela época do ano. Minutos antes de entrar no veículo, Walking Bull aproximou-se, entregando-me um belo exemplar de *pipe stone*, a pedra vermelha originária de Minnesota, com a qual os Sioux e as demais tribos norte-americanas confeccionam seus cachimbos. Emocionado, eu lhe agradeci pelo presente tão especial e que, por certo, me permitiria confeccionar um novo cachimbo, em substituição ao que se quebrara.

No caminho para Porcupine, paramos por uma hora para visitar o Memorial de Wounded Knee. Nesse lugar, no dia 29 de dezembro de 1890, o Sétimo Regimento de Cavalaria do exército norte-americano massacrou cerca de 300 Sioux, dos grupos Minneconjou e Hunkpapa, que se dirigiam à sede da Reserva de Pine Ridge, na incumbência de realizarem a Dança dos Fantasmas, oriunda de um movimento messiânico, mágico-religioso. O grupo, constituído por 106 guerreiros portando armas obsoletas, se completava com um total de 250 mulheres e crianças que formavam a maioria dos mortos sobre a densa camada de neve ao longo de 2 milhas. Fotografei o local, inclusive a grande placa de ferro, contendo em seus dois lados a versão do governo para o episódio. Sobre o título original, onde se lia "Batalha de Wounded Knee", os índios afixaram outra placa com o termo Massacre, mais adequado àquele triste e vergonhoso acontecimento. Em seguida, subi uma pequena colina para conhecer o cemitério em que o Chefe Big Foot e os demais foram enterrados. Senti uma profunda emoção pela história e a energia do lugar. Enquanto meu

---

[3] Tipo de palmeira (*Mauritia vinifera*) de cujas folhas se extraem fibras e de cujo fruto se obtém óleo rico em caroteno.

amigo John e sua pequena filha aguardavam na estrada, depositei sobre as sepulturas flocos de tabaco e grãos de milho que trazia no embornal, fiz orações e ainda uma breve meditação. Encontrava-me na companhia de um jovem índio do povo Tsuu-T'ina, do Canadá, que fiquei conhecendo durante a Dança do Sol, e que seguia conosco até Porcupine. Conversamos bastante sobre a necessidade premente de os seres humanos abrirem seus corações para o amor, a fim de que a paz, quem sabe um dia, possa prevalecer na face da Terra...

Em Wounded Knee algo que me chamou atenção, fazendo-me refletir a respeito, foi o número de bandeiras americanas sobre os túmulos contemporâneos e que se situam na parte lateral do cemitério do massacre, protegido por um alambrado. Imediatamente, lembrei-me de duas frases que bem traduzem o estranho visual... A primeira, já citada, a*merican way of life*; quanto à segunda, um trecho do famoso poema "Navio negreiro", de Castro Alves: *E existe um povo cuja bandeira empresta para encobrir tanta infâmia e covardia.*

Ao voltarmos à estrada, conversamos por alguns minutos com uma família Oglala-Sioux que ali se encontrava vendendo artesanato, e logo depois rumamos para Porcupine, aonde chegamos às 21h30.

A forte batida dos tambores, os cânticos e as danças preenchiam todo o ambiente. Os dançarinos – homens, mulheres e crianças – trajavam belas indumentárias coloridas e franjadas, ostentando seus cabelos trançados e vistosos adornos de penas. Centenas de índios de várias nações dos Estados Unidos e do Canadá celebravam a presença do verão e as bênçãos do Grande Espírito por mais uma Dança do Sol. Em vários estados americanos e canadenses realiza-se o *Powwow*. Como não se trata de cerimônia religiosa, foi possível tirar fotos, registrando, assim, aquela bonita e pujante confraternização que se estende ao longo de três dias. Durante os festejos, realizam-se concursos de danças e os índios colocam à venda seus artesanatos e comidas típicas.

Duas horas depois, John achou melhor que seguíssemos de retorno naquela mesma noite, demonstrando certa urgência em chegar a Louisiana. Despedimo-nos de James Onespot, nosso amigo indígena do Canadá, e dei-lhe de presente a borduna que fizera em Sedona. Em retribuição, James ofertou-me os dois colares cerimoniais que utilizara no Sun Dance, convidando-me a participar com ele no próximo ano daquela cerimônia. Disse-lhe o quanto me sentia honrado com o convite e, após um forte abraço de despedida, iniciamos nossa viagem de volta.

Em torno de meia-noite e meia, quando passávamos de novo por Wounded Knee, imediatamente pedi ao amigo que parasse por alguns minutos, pois eu queria fotografar o Cemitério-Memorial. Da primeira vez em que lá estivemos, de tão emocionado que ficara, nem ocorreu-me semelhante ideia. Ao descer do veículo e pisar com o pé esquerdo aquele solo sagrado, senti uma forte pontada no joelho que me conduziu ao chão. Não entendi o que se passava, pois cinco segundos antes encontrava-me totalmente bem... Com a lanterna acesa e mostrando-se preocupado, John se aproximou para me ajudar, querendo saber o que houvera. Ao erguer a barra da calça, constatei que o meu joelho encontrava-se bem inchado e dolorido, sem qualquer razão aparente. Não havia caído nem sofrido qualquer contusão. Estranhando aquele incidente, um pouco antes de me levantar com o auxílio de John algo ainda mais estranho aconteceu, ao ouvir com todas as letras em português a seguinte frase sussurrada em meus ouvidos: "Wounded Knee significa joelho ferido... lembra?" Mesmo sentindo dor e sob efeito do susto, subi a colina que levava ao cemitério, deixando meu amigo e sua filha aguardando-me no carro. Enquanto fotografava o memorial do massacre, um bando de coiotes começou a uivar nas imediações. No infinito horizonte da pradaria, majestosamente redonda e alaranjada, uma lua cheia compunha o deslumbrante e misterioso cenário. Subitamente, um forte medo me invadiu, fazendo com que eu descesse a colina a passos largos. Ao aproximar-me, o amigo foi logo perguntando se teria visto fantasmas... Ainda bem ofegante, eu lhe respondi que por ora não, mas que, apesar do esforço em subir e descer apressadamente a colina, de uma forma também misteriosa o meu joelho havia parado de doer e desinchara por completo. Entramos de novo no *mobilehome* e prosseguimos viagem até um pouco mais adiante, na sede da Reserva de Pine Ridge, onde paramos para abastecer o veículo. Ao descermos, outro fato inusitado ocorreu-me. Dessa vez, mais que uma simples sensação, fui tomado internamente por um forte *déjà-vu*, na certeza absoluta de já ter vivido naquele lugar! O detalhe interessante e curioso é que nada ao redor me fazia lembrar que nos encontrávamos no interior de uma reserva indígena, a não ser os próprios índios Sioux que trabalhavam e administravam o posto de gasolina, uma loja de conveniências e o restaurante local. Bastante impressionado, comentei com meu amigo o que acabara de experienciar e, em seguida, entramos na loja para fazer um breve lanche. Em seu interior, para onde quer que eu olhasse, somente enxergava objetos de consumo do mundo industrial. Entretanto, aquele lugar, aquelas terras, continham a forte presença espiritual e a vibração dos antepassados que ali habitaram e fizeram história.

A Nação Sioux é constituída por vários povos com a mesma identidade linguística e cultural. O termo Sioux, utilizado pelos Ojibwa, é de caráter genérico, abrigando em sua totalidade os povos Assiniboin, Crow, Hidatsa, Iowa, Kansa, Mandan, Missouri, Omaha, Osage, Oto e Poncã. Agrupados em três ramos principais, ou seja, os Lakota, os Dakota e os Nakota, ao longo de suas migrações e guerras com tribos vizinhas dividiram-se no que chamaram de "Os Sete Fogos do Conselho", formados pelos Oglala, Minneconjou, Ochenopa, Hunkpapa, Brulé, Blackfeet e Sans Arc.

Em *O Cachimbo Sagrado e os Sete Ritos Sioux*, Josep H. Epes Brown, a pedido do Alce Negro (Hehaka Sapa), escreveu e publicou, em agosto de 1953, os conhecimentos revelados por aquele grande *Wichasha Wakan*. Em duas passagens de seu prólogo, assim ele se refere à migração dos Sioux para o território atual, e ao motivo que levou Black Elk a revelar as tradições sagradas de seu povo:

> Segundo a antiga história que conheci através de Alce Negro, e segundo documentos dos primeiros viajantes e missionários no século XVI, os Dakota estavam estabelecidos nas nascentes do Mississipi, sendo expulsos no século XVII, para oeste de Minnesota, por seus poderosos inimigos, os Chippewa. Ao abandonarem os bosques e os rios, os Dakota substituíram a canoa pelo cavalo, com notável facilidade, e no século XIX eram conhecidos e temidos como uma das nações mais poderosas das planícies; com efeito, estes Sioux Dakota talvez tenham sido os que, de todas as tribos índias, ofereceram maior resistência à expansão dos brancos para o oeste.
>
> Este livro contém muitos dados que os índios, até então, se abstinham de divulgar, porque consideravam, e com razão, que essas coisas são demasiadamente sagradas para que sejam comunicadas a qualquer um; em nossos dias, os poucos e velhos sábios que ainda vivem entre eles dizem que, *ao se aproximar o fim de um ciclo*, quando em toda parte os homens se tornaram incapazes de compreender e, sobretudo, de pôr em prática as verdades que lhes foram reveladas na origem – o que tem como consequência a desordem e o caos em todos os setores –, *torna-se então permitido, e inclusive desejável, expor esse conhecimento à luz do dia; pois a verdade se defende, por sua própria natureza, contra a profanação, e é possível que assim alcance aqueles que estejam qualificados para penetrá-la profundamente e sejam*

*capazes, graças a ela, de consolidar a ponte que deverá ser construída para sair-se desta idade obscura.* (grifos meus).

Ao se tornar um ancião, Alce Negro pediu para ser levado à Montanha Sagrada, onde, aos 9 anos, se manifestara sua primeira visão. Profundamente transtornado com a brusca mudança de vida a que seu povo foi submetido, ali falou ao Grande Espírito de Wakan-Tanka:

> Grande Pai, com lágrimas nos olhos confesso que o elo sagrado com nossa Nação foi rompido. Este local não é mais o centro. A Árvore Sagrada não mais floresce aqui. No mesmo local em que me trouxeste quando eu era jovem, para me ensinar, eu me encontro novamente. Hoje, já velho, triste e com a voz trêmula. A árvore feneceu. Se alguma raizinha ainda sobrevive, faz com que verdeje, floresça e se encha de pássaros. Que floresça não para mim, mas para o meu povo, a fim de que ele possa restabelecer o elo perdido e reencontrar a Senda Vermelha, a árvore protetora.

Às 15h30 do dia 18 passamos novamente por Denver e John ficou sabendo que sairia um ônibus meia hora depois para Flagstaff. Para ele, isso foi providencial, pois encurtaria sua viagem, evitando o retorno por Amarillo, a centenas de milhas de Denver.

O curto período de uma semana em que permaneci na Reserva Indígena de Pine Ridge brindou-me com profundas experiências e percepções a meu respeito. Na verdade, até então, foram os dias mais impressionantes e significativos para mim, pois comecei a sentir o desprendimento da forte influência de um ciclo existencial vinculado aos índios...

A área em que a Dança do Sol foi realizada e a própria cerimônia não puderam ser fotografadas, uma vez que os Oglala-Sioux dessa região não permitem fotos ou filmagens. Assim, apenas na memória e nos escritos pude registrar tudo o que senti, presenciei e que nem mesmo o tempo conseguirá esquecer... Eternas lembranças!

No dia 19 de julho de 1995, às 9h, encontrava-me finalmente em Flagstaff. Foi só desembarcar e deparei com a presença de Rita, que chegara para reconduzir-me a Sedona – sem sombra de dúvida, minha grande escola de vida naqueles últimos anos!

CAPÍTULO DEZESSETE

# *A lição do segundo cachimbo*

*Alguns pequenos erros podem nos conduzir a grandes acertos...*
*O mero acaso somente existe para os que ignoram as Leis do Universo.*

Tsiipré

*Aprender é recordar...*

Platão

A partir do segundo dia de meu retorno a Sedona comecei a trabalhar a pedra vermelha que me fora presenteada por Walking Bull.

Dessa vez, minha "oficina" situava-se no quintal da casa de Iris, exatamente no espaço em que meditava todas as manhãs. Não apenas tinha em mãos a pedra legítima com que os Sioux confeccionam seus cachimbos, mas também a responsabilidade de trabalhá-la com atenção e esmero para evitar acidentes de percurso. Afinal, não seria assim tão fácil e simples adquirir um outro exemplar de *Pipe Stone*...

Com um lápis grafite, desenhei sobre a espessa placa de pedra, com 15 centímetros de comprimento por uns 10 de largura, a forma que desejava imprimir ao cachimbo. O próximo passo seria recortar o mineral preso em um torno, utilizando apenas uma serra de arco de boa resistência. Essa primeira etapa foi bem mais fácil do que eu havia pensado. O *pipe stone* nem impôs tanta dificuldade em dureza: era melhor de se trabalhar e muito menos frágil do que as pedras de Sedona.

No dia posterior, dei início à tarefa mais difícil e não menos delicada, no sentido de se produzir o fornilho perfurando a peça. Para tanto, utilizei-me de uma furadeira elétrica e brocas de variadas dimensões. Daí em diante, todo o cuidado se faria necessário para não danificá-la, ou até mesmo rompê-la, em razão do aquecimento provocado pelo giro das brocas. Por precaução e com frequência, mergulhava a pedra em uma cuia d'água, buscando, assim, resfriá-la.

Três dias depois, concluído o polimento com uma lixa de papel, o cachimbo ficou pronto. Como se costuma dizer, missão cumprida! Sentia-me bastante satisfeito, restando apenas a confecção da haste. Para dizer a verdade, o visual externo havia ficado excelente! Por outro lado, suas partes internas, os orifícios para encaixe do cabo e o fornilho se mostravam bem irregulares e com visíveis marcas de broca. Mas, afinal de contas, ninguém iria reparar esses pequenos detalhes, que passariam despercebidos e ocultados pela haste de madeira e o tabaco, quando se utilizasse o cachimbo...

Rita mostrou-se surpresa e contente com meu trabalho, propondo tirar uma fotografia bem nítida, remetendo-a, em seguida, para Walking Bull. Segundo minha amiga, seria importante que ele tomasse conhecimento do que eu havia feito com a pedra que ele me presenteara.

A foto, de ótima qualidade, foi enviada para Wamblee. Uma semana depois, orgulhoso que estava, telefonei para Walking Bull na expectativa de saber sua opinião sobre minha obra. Objetivamente, o respeitado e amigo Oglala-Sioux comentou:

> Pela foto, o cachimbo ficou muito bonito e no formato original! Porém, você precisa ir em busca de um ancião indígena vinculado a essa tradição, para que ele realize uma cerimônia de bênção e consagração do seu Calumet.[1]

Assim que me despedi e desliguei o aparelho, o primeiro nome que me veio à cabeça foi justamente o de alguém com quem eu não havia simpatizado, o tal do Rollas...

Seguindo a recomendação, mas também a intuição, fiz o que devia fazer. No meio da tarde do dia seguinte fui ao encontro de Rollas. Uma bonita e jovem mulher de cabelos loiros abriu a porta e convidou-me para entrar. Além de discípula, era a companheira de quem eu estava buscando. O velho índio encontrava-se na varanda lateral dando os últimos retoques em uma flauta. Aproximei-me, estendendo-lhe a mão num cumprimento um tanto sem graça. Rollas, como da primeira vez, fitando-me profundamente nos olhos, convidou-me a sentar. Após um breve e inicial diálogo, contei-lhe a razão de minha visita, enquanto retirava o cachimbo da bolsa, desembru-

[1] Designação do Cachimbo Sagrado pelos Sioux.

lhando-o de uma pequena toalha branca. Entreguei o objeto em suas mãos, que passou a ser detalhadamente observado pelo índio. Sem demonstrar fisionomicamente qualquer expressão, solicitou à mulher que buscasse algo no interior da casa. Segundos depois, o homem retirou dois Cachimbos do fundo de uma sacola de couro cru e franjada – um, de cor negra e o outro vermelho –, entregando-os a mim. Em seguida, pediu-me para que examinasse com atenção aqueles dois exemplares. Para bom entendedor, nenhuma palavra seria necessária... Os cachimbos que acabara de observar, por fora e por dentro, eram magnificamente perfeitos!

Rollas, certamente ao perceber o meu desapontamento, explicou-me com atenção e delicadeza:

> O Cachimbo Sagrado, em suas duas partes, a pedra e a haste de madeira, representa o ser humano em comunhão com todos os seres do Universo. Por isso, é fundamental que apresente a beleza e a harmonia da forma. Os dois orifícios devem estar simetricamente conectados, não havendo ranhuras ou irregularidades no fornilho. O que torna um objeto sagrado é a intenção e a dedicação que transmitimos energeticamente a ele, no equilíbrio e na função que cumprimos desempenhar em honra ao Grande Espírito.

Guardando de volta o cachimbo sutilmente reprovado, eu disse a Rollas que iria em busca de outra peça de *pipe stone* para recomeçar o meu labor. Quando já ia montando em minha bicicleta, o ancião indígena aproximou-se, dizendo:

> Quando estiver de posse da nova pedra, retorne aqui para que eu lhe ensine como trabalhá-la. E não se esqueça de me trazer tabaco!

Agradecendo a sua oferta de ajuda, segui de volta para a casa de Iris.

No outro dia, pela manhã, encontrei Rita no New Frontiers e lhe dei de recordação o cachimbo proscrito. Ela se mostrou feliz com o presente, mas lamentou por não ter dado certo após tanto trabalho! Meio que em tom de desabafo, assumi a responsabilidade pelo erro, uma vez que a pressa em terminá-lo havia sido minha pior aliada. Vale aqui o dito popular de que "A pressa é inimiga da perfeição". Foi uma das lições que precisei aprender a partir do contato que voltei a ter com o Rollas.

Assim que terminamos de tomar um café, Rita me chamou para ir com ela até a única e provável loja de Sedona na qual eu poderia adquirir outro exemplar da mesma pedra. Dez minutos depois, chegamos à tal loja especializada no comércio de pedras. Fiquei fascinado pela beleza, a quantidade e a variedade dos minerais. A simpática e atenciosa balconista indagou-me sobre o que estaria buscando, trazendo-me, em seguida, uma cesta contendo algumas poucas e pequeninas peças de *pipe stone.* Ao observá-las, constatei que, no máximo, poderia confeccionar uma miniatura de cachimbo...

– É tudo o que temos no momento – disse-me ela.

Depois do almoço, voltei à casa de Rollas com o tabaco, para lhe contar meu insucesso em conseguir a pedra, mas também para saber dele se conhecia outra loja, ou até pessoas que as tivessem, para que eu pudesse comprá-la... Naquele instante, ocorreu o seguinte diálogo e, em seguida, a solução:

> – Você quer comprar um *pipe stone* para fazer um Cachimbo Sagrado? Existem lojas em Sedona que vendem os cachimbos já prontos e acabados! No entanto, não têm nenhum valor, além do comercial... São apenas suvenires para turistas!
> – Mas de que outra maneira eu poderia adquirir uma nova pedra, sem ter de encomendá-la, ou ir buscá-la pessoalmente em Dakota do Sul?
> – Vá até o quintal, observe e deixe que o seu coração decida...

Por alguns instantes, não acreditei no que via... Deparei no quintal de Rollas com uma pequena montanha de pedras que ele havia trazido de sua última viagem a Minnesota. Diante de tantas opções, não tardou para que eu escolhesse a peça exata para o que pretendia realizar em definitivo. Mostrei-a para Rollas, e este, com um sutil movimento de cabeça, aprovou a escolha, dizendo-me:

> Depois que você desenhar e cortar a forma do cachimbo, dando em seguida o primeiro polimento com a folha de lixa, vou lhe ensinar a fazer as perfurações manualmente. Lá nos fundos, na minha oficina, você encontrará tudo o que precisa para começar o trabalho. Durante todos os momentos em que estiver trabalhando, seus sentimentos e pensamentos devem estar puros e positivos. Jamais o toque sentindo raiva, tristeza ou qualquer outra emoção negativa. Lembre-se que você estará construindo um instrumento sagrado e de cura... Portanto, através de sua intenção, deposite nele toda a energia de luz, amor e paz.

Agradeci profundamente a Rollas pela oportunidade ímpar que me proporcionava, segui para sua oficina e dei início aos trabalhos.

Rapidamente, havia mudado meu conceito ou, melhor dizendo, meu preconceito em relação àquele índio... Se bem que, em verdade, era mais uma questão da falta de sintonia para com ele do que propriamente preconceito. Eu me encontrava totalmente sintonizado com os Lakota-Sioux e parcialmente cego em relação ao velho Ojibwa. Mas, como tudo na vida tem a sua hora... e, como diz o ditado, "Quando o discípulo está pronto o mestre sempre aparece"! Em um curto espaço de tempo de apenas três encontros minha postura indiferente perante o Rollas deu lugar à agradável e estranha sensação de já tê-lo conhecido...

Sem pressa, trabalhando com empenho, atenção e, principalmente, com a consciência do que estava realizando, ao final do segundo dia a estrutura básica do cachimbo encontrava-se concluída. Rollas aprovou, pedindo-me para que retornasse na manhã seguinte, a fim de terminar a tarefa sob sua orientação.

O passo adiante seria de extremo cuidado, paciência e precisão, não podendo haver erro. Ele me mostrou a furadeira manual que iria utilizar nesse procedimento. Tratava-se de uma peça de madeira em forma de T, contendo, na extremidade inferior, um bocal metálico de ajuste às brocas e lâminas de diferentes espessuras, destinadas à abertura do fornilho e do canal aspirador de encaixe do cabo. Rollas deu o tiro de largada, iniciando as perfurações em aproximadamente 0,5 milímetro de cada lado. O restante ficaria por minha conta e inteira responsabilidade.

Ao término de mais três dias, no que se refere à pedra, o cachimbo estava terminado. Tudo transcorreu em perfeita harmonia, tendo inclusive decorado o fornilho e a base com sulcos ao redor, representando as Quatro Direções.

Quando apresentei a Rollas o resultado parcial de meu empenho, faltando apenas confeccionar o cabo e a bolsa de couro para transportar o cachimbo, ele se mostrou satisfeito, parabenizando-me pelo trabalho. Em certo momento, perguntou-me o significado de meu nome Xavante. Ao lhe revelar, surpreendeu-me com uma risada marota, semelhante a deboche. Sem deixar passar em branco, quis saber o porquê do riso, ao que me respondeu:

– Não interprete mal... Ocorre que o meu outro nome, em Ojibwa, também quer dizer Pássaro Vermelho!

CAPÍTULO DEZOITO

# *Iniciação ao Cachimbo Sagrado*

## E, quem diria, Rollas... Era você!

*Com este Cachimbo de Mistério[1] caminhareis pela Terra,*
*pois a Terra é vossa Avó e Mãe, e é sagrada.*
*Cada passo dado sobre ela deveria ser como uma oração.*
*Todos os povos e todas as coisas do Universo estão vinculados a ti, que fumas o Cachimbo; todos enviam suas vozes a Wakan-Tanka, o Grande Espírito. Quando orar com este Cachimbo, ore por todas as coisas e com elas.[2]*

Rita parecia ter mais urgência do que eu em ver o cachimbo concluído. Ela combinara fazer uma visita ao sítio de uns amigos, e queria muito que eu os conhecesse. Disse-me que por lá eu encontraria a madeira especial para fazer o cabo.

No dia marcado, seguimos para o sítio, que ficava nas proximidades de Sedona. O local era lindo, com um córrego de águas límpidas e muito verde ao redor. Aos poucos, fui percebendo que me achava em um lugar especial e com pessoas não menos especiais. O casal que ali morava com seus dois filhos menores havia adotado um estilo de vida simples e totalmente natural. Usavam roupas de algodão cru, cultivavam uma boa horta orgânica e um pequeno pomar, além de terem construído sua bela e aconchegante cabana de madeira, ao estilo do Velho Oeste. Pelo breve contato que tivemos, não me recordo de seus nomes. Quanto ao rapaz, eu o chamarei de Cara Pintada por um motivo literalmente marcante... Ele tinha uma vistosa tatuagem que lhe tomava o rosto por inteiro, composta por finos traços negros em for-

[1] Designação do sentido de Deus, Criador ou Absoluto.
[2] Trecho do discurso da Mulher-Novilha do Búfalo Branco aos Sioux, descrito por Hehaka Sapa – Alce Negro a J. E. Brown, em 1947.

mas geométricas. Se não me engano, as marcas foram feitas por um nativo Moari, da Nova Zelândia.

Eram pessoas de muito talento e meditantes, e o que mais chamou minha atenção, chegando mesmo a me surpreender, foi a respeito da atividade profissional que desempenhavam. Artesãos de apurada sensibilidade, reproduziam as belíssimas vestes de couro franjadas e com ricos detalhes em bordados de miçangas multicoloridas, utilizadas pelos índios das pradarias até princípios do século XX. Mostraram-me o álbum fotográfico de suas produções, que incluem os tradicionais mocassins, e fiquei maravilhado com o que vi! Lembrei-me dos objetos e vestuários originais que conhecera naquela loja e museu do Baixo Sedona, e que tantas vezes visitei. Um detalhe à parte, valorizando ainda mais o produto artesanal da família, é o método como confeccionam suas peças, e também as rústicas ferramentas utilizadas, totalmente fiéis ao padrão ou modelo original.

Após almoçarmos uma saborosa refeição natural e orgânica, Cara Pintada perguntou-me a respeito do cachimbo sobre o qual, dias antes, Rita havia comentado. Imediatamente tirei-o da bolsa e mostrei-lhe, ao que se revelou positivamente surpreso com o trabalho.

> Ficou perfeito! Precisa de uma haste de boa qualidade e resistência e, por último, uma decoração tradicional com penas de águia. Se você mostrá-lo para um Sioux, um *Wichasha Wakan*, ele dirá algo semelhante, pois a força e a vibração da energia espiritual estão contidas em seu cachimbo!

Ouvi seu comentário com atenção e serenidade, sem deixar crescer o ego. Afinal, já havia aprendido as lições dos cachimbos anteriores... Somente então passei a ter a devida consciência e a responsabilidade do que havia realizado, procurando manter-me na constante busca pelo equilíbrio interior. Por um instante, Cara Pintada ausentou-se e, ao retornar, trazia um facão.

> Venha comigo Tsiipré, vamos cortar um pé de Ash,[3] uma das madeiras mais utilizadas para se fazer o cabo do cachimbo.

---

[3] Do inglês, cinza. Desconheço a existência desse arbusto no Brasil, e seu respectivo nome.

Nem foi preciso sair pela mata à procura. Bem ali, em seu quintal, ele já sabia onde encontrar o que eu estava precisando. Após uma curta oração pedindo licença pelo abate do arbusto, com quatro golpes precisos a madeira foi cortada.

Limpou-a dos galhos e entregou-me o bastão de 1,5 metro, verde em casca, orientando-me:

> – Durante uma lua, ou quatro semanas, você deverá dar um banho de óleo vegetal na madeira; apenas uma vez por semana! Isso fará com que ela crie resistência ao ser trabalhada e posteriormente furada com ferro em brasa. Procure o Rollas, pois ele poderá lhe emprestar uma fina e rija haste de ferro, apropriada para essa operação.
>
> Em seguida, num misto de atenção e curiosidade, Cara Pintada concluiu:
>
> – Tão logo termine o trabalho, passe por aqui; gostaria de ver o resultado final!

Sem perda de tempo, iniciei a manufatura das bolsas de couro franjadas: uma de pequeno porte para acondicionar o tabaco e a outra mais comprida e meio retangular, destinada às duas partes do cachimbo. A bolsinha do tabaco foi confeccionada com pele de cervo em tom bege claro e costurada com tiras de couro. Quanto à do cachimbo, utilizei uma bela peça de couro de alce na cor marrom avermelhada. Conseguira as peles em uma loja especializada em artigos e matéria-prima de origem indígena, nas cercanias de Sedona.

Por ocasião de um final de semana em Mesa, fui presenteado por Carmem e Zarco com quatro penas de águia. Juntando-as à que havia recebido de um representante do American Indian Movement, em São Francisco, passei a possuir cinco e raras penas para adornar o cachimbo. Encontrava-me totalmente inspirado e dedicado na sua confecção, o que certamente contribuiu para o seu bom acabamento. No entanto, tratava-se de uma tarefa espiritual e que me fora determinada na última visão. Nesse sentido, podia perceber, claramente, a influência do plano sutil me estimulando e orientando na elaboração de objetos que jamais fizera, pelo menos nesta vida...!

Ao término do ciclo de uma lua e da quarta aplicação de óleo na madeira, finalmente comecei a trabalhá-la. Com um pequeno facão, retirei toda a casca, deixando-a lisa e esbranquiçada. Em seguida, de uma das extremidades, medi dois palmos, cerrando aí o pedaço que desejava. A próxima etapa, seguramente, me exigiria muito mais paciência e atenção. Valendo-me dos rijos arames de ferro que Rollas me emprestara, dei início à lenta e precisa perfuração do cabo. Com os ferros em brasa numa das pontas, um ia vagarosamente queimando e adentrando a madeira, enquanto o outro, já no ponto, dava prosseguimento à operação em substituição ao anterior. Assim, por mais de uma hora de revezamentos, e para meu alívio, o cabo foi corretamente transfixado.

Superada aquela parte mais trabalhosa e delicada, com uma faca de bom corte comecei a lavrar a madeira, deixando-a pouco a pouco numa forma achatada e com a ponta roliça em cada extremidade. A ponta mais comprida se encaixaria na base de pedra do fornilho, enquanto a outra seria a boquilha. Por último, com uma lixa bem fina, concluí o acabamento do cabo, deixando-o ao meu gosto para receber a indispensável e elaborada decoração. Assim, no primeiro detalhe e representando a Mãe-Terra, incrustei um pequeno pedaço discoidal de abalone pouco acima da metade do cabo. Ao redor e utilizando um pirógrafo, gravei quatro pontas triangulares simbolizando as quatro direções. A intuição e a imaginação fluíam... Com minúsculas miçangas transpassadas por um fio resistente e torcido comecei a enlear a haste, de baixo para cima, retratando alguns conceitos filosóficos, energéticos e espirituais com os quais me identifico. No primeiro segmento, em quatro voltas, representei os sete níveis de consciência ou Chakras do sistema indiano, nas cores vermelha (Muladhara), laranja (Svadisthana), dourado (Manipura), cor-de-rosa (Anahata), azul claro (Vishuddi), azul índigo (Ajna) e, por último, representado na cor branca cintilante, o Chakra da coroa (Sahasrara), localizado no topo da cabeça. Na sequência, separado do anterior por um pequeno espaço esculpido no cabo, destaquei as cores representativas dos Cinco Reinos Mutantes, ou cinco movimentos, uma das bases para diagnóstico e tratamento na Medicina Tradicional Chinesa: a madeira (verde) gerando o fogo (vermelho), que por sua vez gera a terra (amarelo), que gera o metal (branco), que vem gerar a água (negro) e assim sucessivamente, nos ciclos de geração e regulagem. Cada um desses reinos encontra-se, energética e filosoficamente falando, relacionado a um órgão (sólido) e a uma víscera (oca) do corpo humano.

Por último, na visão indígena das pradarias, representei respectivamente os quatro segmentos da raça humana e as Quatro Direções com seus animais: o negro (Oeste – Urso Negro), o branco (Norte – Búfalo Branco), o amarelo (Leste – Águia) e o vermelho (Sul – Coiote).

O cachimbo encontrava-se quase concluído, faltando apenas a colocação das penas ao longo do cabo. Nesse aspecto, algo extraordinário e interessante aconteceu...

Eu desejava muito conseguir uma pena de corvo. No entanto, devido à dificuldade em obtê-la, eu me contentaria com a pluma de um raven, outro tipo de pássaro negro e abundante em Sedona. Asseguro que a única pessoa a saber disso era eu mesmo. Pois certa manhã, como de costume, eu me conduzi à prática meditativa no cantinho do quintal da casa de Iris. Lá chegando, constatei exatamente sobre o montículo de terra no qual sentava para meditar uma bonita pena da cauda de um pássaro negro, que, de forma gentil e misteriosa, me fora ofertada...!

De posse das cinco penas de águia, e outra de coruja, que havia ganhado de um *Pejuta Wichasha*[4] Oglala-Sioux, da pena-surpresa do pássaro negro e, por último, de uma pena do gavião de cauda vermelha, que Rollas me dera, consegui finalizar o cachimbo. Anos mais tarde ainda acrescentaria algumas penas de gavião-real e uma outra de tuiuiú, dois belos exemplares de aves do Brasil. Todas as plumas pendiam do cabo, a partir de quatro miçangões azuis, e eram amarradas por fios de algodão vermelho-escarlate.

Conforme o combinado, Rita levou-me novamente ao sítio dos amigos. Para meu contentamento, Cara Pintada presenteou-me com um lindo bordado em miçangas no *pipe bag*.[5] Nas cores cintilantes marrom e prata, produziu um círculo e destacou ao centro um cachimbo com três penas de águia. Uma delicada obra de arte no estilo tradicional, valorizando com um toque a mais meu trabalho!

Após a longa tarefa, com a sensação do dever cumprido, segui rumo à casa de Rollas, na perspectiva de marcar a cerimônia. Atendendo a seu pedido, segundo reza a tradição, levei no embornal mais um pacote de tabaco para oferecer a ele.

Como sempre, o velho índio encontrava-se envolto em suas flautas, tambores e acompanhado por alguns de seus discípulos. Ao me ver, pediu para que aguardasse por alguns instantes até concluir aquela oficina.

---

[4] Termo em Lakota que designa homem-medicina, aquele que possui os conhecimentos e as habilidades para curar um enfermo ou ferido. Equivocadamente, em algumas obras, a expressão inglesa "*medicine man*" aparece associada a sacerdote ou homem Santo, denominado pelos Sioux de *Wichasha Wakan*, cujas funções ritualísticas-espirituais se diferenciam por completo do primeiro.

[5] Bolsa de carregar o cachimbo.

Afinal, quando o momento se fez e, com sutil reverência, entreguei-lhe o tabaco. Minha visão a seu respeito se transformara por completo. Contei-lhe os motivos de minha presença enquanto lhe mostrava as bolsas e, por último, o cachimbo. Rollas observou tudo com bastante atenção, fazendo apenas um único comentário:

– Você é muito detalhista!

Apesar de calado, seu semblante demonstrava absoluta aprovação. Em poucas palavras confirmou a cerimônia no prazo de duas semanas, por ocasião da próxima lua cheia.

– Chegue aqui às 3h30, e lembre-se de me trazer mais tabaco.

O vento soprava frio e forte naquela madrugada de sábado, na segunda semana de setembro. Eu me esforçava ao pedalar a bicicleta, agasalhado pelas luvas, gorro, o moletom, os tênis e um reforçado casaco.

Chegando à casa de Rollas, constatei não ser o único que para lá me havia conduzido com a mesma finalidade. Sentadas ao redor da ampla mesa da cozinha encontrei outras seis pessoas portadoras de cachimbo. A companheira de Rollas incumbiu-se de servir o café acompanhado de pão caseiro, queijo, broa de milho, biscoitos e geleia de morango em farta quantidade. Dentro de casa, a temperatura era agradável, com um clima entre as pessoas de unidade e descontração. Em seguida ao desjejum, reunimo-nos na sala, em círculo, para ouvir de Rollas os ensinamentos e orientações sobre o que iria acontecer. Inicialmente, ele abordou a Tenda de Purificação e as Quatro Direções. Na sequência, segurando um fornilho de pedra vermelha na mão esquerda, e o cabo de madeira na outra, começou a descrever o Cachimbo Sagrado pela cultura Ojibwa.

A pedra representa o aspecto feminino, a Mãe-Terra; o cabo, o aspecto masculino. Quando unimos os dois, e somente podemos fazê-lo se formos fumar, temos aí representado o ser humano. Nesse ato, favorecemos uma conexão direta com os espíritos vinculados a essa tradição. Eles participam conosco durante a Roda do Cachimbo, que, em qualquer hipótese, ao recebê-lo, não poderá ser recusado por ninguém. Por esse motivo, cada floco de tabaco dentro do fornilho deve ser aspirado e consumido pelo fogo. Do contrário, é considerado uma grande falta de respeito para com os seres invisíveis. A fumaça que aspiramos representa o espírito.

Ao enchermos o fornilho com o Tabaco Sagrado, depositamos nele o equivalente a sete porções, uma para cada elemento. A primeira porção, oferecemos em honra ao Grande Espírito; a segunda, ao Avô-Sol; a terceira, à Mãe-Terra; a quarta, aos Minerais; a quinta, ao elemento Ar; a sexta, ao elemento Fogo; e a sétima, ao elemento Água. Devemos lembrar que todos esses elementos sagrados fazem parte de nossa própria constituição... Ao fumarmos o Cachimbo, nós o fazemos em atitude de respeito, celebração e comunhão com todas as formas de vida e manifestações do Universo. Por meio da fumaça, nossas preces de gratidão e súplicas são enviadas ao Mistério. Utilizamos o Cachimbo Sagrado nas mais diversas ocasiões; antes e após alguma cerimônia, para celebrar um nascimento, na resolução de conflitos, em sessões de cura, para agradecimentos na celebração da vida e da paz entre os povos, e para nos comunicarmos com o Grande Espírito. O Cachimbo é sagrado – e tem sido assim há muitas gerações. Portanto, sigam honrando esse caminho e seus propósitos!

Rollas prosseguiu falando por mais algum tempo, até solicitar, por volta das 5h15, que nos dirigíssemos à parte externa da casa, nos fundos de seu quintal.

Os cobertores e a grossa lona encerada encontravam-se dobrados em torno da estrutura da Tenda, aguardando o momento certo de cobri-la. Do ponto em que nos encontrávamos, para o Leste, o visual era verdadeiramente magnífico! Um exuberante conjunto de montanhas vermelhas indicava o preciso lugar e um curto período de tempo para o sol nascer. A grandiosa tela celeste apresentava especiais efeitos em cores e tons variados, do rosa ao avermelhado, do laranja ao lilás e ao azul. O profundo silêncio contribuía naturalmente para uma sensação verdadeira e infinita de paz.

Fincadas ao solo, alguns pares de pequenas forquilhas sustentavam as varetas apoiando os cachimbos voltados para o Leste. Sob o comando e a orientação de Rollas, cada um dos presentes segurou seu respectivo cachimbo, preenchendo o fornilho com as sete porções de tabaco e saudando um a um os elementos. Feito isso, ele pediu que segurássemos a pedra com ambas as mãos, direcionando a extremidade do cabo para as montanhas. Nesse instante, em voz baixa e pausada, orientou-nos:

Fixem atentamente seus olhos nas montanhas, no rumo Leste, onde o Sol nasce. Em silêncio, mentalmente, façam suas orações. Tudo aquilo que desejarem a si mesmos, à humanidade e à Mãe-Terra deverá partir do coração. Quando o Sol começar a surgir, acendam os cachimbos, fumando-os sem interrupção, até que o último floco de tabaco se transforme em cinzas. No processo, permaneçam em suas preces reafirmando todas as súplicas e os desejos do coração.

O Avô-Sol despontou de forma lenta e constante por trás das montanhas vermelhas. Seus primeiros raios dourados aqueciam confortavelmente meu corpo, enquanto minha mão direita acionava o isqueiro para acender o cachimbo. O mesmo gesto, simultâneo a todos, espalhou pelo ar a fumaça aromática do tabaco, conduzindo nossas preces ao Mistério.

Para mim, aquele momento foi por demais especial, representando algo de sublime e, ao mesmo tempo, uma grande conquista da fé, da perseverança e da superação de tantos obstáculos! A emoção que experimentei foi tão profunda que as palavras são insuficientes para conseguir descrevê-la. Na verdade, os sentimentos e as emoções se destinam a ser internamente vivenciados e trabalhados no dia a dia, nas experiências e resoluções de nossa vida.

A segunda etapa da iniciação estava prestes a ocorrer. Deixando mais uma vez os cachimbos apoiados nas forquilhas, seguimos em três carros para um local próximo, a fim de coletarmos as pedras vulcânicas para a realização da Tenda. Rollas à frente observava com olhos de águia as pedras que íamos recolhendo. Um dos rapazes deixou que uma robusta pedra escapulisse de suas mãos, caindo e rolando ao solo. Quando este já se abaixava para pegá-la, imediatamente Rollas determinou que se procurasse outra.

Deixe-a ficar! Ela não pretende seguir com as demais para o fogo. E, se for levada, acabará se quebrando.

Ao todo, chegamos a recolher uns 50 Seres de Pedra.

Retornamos a casa, e as tarefas foram sendo divididas. Rollas e outro se encarregaram de organizar as pedras, montar a fogueira e acendê-la, ao passo que eu e mais duas pessoas cobríamos a Tenda com os cobertores, envolvendo-a, por último, com a grande lona.

Pouco antes das 10h tudo já se encontrava encaminhado e a fogueira ardia em plenas chamas. Enquanto o fogo cumpria sua função de aquecer os Seres de Pedra, o almoço foi servido.

Às 11h30 reunimo-nos em círculo, sentados sobre toras de árvore ao modo de bancos. O ancião instruiu-nos quanto ao longo período que passaríamos nos purificando e, por isso mesmo, a ingestão de água seria permitida. Conversamos um pouco sobre as experiências vivenciadas, cada um relatando o que sentira no momento em que o Sol nasceu, às 6h em ponto. Em suma, os relatos foram bem semelhantes, e a forte emoção, comum a todos.

Faltando dez minutos para o meio-dia, Rollas levantou-se e despiu-se por completo, sendo acompanhado por nós. Passamos pela defumação com as folhas de sálvia, queimadas em uma enorme e belíssima concha de abalone. Assim que os dois ponteiros do relógio se juntaram, com o Sol a pino entramos na Tenda.

Durante o longo período de purificação, Rollas nos transmitiu muitos ensinamentos sobre o caminho espiritual e as diferentes posturas humanas em relação ao planeta. Algumas partes eu não conseguia entender, mas, em meio à escuridão, sua voz grave e baixa, como se estivesse contando um segredo, fazia-me sentir na presença de um homem sábio, um verdadeiro mestre.

Com o passar das horas, deitamos diretamente sobre o colo da Mãe-Terra, sentindo o agradável frescor de seu corpo amenizando a temperatura no recinto. A partir de então, o silêncio se fez presente, apenas quebrado por um frágil e breve ressonar de alguém. De súbito, ocorreu-me outra vez a estranha sensação de já haver conhecido o Rollas... Mas claro que se tratava apenas de uma simples impressão, devido às mudanças de meu sentimento e pensamentos em relação a ele. Passei a respeitá-lo e admirá-lo, nutrindo por ele um enorme carinho e gratidão.

Nos purificamos pelo espaço de tempo de seis horas. Ao término, cada um foi saindo à maneira tradicional, pronunciando em voz alta a conhecida e indispensável afirmação: "*How! Mitakuye oyasin.*"

Após um banho de mangueira, realizamos uma breve oração ao Grande Espírito e ao Avô-Sol, com os braços erguidos e as mãos espalmadas para o poente. Na sequência, enquanto recolhíamos os cachimbos, fomos orientados pelo mestre a retornar no final da tarde seguinte, para o fechamento da cerimônia ao pôr do Sol.

Rita e Iris compartilharam da minha felicidade por aquele momento único – a tão aguardada e necessária iniciação ao Cachimbo Sagrado.

Às 17h30 de domingo, quando cheguei à casa de Rollas, todos por lá já se encontravam. Cumprimentei os presentes, oferecendo ao mestre mais um pacote de tabaco. Minutos antes de nos dirigirmos ao quintal senti necessidade de ir ao banheiro. De volta, passando pela sala, meus passos foram interrompidos ao avistar um curioso retrato emoldurado sobre a pequena mesa. Detive-me com os olhos fixos no que via, quando uma voz feminina me apressou para o que já iríamos realizar. Tratava-se de uma foto de Rollas, de corpo inteiro, vestido com uma roupa de couro franjada e tradicional. Calçava mocassins adornados com miçangas coloridas e, na cabeça, ostentava um enorme cocar com penas de águia que descia até o chão. Surpreendentemente, igual ao índio com quem eu havia experienciado no meu país, em 1992, a primeira e a quarta visões...

No rumo do horizonte e na quietude das montanhas, à medida que o Avô-Sol ia se pondo, encerramos a cerimônia com uma prece de gratidão ao Mistério.

"Salve! Por todas as nossas relações."

CAPÍTULO DEZENOVE

# *Regressões de memória*

*A Mulher e o Homem sonhavam que Deus estava sonhando.*
*Deus os sonhava enquanto cantava e agitava seus maracás,*
*envolvido em fumaça e tabaco.*
*E se sentia feliz, e também estremecido pela dúvida e pelo mistério.*
*Os índios Makiritari sabem que, se Deus sonha com comida,*
*frutifica e dá de comer. Se Deus sonha com a Vida, nasce e dá de nascer.*
*A Mulher e o Homem sonhavam que no sonho de Deus*
*aparecia um grande ovo brilhante.*
*Dentro do ovo, eles cantavam, e dançavam, e faziam um*
*grande alvoroço porque estavam loucos de vontade de nascer.*
*Sonhavam que no sonho de Deus a alegria era mais forte que a*
*dúvida e o mistério, e Deus sonhando os criava, e cantando dizia:*
*— Quebro este ovo, e nasce a Mulher, e nasce o Homem,*
*e juntos viverão e morrerão.*
*Mas nascerão novamente.*
*Nascerão e tornarão a morrer, e outra vez nascerão.*
*E nunca deixarão de nascer, porque a morte é uma mentira.*

EDUARDO GALEANO

Saia daqui, agora! E nunca mais me apareça... Não quero vê-la outra vez na minha frente!!!

Cristina retirou-se praguejando e sem olhar para trás. Naquele instante, eu jurei que jamais me submeteria de novo à tal da Terapia de Vidas Passadas (TVP), em razão do forte trauma pelo qual passei. Ao tê-la conhecido numa loja de artesanatos do Baixo Sedona, senti grande empatia pelo seu jeito sereno, educado e sensível, o que me fez equivocadamente confiar nela. Durante nossa conversa, disse-me ser natural do interior de Minas, mas que há dez anos residia na América, trabalhando com terapia de corpo e também de vidas passadas... Na hora, e de modo espontâneo, eu lhe propus uma troca de TVP por *shiatsu*, cuja sugestão ela aceitou.

O que eu não poderia supor era que toda aquela polidez, somada a um tom de competência e sensibilidade, se transformaria num processo impositivo, agressivo e por completo inconveniente. Ainda bem que o plano invisível intercedeu, fazendo-me voltar do estado de quase hipnose, no qual uma voz autoritária e inábil tentava extrair a fórceps informações e sentimentos de outrora nas profundezas do meu ser.

Passado aquele invasivo e desagradável episódio, a vida voltou ao normal, sem maiores e fortes emoções... Concentrara-me exclusivamente no trabalho e, para relaxar, havia os finais de semana, entre os amigos, em Phoenix, com direito aos sambinhas no Café Brasil.

Com certa frequência recebia telefonemas de minha namorada, que, após o meu retorno de Wamblee chegou a me perguntar, por curiosidade e uma pitada de ciúme, se havia encontrado a índia dos meus sonhos. Em resposta, apenas repeti o que já lhe dissera no Brasil:

– A índia dos meus sonhos continua sendo você!

As cartas de meus familiares, principalmente de minha filha e minha mãe, acompanhadas por notícias do meu país, proporcionavam-me momentos felizes naquela forma de se encurtarem as distâncias. E assim eu ia vivendo pelas terras de Sedona, entre montanhas, mistérios e profundas lições!

Numa quinta-feira à tarde, segui de bicicleta para realizar a terceira sessão de *shiatsu* em Margô, uma jovem mulher, alta e simpática, moradora em uma ampla casa de alto-astral. O ambiente harmonioso refletia ela própria, que, além de usufruir do *shiatsu*, era vegetariana e praticante de meditação.

Ao primeiro toque da campainha, Margô atendeu. Retirei os sapatos e fui entrando, até deparar com outra mulher, de estatura baixa, cabelos curtos, negros e de compleição proporcional. No mesmo instante, a paciente incumbiu-se das apresentações:

– Tsiipré, esta é Silvia, minha grande amiga e sua conterrânea.

– Olá, tudo bem? Quer dizer que acabei de encontrar mais uma compatriota aqui em Sedona?

– Na verdade, estou apenas de passagem, por umas duas semanas no máximo! Margô me falou superbem do seu trabalho e eu gostaria de experimentar. Passo muito tempo viajando e necessito o quanto antes dar uma boa relaxada!

Conversa ia, conversa vinha, eu lhe perguntei a respeito de sua naturalidade e profissão.

– Sou uma paulistana sem sotaque, pois há quase 20 anos vivo fora do Brasil, embora, de vez em quando, dê uma passada rápida por lá. Viajo por muitos países da Europa em divulgação ao trabalho do Osho,[1] mas também sou terapeuta em regressão de memória, com enfoque em vidas passadas.

Definitivamente, o acaso não existe! Havia jurado que jamais voltaria a me submeter a esse tipo de abordagem terapêutica, e ali estava eu, surpreendido, frente a frente com outra brasileira, tendo a mesma profissão! Por algum propósito, o Universo maquinou aquele encontro...

Quebrando o juramento e com determinação, perguntei para Silvia:

– Você toparia fazer um trabalho à base de troca?

– Claro que sim! Basta combinarmos o melhor local, dia e hora.

Sem hesitar, sugeri a casa de Iris, no sábado seguinte às 15h, com que ela prontamente concordou. Tudo resolvido, deixei-lhe o telefone e o endereço, despedindo-me, em seguida, para atender a Margô.

No dia marcado, enquanto aguardava a chegada de Silvia, encontrava-me um pouco ansioso e com certa dose de medo, por justa razão... Ela não me ligara para confirmar, tampouco dissera que ligaria. Já passavam dez minutos do horário quando ouvi o ruído de um carro se aproximando: era ela.

Apresentei-a a Iris, e sem fugir à regra, encantou-se. Após tomarmos um suco de laranja, convidei-a para conhecer meu quarto, cujo ambiente fora aprovado pela terapeuta para se realizarem os trabalhos. Antes, porém, decidi contar-lhe sobre a frustrante experiência anterior, justificando, assim, minha ansiedade e insegurança, logo percebidas por Silvia. Depois do relato, com tranquilidade e consideração, a terapeuta esclareceu-me:

---

[1] Filósofo e mestre espiritualista indiano, conhecido anteriormente por Rajneesh.

– Não se preocupe, Tsiipré, o meu trabalho segue outra abordagem, nada convencional; você estará o tempo todo bem tranquilo, relaxado e consciente de tudo! Atuar nessa área requer muita sensibilidade e respeito, que necessariamente passam pela percepção dos limites de cada um. Forçar a barra é uma invasão perigosa, sem conseguir alcançar o resultado pretendido.

Suas palavras me deixaram mais tranquilo e confiante, porém sem criar expectativas com o que iria ocorrer.

Silvia achou melhor a realização de apenas um trabalho naquele dia, deixando o outro, correspondente à troca, para a próxima semana. E, assim, sugeriu que começássemos pela regressão.

De uma pasta azul retirou e entregou-me uma folha branca de papel-ofício e uma caneta esferográfica preta.

A princípio, não entendi a finalidade do material, recebendo posteriormente a seguinte instrução:

– Tsiipré, a primeira coisa que você vai fazer é uma breve meditação, no intuito de acalmar a mente, reduzindo a intensidade dos pensamentos. Depois, eu lhe explico a finalidade da caneta e do papel, que consistirão na próxima etapa.

Coloquei uma fita cassete com variados e harmoniosos sons de flauta, sentando-me numa pequena almofada.

Quinze minutos após, ao abrir os olhos, estava totalmente tranquilo, sem o menor vestígio de ansiedade. Ao som da flauta, Silvia pediu-me para preencher aquela folha em branco, desprovido de qualquer intenção lógica. Fossem desenhos, palavras ou frases, deveriam emergir do meu inconsciente diretamente para o papel. Dito e feito... Minutos depois, o papel encontrava-se tomado por símbolos estranhos, motivos indígenas, palavras e frases das quais já não me lembro.

O passo seguinte, na acepção exata do termo, seria ficar de pé e caminhar lentamente no sentido anti-horário, em torno da folha preenchida e exposta sobre o piso. A partir de então, Silvia pronunciaria o comando "Agora entre", e eu deveria pisar com os pés descalços em cima do papel, fechando imediatamente os olhos.

Em silêncio, atento à respiração e à doce melodia da flauta, devo ter dado umas quatro voltas quando ouvi o comando de sua voz:

– Agora entre!

Ao "entrar" e fechar os olhos, uma espécie de filme, com absoluta nitidez, começou a se projetar na minha tela mental, enquanto permanecia em plena consciência de tempo e espaço. Naquele momento, travou-se um diálogo entre nós dois:

– Você consegue ver algo?
– Sim, claramente! Sou um menino índio, com a idade aproximada de 5 anos. Encontro-me à beira de um riacho com outras crianças, atirando pedrinhas na água.
– Há mais alguém nas imediações?
– Minha mãe está bem próxima, sentada sobre a pele de um animal, com os cabelos sendo trançados com tiras de couro por outra mulher.
– E a vida nesse tempo, você poderia me dizer como era?
– De muita fartura, com grandes manadas de búfalo. Um período em que vivíamos sem conflitos com outras tribos ou com os brancos. Era um tempo de paz e harmonia...

Repentinamente, como num piscar de olhos, a cena mudou. E, atendendo à solicitação da terapeuta, passei a descrevê-la:

– Estou no interior de um tipi, participando do Conselho tribal. Devo ter uns 40 anos, e nos reunimos em aliança com outras tribos vizinhas para lutar contra os brancos que invadem nosso território. Tememos que possa voltar a ocorrer o mesmo que se passou algum tempo atrás com os Cheyenne em Sand Creek.

Um novo corte na cena e outro salto no tempo causaram-me tremores por todo o corpo. Silvia, sempre atenta e interagindo, quis saber a respeito...

– Faz muito frio e estou doente, com pneumonia. Tenho em torno de 65 anos e chegou a hora da minha jornada para o mundo dos espíritos... Estávamos sendo desarmados quando começaram a nos atacar após o disparo de um rifle.
– Mas quem é você? O que está acontecendo?
– Me chamo Big Foot; os soldados estão atirando com canhões, rifles e revólveres. Meu povo está sendo morto e os corpos estão espalhados por toda parte em

Wounded Knee. A maioria é de mulheres, crianças e velhos...
– Daria para você mostrar aqui a posição do seu corpo naquele momento?

Posicionei-me deitado no chão, tal qual me via. Uma profunda tristeza, acompanhada de choro e tremores de frio, foi dando fim ao processo regressivo.

De maneira habilidosa, Silvia ajudou-me a superar aquele difícil estado emocional, conduzindo-me em segurança e conforto ao momento presente.

Trezentos Sioux haviam sido massacrados e 50 sobreviveram. Vivenciar cenas tão fortes, emergidas do meu inconsciente, possibilitou-me a exata compreensão da influência indígena em minha vida atual, desde criança, na mais tenra idade. Agora, sim, todos os sinais que recebi em Pine Ridge, especialmente em Wounded Knee, por ocasião do Sun Dance, se haviam confirmado. Em consequência, também compreendi e contei para Silvia a razão daquele intenso choro aos meus 19 anos, quando li a obra de Dee Brown – *Enterrem meu coração na curva do rio* –, exibindo a foto de Big Foot morto na neve.

No intuito de melhor elucidar a segunda parte da regressão, em 28 de novembro de 1864, 105 mulheres e crianças Cheyenne, além de 28 homens, foram massacrados sob a bandeira americana ofertada pelo coronel Greenwood ao chefe Motavato, mais conhecido por Chaleira Preta, com a promessa de que estariam seguros. O ataque-surpresa ocorrera por ordem do governador do território do Colorado, John Evans, sob o comando do coronel Chivington. O acampamento de Chaleira Preta, situado numa curva em ferradura do riacho Sand Creek, ao norte do leito de um rio quase seco, foi alvo de bárbaras atrocidades cometidas pela cavalaria do Exército americano. Quanto ao desprezo com relação à vida humana, registrada pela célebre frase do general Custer, de que "o único índio bom é o índio morto", Dee Brown comenta:

"Num pronunciamento público feito em Denver, pouco antes do massacre, o coronel Chivington defendeu a morte e o escalpo de todos os índios, inclusive de crianças. 'Dos ovos é que nascem os piolhos!", declarou.

Em janeiro de 1865, dois meses depois do massacre de Sand Creek, ocorreu, de fato, a união entre os Cheyenne, Arapaho e Sioux, desencadeando sucessivos ataques ao longo South Plate. Não posso garantir tratar-se da mesma aliança por mim presenciada no Conselho Tribal, durante o processo regressivo. Entretanto, se observarmos que, no Conselho, a idade de Big Foot era de 40 anos, e 25 anos após, por ocasião da sua morte, em dezembro de 1890, encontrava-se com 65, constataremos que os períodos coincidem. De toda forma, a tríplice aliança existiu e foi comentada por Dee Brown em seu livro.

Antes de se retirar, a terapeuta alertou-me para uma possível reação em meu organismo, proveniente do intenso trabalho ao qual me submetera. Assim, ela me disse:

> – Qualquer reação que porventura aconteça é normal! Você passou por uma experiência muito intensa e que poderá mexer contigo... Mas não se preocupe e fique calmo, pois é assim mesmo, e logo passará.

E aconteceu... Durante toda a noite e a madrugada, até o raiar do dia, meu intestino se liquefez intensamente. Quase não conseguia chegar a tempo no banheiro, sobressaltado pelo desarranjo intestinal. Naquele dia, só não fiquei pra lá de passado devido a um copinho de guaraná em pó, pela manhã, e à aplicação de moxa em três pontos específicos.

Quanto à troca, ou o pagamento em *shiatsu* pelo seu trabalho, fiquei devendo... Poucos dias depois, Silvia viajou para Nova York, não mais retornando a Sedona. Quem sabe um dia, num desses mágicos reencontros da vida, poderei retribuir-lhe conforme o combinado, além de expressar minha profunda gratidão pela experiência que passei, fundamental para meu autoconhecimento e desprendimento das influências daquela vida anterior!

CAPÍTULO VINTE

# *Os ovnis e a índia*

## Duas aparições inesperadas

*(...) Os Irmãos e Irmãs do Céu constituíam um estranho agrupamento de raças. Eles me envolveram com sentimentos cálidos de boa vontade e carinho. Apesar desse sentimento de amor, eu continuava perplexa, por causa de suas aparências. Alguns daqueles seres pareciam ter mais de 2 metros; tinham cabelos dourados, olhos muito azuis, e eram muito parecidos com os seus irmãos terrestres; outros tinham cerca de 1 metro de altura, possuíam olhos enormes, eram totalmente negros, com cabeças em forma de lâmpada e pés em forma de teias. Outros, ainda, tinham a pele cor de cobre, corpos humanos bastante altos, e olhos azuis de formato oriental. Havia também alguns seres que me faziam lembrar tubarões-martelo, com suas cabeças achatadas e olhos nas laterais do rosto. Creio que ali se haviam reunido mais de 75 espécies de seres extraterrestres. (...) Fiquei abismada ao reconhecer, no meio daquele grupo, alguns rostos famosos que faziam parte da história da Terra.*

JAMIE SANS[1]

*Saber que não se sabe é o bem supremo. Não saber que não se sabe é como padecer um mal. Se o Tao do passado o acompanha, governarás a existência presente e conhecerás a infinita Origem.*

LAO-TSÉ[2]

Tão logo desliguei o telefone, dei início aos alongamentos e fiz um breve aquecimento para iniciar a corrida. Estava feliz por receber notícias de Maíra, pois acabara de ouvir a doce voz de minha filha.

---

[1] Extraído de *As cartas do Caminho Sagrado* – a descoberta do ser através dos ensinamentos dos índios norte-americanos.

[2] Trecho da 14ª e 71ª sentença ou capítulos do *Tao Te Ching* (*Tratado do Caminho da Virtude*), composto por 81 capítulos escritos por Lao-Tsé, filósofo taoísta que nasceu e viveu na China durante o reino de Chou no século XI a.C.).

Ao deixar o quarto, impressionou-me a uivante ventania recém-chegada... Em quase um ano e meio no Arizona, pela primeira vez deparava com aquele vento! Se a vontade de correr fosse um pouco menor, certamente teria desistido. O que mais me assustou não foi tanto o vento, mas seu forte assovio, muito semelhante aos filmes de suspense em castelos assombrados...

Olhei para o relógio, que marcava 18h30 daquele dia 22 de outubro de 1995. Na intenção de correr por 30 minutos, não cheguei a dar 20 passadas quando algo no espaço à minha direita desviou-me a concentração, interrompendo a corrida.

Uma luz muito intensa, alaranjada, cortava o céu ainda claro e sem nuvens, na diagonal de cima para baixo. Cheguei a pensar que se tratava de um avião, hipótese logo descartada ao constatar que, abruptamente, a referida luz interrompeu seu voo, ficando parada, totalmente imóvel por alguns segundos. Ao reiniciar seu deslocamento, tomou outro rumo, seguindo em linha reta em velocidade acelerada, até desaparecer por completo. Objetivamente falando, já não me restavam dúvidas do que acabara de avistar... Sem mais conseguir enxergar o objeto, voltei a correr.

A ventania não durou além de 15 minutos, de modo que, ao término de minha atividade física, já havia parado por completo.

Ao chegar em casa, com pouca luminosidade e a dez passos de entrar em meu quarto, avistei, no alto da montanha, outro objeto voador não identificado. Em cores verde, vermelha, alaranjado e azul, que piscavam ininterruptamente, realizava manobras rápidas e precisas, impossíveis de serem executadas por helicóptero, achando-se a curta distância da grande montanha. Apresseime para entrar e comunicar a Iris o que havia presenciado.

– Iris... venha comigo, depressa, tem um OVNI nas imediações da montanha, o segundo que eu vi em menos de uma hora!!

Em seus passinhos curtos, porém proporcionalmente rápidos, Iris me acompanhou até lá fora. Chegamos juntos em instantes, mas o objeto já não se encontrava. Fiquei frustrado, quando, então, Iris comentou com ar de sabedoria:

– Não era para eu ver...

Após um banho morno e ter verificado o estado interno de minha geladeira, decidi dar uma volta no Bacha's, o supermercado local, para comprar alguns alimentos. Lá chegando, acabei me distraindo com as revistas e, ao me dar conta, já eram quase 23h. De retorno em minha bicicleta, assim que atravessei a cancela do condomínio, surpreendi-me com duas luzes alaranjadas e de intenso brilho que, lentamente, se deslocavam pela imensidão de uma noite escura, num céu infinitamente estrelado. Parei a bicicleta e observei maravilhado aqueles objetos em voo contínuo, rumo às montanhas mais afastadas. Se fossem aviões, pela distância inicial em que os vi, seguramente teria escutado o ruído inconfundível das turbinas, no silêncio noturno e absoluto de Sedona. Eram OVNIs, e idênticos ao que eu avistara no início da corrida.

Aquela sensação de encantamento e curiosidade se transformou em medo. Lembrei-me de um sonho terrível e que parecia real, que tivera um ano antes, na casa de Ehrton, no qual havia sido abduzido[3] por seres extraterrestres de pequena estatura... Profundamente assustado, acordei ainda de madrugada e não mais consegui dormir.

Ao entrar apressadamente em meu quarto, a mesma sensação me acompanhava. Tranquei bem a porta e, em seguida, preparei um chá de jasmim e um sanduíche de queijo com brotos de alfafa. Depois do lanche, a única proposta seria tentar dormir... O silêncio só não era total em virtude da algazarra dos coiotes, uivando nas proximidades. Quem disse que fiquei no escuro? Acendi um pequeno lampião a querosene, sendo vencido pelo sono tão somente às 3h da madrugada.

Pela manhã, sequer ouvi o ruído do motor do carro de Rita. Ao me levantar às 10h30, observei um bilhete deixado por ela e afixado à porta. Nele, minha amiga informava que eu teria um atendimento às 9h da manhã seguinte, num hotel bem próximo à casa de Iris. Tratava-se de uma turista procedente de Washington, que me fora indicada pelo Solar.

Sentia-me aquém do meu estado normal, devido ao estresse causado pelo medo e à dificuldade em conciliar o sono. No entanto, nada que um puro e saboroso guaraná em pó, seguido por um bom banho, não resolvesse!

Enquanto me ensaboava, relembrando os avistamentos da noite anterior, fui pego de surpresa e de susto por um tipo de comunicação que já havia experimentado, sem conseguir me acostumar.

---

[3] Sequestrado, raptado.

A índia de suas visões existe, e você vai encontrá-la.

A única frase, soprada a meus ouvidos, deixou-me ansioso e, ao mesmo tempo, intrigado. Onde? Quando? Cheguei a pensar numa possível alucinação por ter ingerido guaraná em pó. Nessas horas, e por conta do extraordinário, a mente é intimidada e exige explicações... O que me salvou, colocando-me de novo em meu próprio centro, foi a meditação prolongada que realizei após o banho.

No dia seguinte, acordei bem cedo, na intenção de cumprir todas as tarefas antes do atendimento. Deixei o banho por último, para, em seguida, me dirigir ao hotel. Assim que desliguei o chuveiro e alcancei a toalha, eis que surge, inesperadamente, a mesma voz: *Ela está chegando... Prepare-se para encontrá-la!*

Dessa vez consegui manter-me tranquilo, sem qualquer alteração do meu estado emocional. A única "certeza" que tinha, para a qual me preparei com antecedência, era em relação ao atendimento, cuja cliente me aguardava. Foi só pegar a bolsa, montar na bicicleta e pedalar por uns cinco minutos para chegar ao hotel.

Já ia tocando de novo a campainha quando a porta se abriu. A jovem e bela mulher convidou-me a entrar, porém, minhas pernas não atenderam de imediato... Naquele exato instante tudo parou; cinco ou sete segundos pareceram eternos, enquanto nos entreolhávamos... Meu coração disparou e já não me restava a menor dúvida... Era ela, a índia que conhecera em minhas visões!

Por fim, entrei. Na pequena sala do apartamento, sentamo-nos em duas confortáveis poltronas, um de frente para o outro, separados por uma ampla e vistosa mesa de vidro. Eu estava tenso, com as mãos frias e úmidas, o que me deixou constrangido ao nos cumprimentarmos. Procurei contornar a situação através do controle respiratório, mas não era tão simples assim. Foi aí que tomei a iniciativa de lhe perguntar, como se já não soubesse, quem teria me indicado para ela. Ao responder, confirmando o nome do meu amigo, prosseguiu comentando e dizendo algo mais sobre si mesma:

> Solar me passou boas referências a seu respeito. Disse-me que seu trabalho é bem completo e insistiu para que o procurasse. Conhecemo-nos no New Frontiers e ele me falou muitas coisas sobre mim mesma, que bateram totalmente.
>
> Meu nome é Daiana Mayer, sou de Carolina do Norte, mas vivo em Washington, D.C., onde trabalho como enfermeira em um grande hospital.

> Uma amiga me aconselhou que viesse a Sedona para descansar, pois tenho andado muito estressada! Ela sempre me falava desse lugar de uma forma muito especial e misteriosa... Realmente, dá para sentir a energia das grandes montanhas ao redor.

Enquanto ela falava, algo sobre a mesa despertou minha atenção. Tratava-se de um livro, cujo título era *A Mulher-Novilha do Búfalo Branco*. Aproveitando uma pausa, perguntei-lhe a respeito de seu interesse por aquele tema, ao que respondeu:

> Eu sou Cherokee, porém tenho grande respeito e admiração pelo conhecimento espiritual dos povos das planícies, em especial os Sioux. Eles têm uma cosmovisão muito profunda e bela, que se encontra descrita nesse livro. Fala sobre o Cachimbo Sagrado, quando, em tempos remotos, os Sioux o receberam das mãos da Mulher-Novilha.

Retornando à sua história, Daiana revelou-me o principal motivo que a fez viajar para Sedona.

> Estou vivendo um momento bem difícil, afetivamente falando, e fiquei surpresa quando Solar me contou que você é do Brasil! Acontece que eu conheci uma pessoa do Rio de Janeiro, de Búzios, por quem me apaixonei e acabei tendo uma grande decepção. Ele também é shiatsuterapeuta e veio para os Estados Unidos no desejo de estudar acupuntura. Não gostaria de entrar em detalhes, porém estou sofrendo muito com essa desilusão...

Naquela hora, seus olhos, marejados, acabaram por expulsar o que não mais podiam conter. Após uma breve pausa, seguimos conversando sobre outros assuntos, até o momento em que me retirei para trocar de roupa e dar início ao trabalho. Retornando, vestindo calça e camiseta brancas de algodão, prendi os cabelos em rabo de cavalo, solicitando a Daiana que se deitasse de bruços. A mulher despiu-se do robe, jogando-o com delicadeza sobre a poltrona, para, em seguida, lançar-se ao colchonete.

Minhas mãos e meus pés permaneciam frios como mármore, e um suor nervoso se propagava de minha testa e das axilas. Encontrava-me ali como um terapeuta, mas em que circunstâncias...! Nada me restava a fazer além de rogar aos céus e praticar um pouco de Ch'í kum.[4]

Posicionando a ponta da língua no palato mole,[5] dei início ao trabalho de respiração em sincronia com os movimentos de braços. E, felizmente, num curto espaço de tempo, tudo voltou ao normal. Uma onda de calor irradiou-se pelo meu corpo, aquecendo as extremidades. Ao abrir os olhos, voltando-me para Daiana, ela se encontrava tranquila e aguardando com paciência aquela breve demora. Seus cabelos negros e lisos encobriam-lhe parcialmente a lateral esquerda do rosto, lado no qual eu me havia posicionado. Sua respiração lenta e profunda revelava um estado de entrega e confiança. E, assim, o *shiatsu* fluiu em total sintonia e interação energética entre o terapeuta e a paciente.

Quando faltava tão somente trabalhar a cabeça e o rosto, perguntei a Daiana se eu poderia, em seguida, meditar por alguns minutos. Ela me respondeu positivamente, pois não teria qualquer compromisso nas próximas horas. Ao concluir a sequência final do trabalho, constatei que minha cliente havia adormecido. Sem fazer o menor ruído, sentei-me de frente para ela e meditei.

Trinta minutos se haviam passado quando abri os olhos, deparando diretamente com seu olhar. Ela se encontrava deitada sobre o lado esquerdo, como se já estivesse há algum tempo me observando... Indaguei-lhe como se sentia, ao que me respondeu com uma só palavra:

– Maravilhosa!

Segundos depois, tomando a iniciativa de puxar conversa, a índia comentou:

– Eu tenho a sensação muito forte de que já nos conhecemos...

E, na mesma hora, sem protelar, afirmei:

– Eu tenho certeza absoluta!

---

[4] Técnica utilizada há milênios, pelos chineses, para harmonizar e energizar o corpo e a mente, por meio de exercícios respiratórios e movimentos corporais que se destinam à absorção do Ch'í (energia) para a manutenção e o fortalecimento da saúde.
[5] Região posterior da cavidade oral, também conhecida por "céu da boca", dividida em duas partes: a dura e a mole.

Quando já ia estendendo o assunto, Daiana me pediu para que sentasse a seu lado. Aí, então, olhos nos olhos, eu lhe contei sobre as visões. E, ao concluir, o tempo parou e nos deixamos levar pelo som do silêncio, pelos mistérios da existência na unidade a dois...

Naquele mesmo dia, no meio da tarde, seguimos para acampar nos arredores de uma grande montanha mais afastada. Passamos rapidamente em meu quarto para pegar o Cachimbo e um saco de dormir. Seria importante e oportuno celebrarmos nosso encontro à maneira tradicional.

O lugar escolhido era verdadeiramente magnífico em beleza e energia. Do plano em que nos encontrávamos, um imenso vale se revelava à nossa volta, decorado por várias outras montanhas das mais diferentes formas. A um só tempo, fizemos uma prece ao Grande Espírito; ela, em inglês e eu, em minha língua natal. Quando terminamos, segurei o fornilho de pedra com ambas as mãos, elevando aos céus o Cachimbo Sagrado em honra e gratidão ao Mistério. Ainda nessa postura, entoei um cântico que aprendera com os Lakota em Pine Ridge, e outro, do povo Xavante, honrando, assim, essas duas grandes nações relacionadas à minha história de vida: a anterior e a atual. Ao profundo sentimento que nos envolvia, acrescentou-se uma dose de emoção na hora em que acendi o Cachimbo... Bem à nossa frente e um pouco abaixo de onde estávamos, uma grande águia se pôs a planar em círculos no imenso vão entre as montanhas.

Terminada a cerimônia, após a limpeza do Cachimbo, seguimos em busca de um bom lugar para acamparmos. Não tardou para descobrirmos uma superfície plana, onde armamos a prática barraca do tipo iglu. Deixamos o teto sem o forro, a fim de podermos apreciar as estrelas ao cair da noite. Forramos o chão com os sacos de dormir e, deitados, começamos a conversar. Apesar de preferir outro assunto, permaneci aberto, ouvindo-a falar, quase em tom de desabafo, sobre seu ex-namorado. A certa altura, Daiana emudeceu e começou a chorar. Aos poucos, e com jeito, fui conseguindo confortá-la, ao mesmo tempo em que uma dúvida pairava em minha mente, fazendo-me arriscar...

– Mesmo com toda a decepção e sem pretender reatar o relacionamento, você ainda ama esse rapaz?

A resposta foi negativa, mas sem entrar em detalhes do que poderia ter ocorrido entre ambos, fazendo com que minha dúvida permanecesse.

Enquanto iniciávamos outro tema, olhei repentinamente para o teto de filó da barraca e, num impulso de ansiedade, comuniquei a Daiana o que acabara de avistar percorrendo o céu...

– Daiana, olhe para cima! É um OVNI..., com certeza!

Rapidamente nos posicionamos à porta, porém o zíper enganchou. Quando, afinal, conseguimos sair, nada mais avistei além da paisagem e da vastidão de um céu azul turquesa no crepúsculo que se aproximava. O objeto, em forma de luz alaranjada, era idêntico aos que pude observar na antevéspera do nosso encontro. Mais uma vez frustrado, consolou-me a frase dita por Iris, que na hora certa penetrou meus pensamentos: *Não era para eu ver...* No caso em questão, tratava-se da minha companheira.

Devido à baixa temperatura, muito mais baixa do que esperávamos, e à insuficiência de nossos agasalhos para suportar o frio, achamos por bem deixar a montanha e retornar para o hotel.

Daiana precisaria voltar para Washington em uma semana, o que contribuiu para que, nesse período, nossa convivência se intensificasse. Não havia qualquer obstáculo ou fator limitante no relacionamento. Até mesmo meu inglês capenga passou por uma considerável melhora, fruto de um sentimento que a tudo desbloqueia... Apesar do nosso curto tempo de convívio, a sensação predominante era de absoluta interação e harmonia. Claro que, de certo modo, em se tratando de sentimentos, todo começo de história de amor, ou de paixão, se confunde... Havia, entretanto, ao menos no meu caso, um significativo e incrível diferencial: eu me achava ao lado de uma mulher indígena, com quem estivera pela primeira vez no contexto das visões, ou projeções de consciência,[6] três anos antes! Mesmo que, por alguma circunstância, aquele encontro ou reencontro não prosseguisse, tudo o que vivenciamos, na mais profunda grandeza afetiva e amorosa entre dois seres, já teria valido a pena!

Na véspera de seu regresso à capital dos Estados Unidos, Daiana sugeriu que almoçássemos no saboroso e agradável restaurante vegetariano, recém-

---

[6] É a saída temporária da consciência, dos seus veículos de manifestação (corpo físico, psicossoma e mentalsoma), para outras dimensões. Trata-se de um fenômeno natural e comum a todos os seres humanos, ocorrendo de forma inconsciente ou consciente, involuntária ou não, durante o período de sono (Fonte: Instituto Internacional de Projeciologia e Conscienciologia, sediado no Rio de Janeiro).

inaugurado pelos Sannyasins.[7] Logo após o almoço, a sugestão seguinte partiu de mim. Ela queria comprar algumas lembranças diferentes para suas sobrinhas e uma amiga, cujo lugar mais adequado seria, sem dúvida, a enorme e interessante Artisans Galleria de Sedona. Havia por lá uma belíssima bolsa indígena que eu desejava adquirir, tão logo me fosse possível desembolsar uns duzentos tantos dólares... O preço era salgado, mas eu a queria. Ela tinha sido confeccionada em duas partes contíguas de couro de veado. A primeira, curtida, formando a bolsa propriamente, com amarrações em tiras de couro e longas franjas. A segunda, compondo a tampa em diagonal, manufaturada com detalhes da pelugem da anca e da cauda do cervo.

Daiana, como qualquer pessoa de sensibilidade e apreciadora da arte, mostrou-se encantada com a beleza, a variedade e a originalidade dos objetos expostos, provenientes de países da Ásia, África e América Latina. E, após comprar o que desejava, seguimos para um breve passeio pelo Baixo Sedona, com direito a tomarmos um especial sorvete de baunilha na casquinha, com duas grandes bolas!

Ao voltarmos para o hotel, comecei a sentir o passar das horas com mais rapidez. Precisava me acostumar com a nossa iminente separação, mas não era fácil! Daiana viajaria no próprio carro, às 14h do dia seguinte, e o que eu mais desejava era ir com ela... No entanto, o momento era outro, abrangendo questões ainda não esclarecidas e que me geravam dúvidas e incertezas. Para que pudéssemos refletir sobre tudo que havíamos experienciado juntos, e também ouvir a voz do coração, o afastamento seria importante.

Depois de tomar um banho e voltar ao quarto, presenciei minha amada arrumando a bagagem. Fingi indiferença, tentando disfarçar o sentimento de angústia que me pressionava o tórax. Ao passar por um pequeno ambiente, dividindo a suíte da sala, onde conversamos pela primeira vez, deparei com um pacote contendo o meu nome, deixado sobre a mesinha de refeições. Peguei-o com curiosidade, perguntando a Daiana se poderia abri-lo.

–Tinha programado para amanhã... Mas, já que você descobriu, é todo seu!

Com uma pitada de ansiedade, fui desembrulhando o pacote até deparar com algo que jamais poderia imaginar encontrar-se ali, à minha espera... Bem

[7] Seguidores do Osho, mestre espiritualista indiano.

diante dos meus olhos, lá estava o presente mais lindo e por mim desejado que Daiana poderia ter me oferecido. Perguntei-lhe como tivera semelhante ideia, recebendo como resposta que teria sido pura intuição; segundo ela, o objeto "era a minha cara!". Nas sincronicidades da vida, e particularmente de Sedona, ganhei de presente a tão desejada e tradicional bolsa indígena. Na Galleria, Daiana se aproveitara de minha única e rápida ausência para efetuar a compra.

Momentos antes de pegar a estrada, passamos na casa de Iris para que elas se despedissem. Logo depois, na intimidade do meu quarto, conversamos por alguns minutos e silenciamos por outros, sem conseguirmos conter as lágrimas. Não mais sendo possível prolongar o tempo, despedimo-nos afetuosamente com beijos e abraços. Por fim, abri a porta para que ela se fosse.

Preferi manter-me a distância, acompanhando os passos da índia até o carro, estacionado lateralmente na entrada da garagem. Ao entrar no veículo e bater a porta, colocou o cinto de segurança, acionando, em seguida, a ignição. Quando virou o rosto, percebi nitidamente o estado de seus olhos, em contraste com o sorriso que tentava esboçar... Por último, dois segundos antes de partir, fez-me um sinal característico, elevando a mão esquerda na altura do ouvido, com os dedos polegar e mínimo esticados. Acenando positivamente a cabeça, e com um gesto manual de despedida, eu lhe disse em voz alta:

– Estarei aguardando seu telefonema. Boa viagem e vá com Deus!

CAPÍTULO VINTE E UM

# *Festa para despedida e viagem à capital*

*O maior erro, você comete quando, por medo de se enganar,*
*erra deixando de se arriscar em seu caminho.*
*(...) Não erra o homem que procura a verdade e não a encontra;*
*engana-se aquele que, com medo de errar, deixa de procurá-la.*

RENÉ TROSSERO

*Se você correr atrás da felicidade, ela escapará como se você procurasse*
*capturar uma borboleta. Corra atrás dela e a borboleta voará,*
*mas relaxe e concentre a atenção em outra coisa, e a bela borboleta*
*estará disposta a pousar no seu ombro.*

J. POWELL

Aproximava-se o dia de voltar para casa, à minha querida terra natal, o Brasil. Mas seria um retorno temporário, de no máximo uns três meses, a fim de rever e matar as saudades de minha filha, da família e dos amigos. Depois, minha intenção era regressar, viver na América e aprender acupuntura. Havia superado as barreiras do idioma e de adaptação, sentindo-me livre de todo e qualquer tipo de apego, e muito mais voltado ao momento presente. Tratar-se-ia, somente, de um até breve...

Conforme havia prometido, ao chegar a Washington, Daiana me ligou. Fizera uma boa viagem, preparando-se para voltar à rotina. Segundo ela, a novidade era que iria matricular-se numa academia de yoga. Conversamos por quase uma hora, e pelo menos uma vez na semana nos falávamos ao telefone. Contei-lhe de minha vontade em dar uma festa para celebrar meu retorno ao Brasil, desejando muito que ela pudesse comparecer. Todavia, as possibilidades eram remotas, em razão do tempo e das despesas. Em nenhuma ocasião percebi qualquer distanciamento ou frieza de sua parte, exceto a física e a térmica, em se tratando de Washington, D.C. e Sedona, no período de inverno. Muito pelo contrário, sua voz era cálida e meiga, denotando a todo instante curiosidade e atenção à minha pessoa.

Uma semana antes da festa, marcada para 28 de novembro, passei uns quatro dias em Mesa, ao lado de Carmem, Zarco, Quetzal, Tizóc e Láli, meus queridos amigos das artes e do coração. Como não poderiam comparecer ao evento, fiz questão de encontrá-los para um bota-fora antecipado e com direito aos sambinhas de sempre no Café Brasil. Queria agradecer-lhes aos beijos e abraços por todo o apoio, carinho e paciência que a mim haviam dedicado. Com o Cachimbo Sagrado, realizamos uma bela cerimônia em família, no amplo e gramado quintal da casa, sob um céu multicolorido ao pôr do sol.

No último dia que passei em Mesa, senti uma vontade imensa de falar com Daiana. Como era domingo, arrisquei um telefonema à tarde para sua casa, mas caiu na secretária eletrônica. Deixei-lhe um recado e o número de Carmem, no qual me acharia até as 20h, retornando, a partir de então, para Sedona. Umas duas horas depois, ela ligou, sem eu saber. Encontrava-me no banho e nem ouvi os chamados do aparelho. Zarco, que saíra com a família, ao retornar, checou as mensagens, constatando a hora e a gravação de Daiana, informando que ligaria mais tarde, ou no dia seguinte, para meu quarto. A ansiedade cresceu, mas achei melhor aguardar. Meia hora depois, o telefone tocou, e era ela. Sua voz estava totalmente alterada por uma estranha rouquidão de fundo emocional. Sem dúvida, a sintonia que nos aproximava permitiu-me, no ato, perceber. Perguntei-lhe o que estava ocorrendo, e ela me disse encontrar-se gripada. Não convencido, questionei-lhe o que poderia haver por trás da gripe, como fator desencadeante, e Daiana começou a chorar. Eu conseguia sentir algo de estranho, mas não sabia exatamente do que se tratava. Todas as minhas sondagens foram inúteis, com respostas vazias ou dispersivas, exceto em relação a uma pergunta bem direta que lhe fiz:

– Gostaria que você fosse totalmente sincera e me falasse quanto às possibilidades de ter reatado ou de vir a reatar uma relação afetiva com aquele rapaz...

– Sem chances... Ele tem me telefonado e chegamos a nos encontrar por uma única vez. Conversamos em torno de uma hora e fui bem clara ao dizer-lhe, em definitivo, que nosso relacionamento acabou!

Se, por um lado, acreditei na resposta, por outro, permaneci na incerteza, sem entender o que poderia estar acometendo a mulher dos meus sonhos. Aquele estado em que Daiana se encontrava me deixou aflito. Minha vontade era ficar a seu lado, transmitindo-lhe segurança e atenção, todo o amor que sentia por ela. Mas me achava a milhares de milhas de distância, retornando em poucos dias para o Brasil. Só nos restava o recurso da voz, desassociada do contato visual, energético e físico. Inutilmente, reiterei o convite para minha festa, recebendo como resposta a mesma de antes. E, somando-se às suas justificativas, disse-me ainda que passaria a trabalhar em dois hospitais, fora as aulas de yoga. Apesar da voz embargada em seu momento depressivo, Daiana expressou abertamente o amor e carinho que nutria por mim.

Naquele momento, ocorreu-me uma ideia, mas preferi mantê-la em segredo até segunda ordem... Por uma razão estratégica, e sem poder lhe revelar meu pensamento, decidi conversar antes com Rita. No mais, passei-lhe algumas orientações práticas pelo seu estado gripal e emocional e encerramos a conversa com palavras de afeto e sons de beijos.

No exato instante em que desliguei o telefone, Rita chegou, cumprimentando os presentes. Fiquei feliz ao vê-la e, logo em seguida, sentamo-nos para conversar. Contei-lhe de minha preocupação com Daiana, e sobre a ideia que tinha em mente, pretendendo fazer uma viagem surpresa a Washington para visitá-la. No mesmo instante, Rita se prontificou a checar os dias, horários e o melhor preço de voo com destino à capital norte-americana, partindo de Phoenix. E, diante do que precisava ser feito, pegou o telefone, ligando para o aeroporto. Em apenas 15 minutos minha amiga obteve todas as informações necessárias, colocando-me a par de uma superpromoção em passagens de ida e volta. Só havia um detalhe: deveria comprá-las, no mais tardar, até o dia seguinte!

Pouco antes das 11h de segunda-feira, Rita procurou-me na casa de Iris, entregando-me as passagens. Restituí a ela a importância paga, agradecendo-lhe a gentileza. O bilhete de ida achava-se marcado para as 16h do dia 29 de novembro e o de volta, em aberto. Portanto, um dia após minha tão esperada festa de despedida estaria embarcando com destino a Washington, D.C. a fim de rever, de surpresa, minha índia!

Finalmente, o dia 28 de novembro chegou, movimentando nas primeiras horas da manhã a casa de Ehrton, minha primeira morada e local que eu escolhera para festejar com os amigos. De véspera, havia comprado todos os ingredientes para o jantar à brasileira que iria oferecer. No cardápio, feijoada vegetariana bem-temperada, arroz branco, pães de queijo, uma farta e diversificada salada orgânica e, como não poderia faltar, a tão cobiçada caipirinha, só que preparada com aguardente mexicana. Para sobremesa, torta de maçã e sorvete de baunilha com castanha em pedaços. Claro que não me esqueci do antepasto, ficando por conta de queijos e vinhos, biscoitinhos variados e a cervejinha gelada. Tudo feito com total dedicação e a colaboração dos amigos.

Por volta das 18h o jantar ficou pronto. Comida e bebida para 40 pessoas ou mais! Jon, meu amigo e intérprete, ajudou na cozinha descascando batatas, cebolas e cenouras. Hamido, outro amigo brasileiro e mineiro, incumbiu-se dos pãezinhos de queijo para surpresa e deleite de todos que puderam prová-los. Karol, Chiwah e Sharon também prestaram fundamental colaboração no preparo dos alimentos.

Os convidados começaram a chegar a partir das 18h30, sendo que, meia hora depois, o salão da casa encontrava-se totalmente tomado por pessoas amigas. Dentre elas, Iris e Rita, as primeiras que chegaram; Dee Ryan, minha estimada professora de inglês luso-americana; Gustavo e Rosane, outros amigos brasileiros em Sedona; Tom, que me levara a participar daquela Tenda de Purificação dirigida por um Lakota; Maggi e Pete, um querido casal de pacientes; Ehrton, Naomi, o pessoal da casa e muitos outros!

Abraços calorosos, com desejos de feliz viagem e breve retorno foram unânimes, assim como as opiniões sobre o jantar... Não tardou para que a comida acabasse, ouvindo-se repetidamente a expressão "Hum..., hum...", e a ênfase numa palavra de fácil entendimento por quem fala português: *delicious*! Felizmente, a satisfação foi geral e a maioria conseguiu até mesmo repetir.

Como não poderia deixar de acontecer, por se tratar de um momento tão especial, formamos um grande círculo e fumamos o Cachimbo Sagrado, consagrando, assim, as nossas relações, e entre nós para com o Grande Espírito. Quando o Cachimbo chegou às mãos de Iris, na altivez dos seus quase 100 anos, ela o fumou com dignidade e rara beleza!

Encerrada a cerimônia, um a um dos presentes se manifestou com palavras sinceras e amorosas a mim dirigidas, deixando-me bastante emocionado. Por ser o último a falar, só me restou, e muito, agradecer. Observando em suas faces, em seus olhos, identificava a pura expressão do amor, da solidariedade, da atenção, do carinho e da amizade em cada relacionamento e nas experiências vividas em Sedona, capital energética-espiritual de minha jornada por aquele país.

Na ocasião em que estava prestes a viajar aos Estados Unidos, os amigos no Brasil haviam comemorado meu bota-fora. Tempos depois, em rota contrária, encontrava-me descontraidamente cantando e me divertindo, celebrando com os novos amigos o momento de voltar à minha pátria.

Conforme havíamos combinado, lá pelas 23h30, ao chegar em casa, liguei para Daiana. Por um lado, ela gostou de saber que tudo dera certo e que eu estava feliz. Mas, por outro, lamentou-se e pediu desculpas pela impossibilidade de comparecer. Foi nessa hora que desfiz o segredo, ao revelar a viagem para encontrá-la em Washington.

Mal terminei de falar e ela, surpreendentemente e num tom de voz alterado, enfatizou:

> – Eu não posso recebê-lo! Como já disse, estou para iniciar o trabalho em mais um hospital, já comecei as aulas de yoga, enfim…

Todas as explicações foram em vão. Afinal de contas, o que ela argumentara anteriormente prendia-se ao fato de não poder estar em minha festa por razões de tempo e dinheiro. Mas era eu quem pretendia ir ao seu encontro, e estava sendo por ela evitado. Disse-lhe para ficar despreocupada, pois não lhe causaria qualquer incômodo, podendo hospedar-me em um hotel. De nada adiantou…

Angustiado, mas decidido, joguei a última cartada na tensa conversa:

> – Já estou de posse das passagens e viajo amanhã às 15h.
> – Você não deveria ter feito isso sem me consultar! Ando totalmente ocupada e não poderei encontrá-lo!
> – Mas Daiana… foi tudo muito rápido e eu queria lhe fazer uma surpresa! Mesmo que você não queira me ver, de qualquer maneira eu vou e me hospedo num hotel. Pretendo ficar uma semana por aí, aproveitando para conhecer alguns locais interessantes. Caso você mude de ideia…

Sem dizer algo mais, a índia desligou o telefone enquanto eu ainda falava. Consequentemente, todo o autocontrole que eu buscava manter desabou. Os sentimentos de angústia e frustração invadiram minha mente, estagnando a energia e afetando meu espírito. Para melhor realçar a situação, eu me sentia como se fosse um beduíno sedento, atravessando o deserto ao encontro de sua amada. Ao avistar aquele oásis, com vegetação e a tenda na qual ela ficava, fustigou o camelo. Bem exausto e quase chegando, foi que constatou tratar-se de uma miragem...

Na manhã seguinte, encontrava-me arrasado e indisposto pelo estado emocional e a noite maldormida. Precisava fazer algo com urgência para me reequilibrar e superar aquela crise. Foi então que recorri aos cuidados de uma terapeuta do Novo México, residente em Sedona. Rita, muito preocupada com a situação, levou-me de carro às 9h em seu consultório. Ao entrar, Maria Mercedes surpreendeu-se com a expressão do meu rosto e o baixo padrão energético que eu apresentava.

– Olá, Tsiipré!? O que houve contigo? Que bicho te mordeu...?
– Um cupido do contra, e com a flecha sem ponta... – respondi.

Havíamos nos conhecido há poucas semanas e isso resultara em forte empatia e identificação profissional, o que nos motivou uma troca de trabalhos. Na ocasião, eu lhe contei sobre as visões, ao que Mercedes revelou-se fascinada, sugerindo-me que escrevesse um livro. Bastante surpresa com a minha história, compartilhou da felicidade que sentia por haver encontrado a índia. E, agora, ao se inteirar do curso dos acontecimentos, solidarizou-se e ofereceu-me ajuda naquilo que ela tão bem conhecia e sabia fazer.

Deitei-me na confortável maca de massagem, com os pulsos avaliados pela terapeuta. O resultado, eu já esperava: pulsos profundos, finos e lentos, quase imperceptíveis, indicando acentuada deficiência e estagnação energética. Iniciando o trabalho, Mercedes lançou mão de um *shiatsu* tonificante. Pouco a pouco, fui relaxando e, num dado momento, esbocei um profundo e reconfortante suspiro, seguido por um bocejo, fruto da movimentação energética proveniente do estímulo que estava recebendo. Em seguida, ao me aplicar acupuntura, adormeci.

Vinte minutos depois, acordei com o ruído do cronômetro-despertador. Por último, e após me fazer uma supermoxa no triângulo da longevidade,[1]

---

[1] Conjugação de três pontos energéticos: um localizado no umbigo (Shen Que) e os outros dois (Zu San Li), cada qual abaixo dos joelhos, na parte externa da tíbia.

levantei da maca sentindo-me outra pessoa, completamente renovado, calmo e fortalecido! Enquanto conversávamos sobre a sessão, alguém tocou a campainha. Era Rita, que tinha voltado para me buscar, logo percebendo e comentando o "milagre" da transformação... Com um abraço apertado e profundamente agradecido, eu me despedi de Maria Mercedes, descendo com minha amiga o breve lance de escadas do pequeno prédio.

O passo seguinte seria chegar em casa, pegar a mochila já previamente arrumada, despedir-me de Iris e embarcar na van do meio-dia com destino ao aeroporto de Phoenix. Rita permaneceu a meu lado até o momento em que entrei no veículo, desejando-me feliz viagem e, sobretudo, muita calma e boa sorte!

Horas depois, a chegada a Washington, D.C. ocorreu sem transtornos. Estava tranquilo e sem expectativas quando desembarquei no aeroporto da capital estadunidense, nos últimos instantes de claridade, num dia nublado e frio. Recolhi a bagagem, saí em busca de um telefone público e liguei para Daiana. Ao chamar cinco vezes, a secretária eletrônica foi acionada, com a mensagem de voz da pessoa que pretendia encontrar. Sem deixar recado, desliguei o aparelho. Não sabendo ao certo seus horários, resolvi aguardar por uma hora para fazer outra tentativa. Enquanto isso, circulei desinteressadamente pela praça de alimentação e pelas lojas de revistas, esperando o tempo correr.

Quando o relógio assinalou 20h, novamente arrisquei. Talvez ela não estivesse em casa, ou talvez estivesse filtrando as mensagens... Por via das dúvidas, deixei um recado:

> Olá, querida! Cheguei ainda há pouco e irei para um hotel nas imediações. Assim que estiver hospedado, volto a ligar, e quem sabe então nos falamos? Um beijo, saudades e até breve, Tsiipré.

Com auxílio de um taxista, foi bem fácil encontrar um local próximo do aeroporto, simples, confortável e por um preço convidativo. De banho tomado, fiz uma refeição num restaurante chinês e, minutos antes de me deitar, tornei a telefonar. Como das outras vezes, caiu na secretária. Deixei-lhe a segunda mensagem, contendo o nome e o telefone do hotel em que me encontrava hospedado.

Mesmo sem criar expectativas, não foi fácil desligar-me da angústia e da solidão naquele apartamento frio. Após fazer algumas orações e uma rápida meditação, num impulso recorri ao telefone, porém dessa vez ligando para Rita.

Ouvir a voz atenciosa da amiga e conversar com ela por meia hora deu-me novo ânimo. E, ao ensejo, recomendou-me que, a partir do dia seguinte até, o meu retorno, procurasse me distrair. Sabiamente, sugeriu-me uma visita ao Smithsonian Institution.

O dia e eu amanhecemos totalmente renovados! O sol voltou a brilhar no azul do céu e em meu espírito. De posse das informações necessárias, tomei um reforçado café da manhã e, sem ligar para Daiana, segui na direção do museu.

Constituído por um complexo de 19 prédios, o Smithsonian Institution apresenta um acervo de 142 milhões de itens em suas coleções, além de sete centros de pesquisas. Lá chegando, dei-me conta da oportuna sugestão de Rita, para que me distraísse ao máximo até voltar a Sedona. Sem exagero, levaria, no mínimo, três semanas para conhecer aquele extenso universo cultural, composto por tantos museus. Ao pé da letra, atendi ao conselho de minha amiga, não deixando a mente desviar-se no rumo das incertezas e inquietações.

Obviamente, o primeiro prédio que visitei foi o que expunha um grandioso acervo etnológico das Américas. Em decorrência, a primeira exposição não poderia ter sido outra se não a alusiva aos povos indígenas das planícies. Lá estavam representados os Oglala-Sioux, os Arapahô, os Cheyenne, os Arikara e vários outros grupos do século XIX. Eu, que me encantara com aquele pequeno museu sobre o Velho Oeste, em Sedona, postava-me então maravilhado e, ao mesmo tempo, reflexivo, diante das muitas e amplas vitrines. Belíssimos cachimbos, tambores, cocares, mocassins e demais indumentárias encontravam-se ali expostos. Havia também a representação de um acampamento Sioux, em tamanho natural, mostrando a *tipi* confeccionada com peles de búfalo, uma família indígena, o cavalo e alguns objetos ao redor. Num esquema inserido no mesmo cenário, foi interessante observar o interior da *tipi* com os utensílios dispostos nos respectivos lugares, tendo ao centro uma pequena fogueira "acesa". E pensar que, um dia, tudo aquilo fizera parte de um *modus vivendi* milenar, tradicional, autêntico e livre, até a chegada do homem branco... Mas agora lá estavam aquelas peças, na medida do possível bem-conservadas, cumprindo a única função de mostrar o "passado" aos olhares curiosos dos visitantes.

Enquanto observava atentamente a exposição, meus ouvidos captaram uma linguagem conhecida, num sotaque singular. À minha direita, um casal com seus dois filhos, brasileiros de meu estado natal, tecia comentários sobre a mostra. Pensei em me dirigir a eles, cumprimentá-los, mas optei por não fazê-lo. Achei interessante apenas ouvi-los; um idioma familiar, perdido entre tantos outros das mais variadas partes do mundo e que por lá transitavam. Quem sabe quisesse estar só comigo ou, talvez, por estar retornando ao Brasil... não importa!

Em continuidade, visitei o setor dos Inuit, ou Esquimó, o povo do Ártico, das terras geladas, porém com uma incrível capacidade histórica de adaptação e sobrevivência naquele território. Alguns itens de sua cultura material encontravam-se ali expostos, a exemplo das roupas feitas com pele de caribu[2] e de urso polar, botas de pele de foca, arpões para caçar baleias e outros animais, além de pequenas e delicadas esculturas antropomórficas, zoomórficas ou de entidades espirituais, trabalhadas em marfim de morsa.[3] Havia ainda os típicos e velozes caiaques, construídos a partir de uma armação de madeira revestida em couro, apresentando um orifício redondo e que se fecha, de modo impermeável, ao redor da cintura do navegador.

Noutra sala, encontravam-se elementos representativos de culturas indígenas da América do Sul, entre os quais raríssimos exemplares da arte plumária dos povos Borôro, Kayapó, Karajá e Urubu Kaapor, do território brasileiro.

Ao término do dia, voltei ao hotel. Passando na recepção, logo pude constatar a inexistência de algum retorno de Daiana aos meus telefonemas. Do apartamento, bastante frustrado e desapontado, tornei a ligar. Mais uma vez, caiu na secretária eletrônica, à qual resumi minha visita ao museu, desejando-lhe boa-noite.

A partir do meu segundo dia de permanência em Washington, cumpri o mesmo programa, que só não virou rotina devido aos demais prédios do museu que ainda me restavam para visitar. Em contrapartida, não mais deixei qualquer recado para Daiana, na intenção e na esperança de que, dali por diante, a iniciativa partisse dela. Quando nos flagramos envoltos por esse tipo de sentimento, torna-se quase impossível não criarmos expectativas...

O dia 4 de dezembro havia chegado, e eu retornei à noite para o hotel acompanhado pela angústia. Era a véspera de meu retorno a Sedona e ainda não conseguira realizar o objetivo que me havia conduzido a Washington.

Num impulso, um desejo enorme me fez pegar o telefone. Necessitava falar com a índia ou, ao menos, ouvir sua voz gravada no aparelho de men-

---

[2] Cervídeo de grande porte, com chifres, que vive em manadas e habita latitudes altas. Característico das regiões árticas do norte do Canadá, Alasca, Rússia, Escandinávia e Islândia.
[3] Espécie de mamífero marinho.

sagens: *Aqui quem fala é Daiana. Deixe o seu recado, dia e hora em que ligou e, assim que possível, retornarei.*

Sem dizer uma só palavra, devolvi o fone ao gancho, recebendo, no ato, um lampejo intuitivo para aquietar meu estado emocional. Estava na hora de falar ao Mistério!

Imediatamente, alcancei a bolsa do Cachimbo, que se encontrava pendurada na parede do quarto, bem acima da cabeceira da cama. Retirei o objeto sagrado do *pipe bag*, encaixando concentradamente a haste na base do fornilho de pedra vermelha. Da pequena bolsa de pele de gamo retirei as sete porções de tabaco até preencher o fornilho. Em seguida, com ambas as mãos, elevei o Cachimbo Sagrado na Direção Leste, suplicando ao Grande Espírito de Wakan-Tanka aquilo que eu mais almejava... Por fim, o acendi e comecei a fumar.

No exato momento em que se consumira o último floco de tabaco, o telefone tocou. Para minha grande surpresa e alegria, era ela, a índia.

> – Olá, Tsiipré... queria saber de ti, como estás e quando retornas a Sedona. Recebi teus recados, desde que você chegou a Washington, mas, como te disse antes, não me foi possível recebê-lo...

Com o coração acelerado e procurando disfarçar a emoção contida na voz, nada questionei. Contei-lhe que acabara de realizar a cerimônia, alcançando instantaneamente aquela graça com seu telefonema. Ao comunicar-lhe meu voo, marcado para as 20h do dia seguinte, Daiana afirmou que estaria duas horas antes no aeroporto, para que nos encontrássemos. Apesar da expectativa, e ao contrário do que pensei vir a ocorrer, dormi profundamente a noite inteira.

Em meu último dia na capital dos Estados Unidos, acordei bem cedo, antes das 6h, para meditar, fazer ginástica e arrumar toda a bagagem. Queria ganhar tempo para conhecer um pouco da cidade, almoçar em um bom restaurante natural e ainda fazer uma necessária e prolongada meditação no hotel. Aí, sim, de banho tomado e roupa trocada, eu encerraria as contas e colocaria a bagagem num táxi, partindo rumo ao aeroporto.

Tudo ocorreu conforme o planejado, com calma e sem correria. Depois de almoçar muito bem num excelente restaurante natureba, o jeito era caminhar para favorecer a digestão. E, caminhando, me conduzi ao interior de uma livraria. Observando as prateleiras, não levou nem três minutos para que meus olhos se detivessem numa rara e linda ilustração de capa, contendo a imagem da Mulher-Novilha, envolta na manta do Búfalo Branco. Caminhando por uma trilha aberta num campo de sálvia, trazia nas mãos, embrulhado em peles, o primordial Cachimbo Sagrado para ser entregue à Nação Sioux. No seu conteúdo, ricamente ilustrado por belíssimos desenhos em preto e branco e coloridos, encontravam-se descritos os sete ritos sagrados daquele povo. Um dia antes, eu fizera a cerimônia do Cachimbo no quarto do hotel, resultando, logo depois, no telefonema de Daiana. E agora, a poucos instantes de meu encontro com a índia, havia adquirido, sem ter procurado, o mesmo assunto que ela se encontrava lendo no dia em que a conheci...

Cheguei ao aeroporto com 20 minutos de antecedência, na intenção de logo despachar a bagagem, ganhando, assim, o máximo de tempo para estar com Daiana. Pontualmente às 18h, posicionado a poucos metros da entrada principal do aeroporto, avistei a pessoa que eu aguardava aproximar-se. Meu coração acelerou por alguns segundos, normalizando em seguida. Pensei em cumprimentá-la de forma menos calorosa, temendo defrontar com uma possível reação de distanciamento ou frieza de sua parte. Daiana vestia um casacão marrom escuro que lhe cobria a metade do jeans, e seus cabelos, como sempre, estavam soltos.

Cara a cara, entreolhamo-nos em silêncio. Ao lhe estender a mão, inesperadamente a índia abraçou-me e beijou-me com afeto, o que me fez retribuir a iniciativa com a mesma intensidade. Em seguida, dirigimo-nos a uma cafeteria e escolhemos a mesa mais aconchegante e reservada para conversarmos. Tão logo nos sentamos, retirei de minha bolsa um pequeno ursinho de pelúcia que havia comprado de presente para sua sobrinha e, do meu pescoço, um colar Xavante com cinco voltas, confeccionado em sementes de capim-navalha, que lhe presenteei.

De seus lábios ouvi palavras de apreciação e agradecimento, enquanto seus olhos não conseguiam conter as lágrimas. Segurei em suas mãos e, mirando-a fixamente, procurei sem chance entender o que se passava. A versão que ouvi em Mesa, ao telefone, se repetia então pessoalmente. Busquei relembrá-la da magia de nosso encontro, dos poucos porém intensos dias que passáramos juntos no Arizona. Ela mais ouvia, chorava e pouco falava, limitando-se a comentar a respeito de suas novas atividades. Tal situação me deixou angustiado e atônito, por não saber a razão, o motivo convincente que impedia nosso relacionamento. Daiana, mais uma vez, afirmou, e me convenceu, não haver ninguém em sua vida. Talvez ela fosse uma pessoa problemática, ou tivesse se tornado a partir da decepção com aquele brasileiro... Quem sabe tivesse ficado impressionada e, ao mesmo tempo, relutante com a minha história, sobre as visões que tivera com ela? Ou, então, pelo contrário, não acreditara em absolutamente nada do que lhe contei, considerando-me um louco a mais neste mundo e por quem apenas se sentiu atraída. De todo modo, eram apenas conjeturas, mas que um dia, oxalá, eu poderia vir a entender.

Entre um gole e outro de chocolate quente, continuamos a conversar. Contei-lhe de minha intenção de passar uns três meses no Brasil, retornando posteriormente para viver e estudar acupuntura na América.

Por fim, chegou a hora do meu embarque. Pela segunda vez, abraçamo-nos, ao tempo em que Diana, visivelmente sentida, pedia-me desculpas. No entanto, segundos antes de nos separarmos e olhando-me nos olhos, a mulher proferiu sua última e decisiva frase:

– Não espere por mim!

Sem olhar para trás, segui adiante, a caminho do avião. Em pensamentos instantâneos, recordei-me das visões com a índia. Na primeira, sendo-me apresentada pelo ancião, durante a cerimônia de nosso casamento no interior da *tipi*. Na segunda, insistindo para que eu seguisse a seu encontro nos Estados Unidos, pois estaria me esperando. Ao contestá-la, dizendo-lhe com veemência que não teria nada a fazer na América, e que não sabia falar inglês, ela argumentara:

– Você virá, pois torno a dizer que estou lhe esperando! Quanto ao idioma, não se preocupe, pois a linguagem do coração é universal...

Que contradição... de tudo o que senti e ouvi da índia durante as visões, em 1992, para aquele momento... Antes, era eu quem relutava, alegando motivos para não viajar ao seu país, ao seu encontro. Mas decidi, e fui! E, quando já nem esperava mais encontrá-la, eis que o Universo a colocou em meu caminho. E era ela mesma, não tenho dúvidas quanto a isso! O diferencial da história de nossos encontros no plano astral reside no fato de que ela não se lembrara de nada ao retornar para o corpo físico, ao contrário do que se passara comigo.

O caminho espiritual tem suas artimanhas... Os acontecimentos sempre trazem em si um propósito determinado, uma razão de ser, muito embora isso não se torne claro ou objetivo no primeiro instante. Não me restava alternativa senão a difícil tarefa de procurar esquecê-la...

Da pequena janela, meus olhos observavam indiferentes o avançar da aeronave sobre a pista, acelerando progressivamente até a decolagem. Pouco depois, contemplei o aglomerado de pontos luminosos da cidade, tal qual um céu invertido, enquanto a mente persistia nas reflexões... Lembrei-me de Iris, que estava prestes a completar um século de vida, e também de Rita, dos demais amigos e das montanhas vermelhas de Sedona, para onde me dirigia a fim de arrumar as bagagens e proceder às últimas despedidas.

Pela janela do avião, nada mais avistei, exceto o negro manto da noite a envolver um imenso espaço vazio.

CAPÍTULO VINTE E DOIS

# *Retorno à terra natal e a cerimônia na clareira*

*Nunca olhe para trás para ver o que já percorreu. Olhe o seu coração, que guarda um mundo de auroras e anoiteceres.*

Atahualpa Yupanqui

*O importante é continuar aprendendo, desfrutar os desafios e tolerar a ambiguidade, pois, em definitivo, não existem certezas.*

Marina Horner

Alegrei-me por estar de volta a Sedona, embora dispondo apenas de uns poucos dias antes de partir.

Rita lamentou o desfecho no reencontro com a índia. Perguntou-me sobre os motivos de seu proceder, porém minhas explicações não ultrapassaram o campo das hipóteses. Apesar da desilusão pela qual passei, nada me restara que não fosse aceitar. Longe de mim forçar a barra, tentando obter revelações contra a vontade alheia e em tais circunstâncias. Por outro lado, Rita tranquilizou-se ao me ver bem, do ponto de vista emocional. Com certeza, a sessão de acupuntura que havia recebido antes de viajar para Washington em muito contribuiu, juntamente com a saudade e o desejo de rever meu país, minha mãe, minha filha, familiares e amigos. Achei por bem deixar o passado no passado, concentrando-me em viver o presente.

Em Sedona, a novidade do momento, sobre o que mais se falava, era o aniversário de Iris, a ser comemorado no golfo do México. Para isso, os amigos se reuniram, oferecendo-lhe a turnê e a festa de presente. Desde a viagem anterior, no período de férias com seu marido, 67 anos se haviam passado. Agora, no dia 30 de dezembro, estaria de volta à mesma região em que fora contatada por Astar Sheran, aquele Ser de Luz. Retornaria com a consciência tranquila pela missão cumprida, por todo esse tempo dedicado à elevação espiritual dos seres humanos.

Eu queria dar uma lembrança original e significativa para Iris, e que ao mesmo tempo lhe fosse útil. Mais uma vez, foi Rita quem me deu a pista de algo que ela dizia necessitar... Os dez dias que me restavam seriam suficientes para o preparo da surpresa à minha centenária e jovem amiga. De facão em punho, percorri um pequeno matagal nas redondezas, logo encontrando o que buscava. Em respeito, pedi mentalmente permissão ao rijo arbusto de 1,60 metro de altura e com espessura de um cabo de vassoura, antes de retirá-lo do solo.

Dois dias depois que havia lavrado a madeira, aleatoriamente a queimei, promovendo, assim, um bonito contraste visual. Na parte superior, com um pirógrafo, gravei seu nome, Iris Clark – 100 anos, seguido por um amarrado em tira de couro, com alça para o punho. Logo abaixo, acrescentei um arranjo à guisa de tufo, confeccionado com penas de papagaio, unhas de veado e miçangas coloridas.

Em quatro dias, o cajado para caminhar ficou pronto. Embrulhei-o em papel de seda e depois noutro, contendo belos motivos indígenas norte-americanos. Pensei entregar-lhe na véspera de minha viagem, mas não resisti à curiosidade de observar sua reação.

Ao recebê-lo, Iris franziu a testa, levantando as sobrancelhas e, com olhos arregalados, resolveu arriscar em sua voz aguda e de fala esperta:

– Já sei! É um arco e flecha?

Sem conter a gargalhada, respondi:

– Quem sabe... e o que você pretende fazer com ele?

Pacientemente, e sem rasgar o papel, começou a desfazer o embrulho. Ao deparar com a surpresa então revelada, seus olhinhos brilharam e os lábios esboçaram um doce sorriso de criança, apenas possível às pessoas puras de coração. Segurando o cajado com a mão direita, desfilou ao redor da sala com a imponência e a humildade dos que trazem consigo a sabedoria.

Finalmente, em 12 de dezembro, a hora do regresso chegou. Meu voo para o Brasil partiria de Miami, fazendo com que Rita decidisse acompanhar-me nessa primeira etapa da viagem.

Deixei em Sedona a maior parte dos meus pertences, acondicionados em caixas de papelão e sob os cuidados da grande amiga. Encaixotei meus livros de filosofia e terapias orientais, sobre os povos indígenas do Brasil, minhas fitas cassete de sambas e chorinhos, os adornos sagrados que recebera de presente ao término da Dança do Sol, boa parte de minhas roupas e outros objetos. Alimentava a ideia de que, muito em breve, possivelmente em três meses, estaria retornando à América.

Na bagagem, além das vestes, levava comigo uma grande quantidade de fotos, algumas lembranças para minha mãe, minha filha, familiares, amigos e, como não poderiam faltar, o Cachimbo Sagrado e a linda flauta que ganhara de um discípulo de Rollas. Ao desembarcarmos na Costa Oeste, em Miami, um amigo de Rita nos aguardava. Chamava-se John Star Man, um jovem e simpático descendente de cubanos que por lá residia com a família. Estava de volta ao ponto inicial de minha jornada, iniciada exatamente há um ano e cinco meses. Como ainda faltavam dois dias para o meu voo, aquela seria uma ótima oportunidade para conhecer algo além do Aeroporto de Miami, o que não me foi possível quando lá estive da primeira vez.

Por volta das 13h, chegamos à casa de John, onde sua jovem e bela mãe nos esperava para o almoço. Logo de cara, percebi que eram pessoas especiais, assim como tantas outras que conheci por intermédio de Rita. Se não me engano, John possuía e dirigia uma empresa de componentes eletrônicos, mas sua real vocação o conduzira ao estudo e às pesquisas de campo sobre objetos voadores não identificados e, consequentemente, à influência e à ação de seres extraterrestres em nosso planeta. Daí, talvez, o seu pseudônimo de "Homem das Estrelas". Durante a refeição, constituída por cereais e vegetais, conversávamos aberta e espontaneamente, como se fôssemos velhos amigos! De fato, uma grande identificação e sintonia nos uniu, dispensando cerimônias ou entraves de qualquer ordem.

No dia seguinte, após uma noite de sono profundamente reparadora, duas situações inusitadas marcaram em definitivo minha breve passagem por Miami. A primeira foi o acesso a uma incrível fotografia que John me mostrou, fornecendo-me, em seguida, uma cópia. Segundo ele, a foto fora tirada em Jerusalém, por uma amiga sua. Passeando pelas ruas, a moça tivera a intuição de fotografar aleatoriamente o céu, e assim o fez. De retorno aos Estados Unidos, e após a revelação dos filmes, a imagem que, misteriosamente, apareceu gravada em um dos negativos e depois revelada em papel fotográfico apresentava os personagens bíblicos José de Arimateia, Cristo, João e Pedro, todos caminhando entre as nuvens. Conforme aquele novo amigo me revelou, o negativo fora rigorosamente analisado em laboratório, sem apresentar qualquer indício de fraude. Ainda segundo John, a tal foto correra o mundo, fato que pude comprovar nove anos depois, em 2004, ao deparar, surpreso, com aquela imagem estampada na parede de um centro de curas mediúnicas, em Abadiânia, no estado de Goiás. Na ocasião, sincronicamente, também encontrei um índio americano, do Arizona, com os cabelos longos e já grisalhos, que por lá se encontrava em tratamento espiritual.

A segunda situação se passou igualmente no campo da fotografia. O detalhe, no entanto, ocorreu imediatamente depois de a foto ser batida. John preparou-se com a câmera em punho, enquanto eu e um tranquilo papagaio posávamos. Na intenção de assinalar a presença da ave, aproximei meu dedo indicador direito de seu bico, no tempo em que sorria para a foto. Por muito pouco, menos de um segundo, minha expressão facial de dor não fora registrada pelo fotógrafo... Logo após o clique, o famigerado papagaio avançou com vontade sobre a ponta do meu dedo, chegando a perfurá-lo!!

Descontando-se o incidente com a ave temperamental, o restante do dia correu na mais perfeita ordem. Ao fim da tarde, saímos eu, Rita e John para um passeio de carro e também uma visita a um talentoso artista plástico amigo de John, de origem latino-americana. Suas pinturas, em telas avantajadas, retratavam com perfeição e suavidade nos tons os diversos aspectos da Mãe-Terra, da natureza, sob uma profunda sensibilidade espiritual do artista para com sua obra.

Ao deixarmos a residência-ateliê do pintor, dirigimo-nos em sua companhia a um restaurante mexicano situado nas imediações da orla marítima. A comida farta, *caliente* e saborosa inspirou um agradável e descontraído papo, acompanhado por uma cerveja bem gelada. Por volta das 21h, partimos do restaurante em direção à praia.

Seguimos caminhando, despreocupadamente, com os pés descalços, pela areia, à beira-mar. Enquanto os três conversavam, adiantei-me, a passos largos, totalmente envolvido pelas lembranças da jornada. Deliciosamente, as águas do Atlântico banhavam meus pés, restituindo-me o gosto e o prazer, depois de quase um ano e meio sem rever ou sentir o mar. Recordei-me da primeira Tenda de Purificação, na qual participei a convite de Rosane; das ruínas do povo Anazazi, nas encostas das montanhas em Red Canyon; dos incríveis sinais ocorridos por ocasião da reveladora e surpreendente viagem a Dakota do Sul; dos mágicos encontros com Rollas e Daiana; das rodas de samba no Café Brasil, para matar as saudades da pátria amada e, sobretudo, das tantas e queridas pessoas com as quais convivi para muito aprender! Sem faltar ninguém, uma a uma, suas imagens foram desfilando pela minha mente.

Ao olhar para trás, dei-me conta de que os amigos eram somente três pontos distantes na vastidão da praia deserta e iluminada pelo clarão da lua. Naquele momento, não resistindo à vontade, tirei as roupas e entrei no mar. Em águas transparentes, numa temperatura ideal, banhei meu corpo, minha alma, na convicção da missão cumprida e na conexão com meu país pelas vias do Atlântico.

No dia do meu retorno, o céu amanheceu azul, e a temperatura, amena. Minha bagagem encontrava-se devidamente arrumada, evitando, assim, qualquer atraso de última hora. Pouco tempo depois do almoço despedi-me da mãe de John, agradecendo-lhe pela generosa hospitalidade, enquanto seu filho ligava o carro para nos conduzir ao aeroporto. Utilizava um chapéu de feltro que comprara em Sedona, no qual adaptei, na lateral direita, uma pena de gavião do meu país. Usava também os tênis novos que comprara um dia antes, num shopping center de Miami, e um colar de garras de urso sobre a camiseta branca com a foto do líder Sioux, Touro Sentado. Rita, toda de branco, num conjunto de calça e blusa, ostentava um colar dos índios Nhambikwara, do Mato Grosso, que eu lhe dera de presente.

Ao chegarmos ao aeroporto, fui logo providenciando o check-in e o despacho da mochila e de outra bolsa volumosa. Felizmente, ao contrário do que supunha, não me cobraram excesso de peso.

À medida que ia se aproximando a hora do embarque, minha ansiedade crescia, e eu tentava, quase em vão, disfarçá-la. Sentia uma mistura de saudades do Arizona, especialmente de Sedona, das pessoas, com a expectativa de voltar ao Brasil, rever minha mãe, minha filha, meus irmãos... Rita, mais uma vez, conseguiu captar meus sentimentos, e até os pensamentos, mesmo sem saber português... Suas palavras buscavam me tranquilizar, transmitindo força, amor e alegria.

Quando a gravação de voz avisou aos passageiros do voo, com destino a São Paulo, que embarcassem, posamos os três para a última foto. Em seguida, abraçamo-nos, movidos por um sentimento comum a todos os povos, e cuja palavra que o expressa somente a conheço em duas línguas, ou seja: em português e Xavante, que os índios dizem *pē'ēdzé*, significando saudade. Nada mais restando, atravessei, decidido, o portão de acesso para embarque. No rumo da aeronave, um pouco antes da primeira e única curva, virei-me e troquei acenos com minha querida e abençoada fada madrinha, Rita Livingston, e com John Star Man. Pouco tempo depois, às 19h, o avião decolou em voo direto para o Brasil.

O céu se encontrava totalmente encoberto, porém sem chuvas quando desembarquei às 6h30 no Aeroporto Internacional de Guarulhos. Uma sensação estranha me invadiu no momento em que pisei em solo brasileiro e paulistano. Todavia, estava consciente da mudança energética e da frequência vibracional que se diferencia de um lugar, de um país para o outro. Em relação ao fuso horário, no meu caso em particular, a diferença era praticamente irrelevante. A próxima etapa seria fazer, num voo doméstico, a conexão para a internacionalmente conhecida Cidade Maravilhosa.

A chegada ao Rio transcorreu normalmente e no horário previsto, às 10h45. Meu irmão Maurício e os sobrinhos Guilherme e Alexandre encontravam-se à minha espera no aeroporto do Galeão. Por um lado, sentia-me preenchido com a perspectiva de rever os familiares e amigos, mas, por outro, algumas dúvidas e preocupações pairavam incessantes em minha mente. Uma delas era em relação a Daiana, que, sem chances de retomar o relacionamento, tomara de assalto o meu coração, fazendo diluir o que antes sentia por minha namorada no Brasil. Mesmo assim, e apesar de tudo o que acontecera, lá no fundo, eu continuava alimentando esperanças no tocante à índia.

Outra dúvida, mais objetiva e imediata, se revelava no contexto urbano de então, da minha cidade natal. O Rio se transformara num gigantesco canteiro de obras, denominado "Rio Cidade". A renovação da rede de esgoto e a instalação dos cabos da NET deixaram a cidade esburacada e com o trânsito ainda mais caótico.

À medida que lentamente íamos nos aproximando da casa de mamãe, em Botafogo, eu estava convicto de que retornaria em poucos meses para os Estados Unidos. Exceto as belezas naturais da cidade, tais como o Pão de Açúcar, o Jardim Botânico e as praias, o restante do visual que avistava das janelas do carro em nada me atraía. Nas calçadas, a multidão apressada, caminhava em desalinho, num vai e vem ininterrupto. Invasivas montanhas de concreto, por onde o sol se punha, enfileiravam-se herméticas e a se perder de vista... Ao mesmo tempo, recordava Sedona, as grandes montanhas vermelhas e o sossego daquele lugar! Eu me sentia um cidadão brasileiro de retorno à sua pátria, porém, meio desacostumado dela... com papéis, pontas de cigarro e outras coisas pelo chão. A pergunta era: o que precisaria fazer para me readaptar ao velho estilo de vida? No caso, uma readaptação energética, cultural e também educacional. Na verdade, os estranhamentos apenas começavam...!

Pouco a pouco, as preocupações se foram abrandando, na expectativa de rever minha mãe. Ao chegarmos em frente ao prédio localizado à rua Real Grandeza, agradeci e me despedi de meu irmão e dos sobrinhos.

Com a mochila nas costas, larguei a pesada e grande bolsa preta no chão, apertando insistentemente a campainha do 402. Porta aberta, cumprimentei a empregada, desci a mochila e abracei com vontade minha querida e saudosa mãe Semi. A partir de então, sentamo-nos para conversar. De início, conteilhe sobre as lições de vida e as experiências que vivenciara na América. Ela quis saber sobre Rita, Iris, Ehrton e Naomi. Enquanto falava, abri a mochila e retirei uma caixa de papelão contendo algumas lembranças que os amigos de lá haviam mandado para ela e minhas duas irmãs. Aproveitando, entreguei-lhe também meus presentes: um bonito colar indiano; a miniatura de uma coruja artesanal no tronco oco de uma árvore e uma outra corujinha em broche, feita de turquesa, madrepérola e coral pelos índios Zuni, do Novo México.

Ao mesmo tempo em que mamãe se distraía feliz da vida com meu regresso e os presentes que ganhara, aproveitei para tomar aquela boa ducha refrescante, uma vez que o calor do verão já se fazia sentir. Assim que terminei o banho, e retomamos a conversa, mostrei-lhe o Cachimbo Sagrado, relatando em detalhes a iniciação. Curiosa e admirada, pacientemente ela me ouvia. Ao término da narrativa arrisquei convidá-la para que fumássemos juntos o sagrado Cachimbo da Paz. E, para minha grande honra, no apogeu de seus 80 anos, ela aceitou. Em silêncio e concentrados, celebramos aquele momento de profunda harmonia e reverência. Mesmo pertencendo à religião católica, minha mãe conseguiu captar plenamente o sentido daquele ato, abrindo seu coração e entregando-se por inteira.

Após concluirmos a celebração, pensei em telefonar para os amigos e alguns antigos pacientes. Queria muito rever essas pessoas, incluindo aquela de quem já não tinha tanta certeza se continuaria sendo minha namorada. Naquele instante, o telefone tocou e, ao atendê-lo, alguém que apenas me ouviu apressadamente desligou. Logo intuí que pudesse ter sido ela... Minutos depois, o aparelho voltou a tocar e, dessa vez, e pela voz, confirmou-se a intuição. Reconheço que procedera de forma errada ao informá-la de que chegaria de viagem no dia 16 de dezembro, e não no dia 15, conforme ocorrera. No entanto, a notícia vazou, e ela decidiu confirmar. Agi dessa forma tentando evitar possíveis dissabores no aeroporto, logo na chegada. Certamente, ela perceberia diferenças no meu proceder, e para mim seria impossível disfarçar. A índia havia revirado meus sentimentos, tal qual uma tempestade sobre o oceano... Por isso, achei melhor me antecipar e buscar o local e o momento certo para conversarmos. No entanto, as coisas não saíram como eu havia planejado, fazendo valer aquele provérbio de que "A mentira tem pernas curtas".

Ao terminar a breve e tensa conversa com Luciana, marcando um encontro para os devidos esclarecimentos, retornei minha atenção aos amigos e pacientes mais chegados. Já tinha em mente uma programação para o final de semana, pensando em reunir o pessoal e contar-lhes as novidades, de preferência no mesmo dia. E nada melhor do que subirmos a trilha do Morro da Urca, rumo à clareira na qual eu havia enterrado, há um ano e meio, todos os meus cristais e demais pedras.

De posse da agenda, liguei para cada uma das pessoas. A carinhosa acolhida e o interesse para nos reunirmos no meio da mata foram comuns a todos. Contei-lhes da intenção em realizar uma importante cerimônia que aprendera com os índios americanos, voltada à celebração da vida, sem, contudo, entrar em detalhes. Queria deixá-los na curiosidade, gerando, assim, um clima de surpresa em torno do assunto.

Mamãe comentou, meio transtornada, sobre o barulho produzido pelas britadeiras do "Rio Cidade". Além do forte e desagradável ruído, a poeira, que subia constantemente, invadia o apartamento pelas frestas das janelas. A obra prosseguia avançando como um monstro esfomeado, devorador de calçadas e esquinas.

Assim que terminei de arrumar meus objetos nos armários, dei uma breve saída para comprar alguns produtos de uso pessoal. Tudo o que via me parecia profundamente estranho. Estava desabituado com as ruas tão estreitas e sujas. Em um bar pelo qual passei, antes de chegar ao mercado, pessoas bebiam cerveja e falavam tão alto que pareciam estar discutindo. Eu me sentia um verdadeiro estranho no ninho e com saudades do Arizona, do lugar no qual morava.

Ao percorrer os corredores do supermercado, comecei a recolher das prateleiras o que precisava, colocando os produtos numa cesta de mão. De posse do necessário, já ia me dirigindo ao caixa quando parei para apreciar uma pequena exposição de pôsteres com belas fotos de natureza. Ao bater os olhos, fiquei surpreso com o que vi! Num supermercado de Botafogo, em pleno Rio de Janeiro, contemplei a imagem fotográfica da "Casa de Pedra", uma extraordinária montanha de Sedona, às margens do Oak Creek Canyon, um riacho de águas velozes e transparentes. Aquela foto me deixara imóvel, ao mesmo tempo em que me via inserido no seu interior, banhando-me em suas águas, como o fizera em algumas ocasiões. Segundos depois, de volta à realidade, paguei as compras e retornei para casa. Por mais estranho que me sentisse, procurava pensar que se tratava de uma fase adaptativa, portanto, passageira.

Por fim, o dia marcado e dedicado ao reencontro com os amigos chegou. Um dia especial, pois, além de ter sido num sábado, o que favorecia a disponibilidade de tempo livre das pessoas, era o dia 30 de dezembro, o penúltimo dia do ano de 1995 e, por conseguinte, envolto em espírito de confraternização, reflexões e desejos de saúde, paz e prosperidade.

Às 14h, cheguei à praia Vermelha, na metade do pequeno calçadão em que se situa a estátua de *Chopin*, ponto de referência para o encontro marcado. Achava-me na companhia de Rafael, um jovem adulto Kaiowá-Guarani, do Mato Grosso do Sul, que conhecera quando ainda bem novinho, com 3 ou 4 anos, na Casa do Índio. Sentimos grande afinidade, e eu o levava sempre para passear em meio a várias brincadeiras. Na época, eu o apelidei de "Cafezinho", devido ao tanto que apreciava a tal bebida. Rafael estava apenas de passagem pelo Rio e obteve com a Cariry o número do meu telefone. Muitos anos se haviam passado, mas, no momento em que o chamei a participar daquele especial reencontro, as lembranças afloraram vivas e felizes em nossa mente e coração.

Pouco a pouco as pessoas foram chegando, e os sorrisos e abraços se tornaram cada vez mais intensos. Foi muito bom reencontrar as irmãs Elza e Alice, duas queridas amigas que compareceram acompanhadas de suas respectivas filhas; meu querido professor de *shiatsu*, Jorge Santos, que chegou juntamente com sua filha e uma jovem aluna portadora de deficiência visual, porém cheia de alegria, desembaraço e garra para subir a montanha; minha grande amiga e comadre Diléia, Robson, Juliana, minha afilhada do coração, e seu irmão Gabriel.

Enfim, pouco antes das 15h, o grupo já se fazia completo, com aproximadamente umas 30 pessoas. Atravessamos o portão de acesso ao Caminho do

Bem-te-vi, e seguimos beiradeando a montanha e o mar até o ponto inicial da subida. Na mochila, além do objeto sagrado e da flauta, carregava água e lanterna, já prevendo que desceríamos à noite. Segui à frente, com os demais em fila indiana. Pedi para que caminhássemos em silêncio, como fazem os índios, deixando, assim, a cidade lá embaixo, no seu devido lugar... Dessa forma, além de pouparmos energia, nós nos manteríamos centrados e em comunhão com a natureza, evitando possíveis acidentes por mera distração. A mata encontrava-se perfumada e em plena harmonia, revelando ora aqui, ora acolá, o canto solitário de algum pássaro, ou os silvos característicos dos micos-estrela que nos espreitavam, curiosos, pelos galhos das árvores. O professor Santos e sua aluna, que seguiam logo atrás de mim, caminhavam em bom ritmo, como se a moça pudesse enxergar. Enquanto isso, alguém do grupo, sem possuir tal limitação, denunciava-se no breve grito de susto, por quase ter caído ao tropeçar em qualquer obstáculo.

Ao chegarmos ao mirante, paramos um pouco para descansar, beber água e apreciar a paisagem. A beleza do visual da baía de Guanabara, das praias de Botafogo e do Flamengo, da ponte Rio-Niterói, além das montanhas ao redor da cidade, deixou-nos em total estado de contemplação. Estava feliz em retornar àquele local bastante significativo para mim, sobretudo na agradável presença de amigos tão especiais!

Recuperadas as energias, prosseguimos na marcha em direção à clareira, nas proximidades do Pão de Açúcar. Mais ou menos na metade do caminho que conduz à grande montanha entramos à esquerda, por uma picada aberta na mata em terreno plano. Finalmente, quando nos aproximamos uns 20m do nosso destino, solicitei a todos que se sentassem, aguardando em silêncio meu retorno.

Com a mochila nas costas, e já sabendo o que deveria fazer, continuei caminhando totalmente concentrado nos preparativos da cerimônia. A primeira providência foi cortar duas forquilhas de uns 40 centímetros, e também uma pequena e roliça vareta. Bem no meio da clareira, afastadas a um palmo e meio uma da outra, finquei as forquilhas no solo, descansando a vareta sobre elas. Feito isso, abri a mochila e retirei com a devida atenção o Cachimbo Sagrado e a flauta Ojibwa. Após a breve saudação em reverência ao Mistério, uni as duas partes do *Calumet*. Voltado para a direção Leste, eu o apoiei no centro da vareta, com a ponta da base do fornilho sobre a Mãe-Terra. Em seguida, peguei a bolsa de couro para carregar o objeto sagrado, estendendo-a na horizontal diante do Cachimbo. Em uma das forquilhas, pendurei a bolsinha do tabaco e, na outra, encostei a flauta. Por último, na concha de abalone, queimei folhas de sálvia para consagrar e purificar o ambiente.

De retorno aos amigos, que pacientemente aguardavam por quase uma hora, pedi para que me seguissem, mantendo-se ainda em silêncio. Na entrada da clareira, cada um ia retirando os sapatos e, depois de passar pela defumação com sálvia, adentrava à esquerda, sentando-se no chão até fechar o círculo. Tendo sido o último a compor o grupo, sentei-me de frente para o Cachimbo, dando início à cerimônia.

Por um momento, observei a fisionomia das pessoas, que se mostravam tranquilas, à vontade e totalmente integradas no contexto. E, não podendo ser de outro modo, iniciei contando a minha história, as razões que me haviam levado a viver na América e as experiências reveladoras que por lá havia passado. Depois de responder a algumas perguntas, retirei o Cachimbo do descanso, explicando sobre seu significado e sua própria origem no seio da Nação Sioux. Dessa vez não houve perguntas. Todos permaneciam em silêncio no instante em que sugeri que fechassem os olhos e se concentrassem no doce e harmonioso som da flauta que passei a tocar.

Finalmente, ergui o *Calumet* com sua haste apontando para o alto. Após recitar uma prece em louvor e gratidão ao Grande Espírito e às Seis Direções, começando pelo Pai Céu e a Mãe Terra, emocionado, eu o acendi e fumei por seis vezes, passando-o em seguida a quem se encontrava à minha esquerda. E assim, no sentido horário e energético da expansão, o *Calumet* foi seguindo de mão em mão entre os presentes, irmanando-nos por três rodadas até se consumir totalmente o tabaco. Quando o rito chegou ao término, convoquei os participantes a se levantarem e ensaiei com eles um passo bem simples e fácil de uma dança Lakota. Em continuidade, entoei um cântico daquela Nação Indígena ao Grande Mistério, encerrando a cerimônia em grande estilo, respeito e reverência.

No momento em que os amigos se preparavam para descer a montanha, solicitei alguns minutos de tolerância e atenção, no intuito de lhes revelar uma segunda surpresa... Diante da anuência e da curiosidade geral, desloquei-me para o lado norte da clareira, bem próximo de um grande tronco caído. Trouxera uma pequena pá metálica de jardim e, com ela, comecei a cavar o solo em determinado ponto. Em tom brincalhão, alguém me perguntou se estaria desenterrando algum tesouro perdido no tempo! Em resposta, disse-lhe que, de certo modo, sim, mas há bem menos tempo do que insinuara... Não demorou muito para que as primeiras peças do "tesouro" começassem a surgir sob os olhares intrigantes dos espectadores. Por fim, depois de um ano e meio ali enterradas e energizadas pela força das manifestações cósmicas e da própria terra, lá estavam os cristais de quartzo límpido e cor-de-rosa, as turmalinas, as ametistas e as demais pedras de minha coleção. Infelizmente, não foi possível manter o símbolo do *yin-yang*, formado por ocasião de quando as enterrei. Para isso, seria preciso um trabalho meticuloso, feito com pincel, portanto demorado, quando a noite já dava sinais de aproximação.

Retirei uma pirâmide de cristal, uma bela ametista e um citrino, liberando as demais para que todos se servissem e as guardassem como lembrança do presente encontro.

Assim que terminei de limpar e guardar o Cachimbo, iniciamos o percurso de volta com o necessário auxílio de algumas lanternas. Apesar das recomendações para que redobrassem os cuidados, lembrando-as de que, para descer, "Todo santo ajuda, mas o diabo empurra", algumas pessoas se mantinham um pouco mais falantes e brincalhonas. Não deu em outra! Num pequeno declive em linha reta uma colega escorregou e desceu sentada, como no brinquedo infantil... Pouco adiante, alguém perguntou se não haveria risco de cobras no caminho. Como eu era o guia da turma, respondi à temerosa questionadora que não se preocupasse, pois, em geral, as cobras gostam de quem vai à frente, enquanto as onças, de quem vem por último! Certamente, teria evitado esse tipo de resposta, caso nos encontrássemos caminhando pelos sertões de Mato Grosso...!

Brincadeiras à parte, chegamos sãos e salvos à base da montanha no Caminho do Bem-te-vi. Mais uma vez, a aluna do Santos surpreendeu a todos, já que nem reclamou, nem caiu, tampouco chegou a escorregar! Já eram quase 20h30 e o céu se achava estrelado e sem nuvens. À nossa esquerda, e no último trecho do caminho de volta, a lua se refletia no mar tal qual uma enorme colcha prateada.

O último dia do mês de dezembro passou, deixando em definitivo para trás o ano de 1995. Como se costuma dizer, "Ano-novo, vida nova!". No entanto, para mim, a chegada de 1996 somente fez aumentar aquela estranha sensação de peixe fora d'água, com um agravante a mais: as incertezas do vazio...

CAPÍTULO VINTE E TRÊS

# *Morte para renascimento*

*A vida deseja continuar caminhando, crescendo, amadurecendo...*
*A vida nos pede para refazermos as sendas torcidas; que abramos sulcos às possibilidades estancadas, que curemos o que está ferido; que cuidemos do que está são...*

JUAN AGUIRRE

*O ser humano não se ilumina imaginando seres de luz, mas sim mergulhando nas trevas....*

C. G. JUNG

*Quanto maior for o obstáculo, maior será a glória de tê-lo superado.*

MOLIÈRE

Quando o assunto surgiu, encontrávamo-nos à mesa de uma doceria no Leblon. Luciana me falou sobre as revelações de uma tal vidente que lhe fora indicada por uma amiga. Dentre elas, em particular, havia uma especialmente relacionada à minha pessoa:

> Tudo o que ela falava em relação ao passado, presente ou futuro, era baseado no que via em um copo com água! Antes que eu fizesse qualquer comentário, já foi logo dizendo que havia uma pessoa muito especial na minha vida, mas que se achava morando no exterior. Em seguida, confirmou que a tal pessoa retornaria definitivamente para o Brasil, sem, contudo, ter a menor ideia do que iria lhe acontecer... Ela me disse claramente: "Ele vai perder o chão!"

Fevereiro havia chegado, trazendo Maíra que viera de Brasília passar o restante das férias e o carnaval aqui no Rio. Aliás, até então, culturalmente falando, o carnaval sempre ocupara um importante espaço em minha vida.

Desde os primeiros anos, meus pais já me levavam à avenida Rio Branco, antiga avenida Central, para ver e brincar a folia de Momo. Não raro, e a pedido, minha mãe me pintava de índio Xinguano,[1] nas cores vermelho, preto e branco, com base em fotos de revistas. Aos 8 anos, minha avó materna, costureira, presenteou-me com uma roupa de passista do Bloco Carnavalesco Bafo da Onça, naquele tempo, um dos grandes atrativos do carnaval carioca e a maior paixão na minha vida, muito antes da Mangueira. Por vários anos, saí no Bafo, na ala Paz e Amor, chegando até mesmo a fazer parte da ala de compositores daquele bloco do Catumbi.

Apesar de todo o espírito carnavalesco, Maíra logo percebeu que algo de estranho se passava comigo. E ela também gostava de carnaval. Juntos, divertimo-nos por alguns anos na cadência dos blocos de embalo, do Bafo ao Cacique de Ramos, como se desejasse repassar a ela essa tradição. Mas, agora, numa pergunta direta e já contendo em si a resposta, ela arriscou: *Pai, este ano você não está muito a fim de carnaval... né?*

Não só admiti, como também lhe revelei o desejo de viajar para o interior, para um lugar bem tranquilo, em meio à natureza. Havia tomado conhecimento sobre uma pousada especial e a preços promocionais, durante o período carnavalesco. O pacote, para uma semana, incluía passeios a cavalo, banhos de cachoeira, conversas ao redor do fogo e alimentação natural feita em fogão à lenha. Era tudo o que eu queria, e Maíra prontamente concordou. O lugar se chama Mirantão, um pequeno povoado no estado de Minas Gerais, a poucas horas do Rio. Sem pensarmos duas vezes, dez dias depois embarcamos com destino ao sossego, o oposto da folia, na tranquila pousada.

De fato, encontramos por lá tudo o que fora divulgado numa loja e entreposto de produtos naturais e orgânicos. Certamente, aqueles dias propiciaram um bom alívio ao estresse da cidade que me tomara de assalto. Entretanto, mesmo com toda a natureza a nosso dispor, pessoas interessantes e a consequente troca energética, algo em mim permanecia inalterado. Era aquela estranha sensação de "peixe fora d'água", oriunda de um conflito cultural-existencial, e que se fez presente durante a nossa estada na pousada, quiçá pela certeza do retorno ao epicentro das tensões...

---

[1] Denominação genérica de algumas etnias do alto Xingu, com padrões culturais e características semelhantes, a exemplo dos Kamayurá, Kuikuro e Yualapíti, entre outras.

Dois dias após regressarmos ao Rio, Maíra embarcou de volta a Brasília. Foi a partir de então que as coisas começaram a se complicar de modo acentuado. Não se tratava mais de uma simples sensação de estranhamento, porém de um grande temor e incertezas quanto ao futuro. Meu senso de interesse por qualquer assunto ia diminuindo, e certa melancolia começou a me rondar.

Diante do quadro em que se encontrava o meu estado emocional, eu me vi forçado a buscar ajuda. Por meio da lista telefônica de classificados, descobri, na Tijuca, o Centro de Terapias Integradas (CTI), e de imediato liguei. Para minha possível salvação, a secretária informou que havia disponibilidade no horário das 16h, de quarta-feira, com a Vanessa, uma psicóloga de linha reichiana. Sem perda de tempo, confirmei a primeira consulta-entrevista para a próxima semana.

Desde que chegara ao Rio, tentava sem êxito estabelecer contato telefônico com Daiana. Na verdade, ligava para ela pelo menos umas três vezes por semana. Como ocorrera em Washington, a ligação sempre caía na secretária eletrônica, limitando-me a deixar recados. Certa noite, uns dois dias antes da consulta com a psicóloga, tornei a ligar e ouvi uma mensagem desanimadora pela voz eletrônica, informando apenas que o número daquele telefone havia mudado. Sem saber o que fazer, acabei ligando para a Embratel, na expectativa de tentar conseguir o novo telefone da índia, por meio de seu nome completo. A tentativa não apenas foi em vão, como também foi bem frustrante para mim! Eu me senti arrasado e tive vontade de dormir para nunca mais acordar...

No caminho até o metrô, observei um grupo de mendigos que conversavam, riam e brincavam descontraidamente sob uma marquise. A cena me provocou inveja. Já não sabia mais o que era rir ou alegrar-me com o que quer que fosse.

Finalmente, cheguei à estação Afonso Pena e, após caminhar por uns dez minutos, lá estava eu, em busca de socorro. Toquei a campainha, identificando-me para a recepcionista. Sentado numa confortável poltrona da sala de espera, aceitei o chá de capim-cidreira oferecido pela funcionária, enquanto aguardava ser chamado. Os pensamentos fervilhavam em minha mente, em franca desordem. Ora pensava no desprezo e covardia de Daiana, sentindo um misto de revolta, saudade e angústia, ora relembrava os dias com Maíra, em Mirantão, desejando profundamente estar a seu lado. Ao pensar na possibilidade de retorno à América, já não tinha mais certeza de nada... Quanto ao

Cachimbo Sagrado, a sensação que me vinha era de medo!

Em meio aos pensamentos, ouvi ruídos de alguém descendo as escadas de madeira e vindo na minha direção. A mulher loira, de estatura mediana e bem-vestida, apresentou-se:

– Olá, boa-tarde! Eu sou a Vanessa e nós temos um horário agendado; então... vamos subir?

Atendendo ao convite, seguimos juntos até seu consultório, sentamos um de frente para o outro, e a psicóloga retomou a palavra a partir de um breve e objetivo questionamento:

– Bom... eu gostaria inicialmente de saber quem é você e o que o trouxe aqui!

Pela sonoridade do sotaque, deduzi e depois constatei que Vanessa era do sul, da capital do Paraná. Respondendo à sua pergunta, iniciei pelo nome, ressaltando aquele que recebera dos Xavante e pelo qual prefiro ser chamado. Em seguida, fui bem claro e verdadeiro ao lhe dizer que me sentia sem chão, totalmente desconectado de mim mesmo e de tudo a meu redor.

Enquanto fazia anotações numa ficha-consulta, a terapeuta quis saber como tudo havia começado, no tocante ao que eu lhe estava revelando. *É uma longa história...*, disse eu, com lágrimas nos olhos.

Pegando carona em meu nome Xavante, comecei contando de minha prematura ligação com os índios, e também sobre a família. Posteriormente, eu lhe falei sobre as visões, a viagem aos Estados Unidos e os principais fatos que por lá me aconteceram, até chegar ao estado em que me achava.

Vanessa ouviu-me atentamente por quase duas horas. Sua expressão solidária e interativa me transmitiu confiança, revelando uma profissional presente e humana. Ao concluir minha narrativa, já meio cansado e abalado emocionalmente, ela teceu algumas considerações de maneira franca e direta:

Em primeiro lugar, Tsiipré, quero te dizer que você tem uma experiência de vida profundamente interessante! Ouvi com atenção a sua história, mas confesso não dispor de maiores referências no que tange a esse lado espiritual ao qual você se refere. Apesar de todo respeito que sinto por essa parte e pelo teu ponto de vista, o meu trabalho segue a metodologia científica, na linha reichiana. Trata-se de um método de interpretação do caráter, porém com o diferencial de se trabalhar o corpo, por meio de toques, ao longo dos sete níveis de tensão, ou anéis de couraça, identificados por Reich. De acordo com essa abordagem, você pode contar comigo tranquilamente, sem nenhum problema! Agora, quero que saibas que estarei aberta para te ouvir no que quiseres me falar, está bem?

Deixei o consultório com a sensação de haver encontrado a pessoa certa para o difícil caminho que teria pela frente, no resgate da alegria e da vontade de viver.

A quarta-feira seguinte, o dia da próxima consulta, custou a chegar. O barulho infernal das britadeiras, na cidade transformada em obras, atormentava-me. Minha vida se modificara radicalmente... Em Sedona, não raro, eu dormia escutando os uivos dos coiotes e acordava com o canto dos ravens, no mais absoluto silêncio durante o período de sono. As lembranças me faziam chorar duplamente angustiado. Primeiro, ao recordar um período de grande felicidade, motivado por tantas realizações, amizades, descobertas, enfim, pelo cumprimento da jornada que o Mistério me incumbira... Segundo, por me encontrar naquele estado depressivo e sem perspectivas, sem o brilho nos olhos, originário da chama interior que nos proporciona o tesão pela vida. Não podendo ser de outra forma, já começava a sentir os reflexos da interferência de minha condição energética, da fraqueza do espírito e do desalinho emocional na interação com os pacientes. Era apenas o começo, a ponta de um iceberg que se descortinava...

Os dias se passaram, e o segundo encontro com a psicóloga felizmente chegou. Como da primeira vez, fui recebido com um sorriso aberto e cativante pela terapeuta, que, de início, perguntou do meu estado geral ao longo da semana. Tornamos a conversar e eu lhe contei o meu drama, o grande medo que sentia de acabar enlouquecendo. Era como se um monstro invisível me devorasse lentamente! Falei também sobre o Cachimbo Sagrado, de tudo que precisei superar para então merecê-lo... Havia sido uma verdadeira conquista! No entanto, não conseguia sequer me aproximar dele, muito menos tocá-lo. Deixara-o, juntamente com a flauta, no compartimento superior de meu guarda-roupa, enquanto pensava seriamente em remetê-lo a Rita ou até mesmo enterrá-lo na mata do Morro da Urca, nas imediações da clareira.

Diante daquele quadro desolador e tenso, Vanessa sugeriu-me um trabalho corporal de toques, com o que concordei, recebendo a seguinte instrução:

Olha, Tsiipré, o trabalho no corpo é feito com a pessoa despida. No entanto, a decisão de tirar a roupa faz parte de um processo natural, que se configura ou não, no decorrer das sessões. Você pode tirar a camisa e ficar com a calça, ou de cueca, como quiseres... E ali está o cabideiro.

Mesmo nascido e criado em uma família conservadora, a experiência de vida com os índios desfez em mim uma série de padrões e preconceitos, dentre eles, o tabu da nudez. Dessa forma, e ainda pela grande empatia com a profissional, não tive o menor problema em seguir as instruções ao pé da letra, deixando minhas vestes penduradas e deitando-me, em seguida, no divã.

Sem conversar, Vanessa começou pela face, trabalhando principalmente na articulação da mandíbula que se descobria tensa e sensível a partir dos toques. Nessa área, havia muita energia concentrada e proveniente da raiva contida. Em seguida, a terapeuta se pôs a trabalhar o centro do meu tórax, o que desencadeou um profundo choro como forma de descarregar e liberar outra concentração energética, originária da tristeza e do ressentimento. Aos poucos, fui sentindo certo alívio, até que, por fim, relaxei.

Encerrada aquela segunda sessão terapêutica, e de retorno para casa, sentia-me como se fosse um zumbi, uma espécie de morto-vivo. Havia entrado em contato com emoções fortes e até então desconhecidas para mim, porém ativadas e manifestadas no trabalho de manipulação precisamente direcionado por Vanessa. Durante todo o trajeto do metrô, da Tijuca até a estação Botafogo, insistentemente uma questão me azucrinou. Pela estranha sensação de vazio e a perda cada vez maior de minha identidade, perguntava-me: "Quem eu sou?" Na atual circunstância, tanto Tsiipré quanto Luiz Filipe já me soavam alheios.

Em meio às turbulências existenciais, os dias e as semanas foram passando. Lacunas se abriram em minha clientela, pois os pacientes, ao perceberem meu estado, gradativamente iam debandando. Semanas e meses se passaram e ninguém mais aparecia. A melhor forma de propaganda ou divulgação do meu trabalho, o eficiente método conhecido por boca a boca, pela primeira vez havia deixado de funcionar... Lá no fundo, eu sabia que se tratava de uma fase passageira, pois na vida — assim como ela própria — tudo passa. O que eu não sabia, nem fazia a menor ideia, era quanto tempo levaria para passar!

Pelas manhãs, acordava sem a menor vontade de sair da cama, sentindo-me esgotado, quase sem energia. Porém, quando finalmente me colocava de pé, ia direto para o chuveiro e tomava um banho frio, o que me fazia reanimar. Em seguida, após o desjejum, ou partia para o atendimento de um dos poucos pacientes que me haviam restado, ou me dirigia ao Jardim Botânico, a fim de abraçar as árvores, pisar descalço na terra e tomar sol, absorvendo, assim, a energia imanente da natureza. Apesar da depressão, uma força maior não me deixava cair e vegetar em cima de uma cama, tal qual acontece com muita gente! Além do tratamento com Vanessa, recebia todo o apoio e atenção de minha amiga Mônica, incondicionalmente solidária e se fazendo presente em todos os momentos. Minha irmã Regina, que é espírita, também me socorria, preocupada com a evidente vulnerabilidade do meu espírito. Afinal de contas, quando nos tornamos fragilizados, abrimos nossa guarda às interferências do astral.[2] Minha mãe rezava muito, rogando a Deus para que eu me recuperasse e voltasse a sorrir.

Com frequência, recebia cartas de Rita. Contava-me sobre Sedona e os amigos, enviava-me fotos e até exemplares do *Good Times News*. Com a mesma atenção de antes, queria saber de mim, de como estava minha vida. Cheguei a ligar para ela, mas busquei omitir o que, na realidade, se passava. Em razão do meu estado geral, e também pela dificuldade que sentia em expressar os pensamentos no papel, acabei não respondendo à maioria de suas cartas.

Mais uma vez, por conta das lembranças, da saudade e da angústia, liguei para a Embratel com a intenção e expectativa de obter o telefone de Daiana. Porém, diante de mais essa frustrada investida, e no impulso da revolta motivada pelo desgosto e o desejo de esquecê-la, queimei sua única foto, um retrato 3 × 4, contendo no verso a dedicatória: *Para Tsiipré, com amor e beijos, Daiana.* Logo depois, com a tesoura afiada, cortei em pedaços a linda bolsa indígena que tanto desejei e ganhara dela de presente. A decisão radical teve seu preço, cobrado por um aperto no peito e umas lágrimas a mais. Radical, porém necessária, pois bastavam as recordações que trazia na mente...

Enquanto isso, o tratamento reichiano ia mexendo e aprofundando em meu arquivo do inconsciente as questões emocionais. Raivas, medos, culpas, inseguranças e mágoas emergiam com vontade. Um acúmulo de lixos que trazemos na bagagem existencial, mas que o ego,[3] por conveniências, insiste

[2] Plano intermediário entre o físico e o espiritual.
[3] O eu de um indivíduo.

em ignorar. Entre as visões e o que se revelou, perdas e danos na conjuntura espiritual e psicoafetiva familiar de histórias mal-resolvidas ou inacabadas, tudo fervilhava no caldeirão preparado e temperado por Vanessa. Tudo aquilo inerente a toda a humanidade, e também encontrado, como se costuma dizer, nas melhores famílias...!

Dois meses depois de ter iniciado o trabalho com a psicóloga resolvi praticar Kung Fu, a milenar arte marcial chinesa. Além de promover o equilíbrio, a coordenação motora e o fortalecimento do *Ch'í*, a energia vital, possibilitava-me descarregar a raiva e outras emoções reprimidas, através de chutes e socos num saco de areia pendurado no teto. Ademar Freire, meu competente e paciente professor, mesmo desconhecendo a difícil situação pela qual passava, transmitia-me, além dos catis,[4] belos ensinamentos filosóficos que muito contribuíram para o fortalecimento da minha mente e do meu espírito.

Enfim, tudo foi colaborando a seu tempo para que eu começasse a sentir novamente os pés no chão. Entretanto, decorrido um ano e sete meses de terapia, o processo começou a estagnar, não mais avançando satisfatoriamente nas questões que me afligiam. Consciente da situação e no compromisso com a verdade, a psicóloga esclareceu:

> Tsiipré, eu sinto que você também percebe que nosso trabalho anda meio vagaroso! Preciso te contar que minha vida vem passando por mudanças, sobretudo no setor profissional. Eu e meu marido estamos montando uma empresa no ramo de promoções e eventos, o que exigirá de mim dedicação integral. Realmente, não estou conseguindo me concentrar e me dedicar da forma adequada aos pacientes, como gostaria. Aliás, o que mais gosto de fazer é esse trabalho! Porém, por questões de sobrevivência, de grana mesmo, terei de abrir mão dos atendimentos em virtude dessa nova atividade. Mas não se preocupe, pois você não vai ficar desamparado! Há algum tempo já venho deixando de atender e indicando os pacientes a outros profissionais. Hoje, mesmo atendendo a somente duas pessoas, confesso que não estou dando conta! Por isso, vou ter de abrir mão de um lado para mergulhar de cabeça no outro, entende? Quanto a ti, tenho uma colega que é excelente profissional, e também da linha reichiana. Seu nome é Roz Irene. Só para você ter uma ideia, a "Rozi" conseguiu resolver uma situação conflitante em minha família que eu mesma já nem acreditava... Com certeza, você sentirá uma

[4] Movimentos sequenciais do Kung Fu.

grande empatia por ela, e o teu processo vai deslanchar! Agora, não vamos perder o contato, pois te quero muito bem! A relação terapeuta-paciente pode terminar, mas desejo, de coração, que sejamos bons amigos!

Num abraço fraterno, agradeci a Vanessa por todo o seu empenho, carinho e fundamental apoio. Devido às circunstâncias, e mesmo o trabalho não tendo avançado como gostaria, algo havia mudado e eu já me sentia bem melhor. Após anotar os telefones de Roz Irene, minha futura e próxima terapeuta, eu me despedi de Vanessa e deixei seu consultório, cujos dias se achavam contados...

A perspectiva em ter que começar tudo de novo não me animava. Ao contrário, só de pensar dava canseira! Mesmo assim, diante da situação e da necessidade incontestável de me conhecer melhor, não poderia desistir no meio do caminho. Afinal, o que é a vida a não ser um eterno recomeço...?

Diferentemente do que imaginara, o primeiro encontro com Roz Irene não ocorreu de imediato, tendo alguns motivos contribuído para tal. Primeiro, achei que seria bom dar um tempo, vivenciar um descanso do trabalho terapêutico. Como eu estava bem, e o final do ano de 1997 já se aproximava, decidi procurar a psicóloga a partir de janeiro, logo depois das festas.

Conforme ocorria anualmente, minha filha veio passar as férias no Rio, chegando dois dias antes do Réveillon para assistirmos ao tradicional espetáculo da queima de fogos na praia de Copacabana. Sua presença para mim sempre foi motivo de grande alegria e felicidade. Ao contrário do que ocorrera na vez anterior, e tendo em vista um novo brilho em meu olhar, de maneira enfática e espontânea, Maíra sugeriu:

– Pai, vamos sábado que vem no ensaio da Mangueira?

A resposta não poderia ter sido outra, e o sugerido programa foi devidamente agendado. Na verdade, desde o início dos ensaios, há quatro meses, eu voltara a frequentar assiduamente o Palácio do Samba, a quadra da mais querida, a Estação Primeira de Mangueira. Era a prova inequívoca da alegria de viver que retornara ao meu espírito!

Numa quinta-feira daquele início de janeiro de 1998 uma ex-paciente me ligou. Em vez de falar sobre as sessões de *shiatsu*, como supunha, o assunto girou em torno de carnaval, dos ensaios das Escolas de Samba. Terezinha sabia de minha ligação com a Mangueira, mas me perguntou a respeito dos ensaios do Salgueiro, e se eu não gostaria de ir com ela e uns amigos, no próximo sábado, àquela Escola de Samba da Tijuca. Após uma breve e agradável conversa, contando-lhe da presença de Maíra e do que havíamos combinado, é claro que o convite se inverteu! Deixamos tudo previamente definido e Terezinha ofereceu-se para nos apanhar de carro às 21h do dia em questão. Minha filha, como sempre social e comunicativa, aprovou na mesma hora nossa ida com o grupo.

Na manhã de sábado, aproveitando o belo dia de sol, fomos à praia em Ipanema. O mar estava calmo, límpido e de temperatura aprazível. A jovem brasiliense de última hora, que por pouco não nascera no Xingu, adquirira profunda identificação com a água. Fosse em rio, piscina ou mar, ela entrava e não queria mais sair. Como teríamos uma noite longa pela frente, por volta das 14h consegui convencê-la de irmos almoçar, com direito, em seguida, ao necessário repouso.

De posse da cuíca, meu instrumento preferido e o que tocava na bateria da Mangueira, segui com minha filha ao local do encontro, em frente à pracinha do Largo dos Leões. Maíra, que em poucos dias completaria 13 anos, estava ansiosa pela chegada da turma e a noitada de samba que nos aguardava. Uns dez minutos após, dois carros se aproximaram de onde estávamos. O que parou atrás trazia a minha amiga Márcia, que fora ao encontro de Terezinha em seu apartamento na Gávea. Do mesmo veículo saiu uma jovem e bela mulher, de semblante suave, passando para o carro da frente. Ao cruzarmos, ela sorriu para mim com doçura, ao que lhe retribuí instantaneamente. Sem sombra de dúvida, algo me despertou naquela rápida troca de olhares, quando, por fim, entramos no carro. Cumprimentamos as pessoas, e Márcia alegrara-se ao conhecer pessoalmente a Maíra, de quem tantas vezes ouvira falar. Nada mais restando, partimos em direção ao Palácio do Samba.

Como sempre acontece, a festa já estava correndo, dentro e fora da quadra, e seguimos rumo a um dos guichês de bilheteria. Como integrante da bateria e sócio da agremiação, fiquei afastado, aguardando, com minha filha, as pessoas comprarem os ingressos. Nesse espaço de tempo, enquanto conversávamos, contei-lhe da atração que sentira por aquela moça e sobre a intenção de namorá-la, recebendo de Maíra total incentivo!

Adquiridos os ingressos, deslocamo-nos em direção à entrada. As tendinhas e os bares, em frente à quadra da Verde e Rosa, estavam lotados. Grupos de samba, muita cerveja gelada e vendedores de alimentos compunham o cenário iluminado pelas gambiarras. Ao entrarmos, uma animada roda de samba concentrava o público presente no espaço central da quadra de ensaios. Escolhemos as mesas num ponto bem situado em relação ao palanque Altamiro José dos Santos, popular "Prego",[5] local em que se concentra a ala da bateria. Conversávamos descontraidamente enquanto o garçom nos servia e o número de frequentadores, pouco a pouco, ia aumentando. Com certa sutileza e maior constância, eu e Kátia nos entreolhávamos e trocávamos sorrisos, ficando cada vez mais claro, para um bom observador, haver entre nós alguma reciprocidade.

Ao mesmo tempo em que os ritmistas aglomeravam-se no palanque, a roda de samba se findava na quadra. Eram 23h em ponto e o comunicador da Escola cumprimentou a todos na abertura do ensaio. Retirei a cuíca da bolsa, afinei o instrumento e pedi licença às pessoas para me integrar à bateria. Como tradicionalmente ocorre, os trabalhos foram abertos com o famoso samba "Exaltação à Mangueira", de autoria de Enéas Brittes e Aloísio Augusto da Costa. Um verdadeiro hino da Estação Primeira, interpretado pelo não menos famoso Darci da Mangueira, autor, entre outros, do samba-enredo "O Mundo Encantado de Monteiro Lobato", em parceria com Luís e Batista, no ano de 1967:

Mangueira, teu cenário é uma beleza
Que a natureza criou, ô,ô!
O morro com seus barracões de zinco,
Quando amanhece, que esplendor!
Todo mundo te conhece ao longe,
Pelo som dos seus tamborins e o rufar de seu tambor,
Chegou, ô, ô, ô
A Mangueira chegou, ô, ô! } (*bis*)
Mangueira, teu passado de glória (...).

Na segunda rodada do samba-hino, ao entrar a bateria, não deu pra segurar... A emoção falou mais alto, o corpo arrepiou e a cuíca chorou forte em harmonia com as demais. Porta-bandeira e mestre-sala bailavam na quadra, interagindo com o público ainda mais numeroso. Num dado momento,

[5] Homenagem ao diretor de bateria e sócio número 8 da Escola, falecido no início de 1969.

enquanto tocava e apreciava o belo cenário de cima do palanque, percebi a presença de Kátia, sambando bem próximo, a me fitar. Naquele instante, sorrimos praticamente juntos, envoltos pela mesma sintonia, no calor da bateria e no clamor das emoções...

Ao término da apresentação do samba de abertura, deixei guardado o instrumento e desci para a quadra. Em continuidade, ao som do cavaquinho, violão, surdo e pandeiro, mais um clássico da Mangueira começava a ser cantado. Sem ela notar, eu me aproximei por trás e, suavemente, tapei seus olhos. Suas mãos tocaram as minhas e, na certeza de quem se tratava, virou-se rapidamente com um sorriso aberto. Começamos a conversar e Kátia revelou-se encantada com a Mangueira, sendo aquela sua primeira experiência no Palácio do Samba. Contou-me que morava na Tijuca e já estivera em alguns ensaios do Salgueiro, do qual, como lhe disse, a Verde e Rosa é a madrinha.

Outra vez a bateria recomeçou, cessando a conversa e contagiando a todos em tamanha empolgação. Enquanto sambávamos, outra forma de comunicação progressivamente estabeleceu-se... Entre sorrisos e olhares, na aproximação espontânea de nossos corpos, toquei com sutileza seu rosto e, num abraço aconchegante, finalmente nos beijamos. Maíra, com total discrição, tudo percebeu, e parecia aprovar. Dividido entre a bateria e aquela que me havia despertado interiormente, procurei dar atenção a todos, incluindo minha filha, Terezinha, Márcia e os demais. Ora tocava, ora me divertia sambando na quadra com a turma.

Por volta de 1h, o intérprete oficial da escola, José Bispo Clementino dos Santos, o inigualável, insubstituível, inconfundível e popular Jamelão, apresentou a obra-prima para o carnaval de 1998, cujo enredo era "Chico Buarque de Mangueira":

> Ô iaiá
> Vem pra avenida ver meu guri desfilar, ô iaiá
> Ô iaiá
> É a Mangueira fazendo o povo sambar, ô iaiá! } *bis*
> Mas eu disse Mangueira!
> Mangueira, despontando na avenida, ecoa, como canta o sabiá[6] (...)

Seguramente, naquele ano, o ponto mais alto de todos os ensaios da Mangueira foi a presença do ícone da música popular brasileira, o compositor

[6] Autores: Nelson Dalla Rosa, Vilas Boas, Nelson Csipai e Carlinhos das Camisas.

e cantor Chico Buarque de Holanda. Ao saber de sua presença em um dos camarotes do Palácio do Samba, Maíra ficou eufórica e emocionada, manifestando o desejo de aproximar-se dele de qualquer maneira e, como toda boa tiete, conseguir seu autógrafo. A primeira providência foi arrumar um pedaço de papel ou um prospecto com a letra do samba-enredo, que seria o ideal. Até aí, sem problemas!

Depois de atravessarmos a quadra, totalmente lotada por milhares de pessoas, esbarramos na intransigência do segurança à frente da escadaria que leva aos camarotes. Apelando para o argumento da sensibilidade, tentei inutilmente convencê-lo:

– Mas, meu amigo, ela só tem 12 anos e está quase fazendo aniversário; seria uma grande alegria para ela, e até um presente! Dá uma força aí pra ver se ela consegue o autógrafo dele...

Maíra também insistiu:

– Moço, é rapidinho! Por favor, eu prometo que não demoro!
– Ordens são ordens! Sinto muito, mas só podem subir a imprensa e as pessoas credenciadas.

Inconformada, minha filha abriu um berreiro, que nem o som da bateria conseguia abafar! Diante daquela situação, vendo-a soluçar e as lágrimas descendo pelo seu rosto, pensei em procurar o presidente da escola, o Elmo dos Santos. Todavia, uma senhora da Ala das Baianas, que se encontrava prestando serviço nos camarotes, ao passar por Maíra e constatar a cena, olhou para mim e perguntou:

– O que aconteceu com ela?

Ao lhe contar a razão do choro, a mulher, decidida, pegou minha filha pela mão e foi logo dizendo ao segurança:

– Ela vai subir comigo agora mesmo, sob minha responsabilidade, e pode deixar que eu trago ela de volta.

Frente à inesperada atitude daquela legítima representante do morro da Mangueira e da respeitada Ala das Baianas, o segurança se segurou. A mulher comprara a briga por conta do choro de minha filha, que acabou, como num passe de mágica, se transformando em um belo sorriso! Transcorridos dez minutos, Maíra retornou, triunfante. Conversou e recebeu um beijo e o autógrafo do grande homenageado da Estação Primeira, que, temporariamente, na magia do carnaval, deixou de ser de Holanda para se tornar o "Chico Buarque de Mangueira".

Enquanto voltávamos para junto do grupo, tive um reencontro inesperado com Tenório, um ex-agente da Polícia Federal de Cuiabá que me salvara a vida. Viajamos diversas vezes às áreas indígenas para resolver conflitos e retirar invasores das terras Xavante. Certa vez, quando tudo parecia perdido, ele chegou... Achava-me com asma e totalmente debilitado na aldeia, sem remédio, sem radiofonia, sem viatura e quase sem comida. Havia uma tríplice epidemia de gripe, caxumba e coqueluche entre os Xavante, lá de Couto Magalhães, onde eu morava. Eu estava sozinho na área, sem conseguir controlar a situação, e a única saída foi percorrer a cavalo os 200 km de ida e volta até a Reserva Xavante do Kuluene, na tentativa de enviar uma mensagem radiofônica e emergencial à Funai. Felizmente, tive êxito, e a Equipe Volante de Saúde chegou para prestar socorro.

Tão logo os índios se restabeleceram e a EVS retornou para Goiânia, quem literalmente caiu fui eu. Os Xavante me carregaram e deitaram-me na rede. Algumas pessoas choravam, temendo que eu viesse a morrer. Após vários dias sem conseguir respirar direito, por demais enfraquecido e quase sem esperanças, ouvimos ruído de um motor ainda bem distante... E foi essa a salvação! Tenório e Ezanoel, um funcionário da Funai de Cuiabá, acabavam de chegar na hora certa! E aquela viagem a serviço, sem tanta urgência, estava sendo aguardada há mais de três meses... Ao se defrontarem com meu estado, foi Ezanoel quem perguntou:

– Tsiipré, é você mesmo?

Aliviado com a presença de ambos e para não perder a esportiva, respondi:

– Em pele e ossos...!

Conforme se apregoa, "Somente peru é quem morre na véspera...".

Vinte e dois anos se haviam passado e ali estava Tenório, de sapatos brancos, calça de linho da mesma cor e camisa social com listras verde e rosa. Ali estávamos nós, em plena quadra da Mangueira, envoltos pelas recordações e por um forte abraço no reencontro surpresa. Em nossas andanças pelas reservas e os cerrados de Mato Grosso, jamais conversamos sobre carnaval, tampouco a respeito da Estação Primeira. No entanto, Tenório era mangueirense antigo e já ingresso na ala da Velha Guarda, dos veteranos da Escola.

Às 4h30, um pouco antes de terminar o ensaio, deixamos a quadra após uma noitada para lá de intensa! Dois dias depois o jornal *O Globo* publicava a foto de Chico Buarque sorridente e ladeado pela primeira-dama da Mangueira, Dona Neuma, e Dona Zica, viúva do fundador e grande compositor da Estação Primeira, Angenor de Oliveira, o Cartola. A reportagem intitulou-se CHICO BUARQUE VAI A ENSAIO NA MANGUEIRA E CURTE A NOITE DE SAMBA COM A MULTIDÃO.

> Homenageado da Escola, vê de camarote a euforia de duas mil pessoas. Compositor deixa a quadra sem ouvir o povo cantando 'quem te viu, quem te vê'.

Na continuidade da matéria, um parágrafo surpreendeu a mim e minha filha.

> Algumas eram balzaquianas, outras mais senhoras, umas poucas, mais jovens, todas inapelavelmente deslumbradas. Como Hilda Maíra, uma menina de 13 anos que, integrante da geração Claudinho & Buchecha, tremeu e chorou ao se aproximar do ídolo cinquentão. Ela não tem idade, mas ama Chico Buarque assim mesmo. E ganhou a noite, com autógrafo e beijo estalado. "Ele é demais, é lindo", derreteu-se ela. "Ninguém da minha idade gosta, mas eu adoro!"

No dia seguinte ao nosso encontro, telefonei para Kátia. Conversamos não por muito tempo, mas o suficiente para sentir que havia boas chances de nossa relação continuar. Ao longo da semana, isso se comprovou pela sucessão de outros telefonemas e de um convite que Kátia me fizera para visitá-la no próximo sábado em sua residência.

Na manhã do dia combinado, Kátia me ligou desejando saber se eu poderia aplicar um *shiatsu* em Elza, sua amiga e vizinha que andava sentindo muita tensão nas costas. Sem problema, coloquei-me à disposição e parti com Maíra a caminho do seu apartamento.

Estava feliz! Vivia uma nova etapa em minha existência, diametralmente oposta àquela que tivera início assim que voltei dos Estados Unidos. E Vanessa, sem dúvida, contribuíra decisivamente para esse processo, a partir de nossos encontros, ocorridos há um ano e dez meses.

Ao chegarmos, fomos recebidos com alegria e atenção. Maíra se encantou com Aline, uma linda criança de 8 anos e filha única de Kátia. As duas se deram muito bem, e a pequena Aline foi logo chamando a mais nova colega para brincarem com sua enorme coleção de bonecas. A morada de Kátia era simples, aconchegante e de bom gosto. Algumas esculturas de barro, que decoravam a sala bem arejada e provida pela luz do sol, despertaram meu interesse. Sentado no chão, com as pernas estendidas e as costas apoiadas na parede da janela, havia um boneco de pano quase do meu tamanho.

Enquanto as meninas brincavam descontraidamente, eu me dirigi com Elza até o quarto de Kátia para lhe fazer o *shiatsu*. Conversamos um pouco, buscando entender o seu estado e, em seguida, iniciei o atendimento. Ao concluir o trabalho, deixei a paciente relaxando, lavei os braços e as mãos para descarregar a energia e retornei ao encontro de minha namorada. Ela perguntou como havia sido, ao que lhe respondi de forma resumida, para depois nos abraçarmos e nos beijarmos com a vontade acumulada de uma semana. Maíra, até o momento entretida com Aline, deu um tempo na brincadeira e veio ao nosso encontro.

> Pai, olha que barato, que lindas essas esculturas! Foi a Kátia quem fez, pai! Ela é uma artista... e a Aline é muito legal!

Enquanto ia observando, Kátia, meio tímida, comentou sobre determinado trabalho que ela batizara de "O Renascido".

Tratava-se de uma curiosa escultura em argila cuja base era em forma de maçã. No centro da maçã estava cravada uma ponta de flecha em meia-lua. Ao mesmo tempo, essa meia-lua, em sua extremidade esquerda, apresentava-se com a cabeça e a forma de um pássaro. Do centro da meia-lua, ou pássaro, subia uma espiral em três voltas, no sentido horário, culminando numa pequena estrutura compacta e esférica que poderia representar o planeta. Por fim, posicionando de cócoras sobre a esfera, um homem nu contemplava do alto o infinito.

Kátia revelou-me que nos últimos instantes para concluir "O Renascido", tivera uma intuição, ou um pressentimento de que um novo homem entraria em sua vida, cuja história se refletia naquela escultura. Até então, ela pouco sabia a meu respeito, mas os elementos e o forte simbolismo contidos na peça de barro em muito me diziam...

Finalmente, chegou o carnaval, e Maíra pôde sair na Ala das Crianças. Às 19h, encontrávamo-nos concentrados na altura do prédio dos Correios, na avenida Presidente Vargas, e a Mangueira era a segunda escola de segunda-feira a desfilar. O clima era de total entusiasmo e harmonia entre os componentes, pela magnitude do enredo para a conquista do almejado título.

Meu amigo Tenório estava lá, firme e forte, junto à Velha Guarda. No momento em que os portões se abriram, anunciando a entrada do Grêmio Recreativo Escola de Samba Estação Primeira de Mangueira, a bateria de 350 ritmistas, comandada pelo mestre Alcir "Explosão", furiosamente explodiu... O povão que lotava o primeiro setor das arquibancadas, com bandeirinhas verde e rosa nas mãos, foi ao delírio! A bateria avançou alguns metros, manobrou e adentrou no primeiro boxe de recuo, à direita e no início da pista. Após o esquenta, o presidente da agremiação fez um discurso emocionado, pedindo a toda nação mangueirense que entrasse com garra, acreditando na vitória. Em seguida, agradeceu a Deus por mais aquela oportunidade e implorou pelas bênçãos divinas. Cessados os aplausos no rufar dos tambores, num breve espaço de silêncio, os acordes de um piano foram ouvidos. Acompanhando, o povo cantou:

Hoje o samba saiu, lá laraiá procurando você,
Quem te viu, quem te vê (...).

E ao concluir, foi o próprio Chico quem chamou, cantando:

Quero ver a Mangueira,
Derradeira Estação,
Quero ouvir sua batucada aiai!

Após os aplausos do público, imediatamente Jamelão convocou.

– Chora cavaco!

E, como determina a tradição, o samba-hino, "Exaltação à Mangueira", foi cantado pelo mestre umas três vezes.

Fez-se uma curta pausa, um novo incentivo do presidente da Escola a seus integrantes, e outra vez o cavaco chorou, dessa vez pra valer, aos acordes do samba-enredo "Chico Buarque de Mangueira".

A escola estava linda e, em cada setor ao longo do desfile, ia sendo aclamada pela multidão. Minha felicidade, que não poderia ser maior, acabou se completando ao sentir o meu bip vibrar na cintura. Assim que possível, verifiquei o aparelho, que trazia a seguinte mensagem:

– Parabéns! Você merece toda a felicidade do mundo. Beijos, te amo! Kátia.

Ao término do glorioso e emocionante desfile, encontrei-me com Maíra no setor de dispersão, conforme havíamos combinado. Ela estava feliz da vida e realizada por ter saído pela primeira vez em sua escola do coração.

Estávamos com tanta energia que decidimos caminhar até a Cinelândia, percorrendo, assim, todo o trecho da Presidente Vargas e mais a Rio Branco, onde se realizava o desfile das Escolas de Samba de menor porte. O detalhe desse trajeto ficou por conta da cuíca e do samba da Mangueira que fomos cantando até a Rio Branco, sempre acompanhados por populares que diziam: "Já ganhou... é campeã!"

O carnaval passou e minha filha seguiu viagem de volta a Brasília, antes mesmo do desfile das campeãs no sábado seguinte. Por conta do reinício das aulas, ela não pôde desfrutar da alegria descontraída dos desfiles de sábado, com a faixa de campeã.

Onze anos depois de ter ganhado seu último título, e obtendo nota máxima em todos os quesitos, a Mangueira consagrou-se a grande vitoriosa do Carnaval de 1998 do Rio de Janeiro. Diga-se de passagem, vitória merecida! Belos tempos... ainda sob a égide da tradição, criada em 28 de abril de 1928 por Cartola, Saturnino, Marcelino, Abelardo, Euclides, Pedro Caim e Zé Espinguela. Tempos de glória, influenciados pela história e por lindas composições do Cartola, de Carlos Cachaça, Nélson Sargento, Padeirinho, Comprido, Hélio Turco, Jurandir, Alvinho e tantos outros! Sem a intenção de profetizar, tempos bons que não voltam mais...

Como se costuma dizer nesta cidade e em alguns outros estados do país, "O ano somente tem início depois do carnaval". Para mim, no entanto, só parei de trabalhar durante os festejos de Momo e na quarta-feira de cinzas. Felizmente, havia recuperado a clientela e a mim mesmo, com a presença de

Kátia fazendo o diferencial. Aos poucos, íamos nos conhecendo. Fui lhe contando as minhas histórias e sabendo das suas. Uma delas, em relação ao seu ex-marido, pertencente ao movimento Hare Krishna. Por um certo período, Kátia convivera com ele no templo, até o instante em que a relação começou a declinar. Sem chances de reconciliação, ela se separou, levando consigo a filha, Aline. Naquela convivência, aprendera a arte da culinária vegetariana, retomando-a, entretanto, anos depois, a partir do nosso namoro. Não que eu fosse vegetariano radical, mas, desde o tratamento de acupuntura com Evelyn, mudara definitivamente meu perfil alimentar, sem mais ingerir carne vermelha. De maneira espontânea, Kátia entregou-se ao "novo" estilo nutricional e também às práticas de meditação, resgatando na memória o que um dia conhecera. Por sua vez, havia hábitos incompatíveis entre nós, a exemplo do cigarro, que eu desejava, esperançoso, que ela viesse a largar.

Apesar de seu notório potencial artístico, das singulares esculturas de barro que produzia, Kátia não se mantinha do ofício das artes plásticas. Algum tempo depois da separação, prestara concurso público para o município, tendo sido aprovada, e as belas peças de argila ficariam relegadas ao tempo livre de lazer.

Certa feita, ainda no início de nosso relacionamento, minha namorada revelou-me uma grande preocupação... Seu pai fora submetido a exames de imagem, constatando-se a existência de um aneurisma cerebral. E a cirurgia, de alto risco, já se encontrava marcada no prazo de uma semana. Diante da inadiável e delicada situação, eu me ofereci para realizar uma cerimônia com o Cachimbo Sagrado, exatamente no dia do ato cirúrgico, solicitando ao Mistério para que tudo corresse bem. Kátia, já sabendo do que se tratava, concordou plenamente com o sugerido. Só nos restava entregar a Deus, reforçando as nossas súplicas por meio do *Calumet.*

No dia da operação, no início da tarde, subimos o Morro da Urca rumo à clareira, aonde chegamos uma hora e meia antes da cirurgia. Acendi um pequeno fogo e queimei folhas de sálvia para nos purificarmos. Foi o tempo de explicar e orientá-la mais detalhadamente a respeito do Cachimbo e de como deveríamos proceder. Kátia sensibilizou-se com o lugar, os objetos sagrados e, é claro, com a intenção pela qual ali nos encontrávamos. Às 14h daquela quarta-feira, quando seu pai começava a ser operado, o *Calumet* foi aceso. A mata estava em silêncio, e em silêncio fumamos o Cachimbo Sagrado, imbuídos do mesmo propósito e em sintonia com a natureza e as forças do Universo. Enquanto fumávamos, uma grande borboleta azul voou em círculos pela clareira, o que me fez intuir algo positivo, um sinal de vida e esperança... Por último, como sempre fazia ao encerrar a cerimônia, cantei em gratidão ao Mistério, apontando a haste do Cachimbo na direção do céu.

Estávamos totalmente envoltos pela forte energia que fora gerada. Sentados sobre o chão de terra, Kátia contou-me uma forte experiência em regressão de memória pela qual havia passado. No processo, ela acessara uma vida pretérita marcada pela angústia. Não sabia identificar exatamente o local, o país ou o povo ao qual pertencia, muito menos a época. Mas, por outro lado, gravou muito bem em sua mente as cenas e os detalhes do que ocorreu ao longo da sessão.

> Eu me via como uma índia, sem, no entanto, ter certeza de que fosse... Usava roupas de couro e meus cabelos eram negros e lisos, cortados um pouco acima dos ombros. O que fazia a diferença era o tipo de habitação do povoado, ou aldeia, em nada se parecendo com as tendas e outras formas convencionais de casas indígenas. As habitações eram de adobe, formando amplos conglomerados de dois, três e até quatro andares, interligados por estreitas escadas de madeira roliça. Naquela existência, eu trabalhava com cerâmica, fazendo potes e outros objetos utilitários. Tinha um filho de colo que estava sempre comigo aonde quer que eu fosse. Num dado momento, enquanto me encontrava na companhia exclusiva de meu filho, na escuridão da noite e sentada à beira do fogo, um homem branco, a cavalo, com o rosto encoberto por um pano, aproximou-se bruscamente e roubou-me a criança. Desesperada, não consegui superar a dor do trauma, que me acompanhou, em forma de amargura, até o fim de uma longa vida. Recordo-me de outra coisa: da região, parecendo um deserto, com o solo meio avermelhado. Também me vi numa idade avançada, caminhando por aquela terra com um vaso de barro sobre a cabeça.

Após a narrativa, ficamos por algum tempo introspectivos. Enquanto pensava sobre o que acabara de ouvir, Kátia, segurando um graveto, começou a desenhar um círculo no chão e o dividiu em quatro partes iguais, fixando um ponto em cada uma delas.

Ao constatar aquilo, subitamente indaguei-lhe:

– De onde você tirou este símbolo? Sabe o que ele representa?

Ao que ela, brevemente, respondeu:

– Da minha cabeça! Fui deixando sair, acontecer...

Diante do inusitado, contei-lhe a respeito daquela representação, que, muito provavelmente, poderia identificar o povo ao qual ela havia pertencido em outra vida.

Este símbolo é originário da Nação Hopi, do Arizona. Além de representar o território dos Quatro Cantos Sagrados desse povo, simboliza o equilíbrio emocional, espiritual, físico e mental dos seres humanos. Os índios afirmam que devemos estar em harmonia com esses quatro aspectos, interpretando, a partir deles, a dominação e os massacres sobre as nações indígenas, devido ao fato de os conquistadores se apresentarem com os lados físico e mental mais expandidos, em detrimento dos outros dois.

Acredito que a cerimônia e o relato de sua regressão tenham desencadeado em minha namorada o acesso involuntário às profundezas de sua mente, trazendo à tona aquele símbolo, à guisa de respostas...

Finalmente, com tudo arrumado, descemos a montanha sem pressa e sem fazermos barulho. No percurso, parávamos algumas vezes para contemplar o esplendor da mata e trocar carícias. Ao chegarmos à base, apressamos nossos passos, pois Kátia sugeriu que fôssemos até o hospital na intenção de obter notícias de seu pai. Apesar dos riscos que aquela intervenção cirúrgica representava, ela se mantinha aparentemente tranquila e serena, descontando-se a justa preocupação.

Bastou entrarmos no salão de espera do hospital para avistarmos Aline, acompanhada de Marlene, sua avó materna. Ao nos ver, a criança partiu em disparada para abraçar e beijar a mãe. Em seguida, festivamente me cumprimentou com pulinhos e abraços, pedindo-me para que a acompanhasse até sua casa e tocasse a flauta indígena para ela dormir. Com delicadeza, Marlene pediu licença à menina a fim de que pudéssemos conversar. Confiante, contou-nos que o médico, chefe da equipe cirúrgica, dissera que a operação havia sido um sucesso e terminara minutos antes de chegarmos. Aliviada, Kátia respirou fundo, dando graças a Deus pela boa notícia! Internamente, uma vez mais agradeci pela cerimônia realizada, pelo fato de o Grande Mistério ter escutado e atendido às nossas súplicas, na medida de nosso merecimento.

No dia seguinte, outra confirmação positiva e, ao mesmo tempo, interessante ocorreu. Ao me encontrar com a namorada, mostrei-lhe algumas fotos coloridas do povo Hopi contidas num belo e raro livro sobre os índios norte-americanos. Folheando as páginas e observando o formato das habitações, as características dos índios e a tonalidade avermelhada do solo, instantaneamente, Kátia exclamou:

– É isso aqui, Tsiipré... não tenho dúvida! Foi exatamente isso que eu vi durante a regressão! É impressionante!

Os dias, as semanas e os meses se foram passando e, ao contrário do que eu imaginava, e desejava, nosso relacionamento não prosperou. O convívio mais direto incumbiu-se de mostrar as acentuadas diferenças existentes entre nós. Diferenças de hábitos, amizades, valores, enfim... de perspectivas de vida. De repente, aquela prática meditativa pelas manhãs, ou então os alimentos naturais e orgânicos antes valorizados, agora pareciam como algo maçante, cansativo e não mais prazeroso para ela. Mais uma vez, havia me enganado, acreditando ter encontrado a companheira certa, a mulher da minha vida...

A escultura que ganhei de presente, o incrível símbolo Hopi, que ela havia riscado no chão logo após a cerimônia, e os detalhes da regressão posteriormente identificados e confirmados, tudo isso me tocou de maneira profunda, além de seu jeito de ser. Hoje, porém, do meu ponto de vista desse breve relacionamento, considero que a maior e mais significativa semelhança entre mim e Kátia ficou por conta das respectivas regressões de memórias e as consequentes confirmações de nossas vidas anteriores como indígenas norte-americanos, de nações distintas.

No dia 31 de julho daquele ano de 1998, nove meses depois de minha última sessão com Vanessa, decididamente acabei procurando a Roz Irene. A sensação de vazio, pelo término da relação amorosa, e o desejo de me conhecer ainda mais, impulsionaram-me ao novo trabalho terapêutico.

Às 16h do dia agendado, cheguei ao seu consultório, em Copacabana, para a primeira consulta em forma de entrevista. Ao tocar a campainha, foi a própria Roz quem abriu a porta.

– Olá, tudo bem? Vamos entrando!

Sentei-me de frente para ela, aguardando que concluísse algumas anotações numa ficha em branco, para então conversarmos.

Minha nova terapeuta, de estatura mediana e cabelos castanhos encaracolados, tinha um olhar firme e penetrante. Assim que terminou de escrever, perguntou-me com a voz clara e precisa:

– E então, moço o que o trouxe aqui, e em que eu posso ajudá-lo?

Na medida do possível, contei-lhe minha história. Falei sobre a família, a profissão, as relações afetivas, os desafetos, a ligação com os índios, a permanência na América, o retorno ao Brasil, a depressão e, como não poderia faltar, sobre o momento presente.

Depois de me ouvir com atenção, a psicóloga comentou.

– Olha, Luiz... na minha maneira de entender, ou melhor dizendo, na minha percepção, acredito que o ideal seria você fazer esse trabalho com um terapeuta homem.

Perplexo, e já interrompendo suas colocações, lembrei-a de ter sido Vanessa quem me recomendara sua pessoa, inclusive com as melhores observações ao seu trabalho! E agora...? Retomando a palavra, Roz Irene prosseguiu:

– Não é que eu não esteja querendo atendê-lo, não é isso! O que eu acho, Luiz, é que já tem muita mulher na sua vida! Sua mãe, suas irmãs, sua filha, suas ex-namoradas, a empregada... fora as suas amigas, suas pacientes e a ex-terapeuta! Creio que um trabalho orientado por um terapeuta masculino poderá lhe trazer outras referências de enfoque a seu respeito. Nesse caso, conheço a pessoa certa para atendê-lo! Seu nome é Roberto, e gostaria que você fizesse uma experiência, marcando uma entrevista. Tenho quase certeza de que haverá uma boa sintonia entre vocês. Hoje mesmo vou buscar falar com ele a seu respeito, passando-lhe em seguida os telefones de contato.

Diante da persistente argumentação de Roz Irene, mesmo a contragosto, acabei cedendo. Independentemente dos bons comentários da Vanessa, senti empatia e confiança pela profissional. De toda forma, a situação era aquela que se apresentava, não me custando nada tentar!

No dia seguinte, a psicóloga me ligou. Havia conversado com o colega de profissão, deixando-me o telefone do seu local de atendimento e também o número do bip de mensagens.

Quinze dias depois, retornei ao consultório de Roz Irene para lhe contar sobre os dois encontros que tivera com Roberto. Demonstrando interesse, a terapeuta quis logo saber das minhas impressões. E, então, eu lhe contei de maneira clara e sem melindres:

– Inicialmente quero dizer a você que procurei o psicólogo, com meu coração aberto, sem ressalvas! Entretanto, logo de cara, não bateu aquela empatia... o que senti em relação a Vanessa e também a você, compreende? Assim mesmo, com a devida paciência, contei-lhe a meu respeito e retornei, a pedido dele, ao segundo encontro, alguns dias depois. Foi aí que, definitivamente, não bateu! Percebi que não tinha nada a ver, e que não desejaria submeter-me a qualquer trabalho terapêutico junto a ele. Por outro lado, caso você não possa ou não queira me atender, vou deixar as coisas como estão, até acontecerem... Por favor, seja franca, pois não pretendo sair por aí, novamente, contando a minha vida a mais ninguém... cansei!

Sem mais o que argumentar, dependendo apenas da concordância de Roz Irene quanto ao meu atendimento, a terapeuta foi breve e objetiva:

– Muito bem, moço! Começamos na próxima semana!

CAPÍTULO VINTE E QUATRO

# Compreendendo a jornada e projetando o futuro

*A vida só pode ser compreendida olhando-se para trás;*
*mas só pode ser vivida olhando-se para a frente.*

KIERKEGAARD

*A sabedoria e o conhecimento do mundo passam por um*
*espírito pacificado, depois de domar os cavalos selvagens do pensamento.*
*Ele domina as querelas da alma, os sonhos maléficos, deixando*
*no interior de si mesmo a luz permanentemente acesa.*
*Aproveita os momentos de silêncio para escutar a ti mesmo,*
*para buscar a fonte profunda por trás dos pensamentos inúteis*
*e da confusão das palavras.*
*Mergulha no interior de ti mesmo e torna-te teu próprio curandeiro.*

PRINCÍPIOS DE VIDA – TRADIÇÃO INDÍGENA NORTE-AMERICANA

Rio de Janeiro, Lua Nova de novembro de 2008.

Treze anos se passaram, após ter voltado ao Brasil no intuito de aqui permanecer por apenas alguns meses... À exceção das minhas fotografias e de algumas peças de roupa, todos os meus livros e demais objetos haviam ficado em Sedona. Mas, tudo bem, desapegar é preciso...

Há quase seis anos comecei a escrever este livro, e há pouco mais de seis, por livre iniciativa, encerrei as consultas com Roz Irene que tanto acrescentaram às minhas resoluções. O alicerce estava concluído, e o restante da obra ficaria a meu encargo. Com esse propósito, apesar de a construção ser eterna, estas páginas igualmente contribuíram, resgatando memórias longínquas e favorecendo as reflexões.

Tantos acontecimentos sucedidos ao longo desses anos... Conquistas, decepções, tristezas e alegrias. Seguramente, matérias de um vasto aprendizado no curso da vida. Por isso, precisamos aprender bem as lições se quisermos avançar nos períodos e estágios da maior e mais concorrida universidade do mundo, ou seja, a da própria existência, neste corpo material, em que os mestres são muitos e o reitor é o próprio Deus, o Grande Mistério.

A partir de meu retorno dos Estados Unidos, durante e após os trabalhos terapêuticos aos quais me submeti, a luz do entendimento começou a nortear meus passos em busca da compreensão, da aceitação e da mudança de certos padrões comportamentais que me desagradavam. A primeira coisa foi tentar entender o estado depressivo pelo qual passei, em grande parte associado à descoberta de minha vida anterior. Eu me encontrava inconscientemente preso a um passado que me influenciava desde criança em relação aos índios. Desse modo, era preciso me desligar, romper em definitivo com os influxos de outrora nas planícies de Dakota do Sul, para viver o presente, a encarnação atual no Brasil. Nesse caso, a depressão representou o divisor de águas entre o ontem e o hoje... Representou, literalmente, o vazio a ser preenchido com algo novo, uma nova consciência desprendida e livre dos tempos idos. Porém, como tudo na vida tem seu preço, a queda ao fundo do poço foi, sem dúvida, a cota mais cara de minha jornada pela América. Um preço alto, embora necessário no processo de autoconhecimento e aprimoramento espiritual. Hoje, compreendo os incontáveis e repentinos lapsos de angústia e nostalgia que vivenciei na infância e no princípio da adolescência. Era uma sensação estranha, como se eu fosse um estrangeiro com saudades da família e da terra natal... Em contrapartida, o que me preenchia, ancorando-me naquela fase, eram os índios; inicialmente, através das revistas e cartões-postais colecionados, e das periódicas visitas ao Museu do Índio, no Maracanã; logo depois, e por muitos anos, o convívio na Casa do Índio.

Algumas pessoas me perguntam por que o relacionamento com Daiana não deu certo. Eu mesmo, principal sujeito da história, não me conformava e me cobrava constantemente sobre os motivos, as razões que teriam posto fim àquele encontro. Todavia, analisando as visões e o curso dos acontecimentos, cheguei à conclusão de que Daiana, ao contrário de Rollas, fora apenas uma isca, um chamariz que reforçou o meu desejo de seguir na jornada rumo aos Estados Unidos. As coisas são como são .. Se fosse para o nosso envolvimento ter dado certo, teríamos seguido juntos até os dias de hoje. Contudo, o oposto ocorreu. Matreiramente, o Universo incumbiu-se de promover nosso encontro, no plano astral e depois no físico, nada mais além disso. Talvez eu e Daiana tenhamos tido alguma experiência juntos em uma vida anterior, o que produziu então o breve reencontro... Ou, até mesmo, a decepção por ela vivenciada, e mais a minha história, a tivessem deixado insegura, com medo, optando por desistir da relação... Seja lá o que houve, não importa! O que vale é o que se passou entre nós, na emoção e na beleza do encontro ou reencontro, por menos que tenha durado. No mais, qualquer tentativa de explicação talvez não ultrapasse os limites de uma simples conjectura.

Quanto ao Rollas, a história é outra, bem diferente, valendo aquele provérbio que afirma: "Quando o discípulo está pronto, o mestre aparece." De fato, ele apareceu no momento certo, tão logo concordei em dar o braço a torcer e fui procurá-lo, seguindo a orientação de Walking Bull. Para tanto, precisei superar várias etapas no meu processo de autoconhecimento, incluindo os dois cachimbos que fizera em diferentes ocasiões. Precisei abaixar a crista, curvar-me com humildade para curar a cegueira em relação a quem sempre esteve próximo, bem à minha frente, mas eu não queria enxergar. Rollas, com sua fala mansa, de palavras sábias e diretas, foi um elo entre a minha vida anterior e esta, através da cerimônia na qual me iniciou. Por seu intermédio e orientação, consegui finalmente confeccionar o Cachimbo, concretizando, assim, uma importante conquista dos objetivos de minha jornada.

Imagino que alguns leitores venham a questionar ou até mesmo duvidar de certos acontecimentos ao longo destas páginas, o que se torna plenamente compreensível. Cada um de nós se encontra no seu estado de consciência, com seu modo peculiar de conceber a vida, em suas múltiplas e complexas manifestações. Confesso que eu próprio, durante a escrita, me peguei surpreso por situações e experiências pelas quais passei. A prática de escrever, além de ter aguçado incrivelmente a memória, situou-me em outra perspectiva, como espectador de mim mesmo. Em determinados trechos, cheguei a me perguntar se aquilo, ou aquilo outro, de fato ocorrera... No entanto, era apenas o questionamento deste autor surpreendido com a própria narrativa.

Tudo que escrevi corresponde à justa medida dos acontecimentos por mim vivenciados. As revelações que me foram permitidas acessar aconteceram à revelia de minha curiosidade, até mesmo porque jamais manifestei qualquer intenção ou iniciativa de tomar conhecimento sobre quem eu pudesse ter sido ou deixado de ser noutra existência. Entretanto, se, antes da descoberta, já admitia a reencarnação, agora, mais ainda, tenho a certeza absoluta dessa fascinante e necessária realidade.

Independentemente das muitas comprovações por variadas fontes, incluindo a própria ciência, através da Tanatologia[1] e da Psicologia Transpessoal,[2] que nos confirmam a hipótese de continuarmos existindo além da matéria, e que depois retornamos, crer ou não crer é uma questão de foro íntimo para cada um.

Ao olhar para trás, recordo-me, saudoso, dos amigos e amigas de coração que deixei na América. Entre eles, Iris e Rollas, que já se foram para o mundo espiritual; Iris, quatro anos depois de meu retorno ao Brasil, aos 104 anos; Rollas, não sei com que idade, porém mais recentemente, há uns três ou quatro anos, no máximo. Sem ser necessário citá-los na íntegra, pois surgem um a um no decorrer da história, acredito que o Poder Maior do Universo os colocou na hora certa em meu caminho, para que eu conseguisse com esforço próprio e determinação cumprir a jornada. Por tudo e a todos, serei eternamente agradecido, esperando um dia poder reencontrá-los, abraçá-los e fumarmos juntos o Cachimbo Sagrado, num grande círculo ao redor do fogo.

Acho muito pouco provável, para não dizer impossível, que tivesse obtido os mesmos resultados em minha trajetória caso houvesse ignorado o silencioso apelo das intuições. Talvez nem tivesse ido, nem permanecido por um ano e cinco meses na América, se o desejo de me conhecer, por meio do entendimento das visões, não fosse algo muito forte e determinante para mim. Mas, se assim o foi, é porque me deixei levar pela orientação daquela voz interna e primeira, pois que a segunda, em geral, pertence ao ego... Seguramente, posso afirmar que a intuição é uma voz divina, originária do nosso anjo guardião, que nos conduz da melhor maneira pela vida afora. A questão é que, por nos encontrarmos sob quase total influência do ego e do materialismo, ignoramos ou até desconhecemos essa aliada em potencial. As práticas meditativas, as orações, a yoga e os demais caminhos que levam ao autoconhecimento nos distanciam conscientemente do ego e nos conduzem a Deus e aos mentores

[1] Teoria da — ou sobre a — morte. Ramo da medicina que estuda o fenômeno de quase morte, com base nos depoimentos e informações de quem esteve do outro lado e depois retornou ao corpo físico.
[2] Criada em 1969, na Califórnia, por Antony Sutich, Abraham Maslow, James Fadiman, Stanislav Grof e Viktor Frankl.

espirituais, que sempre nos falam por intermédio das intuições. E, a partir do momento em que essa percepção interior se torna cada vez mais constante e acatada, abrem-se as portas da tolerância, da fraternidade, da proteção, da compaixão e do amor incondicional, nossos valores inerentes e nossa meta no processo evolutivo. A propósito, aqui se faz oportuno mencionar as palavras de Saint-Exupéry, autor de *O pequeno príncipe*: *Quando ultrapassamos a nós mesmos, atingimos o universal e a grandeza do homem. Não conheço atitude elevada que repouse sobre o racional.*

Muito embora eu me tenha referido aos objetivos de minha viagem à América no contexto de uma jornada, o que, em si, está correto, torna-se necessário desassociar qualquer experiência isolada do mencionado termo, atribuindo-lhe um sentido maior à luz da espiritualidade. O fundamental é compreender a razão que nos trouxe a este mundo... Será que viemos aqui para, tão somente, desfrutarmos dos prazeres sensoriais e efêmeros? De modo algum!

Certo dia, visitei, em Maricá, interior do estado do Rio, minha amiga Filomena, a Filó, irmã do nosso saudoso e querido Betinho, no sítio de sua irmã, Wanda, onde vivia sob a proteção de Deus e de seus dois fiéis e enormes cães de guarda. Conversávamos descontraidamente, e o assunto girava em torno da espécie humana, de nossas perspectivas e ações sobre o planeta que – diga-se de passagem – não são lá das melhores... Apesar da profundidade do tema, Filó, com seu jeito brincalhão e sua presença de espírito, mineiramente filosofou tomando como exemplo a figura de um caipira sentado sobre um toco de pau, a preparar seu cigarro de palha. Num dado instante, enquanto pitava despreocupadamente o cigarrinho, sua luz interna acendeu e ele se perguntou:

– Quem cossô? On co tô? Don cô vim? Pron co vô?

Eis as quatro questões fundamentais e inerentes a todos nós, indagadas num momento intuitivo e reflexivo por um caipira. Traduzindo: Quem eu sou? Onde estou? De onde vim? Para onde vou?

Em resposta, pedindo licença a nosso amigo caipira e pegando carona no que venho aprendendo e vivenciando, reconheço que sou um espírito encarnado e imortal. Na matéria, experiencio os conflitos, sofrimentos, alegrias, as interações pessoais e necessárias ao aprimoramento moral da jornada evolutiva; estou neste corpo físico, veículo básico e imprescindível ao aprendizado no planeta; vim do plano espiritual, nosso lar de origem, a ele retornarei e voltarei sucessivas vezes, até quando for preciso, nos estágios intermediários de experimentação da matéria, seja em corpo masculino ou feminino, de negro, branco, oriental, índio ou mestiço, pobre ou rico, nas relações de aprendizado em cada época na qual habito.

As quatro questões de todos nós e suas respectivas respostas alusivas à nossa condição primordial ou espiritual inserem-se e traduzem-se no conceito maior de nossa contínua e eterna jornada.

Fico imaginando como seríamos se tivéssemos a exata noção de quem somos e do porque de nossa breve passagem por este mundo. No mínimo, haveria mais respeito entre nós e para com a Mãe-Terra. A ignorância da discriminação racial não existiria, pois saberíamos que, necessariamente, já teríamos experienciado outros tons de pele... A discriminação para com as mulheres, os idosos, os homossexuais e demais diferenças também não se faria presente pelo mesmo e esclarecedor motivo. Nossa atitude em relação ao planeta seria de gratidão, cuidado e respeito. Não sairíamos por aí, em nome do lucro e da ganância, devastando e poluindo matas, rios, mares e o ar, sob o véu de um desenvolvimento que se mostra cada vez mais irresponsável, insustentável e predatório, colocando em risco nossa própria existência e a de outras espécies. Quanto às guerras e aos conflitos, não haveria razões para que ocorressem, pois também saberíamos que tudo o que desejarmos e fizermos ao próximo retornará a nós mesmos pela infalível Lei do Karma, em que, a cada ação, corresponde uma reação, na chamada lei de causa e efeito. Ao contrário, as pessoas e as nações se ajudariam mútua e solidariamente!

Ainda que eu possa parecer romântico e utópico nessas proposições, nosso destino, segundo os espíritos superiores, não poderá ser outro na ordem evolutiva do Universo. Os Grandes Mestres, aqui ou em qualquer paragem do cosmo, no curso de suas reencarnações, não chegaram pela primeira vez já iluminados...

Apesar de dispormos de todo tempo necessário que o Pai nos concede, não devemos procrastinar. Encontramo-nos no encerramento de mais um ciclo, e no início de uma nova era, o que requer amplitude de consciência espiritual. Tudo bem que cada um tem o seu tempo, o que é uma constatação. Acontece que, hoje, os tempos são outros, e nos impelem a despertar para melhor nos conhecermos. Mesmo assim, respeitando-se o tempo e o livre-arbítrio de cada um, quem almeje verdadeiramente evoluir, terá de alterar o paradigma da matéria e não acreditar ser apenas um corpo físico, ou que o importante na vida é ganhar dinheiro, acumulando cada vez mais para "garantir" o futuro, ou vivendo por aí de forma egoísta, insegura e com medo da morte... Desejo estar sendo claro, pois não sou contra o dinheiro; ele é apenas um elemento de troca, necessário às ações do cotidiano, que contém em si seu valor, sua energia. O problema está no sentido e no uso que, em geral, fazemos dele... Mas acontece que a matéria é sedutora! Digamos que alguém possua 30 pares de sapatos, ao passo que outro possua 300, e muitos, apenas um, dois, ou mesmo nenhum. O primeiro e o segundo, no caso, não resistirão aos novos modelitos expostos na vitrine e acharão "necessário" adquiri-los, devido a pequenos detalhes que não constam em suas respectivas e verdadeiras coleções. Exageros à parte, esse exemplo se aplica aos demais objetos e quinquilharias que adquirimos diariamente, e que alguns até mesmo denominam como "sonhos de consumo". Mahatma Gandhi já dizia que, quando consumimos além do que verdadeiramente precisamos, estamos sendo coniventes com a carência de necessidades básicas dos nossos irmãos de humanidade. E essa necessidade não é relativa, conforme tantos justificam... Podemos viver bem com muito menos, e sermos mais felizes, pois a felicidade verdadeira não se compra; ela brota suavemente dentro de nós, a partir de uma nova consciência que resultará na incorporação de valores altruísticos. Além do mais, o consumismo se traduz no esgotamento de recursos naturais do planeta e na produção desenfreada de resíduos poluentes, tóxicos e não degradáveis, nosso lixo de cada dia, contaminando a Mãe-Terra, os alimentos e o ar que respiramos.

Vivemos numa sociedade em que se valoriza cada vez mais o ter, em detrimento do ser... Por tantas horas em que nos mantemos acordados, estamos em contato ou desejando coisas materiais. E onde fica o imaterial história? Como percebemos o nosso corpo sutil, a nossa energia? Como e quando nos referimos e conversamos com Deus sem ser através de orações decoradas ou no automático: "Graças a Deus", "Vá com Deus", "Fique com Deus", "Se Deus quiser...". Quantas vezes ao dia nos lembramos de agradecer a Ele e ao nosso próximo por tudo que temos e o que recebemos? Quantas vezes, no cotidiano, nos permitimos ajudar alguém e sem ver a quem...?

Aqui no Rio de Janeiro existiu um ex-empresário que, após desprender-se por completo das coisas materiais, deixou a barba e os cabelos crescerem, vestiu uma túnica branca e saiu pelas ruas pregando amor e generosidade. Em 56 pilastras do viaduto, próximo à Rodoviária Novo Rio, produziu um verdadeiro "livro aberto" à população itinerante, contendo mensagens de amor e fraternidade nas cores da bandeira nacional. Em todos os painéis minuciosamente trabalhados podemos ler uma frase-mãe, a mensagem principal e que gerou o pseudônimo do artista: "Gentileza gera gentileza", do Profeta Gentileza.

Há poucos anos, a Escola de Samba Grande Rio apresentou como tema-enredo a vida e a obra do Profeta Gentileza. Se estivesse neste mundo, José Datrino, como se chamava, estaria agora com 91 anos. Em 2000, quatro anos depois de sua partida, seus escritos foram tombados e se tornaram Patrimônio Cultural do Rio de Janeiro. Sugiro que façamos como o Profeta Gentileza... Não estou querendo dizer que seja na íntegra, não é isso! Sua missão surgiu a partir de uma mensagem do plano invisível, logo após o trágico incêndio de um circo em Niterói, onde 400 vidas se foram. E ele atendeu ao chamado, cumprindo plenamente sua linda jornada! O que estou sugerindo é que levemos em nossos corações, mentes e atitudes, por onde passarmos e com quem estivermos, a intenção da gentileza, uma autêntica virtude espiritual. Além do mais, como diz o profeta: "Gentileza gera gentileza."

Abordar a perspectiva espiritual numa cultura ocidental e materialista tornou-se aqui um interessante e importante desafio. Muitas pessoas apresentam dificuldades para compreender e aceitar o tema, principalmente os fenômenos espirituais, quando ocorrem. Algumas, declaradamente agnósticas[3] ou céticas, sequer admitem a existência do espírito. Outras, mesmo admitindo, rejeitam por completo a reencarnação e a projeção de consciência. Em minha atividade profissional deparei, por diversas vezes, com tais situações. Para melhor ilustrar a natureza do assunto, citarei a seguir dois casos interessantes, de rara beleza e mútuo aprendizado. Ambos ocorreram no início dos anos 1990 com duas ex-pacientes em shiatsuterapia, cujos nomes verdadeiros serão omitidos.

Madalena era jovem, inteligente e, além de trabalhar em determinado órgão governamental, realizava seu doutorado em Economia numa universidade de São Paulo. Morava só, em um simpático e pequeno apartamento situado numa pacata rua do bairro de Laranjeiras. Tínhamos algo em comum e profundamente contagiante... Ela também era mangueirense de coração e, todos os anos, saía na Estação Primeira.

Logo que comecei a atendê-la, fiquei diante de uma questão bastante delicada e de difícil aceitação... Fazia pouco tempo que sua mãe deixara este mun-

---

[3] Pessoa ou doutrina que considera fútil a metafísica, pois só aceita, objetivamente, uma proposição que tenha evidência lógica satisfatória.

do. Ao me contar o fato, os olhos de minha paciente encheram-se de lágrimas que, segundos depois, deslizaram por sua face. Procurei confortá-la com palavras de esclarecimento sobre o que penso em relação à morte. Ela me ouviu com atenção, sem concordar, sem discordar; tão somente ouvindo e saindo aos poucos daquele estado emocional, quando, por fim, apliquei-lhe o *shiatsu*.

As sessões transcorriam harmoniosas e regularmente, às terças-feiras, no horário das 20h. Desde o início, Madalena aceitou muito bem esse procedimento terapêutico, ainda mais por sofrer há vários anos de fortes crises de enxaqueca. Antes do *shiatsu*, sempre conversávamos um pouco. Ela costumava falar de como havia passado a semana, de algum aspecto relacionado ao trabalho, do espaçamento e da intensidade das crises e da profunda e angustiante saudade que sentia da mãe... Assim, lá ia o terapeuta abordar o tema da existência, à luz da espiritualidade, e tudo se repetia na semana seguinte, na outra e nas demais. Madalena não conseguia libertar-se daquele enorme sentimento de perda. A sensação que eu tinha, e logo se confirmou, era de sua total descrença na imortalidade da alma. Entendo plenamente a dor da perda, sobretudo em se tratando de pessoas tão próximas e queridas. Naquele caso em particular, fazia ainda mais sentido aquela expressão de que "mãe é mãe"... Por outro lado, esse momento pode se tornar bem mais difícil quando ignoramos a maior verdade desta vida, ou seja, a de que somos imortais, portanto, "imatáveis" e "imorríveis"...

Confirmando o que eu sentia, numa de nossas conversas ela se posicionou:

> Como eu gostaria de ter essa mesma certeza, Tsiipré... Me desculpe, mas não consigo acreditar que exista algo depois, além desta vida! Quando ouço você falar com toda essa convicção, fico atenta procurando entender... Mas não é fácil! Suas palavras momentaneamente até me confortam, pois sei da sua intenção de me ver bem! Só que depois vêm aquele vazio, a saudade, a angústia e a única certeza de que minha mãe morreu, e que nunca mais voltarei a encontrá-la...

Na noite seguinte, Madalena precisou viajar para São Paulo, em função do doutorado, transferindo nosso encontro de terça para quinta-feira próxima, pois estaria ausente durante uma semana.

Ao reencontrá-la no dia combinado, percebi, acima do seu sorriso, um misto de emoção e alegria pelo brilho de seus olhos. Um pouco ansiosa, pediu para que nos sentássemos, querendo muito me falar.

> Tsiipré, você nem imagina o que aconteceu... Na sessão passada, quando fui dormir, minha mãe me apareceu em sonho! Ela estava linda e envolta por uma luz, ao conversar comigo! Disse-me que, ao contrário do que eu pensava, não estava morta; estava apenas fora daquele corpo que já não lhe servia mais... Pediu que eu deixasse de sofrer e de chorar pela sua partida, pois um dia estaríamos juntas novamente... Ela também me falou que se encontrava num lugar maravilhoso, realizando a tarefa de cuidar de um grande e bonito jardim, repleto de flores!

Durante a narrativa, compartilhei de muita emoção com minha paciente. A história, contudo, não parou por aí, já que ela prosseguiu:

> Passei aqui em casa, no início da tarde do dia em que viajei para São Paulo, trazendo umas lindas violetas que ganhara de presente. Como estava chovendo, havia protegido os quatro vasinhos de flores numa caixa de papelão bem fechada, deixando-a provisoriamente sob a cobertura de minha varanda. Em seguida, fui tomar um banho, para depois iniciar a arrumação da mala. Nesse intervalo, acabei almoçando, falando ao telefone com meu namorado, até que, por último, comecei a arrumar a bagagem. Quando terminei, foi que percebi que o tempo havia passado! Meu voo sairia às 19h e peguei um táxi rumo ao aeroporto, somente uma hora antes da decolagem! Felizmente, o trânsito me favoreceu... Devido à distração, quase perco a viagem, e ainda esqueci as plantinhas fechadas dentro da caixa. E, para minha tristeza, só me lembrei delas no momento do embarque! Ontem, ao chegar em casa, fui até a varanda e abri a caixa, pensando aproveitar pelo menos os vasos com a terra, para outras plantas. No entanto, qual não foi a grande surpresa que tive ao destampar a caixa de papelão... Depois de uma semana abafadas, sob o calor intenso e diário do sol, as violetas estavam lindas e viçosas! De imediato, emocionei-me ao me lembrar do sonho com minha mãe, contando-me a sua tarefa de cuidar das flores de um grande e bonito jardim... Chorei muito e agradeci a Deus e a ela por ter cuidado também de minhas delicadas violetas. Essa, para mim, foi, sem dúvida, uma profunda e inesquecível lição!

O segundo caso ocorreu com a irmã de minha paciente Lenice, que, por sua vez, desejou conhecer o meu trabalho. Ao contrário de sua irmã, meio esotérica, Irene era católica, do tipo que vai à missa todos os domingos. Beirando os 70 anos, recentemente ficara viúva devido a um enfarte fulminante sofrido por seu marido. Irene residia num apartamento em Ipanema, na companhia de sua filha, uma jovem bonita, sensível e inteligente. Mesmo vivendo a dor da saudade, procurava manter o alto-astral, apesar de se preocupar com a filha, por demais inconformada com a partida do pai.

Ao concluir o preenchimento da ficha de avaliação de minha nova paciente, conversamos um pouco mais sobre o trabalho e depois solicitei a ela para que se deitasse de bruços afim de iniciarmos a sessão. Era a primeira vez na vida que Irene receberia um *shiatsu*. Ao término da sequência terapêutica, a paciente dormia de forma profunda; ou, como se costuma dizer, "o sono dos justos". Cuidadosamente, sem fazer barulho, eu me dirigi ao banheiro para lavar as mãos e trocar de roupa. Quando retornei ao quarto, cinco minutos depois, ela despertou. Sentindo-se muito bem, leve e tranquila, foi logo comentando sua primeira experiência:

> Olha... dormi profundamente! E a impressão que eu tenho, devido ao tanto que relaxei, é como se tivesse dormido por muitas horas! E até sonhei com você Tsiipré, e por sinal foi um sonho muito interessante e ao mesmo tempo esquisito...

Mesmo já estando na minha hora, não resisti à curiosidade em ouvir o tal sonho.

> Sonhei, durante um bom tempo, que estava lá no teto observando você trabalhar o meu corpo! Não é esquisito? E parecia tão real, embora fosse somente um sonho!

Apenas escutei, sem nada comentar. Duplamente satisfeito por minha paciente ter gostado do trabalho e pelo relato que acabara de ouvir, despedimonos com um beijo e um abraço.

Na segunda sessão e também na terceira, Irene experienciou o mesmo padrão de "sonhos". O diferencial, em relação à última, foi que lhe expliquei de maneira clara que os sonhos eram, na verdade, projeções de consciência. Diante da informação recebida, a paciente contestou-me, favorecendo, assim, o seguinte diálogo:

> – Imagina só... eu sou católica! Não... eu não acredito no que você está me contando... me desculpe, mas para mim foi somente um sonho que se repetiu durante essas três sessões!

– Mas, Irene, repliquei, o que vem acontecendo com você acontece com todo mundo quando dorme. A diferença é que alguns se lembram e a maioria, não, independentemente de qualquer visão religiosa. O estado de projeção é um fenômeno natural, pesquisado cientificamente há muitos anos! Em geral, as projeções de consciência, conscientes ou não, ocorrem à noite, durante o sono. Existem pessoas com total facilidade para se projetarem e absoluto domínio em suas projeções. O que está se passando com você, acredito, é uma predisposição a sair do corpo, inclusive induzida pelo *shiatsu*, que trabalha o sistema energético.

De nada adiantaram as explicações! Irene manteve-se irredutível em seu modo de pensar, pelo menos até antes da quarta sessão...

Ao acordar do sono profundo e favorecido pelo atendimento, emocionada, Irene descreveu-me o que acontecera.

– Tsiipré, realmente você estava certo... tenho que dar o braço a torcer, depois do que acabei de presenciar... Além de ter visto novamente você trabalhando meu corpo, num dado momento encontrei o meu marido! E ele me falou... Disse-me que estava preocupado com nossa filha Mariana, por ela até agora não conseguir aceitar ou se conformar com sua partida deste mundo, como eu lhe contei na primeira sessão. Tsiipré foi muito real o que me aconteceu... Eu estive com ele, do mesmo jeito que o estou vendo e entendendo quando você fala comigo. E o que mais me surpreendeu foi ele ter comentado determinada situação que a Mariana vem passando no trabalho, inclusive me orientando a respeito... Trata-se de algo que apenas eu e ela sabíamos! Por último, pediu-me para transmitir um recado à nossa filha, o que fiz e também valeu para mim, no sentido de que ele está vivo e que a morte não existe...

Estas duas e belas situações descritas mudaram para sempre a percepção a respeito da vida e da "morte" das protagonistas, em ambos os casos. No entanto, somente para relembrar, permanecemos no dia a dia preocupados e apegados às coisas da matéria, como se elas fossem, em si mesmas, a verdade absoluta. E por vivermos muito mais o lado material, esquecemo-nos, com frequência, da outra face da moeda... Porém, como ela existe, está sempre a requerer, seja intuitivamente e/ou nas interações diárias, nossa devida atenção. Ao relutarmos em atendê-la, saímos por aí envaidecidos nas ilusões do ego e, mais adiante, certamente sofreremos as consequências de nossas próprias opções, por meio dos descaminhos, das doenças e desilusões criadas por nós mesmos. Da mesma forma que nos esquecemos de nossa natureza espiritual, não estaremos também nos considerando os únicos no Universo? Sem querer generalizar e já tendo abordado *en passant* o tema extraterrestre, não poderia deixar de voltar ao assunto, pegando carona no caso da projeção de consciência há pouco referido. Desejo, com isso, enfocar outra possibilidade que se apresenta quando nos encontramos num contexto de quarta dimensão, mesmo que, para uns, possa parecer fruto de alucinações ou simples devaneio.

O fato que vou contar, ocorrido em 1993, por motivo óbvio, dispensa pseudônimo, tendo em vista o personagem principal ser eu mesmo. Na ocasião, havia concluído o curso do Instituto Internacional de Projeciologia e Conscienciologia, no qual aprendi a técnica básica e necessária para se realizarem projeções conscientes. O médico e professor Waldo Vieira,[4] fundador e então presidente do Instituto, orientava os alunos para que anotassem detalhadamente, na medida do possível, as situações ocorridas em suas experiências fora do corpo. Assim, ao longo das sucessivas projeções, iríamos formando um volume de dados e compondo um arquivo pessoal, recurso indispensável para uma análise comparativa e o aprimoramento de nosso principal objetivo.

Todas as noites, antes de dormir, deitava-me de costas com os braços estendidos. De olhos fechados, respirava fundo por algumas vezes e, aos poucos, ia entrando em estado de relaxamento. A partir de então, iniciava um exercício mental e adequado para promover o gradativo aceleramento das energias do corpo, até obter uma curiosa sensação de parestesia, ou formigamento, denominado estado vibracional, condição básica para a consciência projetar-se. Para mim, atingir o tal estágio não era difícil; o problema era sair do corpo! Quando, nitidamente, percebia um parabraço ou uma paraperna levantar-se, ou melhor, desprender-se, então batia o medo e eu travava o processo. Foi assim em muitas ocasiões!

Certa vez, ao chegar em casa de madrugada, vindo de uma festa, de tão cansado e sonolento, nem tive disposição para realizar os exercícios da técnica projetiva. Ao me deitar, virei para o lado esquerdo, numa sensação agradável, percebendo que já ia adormecer. Entretanto, sem que eu esperasse, por não haver praticado a costumeira técnica, subitamente me flagrei saindo do corpo

[4] Ex-espírita, psicografou vários livros juntamente com Chico Xavier. Desligou-se do espiritismo, optando por um caminho específico no campo da conscienciologia.

por inteiro. Observei o meu *soma*[5] tranquilo e parti para o espaço externo através da janela da sala...

O que vem a seguir é a transcrição na íntegra de meus apontamentos ao retornar do plano extrafísico.[6]

> Preciso anotar o que me ocorreu na madrugada desta sexta-feira, 14 de maio de 1993. Com certeza absoluta, passei por uma incrível experiência fora do corpo a partir de um processo involuntário, sem intenção programada. Minha consciência, ou meu corpo astral, encontrou-se por volta das 4h30 com Luzanira, no Largo do Machado. Seguimos juntos em direção à praia Vermelha. Durante o percurso, perguntei-lhe se conhecia o samba enredo "Heróis da Liberdade", um verdadeiro épico da Escola de Samba Império Serrano, cantando-o inteiramente para ela. Minha percepção era clara, a voz totalmente audível e me emocionei.
>
> Chegando ao lugar desejado, sentamo-nos em um comprido banco de concreto. Não me recordo de ter percebido a presença de outras consciências, encarnadas ou não, nas imediações. No entanto, antes que falássemos algo, avistei ao longe três objetos voadores não identificados. Imediatamente, indiquei-os a Luzanira. Então, em fração de segundos, dois deles se aproximaram em voos rasantes, percorrendo em círculos um amplo espaço mar adentro. Levantei-me fazendo sinais para que as naves parassem ou percebessem nossa presença, ao que Luzanira manifestou um grande temor. Os dois, que voavam em círculos, tinham a forma discoidal, com talvez uns 15 metros de diâmetro. O terceiro OVNI tinha forma semelhante, porém mais encorpado, pairando a pouca altitude à nossa frente. Avistei o que parecia serem rostos, três em cada uma das naves, em pequenas e arredondadas janelas.
>
> No desejo de me encontrar com a tripulação, apesar das objeções de minha amiga, instantaneamente desloquei-me para o interior da nave mais bojuda e próxima. Os tripulantes tinham aparência quase igual aos habitantes da Terra. O que os diferenciava mais acentuadamente, era a altura, em torno de 2,20m, e uma postura que transmitia equilíbrio, determinação e concentração plena. Somente pude ver suas mãos e rostos, pois usavam uniformes colados ao corpo, tipo malha, na cor preta. As feições eram delicadas, assemelhando-se ao tipo oriental asiático, com a pele cor de jambo. Também pude observar a presença de um ser feminino solicitando que eu me aproximasse sem temor, pois não haveria

---

[5] Corpo físico.
[6] Expressão utilizada pelo Instituto Internacional de Projeciologia e Conscienciologia.

perigo. Fiquei surpreso quando me perguntou sobre minha ex-mulher e minha filha! Em seguida, afirmou que suas origens são da Terra, mas que há milhares de anos vagam pelo Cosmo. Da parede da nave ela puxara algo semelhante a uma tela de projeção, em tamanho reduzido, aparecendo um pequeno mapa celeste. Apontou-me um aglomerado de estrelas, uma certa constelação de onde estariam voltando. Naquele exato momento, ocorreu-me uma surpreendente experiência de retrocognição,[7] comentando o que se passava:

– Eu sonhei com vocês quando vivia com Vera e Maíra no Pará, há uns sete anos!

Em resposta, a mulher espacial corrigiu-me:

– Não... você não sonhou! Você esteve conosco na mesma forma como se acha agora! Apenas não se lembrava...!

Devido aos encontros com aqueles seres e avistamentos de OVNIS, que, não raro, venho presenciando pelos céus do Brasil, arrisquei uma pergunta direta, curta e objetiva:

– Mas por que eu?

E respondendo vagamente, ela apenas me disse:

– Um dia você saberá...

Quando olhei pela janela, constatei que Luzanira não mais se encontrava no lugar onde estávamos, o que me fez sentir medo. Em consequência, e sem o devido domínio da condição de projetado, retornei imediatamente ao meu corpo físico, presenciando com nitidez o exato instante do reencaixe, despertando às 5h45. Recordei-me das quatro projeções involuntárias, ocorridas no ano passado, e que, de certo modo, estão direcionando minha vida rumo aos Estados Unidos, mais especificamente ao Arizona. Sinto que esta última e incrível projeção resultou dos exercícios que venho praticando ao longo das semanas, após ter concluído o curso do Instituto Internacional de Projeciologia e Conscienciologia.

Sem mais conseguir pegar no sono, fiquei pensando, refletindo, envolto por sensações de medo, felicidade e ansiedade, mas na certeza absoluta de que a morte não existe e que tampouco estamos sós...

Somente para ilustrar e acrescentar um detalhe a mais, no mesmo dia em que me projetei, na madrugada de sexta-feira, encontrei-me no começo da

---

[7] Termo utilizado no IIPC, referente a uma experiência ocorrida anteriormente no plano extrafísico.

tarde com Luzanira. Participávamos do curso de "Técnicas de Alexander", voltado, entre outros aspectos, para a consciência corporal. O curso era ministrado em um espaço próximo à praia Vermelha, ponto de referência do que vivenciáramos juntos, fora do corpo. Ao término da aula, enquanto conversávamos, perguntei à minha amiga se ela havia sonhado comigo na noite anterior. Como a resposta foi que não se lembrava, insisti na pesquisa, procurando saber se por acaso tivera qualquer outro sonho, pesadelo ou se passara uma noite de sono tranquila. Diante da minha insistência, Luzanira comentou o único detalhe do qual acabou se lembrando:

> Só me recordo que acordei assustada, um pouco antes das 6h, mas sem saber o motivo...

Ao contrário do que me aconteceu, ela se projetara de forma inconsciente, sem se lembrar de nada após o seu retorno, exceto do susto, ou sobressalto, então mencionado. Possivelmente, em seu caso, uma sessão de hipnose identificaria a origem do referido susto. Conhecedora da matéria, expliquei-lhe a razão das minhas perguntas, relatando-lhe em seguida, e para sua grande surpresa, toda a experiência pela qual havíamos passado no plano extrafísico.

Torna-se também oportuno mencionar o caso, até então inédito, ocorrido em Goiânia no dia 8 de maio de 1976. Trata-se de um processo judicial cujo réu, um jovem, chamado José Divino, era acusado pelo assassinato de seu melhor amigo, Maurício Garcez Henrique, 15 anos, morador de Goiânia, GO, morto com um tiro na barriga, quando brincavam com a arma do pai de José Divino. No entanto, através de uma mensagem psicografada pelo notável médium mineiro Francisco Cândido Xavier, ou simplesmente Chico Xavier, o espírito da vítima esclareceu e confirmou a versão do acusado de que a arma disparara acidentalmente, inocentando, assim, o amigo e alterando os rumos do processo, que absolveu o réu.[8]

Após tantos anos nutrindo o desejo de escrever estas páginas, e mais alguns para dar início e concluí-las, sinto-me feliz pela tarefa realizada, mas permanecendo longe daquele estado de completude ao qual me referi durante

---

[8] Caso relatado pelo espírito Maurício G. Henrique na psicografia de Chico Xavier, e referido no livro *Por trás do véu de Ísis,* de Marcel Souto Maior.

a introdução. Faço votos, com as bênçãos de Deus, de que ainda haverá muito chão pela frente a percorrer... Se assim me expresso, é por considerar este livro uma linha divisória em minha vida, a partir do qual a segunda etapa encontra-se relativamente próxima do seu começo. Com enorme gratidão, estarei me despedindo do Rio de Janeiro, para retornar de vez ao interior do Brasil, mais precisamente do Mato Grosso. Trata-se de um sonho antigo que, desde 1998, ao longo do meu primeiro estágio em acupuntura, foi se manifestando no propósito de empreender um trabalho complementar de atenção natural à saúde e educação ambiental, hoje denominado Projeto Ribeirinhos no Círculo da Vida. Na realidade, tudo começou dez anos antes, ainda nos tempos de indigenista, quando idealizei e elaborei o projeto "Mortes que te Quero Vivo", juntamente com meu amigo Flavio.

Num período de 28 dias do mês de agosto de 1988 percorremos de canoa os 557 quilômetros do rio das Mortes, no seu trecho entre Nova Xavantina e São Félix do Araguaia. A presente iniciativa contou com o reconhecimento da Universidade Federal de Mato Grosso, da Fundação Nacional Pró-Memória e da Associação Mato-grossense de Ecologia, além de algumas doações em alimentos e recursos financeiros de nossos próprios bolsos...

Por meio de um registro fotográfico e de entrevistas com os ribeirinhos, a finalidade do projeto era obter um diagnóstico da área percorrida e, posteriormente, elaborar um detalhado relatório, incluindo a sugestão de uma APA (Área de Preservação Ambiental) em local criteriosamente escolhido. Para mim, a expedição resultou em profundas recordações, das quais muitas e belas fotos ao longo do percurso rio abaixo, o sopro de inspiração que me permitiu descrever a viagem no poema intitulado "Mortes, o Rio da Vida", e a imediata identificação com a pequena cidade de São Félix do Araguaia, na qual almejo desenvolver o Projeto Ribeirinhos.

E, seguindo aquele sonho, em agosto de 2006 consegui finalmente dar os primeiros passos no sentido de esboçar a proposta e apresentá-la à população de São Félix e também aos indígenas da etnia Karajá.

Com a caneta e a alma, escrevi cada linha, cada página e cada capítulo da presente história. O meu maior desejo é que ela possa contribuir para o despertar de consciências, vinculado àquelas quatro questões básicas de todos nós: "Quem eu sou? Onde estou? De onde eu vim? Para onde vou?" A partir dessa compreensão poderemos retomar o rumo certo, confiantes e imbuídos da mais poderosa força capaz de transformar o mundo, que é o sentimento de amor incondicional, a verdade libertadora que o Cristo nos deixou.

Muito embora não se esgotem aqui as palavras, finalizo a primeira etapa dessa jornada maior, neste veículo chamado corpo e habitante temporário deste planeta-Mãe, que se chama Terra. Superando os obstáculos, fui me conhecendo paralelamente às tantas lições que o Mistério reservou-me até o momento da grande descoberta. Das visões ao Cachimbo Sagrado, naquela breve jornada no tempo, minha história revelou-se.

E para concluir este capítulo assim o faço de forma lúcida e lírica, na compreensão do passado, com os pés no presente e projetando o futuro em dois poemas ribeirinhos. O primeiro, já mencionado, descreve o Rio das Mortes; o segundo é uma linda composição musical do Grupo Aldeia, lá de São Félix, que se intitula "Espelho do Sol". E, como o Rio das Mortes deságua no Araguaia, naveguemos então pelos dois.

Mortes, o Rio da Vida
Por Tsiipré

Mortes, que te quero vivo, que te quero vivo entre os viventes,

matas, animais e gentes, saciando a sede dos que te procuram, derrotando aqueles que não te respeitam.

Mortes, que por seus meandros, segue a tua sina rumo ao Araguaia; desafiam os ventos, águas cristalinas, beiram tuas margens majestosas praias onde, em plena seca, grandes tartarugas, sorrateiramente perpetuam vidas, em profundas noites de sertões bravios.

Mortes, que no teu passado, fora profanado pelos bandeirantes, fale no agora, no presente instante, verdadeiramente diga quem tu és... do injusto nome, o que recebestes, quando criminosos te banharam em sangue, sangue de teus filhos, sangue dos extintos índios Araés.

Segue em teu curso, segue a tua sina, mesmo ultrajado..., hoje, em teu leito, ao invés de sangue, mercúrio é derramado...,

dejetos de um garimpo que, por ironia e em seu revés, roubou em teu passado o nome de seus filhos, os índios Araés.

Segue caudaloso, segue enfurecido, desperta ruidoso o gigante adormecido da Serra do Roncador...

Cachoeiras, corredeiras, jacarés e tuiuiús, onças-pretas e pintadas, papagaios e araras, sucuris e jaburus. Bandos de macacos-prego, de bugio e ariranhas, vão batendo em retirada, vão fugindo das queimadas pra lugares mais distantes... E na busca incessante dessa tal sobrevivência, põe de alerta os Xavantes, guardiões da margem esquerda, de borduna em resistência... Põe de alerta os ribeirinhos que do rio sobrevivem, põe de alerta o futuro para que todos sobrevivam...

Rio das Mortes, que te quero vivo, como bem te conheci, de canoa, rio abaixo, por centenas de quilômetros; respeitando os seus banzeiros,[9] acampando em suas praias, até chegar finalmente ao legendário Araguaia, que, tristemente assoreado, poluído e explorado, agoniza paciente em muitos trechos de si...

Mortes, que te quero vivo, com seus furos e lagos de mistérios infindos... onde o boto encantado e o aruanã, em segredos aguardam um novo amanhã... com a vida brotando e o sol despontando em luz e calor, por trás das montanhas, cerrados e campos do teu Roncador.

Espelho do Sol
(Letra e música: Fausto e Thamy Azambuja)

Araguaia serpente
Dourada de Sol
Que corre e deságua no pulmão do planeta! *(bis)*
Espelho do brilho, do riso do sol
Que ilumina a noite e a voz do poeta!

Levo em ti meu novo amanhecer
Santuário de mil gerações
A canção que canta em mim
Filha de outras cantigas
Choram tempos que hão de vir

Araguaia serpente
Dourada de sol
Que corre e deságua no pulmão do planeta!
Espelho do brilho, do riso do sol

Que ilumina a noite e a voz do poeta!

Nos remansos de minha oração
Lendas que as cheias carregam
Entre versos, mistérios
Brota um novo canto em flor
Na voz dos que te cantam!

Levo em ti meu novo amanhecer
Santuário de mil gerações
Entre versos, mistérios
Brota um novo canto em flor
Na voz dos que te cantam!

Araguaia serpente
Dourada de Sol
Que corre e deságua no pulmão do planeta! *(bis)*
Espelho do brilho, do riso do sol
Que ilumina a noite e a voz do poeta!

CAPÍTULO VINTE E CINCO

# *Discurso ao presidente*

## Um alerta à humanidade

*As vastas e abertas planícies, as belas colinas e as águas que em meandros complicados serpenteiam não eram, aos nossos olhos, selvagens. Só o homem branco via a natureza selvagem, e só para ele estava a terra infestada de animais selvagens, de gentes selvagens. Para nós, era ela mansa. A terra era caritativa, e sentíamo-nos rodeados pelas bênçãos do Grande Mistério. Só se tornou para nós hostil com a chegada do homem peludo proveniente do Leste, que nos oprime, a nós e às nossas famílias que tanto amamos, com injustiças insanas e brutais. Foi quando os animais da floresta se puseram em fuga, à medida que ele se aproximava, que para nós começou o Oeste selvagem.*

CHEFE LUTHER STANDING BEAR, DO GRUPO OGLALA DOS SIOUX

*Com todas as coisas e em todas as coisas, nós somos aparentados.*

PROVÉRBIO SIOUX

*Se as cidades forem destruídas e os campos, conservados, estas ressurgirão. Mas, se destruírem os campos e conservarem as cidades, estas não sobreviverão...*

BENJAMIN FRANKLIN

O texto que se apresenta ao término deste comentário não é de minha autoria. Fiz questão de transcrevê-lo por se tratar de um tema vital para toda a humanidade, sobretudo nos dias de hoje. . Pelo seu tom profético e a profundeza de conteúdo, ele nos fará refletir sobre nosso destino e a urgência de modificarmos nossas ações insustentáveis neste planeta azul chamado Terra. Por sua vez, se a Terra, ou Gaia,[1] é nossa Mãe, comportamo-nos como filhos

[1] A Deusa grega do planeta.

desnaturados e devemos reconhecer essa conduta para nos corrigirmos de tamanha ingratidão.

Nunca se destruiu tanto o planeta, a ponto de, por ignorância, ambição ou mera irresponsabilidade, comprometermos com insanas ações nossa própria espécie. E tudo indica, como veremos, que isso ocorre por nos afastarmos da espiritualidade ou religiosidade, que é diferente de religião... Com o advento da chamada era industrial, a ciência e a tecnologia se desenvolveram velozmente, porém desconectadas da visão do Sagrado. E ao atingir o patamar da prepotência, o homem-ciência prefere ignorar a Divindade, considerando-se o próprio Deus...

O maior desafio com o qual nos defrontamos atualmente se traduz pela necessária e imediata redução de nossas emissões na atmosfera, dos chamados gases de efeito estufa. Dentre eles, o dióxido de carbono ($CO_2$) e o metano ($CH_4$) são os principais responsáveis pelo aquecimento global. Porém, para que isso ocorra, torna-se imprescindível uma decisão unânime, arrojada e consciente dos dirigentes mundiais, fundamentada no acordo da Convenção do Clima,[2] na Rio-92, tendo por base o monitoramento e as avaliações periódicas do Painel Intergovernamental sobre Mudança Climática, o IPCC.[3] Acontece, entretanto, que a posição de expressivos governantes do planeta se revela muito tímida, bem aquém da grave crise que desponta, e já nos atinge, com a natureza dando sinais mais evidentes a cada ano.

Devido ao impasse, a impressão que nos passam é que o problema não é deste mundo, e que, portanto, não nos afetará. Contudo, o que se revela por trás do inconsequente véu da inércia vincula-se ao velho modelo ganancioso, competitivo e excludente de um desenvolvimento e crescimento econômico a qualquer custo, paradoxal e indiferente ao clamor de uma nova era que desponta e se destina à solidariedade, à valorização e à manutenção da própria vida.

No Brasil, em particular, vivenciamos uma situação diferenciada no perfil das emissões. Somos o quinto maior emissor de gases do efeito estufa no planeta, e mais da metade do carbono que emitimos resulta das queimadas e derrubadas constantes da, ainda, maior floresta tropical do mundo, a amazônica. Por outro lado, apenas nosso rebanho bovino, constituído por 202.287.000 de cabeças,[4] e mais numeroso do que a população brasileira, contribui para

2 Convenção-Quadro das Nações Unidas sobre Mudança do Clima.

3 Do inglês: Intergorvernmental Panel on Climate Change.

4 Dados de 2009 do Instituto Brasileiro de Geografia e Estatística – IBGE.

os 16% da emissão mundial por metano, proveniente da flatulência, ou dos gases, desses animais. Mas os bovinos não são os únicos vilões; búfalos, cabras e ovelhas acarretam o mesmo tipo de problema.

Muito embora nossa matriz energética tenha origem em fonte limpa, ou seja, nas usinas hidroelétricas, é preciso que se reanalisem tais projetos, quando se trata de Amazônia, principalmente em decorrência da preocupante situação ambiental planetária. Refiro-me, em especial, à proposta de construção da usina hidroelétrica de Belo Monte, no rio Xingu, no estado do Pará. Trata-se de um empreendimento gigantesco e que teve origem na década de 1970, mas acabou engavetado em 1989, sob intensa pressão dos índios Kayapó, liderados por Raoni e apoiados pelo cantor Sting. Todavia, indiferente às drásticas consequências ambientais e sociais que poderão advir, eis que ressurge o fantasma de Belo Monte.

Além de os ambientalistas nacionais e internacionais afirmarem que Belo Monte é um grave equívoco, o Ibama, órgão responsável pelas questões ambientais, emitiu o importante Parecer Técnico nº 114/09, de dezembro de 2009, manifestando-se claramente contrário à construção da usina. E, na linha de frente das mentes conscientes, Leonardo Boff veio a público através de um artigo muito bem fundamentado e que a seguir o transcrevo em seus trechos principais.

> (...) Neste projeto tudo é megalômano: inundação de 51.600ha de floresta, com espelho d'água de 516km$^2$, desvio do rio com a construção de dois canais de 500m de largura e 30km de comprimento, deixando 100km de leito seco, submergindo a parte mais bela do Xingu, a Volta Grande e um terço de Altamira, com um custo entre 17 e 30 bilhões de reais, desalojando cerca de 20 mil pessoas e atraindo para as obras cerca de 80 mil trabalhadores para produzir 11.233 MW de energia no tempo das cheias (quatro meses) E SOMENTE 4 mil MW no resto do ano, para, por fim, transportá-la até 5 mil km de distância.
>
> Esse gigantismo, típico de mentes tecnocráticas, beira a insensatez, pois, dada a crise ambiental global, todos recomendam obras menores, valorizando matrizes energéticas alternativas, baseadas na água, no vento, no sol e na biomassa. E tudo isso nós temos em abundância. Considerando as opiniões dos especialistas, podemos dizer: a usina hidroelétrica de Belo Monte é tecnicamente desastrosa, socialmente perversa, perturbadora da floresta amazônica e uma grave agressão ao sistema-Terra.

> Este projeto se caracteriza pelo desrespeito: às dezenas de etnias indígenas que lá vivem há milhares de anos e que sequer foram ouvidas; desrespeito à floresta amazônica, cuja vocação não é produzir energia elétrica, mas bens e serviços naturais de grande valor econômico; desrespeito aos técnicos do Ibama e a outras autoridades científicas contrárias a esse empreendimento; desrespeito à consciência ecológica, que, devido às ameaças que pesam sobre o sistema da vida, requerem extremo cuidado com as florestas; desrespeito ao Bem Comum da Terra e da Humanidade, a nova centralidade das políticas mundiais. (...)

É bom que nos lembremos de que não resta muito tempo para se evitar a elevação da temperatura atual do globo terrestre acima de 2ºC, conforme advertem os cientistas do IPCC. Mesmo assim, 2ºC a mais já acarretariam uma série de transtornos à biodiversidade, na qual estamos inseridos. O aumento do número de inundações devastadoras, da intensidade de furacões, das ondas de calor e de incêndios florestais, a escassez de água em diversas regiões, a queda na produção agrícola nos trópicos e os surtos epidêmicos oriundos das enchentes e extremos de calor são exemplos do que poderá ocorrer.

Ao contrário do que muita gente ainda pensa, o pulmão do mundo não se encontra na Amazônia, mas sim nos oceanos: são as algas! Na realidade, a imensa floresta amazônica tem o papel fundamental de regulação do clima no planeta, com impacto no regime de chuvas e nas correntes de vento. Toda a América do Sul e o sistema de chuvas do Sudeste do Brasil são influenciados diretamente pela Amazônia. Por isso mesmo, e de acordo com os pesquisadores, um aquecimento global superior a 2ºC influenciaria e provocaria prejuízos consideráveis na geração de energia proveniente de hidroelétricas.

Do ponto em que chegamos, já não cabe mais desassociar o desenvolvimento da sustentabilidade, sem incorrermos no iminente caos. E, partindo dessa premissa, recordo-me das sábias e fortes palavras do eminente professor Ladislau Dowbor, titular do Departamento de Pós-graduação da PUC-SP, nas áreas de Economia e Administração: "Crescer por crescer, é a filosofia da célula cancerosa."

Se, por um lado, a situação apresenta-se caótica, por outro, numa perspectiva dinâmica e circular do movimento energético da vida, uma nova consciência se faz emergir. Lembremo-nos de que, quanto maior é o verso, maior é o reverso... Assim, as organizações ambientalistas, a crescente busca por alimentos naturais e orgânicos, coletas seletivas de lixo, reciclagens, diversos tipos de manejo, as práticas orientais milenares e holísticas de atenção à saúde, outra visão científica, fundamentada na física quântica, e a perspectiva de um desenvolvimento sustentável, tudo isso representa indicadores de transformação, um diminuto ponto de luz no final do túnel. Mas essa luz necessita expandir-se com muito mais intensidade e rapidez...

Não sabemos quanto tempo nos resta, mas nunca é tarde para cada um, enquanto cidadão, fazer sua parte, como o beija-flor, que carregava gotinhas de água no desejo de colaborar com o mutirão dos animais que se ocupavam em apagar um incêndio na mata.

Em sua música intitulada "Amor de Índio", de parceria com Ronaldo Bastos, o cantor e compositor Beto Guedes já dizia: "Tudo que move é sagrado." Expressando o pensamento das nações indígenas pela Mãe-Terra, o sentido do sagrado se dimensiona no conteúdo do discurso a seguir, merecendo ser relembrado ou lido por quem ainda não o conhece.

Fora proferido pelo chefe índio norte-americano Seattle, ao então presidente Franklin Pierce, no ano de 1854. A razão do discurso deveu-se ao fato de o governo ter pretendido adquirir o território das Nações Duwamish e Suquamish, habitantes da região em que hoje se situa a cidade mais importante do estado americano de Washington, homônima ao chefe índio, no extremo noroeste dos Estados Unidos.

Como desfecho, através do Tratado de Port Elliot, em 1855, os Duwamish e os Suquamish migraram pela região do Puget Sond para a Reserva de Port Madison, onde os restos mortais do Chefe Seattle e sua filha encontram-se enterrados.

Em relação ao discurso, o primeiro registro que se conhece, publicado em 1887 no jornal *Seattle Sunday Star*, é de autoria do dr. Henry Smith, que se encontrava presente por ocasião do pronunciamento. O dr. Smith publicou suas próprias anotações e comentários sobre o Grande Chefe, que, segundo ele, era uma pessoa profundamente impressionante e carismática. Após sua tradução para o português, em 1970, a transcrição a seguir, entre outras versões, é a original do referido autor. A foto do Chefe Seattle (1787-1866) foi feita por E. M. Sammis, cuja matriz encontra-se na "University of Washington Special Collection #NA 1511".

Tida como a declaração mais profunda e bela desenvolvida até hoje sobre a natureza, foi apresentada por Russell Peterson, presidente do Conselho Federal de Qualidade do Meio Ambiente dos Estados Unidos durante o encontro da Associação Americana para o Progresso da Ciência, em maio de 1975, na cidade de Nova York. Na ocasião, observou Peterson:

Da nossa moderna perspectiva, 121 anos depois, o discurso de Seattle parece ser, se não uma profecia expressiva, pelo menos um tanto desconcertante.

Eis o discurso:

O grande Chefe de Washington mandou dizer que deseja comprar a nossa terra; o grande Chefe assegurou-nos também sua amizade e benevolência. Isto é gentil de sua parte, pois sabemos que ele não precisa da nossa amizade.

Vamos, porém, pensar em sua oferta, pois sabemos que se não o fizermos, o homem branco virá com armas e tomará nossa terra. O grande Chefe de Washington pode confiar no que o Chefe Seattle diz com a mesma certeza com que nossos irmãos brancos podem confiar na alteração das estações do ano. Minhas palavras são como as estrelas, elas não empalidecem.

Como podes comprar ou vender o céu, o calor da terra? Tal ideia nos é estranha. Se não somos donos da pureza do ar ou do resplendor da água, como então podes comprá-los? Cada torrão desta terra é sagrado para meu povo; cada folha reluzente de pinheiro, cada praia arenosa, cada véu de neblina na floresta escura, cada clareira e inseto a zumbir são sagrados nas tradições e na consciência do meu povo. A seiva que circula nas árvores carrega consigo as recordações do homem vermelho.

O homem branco esquece sua terra natal, indo vagar, depois de morto, por entre as estrelas. Nossos mortos nunca esquecem esta formosa terra, pois ela é a mãe do homem vermelho. Somos parte da terra e ela é parte de nós. As flores perfumadas são nossas irmãs; o cervo, o cavalo e a grande águia são nossos irmãos. As cristas rochosas, o orvalho das campinas, o calor que emana do corpo de um mustangue, e o homem, todos pertencem à mesma família.

Portanto, quando o grande Chefe de Washington manda dizer que deseja comprar nossa terra, ele exige muito de nós. O grande Chefe manda dizer que irá reservar para nós um lugar em que possamos viver confortavelmente. Ele será nosso pai e nós seremos seus filhos. Portanto, vamos considerar a tua oferta de comprar nossa terra. Mas não será fácil, porque esta terra para nós é sagrada.

Esta água brilhante que corre nos rios e regatos não é apenas água, mas sim o sangue de nossos ancestrais. Se te vendermos a terra, terás de te lembrar que ela é sagrada e terás de ensinar aos teus filhos que é sagrada e que cada reflexo espectral na água límpida dos lagos conta os eventos e as recordações da vida de meu povo. O murmúrio da água é a voz do pai de meu pai. Os rios são nossos irmãos, eles saciam nossa sede. Os rios transportam nossas canoas e alimentam nossos filhos. Se te vendermos nossa terra, terás de te lembrar e ensinar a teus filhos que os rios são irmãos nossos e teus, e terás de dispensar aos rios a afabilidade que darias a um irmão.

Sabemos que o homem branco não compreende o nosso modo de viver. Para ele, um pedaço de terra é igual a outro, porque ele é um forasteiro que chega na calada da noite e tira da terra tudo o que necessita. A terra não é sua irmã, mas sim sua inimiga, e depois de conquistá-la, ele vai embora, deixando para trás os túmulos de seus antepassados, e nem se importa. Arrebata a terra das mãos de seus filhos e não se importa. Ficam esquecidos a sepultura de seu pai e o direito de seus filhos à herança. Ele trata sua mãe, a terra, e seu irmão, o céu, como coisas que podem ser compradas, saqueadas, vendidas como ovelhas ou miçangas cintilantes. Sua voracidade arruinará a terra deixando para trás apenas um deserto.

Não sei. Nossos modos diferem dos teus. A visão de tuas cidades causa tormento aos olhos do homem vermelho. Mas talvez isto seja assim por ser o homem vermelho um selvagem que nada compreende.

Não há sequer um lugar calmo nas cidades do homem branco. Não há lugar em que se possa ouvir o desabrochar da folhagem na primavera, ou o tinir das asas de um inseto. Mas talvez assim seja por eu ser um selvagem que nada compreende; o barulho parece apenas insultar os ouvidos. E que vida é aquela se um homem não pode ouvir a voz solitária do curiango ou a conversa dos sapos em volta de um brejo? Sou um homem vermelho e nada compreendo. O índio prefere o suave sussurro do vento a sobrevoar a superfície de uma lagoa, e o cheiro do próprio vento, purificado por uma chuva ou recendendo a pinheiro.

O ar é precioso para o homem vermelho, porque todas as criaturas respiram em comum: os animais, as árvores, o homem.

O homem branco parece não perceber o ar que respira. Como um moribundo em prolongada agonia, ele é insensível ao ar fétido. Mas se te vendermos nossa terra, terás de te lembrar que o ar é precioso para nós, que o ar reparte o teu espírito com toda a vida que ele sustenta. O vento que deu ao nosso bisavô seu primeiro sopro de vida também recebe o seu último suspiro. E, se te vendermos nossa terra, deverás mantê-la preservada, feito santuário, como um lugar em que o próprio homem branco possa ir saborear o vento adoçado com a fragrância das flores campestres.

Assim, pois, vamos considerar tua oferta para comprar nossa terra. Se decidirmos aceitar, eu o farei sob uma condição: o homem branco deverá tratar os animais desta terra como se fossem seus próprios irmãos.

Sou um selvagem e desconheço que possa ser de outro jeito. Tenho visto milhares de bisões apodrecendo nas pradarias, abandonados pelo homem branco que os abate a tiros disparados dos trens em movimento. Sou um selvagem e não compreendo como um fumegante cavalo de ferro possa ser mais importante do que o bisão que nós, os índios, matamos apenas para o sustento de nossa vida.

O que é o homem sem os animais? Se todos os animais acabassem, o homem morreria de uma grande solidão de espírito. Porque tudo o que acontece aos animais logo acontecerá aos homens. Tudo está relacionado entre si.

Deves ensinar a teus filhos que o chão debaixo de seus pés são as cinzas de nossos antepassados; para que tenham respeito ao país, conta a teus filhos que a riqueza da terra é a vida da parentela nossa. Ensina a teus filhos o que temos ensinado aos nossos: que a terra é nossa mãe. Tudo que fere a terra fere os filhos da terra. Se os homens cospem no chão, cospem sobre eles próprios.

De uma coisa sabemos: a terra não pertence ao homem; é o homem que pertence à terra. Disso temos certeza. Todas as coisas estão interligadas, como o sangue que une uma família. Tudo está relacionado entre si. Tudo quanto agride a terra agride os filhos da terra. Não foi o homem quem teceu a trama da vida; ele é meramente um fio da mesma. Tudo o que ele fizer à trama, a si próprio fará.

Nossos filhos viram seus pais humilhados na derrota. Os nossos guerreiros sucumbem sob o peso da vergonha. E, depois da derrota, passam o tempo em ócio, envenenando seus corpos com alimentos adocicados e bebidas ardentes. Não tem grande importância onde passaremos nossos últimos dias; eles não são muitos. Mais algumas horas, mesmos uns invernos, e nenhum dos filhos das grandes tribos que viveram nesta terra, ou que têm vagueado em pequenos bandos pelos bosques, sobrará para chorar sobre os túmulos; um povo que um dia foi tão poderoso e cheio de confiança como o nosso.

Nem o homem branco, cujo Deus com ele passeia e conversa de amigo para amigo, pode ser isento do destino comum. Podemos ser irmãos apesar de tudo. Vamos ver, de uma coisa sabemos, que o homem branco venha, talvez, um dia a descobrir: nosso Deus é o mesmo Deus. Talvez julgues, agora, que O podes possuir do mesmo jeito como desejas possuir nossa terra; mas você não pode. Ele é o Deus da humanidade inteira e é igual sua piedade para com o homem vermelho e o homem branco. Esta terra é querida para Ele, e causar dano à terra é acumular de desprezo o seu Criador. Os brancos também passarão; talvez mais cedo do que outras tribos. Continuas poluindo tua cama e hás de morrer, uma noite, sufocado em teus próprios dejetos!

Porém, ao perecerem, vocês brilharão com fulgor, abrasados, pela força de Deus que os trouxe a este país e, por algum desígnio especial, lhes deu o domínio sobre esta terra e sobre o homem vermelho. Esse destino é, para nós, um mistério, pois não podemos imaginar como será quando todos os bisões forem massacrados, os cavalos selvagens domados, os cantos secretos das florestas carregadas do odor de muita gente, e a vista das velhas colinas empanada por fios que falam. Onde ficará o emaranhado da mata? Terá acabado. Onde estará a águia? Terá desaparecido. Restará dar adeus à andorinha e à caça; será o fim da vida em plenitude e o começo da luta para sobreviver.

Compreenderíamos, talvez, se conhecêssemos com que sonha o homem branco; se soubéssemos quais as esperanças que transmite a seus filhos nas longas noites de inverno, quais as visões do futuro que oferece às suas mentes para que possam formar desejos para o dia de amanhã. Somos, porém, selvagens. Os sonhos do homem branco são para nós ocultos. E por serem ocultos, temos de escolher nosso próprio caminho. Se consentirmos vender nossa terra, será para garantir as reservas que nos prometestes. Lá, talvez possamos viver nossos últimos dias conforme desejamos. Depois que o último homem vermelho tiver partido e sua lembrança não passar da sombra de uma nuvem a pairar acima das pradarias, a alma do meu povo continuará vivendo nestas florestas e praias, porque nós as amamos como ama um recém-nascido o bater do coração de sua mãe.

Se te vendermos a nossa terra, ama-a como nós a amamos. Protege-a como nós a protegemos. Nunca esqueças de como era esta terra quando dela tomaste posse. E, com toda a tua força, o teu poder e todo o teu coração, conserva-a para teus filhos e ama-a como Deus nos ama a todos. De uma coisa sabemos: nosso Deus é o mesmo Deus e esta terra é por Ele amada. Nem mesmo o homem branco poderá evitar o nosso destino comum...

POSFÁCIO

# Princípios éticos dos índios norte-americanos

Levante com o Sol para orar.
Ore sozinho. Ore com frequência.
O Grande Espírito o escutará se você, ao menos, falar.
Seja tolerante com aqueles que estão perdidos no caminho.
A ignorância, o convencimento, a raiva, o ciúme e a avareza,
originam-se de uma alma perdida.
Ore para que eles encontrem o caminho do Grande Espírito
Procure conhecer-se, por si mesmo.
Não permita que façam seu caminho por você.
É sua estrada, e somente sua.
Outros podem andar ao seu lado, mas ninguém pode andar por você
Trate os convidados em seu lar com muita consideração.
Sirva-lhes o melhor alimento, a melhor cama
e trate-os com respeito e honra.
Não tome o que não é seu,
Seja de uma pessoa, da comunidade,
da natureza, ou da cultura.
Se não lhe foi dado, não é seu.
Respeite todas as coisas que foram colocadas sobre a Terra,
Sejam elas pessoas, plantas ou animais.
Respeite os pensamentos, desejos e palavras das pessoas.

Nunca interrompa os outros nem ridicularize, nem rudemente os imite.
Permita a cada pessoa o direito da expressão pessoal.
Nunca fale dos outros de uma maneira má.
A energia negativa que você colocar para fora no universo,
voltará multiplicada a você.
Todas as pessoas cometem erros.
E todos os erros podem ser perdoados.
Pensamentos maus causam doenças da mente,
do corpo e do espírito.
Pratique o otimismo.
A natureza não é para nós, ela é uma parte de nós.
Toda a natureza faz parte da nossa família terrenal.
As crianças são as sementes do nosso futuro.
Plante amor nos seus corações e águe com sabedoria e lições de vida.
Quando forem crescidos, dê-lhes espaço para que amadureçam.
Evite machucar os corações das pessoas.
O veneno da dor causada a outros retornará a você.
Seja sincero e verdadeiro em todas as situações.
A honestidade é o grande teste para a nossa herança do universo.
Mantenha-se equilibrado. Seu corpo espiritual, seu corpo mental,
seu corpo emocional e seu corpo físico:
todos necessitam ser fortes, puros e saudáveis.
Trabalhe o seu corpo físico para fortalecer o seu corpo mental.
Enriqueça o seu corpo espiritual para curar o seu corpo emocional.
Tome decisões conscientes de como você será e como reagirá.
Seja responsável por suas próprias ações.
Respeite a privacidade e o espaço pessoal dos outros.
Não toque as propriedades pessoais de outras pessoas,
especialmente objetos religiosos e sagrados. Isto é proibido.
Comece sendo verdadeiro consigo mesmo.
Se você não puder nutrir e ajudar a si mesmo, você não poderá nutrir e
ajudar os outros.
Respeite outras crenças religiosas.

Não force suas crenças sobre os outros.
Compartilhe sua boa fortuna com os demais.
Participe com caridade.

CONSELHO INDÍGENA INTERTRIBAL NORTE-AMERICANO
Desse Conselho, participam as tribos: Cherokee, Blackfoot, Cherokee Lumbee Tribe, Comanche, Mohawk, Willow Cree, Plains Cree, Tuscarora, Sicangu Lakota Sioux, Crow (Montana), Northern Cheyenne (Montana).

*Se achamos que o nosso objetivo aqui, na nossa rápida passagem pela Terra, é acumular riquezas, então não temos nada a aprender com os índios.*

CLÁUDIO VILLAS BÔAS

# Toda a minha mais profunda gratidão

Ó Grande Mistério!

*Acordamos para outro Sol,*
*agradecidos pelos presentes concedidos,*
*agradecidos pelo maior presente,*
*o Sopro precioso da Vida.*

*Agradecidos pelas habilidades que nos guiam dia e noite.*

*À medida que seguimos nossos caminhos,*
*escolhidos de lições que devemos aprender,*
*recebemos a Paz Espiritual e a energia de felicidade da Vida.*

*Toda gratidão pela Sua Força Espiritual*
*e por inspirar nossos pensamentos.*

*Toda gratidão pelo Seu infinito Amor*
*que nos guia pelos nossos dias.*
*(Pelo povo Seneca)*[1]

Ao Grande Mistério, pela dádiva da vida, por toda a força e proteção espiritual nos momentos mais difíceis de minha jornada.

Ao meu Anjo Guardião, companheiro inseparável, pela divina paciência nas intuições diárias.

À minha querida mãe Semiramis (em memória), ou Semi, como ela gostava, com a qual resgatei a verdade do coração, o amor incondicional.

---

[1] Um dos seis povos da grande Nação Iroquoian, do nordeste dos EUA, constituída pelos Mohawk, Oneida, Onondaga Cayuga, Tuscarora e Seneca.

Ao meu querido pai, Alcindo (em memória), quem me proporcionou, quando ainda criança, meu primeiro banho de rio, no rio Paraguai, com direito a muitas pescarias e um contato direto com a natureza pantaneira de sua terra natal, o Mato Grosso.

À minha amada filha, Maíra, que aos 2 anos e meio de sua existência, acompanhou-me numa viagem de canoa pelo legendário Rio das Mortes, ou Manso, o rio dos Xavante, e que deixou germinar dentro de si as sementes da espiritualidade, do social, da natureza e da poesia.

À minha queridíssima amiga de longa data, Lúcia Kirsten, paulistana desgarrada, enraizada no Mato Grasso, em Nova Xavantina. Ribeirinha adotada, fascinada pelos mistérios da Serra do Roncador... Por sua generosa hospitalidade em sua casinha aconchegante, bem pertinho das barrancas Rio das Mortes, e base de apoio às nossas duas expedições.

A meus queridos irmãos, Regina, Maurício e Ângela, pelas nossas relações nessa jornada existencial e evolutiva, que principia na essência de cada ser e segue adiante pelos caminhos da dor e do amor, da reconciliação no perdão, na solidariedade e na fraternidade, ao tempo de cada um...

Aos que contribuíram em forma de escambo para a concretização desta obra, recebendo sessões de *shiatsu* e acupuntura.

Minha querida e polivalente Telma Fernandes, por toda a sua disponibilidade e dedicação ao longo de 17 meses envolvendo manuscritos, monitor e um teclado inúmeras vezes digitado em histórias de índios, muitos índios... imagens fotográficas, diagramação, cópias, traduções, revisões e pesquisas. Pelo trevo da sorte, de quatro pétalas, que até hoje guardo em meus escritos.

Meu caro amigo Romulo Baldez, artista gráfico de sensibilidade apurada, e carta marcada pela sincronia do destino... Por seu interesse, sua paciência em ouvir a minha história, conseguindo captá-la plenamente e na essência, reproduzindo-a com primor na primeira capa deste livro.

Minha querida prima, Beth Pena, por ter aceitado carinhosamente realizar a segunda revisão do texto, além de tê-lo enriquecido com um detalhe a mais, fruto de sua pesquisa espontânea.

Ao meu querido cliente e amigo de coração, Armando Gomes, por mais de uma década em que nos conhecemos, na troca energética e de palavras, nas experiências vividas, compartilhadas e enriquecedoras. Pelo seu modo de ser companheiro e solidário, tanto nas diversões quanto nas provações... Pelas delícias gastronômicas do seu aprazível Bar e Restaurante Urca, que tantas vezes me recebeu de portas abertas e mesa posta, e onde algumas destas páginas foram escritas.

Ao meu caríssimo cliente de tantos anos, José Brafman, por toda consideração, respeito e generosidade para com meu trabalho e minha pessoa. Pelos quatro meses que me patrocinou, garantindo-me, assim, um maior período de tranquilidade e dedicação exclusiva à escrita e às demais resoluções...

À minha queridíssima amiga, que também se tornou cliente e personagem deste livro, Maria Luzanira Alves, nordestina do Rio Grande do Norte, cara de índia, possivelmente descendente dos Potiguara, mulher guerreira de alma nobre e generosa. Pelos momentos de alegria e risos. Pelo auxílio financeiro naquela hora de aperto e pelo reforço alimentar em granolas, farelos, geleia real e mel, além da saborosa peixada, amorosamente servida pouco antes das sessões. Por todo o seu valor, todo o meu carinho, reconhecimento e gratidão!

Ao meu querido amigo e irmão espiritual, Egipson Nunes Correia, o Krãin Bãn, pela prolongada e generosa acolhida em sua casa aconchegante, no seio hospitaleiro da família, no carinho e atenção de minha querida amiga e sua amada esposa Parurrá, dos filhos Te-ô, Gabriel e Vítor, das irmãs Edinalva e Mare. Por toda paciência, dedicação e interesse solidário durante a releitura do texto, pelas oportunas sugestões e correções, algumas vezes estendidas madrugada adentro.

Ao grande amigo Joãozinho Terriyacé (em memória), líder Xavante da aldeia Odetepá, da Terra Indígena Parabubure, que me inseriu no cerne de sua cultura, de seu povo, sem fronteiras ou barreiras... *Ipenzédi arrâdi*![2]

Ao prezado amigo e compadre Ricardo Mansur, companheiro na luta em defesa dos Guarani de Bracuí. Terra demarcada e homologada, valeu!

Aos caríssimos amigos que também integraram o CADIRJ: Thaís de Azambuja Pena, as irmãs Patrícia e Márcia Carnaval, Marcelo Zabrieszach Afonso e Ricardo Buchaul, pela confiança e o carinho a mim dispensados, por chegarem juntos, cada um no seu tempo, e por toda a colaboração espontânea em solidariedade à causa.

Aos amigos Guarani da então aldeia Itatinga, no Bracuí, em especial Aparício R'okadju, por terem acreditado e contribuído decisivamente com a proposta do projeto pela demarcação das terras.

Ao colaborador e amigo Manoel Guerra Borges — comandante Borges (em memória), por todo o seu empenho e fundamental patrocínio para que as

---

[2] Muita saudade!

ações do CADIRJ – Projeto Guarani obtivessem êxito, transformando, assim, a utopia em realidade.

À mui querida amiga Evelyn Jacusiel Miranda, para mim, primeira e única acupunturista, quem primeiro tocou minha energia, me inspirou e me incentivou no caminho da cura.

Ao querido e saudoso professor Jorge Santos (em memória), por toda a paciência e o abnegado interesse com que me ensinou a filosofia e a técnica oriental do *Kôho-Shiatsu*, porta de acesso para a acupuntura.

Ao venerável mestre taoísta Liu Pai Lin (em memória), por seu exemplo de sabedoria, simplicidade e perseverança ao longo de uma rica e quase centenária história de vida. Pelos maravilhosos conhecimentos transmitidos, em especial o Tai Ch'í dos tendões, que até hoje sigo praticando e passando adiante em proveito dos reais benefícios que promovem à saúde.

Aos caros amigos Michael e Feliss, de quando tudo começou... Pela carta-convite, meu salvo-conduto em direção à jornada, pela generosa acolhida e fundamental apoio.

Aos queridos amigos de Santa Rosa – Califórnia: Eliane, José, Lenira e Maria, responsáveis pela minha urgente salvação, e que me receberam amorosa e solidariamente.

Aos não menos queridos, meus amigos de Mesa – Arizona: Carmem, Zarco e filhotes, por toda a força no reencontro tão especial.

Ao inesquecível e caríssimo John Kent, que por meio da conspiração do Universo, me propiciou Sedona, conduzindo-me também rumo à Dança do Sol.

Aos caríssimos amigos de Sedona – Arizona, Charles "Ehrton" Hinkley, Naomi, Jon Samuelson, Carol, Chiwah, Sharon, Iris Clarck (em memória), Dorothy Goo, Maria Dolores e, em especial, minha fada madrinha, Rita Livingston, que me abriu as portas do deserto e das planícies.

Ao amigo Gilbert Walking Bull (em memória), expressiva liderança entre os Oglala-Sioux de Pine Ridge – Wamblee, e a todo o seu povo, que me recebeu de braços e corações abertos. *How! Mitakuye oyasin!*

Ao mestre Rollas, Pássaro Vermelho (em memória), da Nação Ojibwa, portador de grande sabedoria e de belos e sagrados Cachimbos; pelo muito que me transmitiu na expressão de seu olhar, no silêncio, por gestos e em profundas palavras sobre o Caminho Sagrado. *How! Mitakuye oyasin!*

Ao Grande Chefe e *Wichasha Wakan* da Nação Sioux, no século XIX, Tatanka Yotanka — Touro Sentado —, companheiro de minha vida anterior, por sua honradez e lealdade para com nosso povo na luta pela liberdade, não obstante a opressão e a tirania dos invasores. Pela sua forte presença vibracional e proteção espiritual durante e após as cerimônias do Cachimbo Sagrado, e pelas ocasiões em que se manifestou, me tratou e me abençoou no Grupo Espírita da Prece. *How! Mitakuye oyasin!*

À querida amiga Rosângela Kallemback, pelas muitas experiências que vivenciamos e pelos momentos solidários a mim dispensados quando voltei da América.

Às terapeutas reichianas Vanessa e Roz Irene, pelo tanto que me auxiliaram e socorreram, pacientemente falando, na reconstrução da vida, na montagem do meu quebra-cabeça...

Ao meu querido professor e orientador Juan Carlos Vairo, de minha primeira formação em acupuntura, pela Sociedade Taoísta do Brasil, por toda a sua atenção, solidariedade e irrestrita paciência chinesa nos meus instantes de dúvidas ao longo dos atendimentos clínicos.

Aos irmãos e queridíssimos pacientes que se tornaram amigos especiais, Paulo Henrique e Olguinha, e sua mãe, dona Suzana, que me acolheu com espontânea gentileza e verdadeiro amor.

Ao ex-companheiro na época da Comissão Pró-Índio, e prezado amigo, Carlos Augusto da Rocha Freire, doutor em Antropologia e simplicidade em pessoa, por ter acreditado e abonado junto às agências financiadoras o projeto que almejo empreender lá pelas bandas do Araguaia.

Aos queridos amigos Jorg e Neuza Zimmermann, ao longo de todos esses anos em que nos conhecemos, pelo fundamental apoio e as recomendações em prol do Projeto Ribeirinhos no Círculo da Vida.

Ao bispo emérito de São Félix do Araguaia, Dom Pedro Casaldàliga, à tia Irene (em memória), ao Pontim, ao xamã Maluaré, do povo Karajá e a todos os ribeirinhos que me acolheram com enorme carinho e interesse pelo projeto.

À minha grande amiga do coração, Alice Goulart, professora dedicada, contadora de histórias, poetisa inspirada. Pela grandeza da sua alma e a pureza de sentimentos, na amizade que nos une através dos tempos.

Ao meu caro amigo e ilustre advogado Vicente Maranhão Filho, ser humano do mais elevado caráter, de profunda sensibilidade e solidariedade para com as causas justas e sociais; por todo o seu apoio, atenção e boa vontade, seja no aspecto jurídico ou pessoal. Muito me honra inseri-lo nestas linhas.

À querida amiga e cliente, Regina Célia da Silva, por suas espontâneas pesquisas e contatos via internet, tradução e digitação de textos, importantes contribuições em alguns capítulos deste livro.

Ao caríssimo astrólogo e escritor Waldemar Falcão, pelas recomendações positivas junto à editora e por fazer chegar às mãos do professor Boff a segunda minuta desta obra.

Ao filósofo, professor e escritor Leonardo Boff, de quem sou apenas um de seus inúmeros admiradores, pela sua grandeza, simplicidade e fundamental presença neste mundo. Por se dispor, mesmo sem me conhecer, e em seu escasso tempo, a ler o meu texto ainda imaturo, reconhecendo nele, muito além das aparências, a própria essência... E por valorizá-lo quando me brindou com o seu magnífico e singular Prefácio.

Ao jornalista da Globo News, ecologista, professor e escritor André Trigueiro, um dos mais conceituados conhecedores e defensores do meio ambiente, por sua bela e profunda nota de orelha, valorizando ainda mais minha obra.

Ao querido cliente, amigo e escritor Roberto Procópio de Lima Netto, autor de Além do *arco-íris* pelo gentil comentário e pela benditas dicas ao presente texto.

À querida Anna Rosaura Trancoso, por uma das últimas revisões destas páginas, pelo apoio, o incentivo e as pertinentes sugestões.

À querida amiga Heidi, por ter aceitado de forma tão solidária, imediata e salvadora repassar para o computador minhas penúltimas correções pelas entrelinhas do texto. Por toda sua competência, paciência e gentil dedicação.

Às Instituições Espíritas: Lar de Frei Luiz, na distante Boiúma, em Jacarepaguá, e Tarefeiros do Bem, em Botafogo, por todo Amor, atenção e amparo espiritual, sob a Luz do Cristo, o Mestre Jesus, e dos espíritos benfeitores.

Ao meu querido amigo Welber de Sá Côrtes, companheiro de jornada espiritual e do Lar de Frei Luiz, pelas suas preces, por todo incentivo e o auxílio derradeiro no fechamento deste arquivo para enviá-lo à editora.

Ao prezado médium Lívio Barbosa, pelo nosso encontro nada casual e sim orientado pela espiritualidade superior, resultando em vários contatos de manifestações mediúnicas via incorporações, vidências e uma psicografia muito especial – ocorrida às 16h30 do dia 12 de janeiro de 2010 – envolvendo os espíritos dos líderes Lakota-Sioux, Touro Sentado e Águia Branca, com os quais convivi em minha vida pretérita. Pela sua participação na cerimônia do

Cachimbo Sagrado, na clareira da mata do Morro da Urca, visualizando e descrevendo-me a presença de tantos espíritos dos antepassados Lakota que, bem ali, e no plano invisível, celebravam conosco. Por fim, pela tão aguardada mensagem espiritual que se apresenta no encarte desta obra, motivo para mim de uma grande honra e profunda emoção.

Ao Grupo Editorial Record, em especial nas pessoas de Sérgio França, Adriana Nascimento, Tatiane de Souza, Leonardo Martins, Larissa Gomes e da Gerente Editorial, Beatrice Araújo, pela atenção, paciência e respeito com que me receberam pessoalmente, ou através de meus escritos. Pelo parecer positivo na avaliação do meu texto e o interesse em publicá-lo.

Às queridas, aos queridos, professores e professoras, companheiras e companheiros de todas as oficinas, e aos demais funcionários da Usina de Cidadania, patrocinada há 12 anos pela Refinaria de Manguinhos, meus colegas de trabalho, num trabalho especial, de valor inestimável em prol do bem, e que se chamam: Érika, Danielle, Diana, Flávia Pereira, Flávia da Silva, Joice, Larissa, "tia" Maria, Roberta, Alexandre, Capistrano, Fernando, José Carlos, Rafael, Rodrigo Peçanha, Rodrigo dos Santos, Bruno – mestre sabugo –, Claudio, André, Wagner, Walney e a coordenadora Patrícia Zampiroli Avelar Ferreira, da maior competência, dedicação absoluta, conduta ética e muito amor no coração. A todos os meus alunos, e aos demais alunos de todas as oficinas — crianças, jovens e adultos —, da periferia de Manguinhos, pelo tanto que me ensinam em cada olhar, em cada gesto, por palavras, sorrisos, emoções e carinho, nas relações de aprendizado mútuo. Em particular, às pequeninas, graciosas, meigas e determinadas Maria Elaine Ribeiro e sua prima Denise Costa Silva, esta com apenas 9 aninhos, mas uma alma grandiosa, uma criança índigo.[3]

Ao prezado diretor do Museu do Índio do Rio de Janeiro, José Carlos Levinho, que, por sua dedicação e inquestionável competência, juntamente com a de sua equipe, transformou o museu em um museu proativo, interativo, moderno e compromissado com os povos indígenas. Pela oportunidade

---

[3] Categoria de espíritos evoluídos, que, ultimamente, estão reencarnando em maior número, nos mais diferentes pontos do planeta e que podem ser facilmente identificados em crianças com padrões de conduta equilibrada, amorosa, altruística, ética e de bom dicernimento.

de lançar o meu livro em suas dependências, cuja história se insere na minha própria história, aqui relatada.

A você, leitor, ou leitora, razão de ser deste livro, por se deixar conduzir pela voz interna da intuição, a vontade primeira do coração, para se entreter, se inteirar, refletir e se emocionar com a verdade maior desta narrativa.

Desejo fazer ainda um agradecimento especial, e de última hora, que não poderia deixar passar em branco. Enquanto escrevia estas linhas na clareira da mata do Morro da Urca, percebi um discreto ruído nas proximidades. Ao virar-me, inesperadamente flagrei... um jovem e afoito mico-estrela, sutilmente, tentando alcançar uma fruta no fundo da sacola plástica que eu havia deixado pendurada no galho de um arbusto. Ao me ver, olhos nos olhos, se revelou atento, porém calmo. Com naturalidade, levantei-me da cadeira de praia, me aproximei para retirar a maçã da sacola e descascá-la. O macaquinho permaneceu tranquilo, meio que já sabendo de minhas intenções. Aos poucos, e em mãos, fui dando-lhe os pedacinhos da fruta, que o mesmo passou a comer sem a menor pressa, deixando-me, inclusive, acariciar sua diminuta cabeça. Minutos depois, seus parentes se aproximaram, mantendo, entretanto, uma certa distância. Atendendo aos chamados do grupo, o meu novo amigo partiu carregando consigo um bom pedaço da maçã.

Ao término de mais um final de semana de escritas, e de lua cheia, o crepúsculo já anunciava sua presença. Foi um belo e mágico momento, de profunda reflexão e agradecimentos ao Criador da vida.

Salve! Por todas as nossas relações.

# BIBLIOGRAFIA


AMIOTTE, Arthur. "Foreword". In: DRYSDALE, Vera Louise. *The Gift of the Sacred Pipe*. Norman: University of Oklahoma Press, 1995.

ARNAUD, Expedito. *O índio e a expansão nacional.* Belém: Edições CEJUP, 1989.

BOURRE, Jean-Paul. *Organização de princípios de vida* – tradição indígena norte-americana. Rio de Janeiro: Nova Era, 2005.

BROWN, Dee. Enterrem meu coração na curva do rio – índios contam o massacre de sua gente. São Paulo: Melhoramentos, 1973.

CABRAL, Sérgio. *Mangueira, a nação verde e rosa*. São Paulo: Prêmio, 1998.

CADIRJ, Arquivo iconográfico e matérias jornalísticas.

CALDAS, Aulete, Dicionário Digital. www.auletedigital.com.br.

CHEFE SEATTLE, Discurso. – http://www.geocities.com/rainforest/Andes/8032/page16.html?2000730

DE HOLANDA FERREIRA, Aurélio Buarque. *Mini-Aurélio da língua portuguesa*. Rio de Janeiro. 4ª edição: Editora Nova Fronteira, 2000.

FEEST, Christian F. *Edición de culturas de los índios norteamericanos*. Barcelona: Könemann, 2000.

FRUET, Luiz Henrique; MAMBER, Débora. "Araguaia, de corpo e alma". In: *Revista Terra*, Editora Peixes, São Paulo, edição 149, setembro de 2004, p. 66-81.

GALEANO, Eduardo. Memórias do fogo. Vol. I. Porto Alegre: L&PM, 1997.

HAMMERSCHLAG, Carl A. *A dança dos curandeiros* – a iniciação de um médico nas artes de cura dos índios norte-americanos. Rio de Janeiro: Record (Nova Era), 1994.

MCLUHAN, Teri C. *A fala do índio*. Lisboa: Fenda Edições, 1988.

Museu de Imagens do Inconsciente, Arquivos do. Texto sobre a Dra. Nise da Silveira.

Museu do Índio, Arquivos do. Complementação de dados sobre a demarcação da Terra Indígena Guarani de Bracuí.

NAÓN ROCA, Enriqueta. Pesquisa literária. *Nunca se renda*. Buenos Aires, Argentina: Vergara&Riba, 1999.

NEGRO, Alce; EPES BROWN, Joseph. *La pipa sagrada – los siete ritos secretos de los índios Sioux*. Madrir: Taurus Ediciones S.A., 1980.

PESSOA, André; MARTINS, Tânia. "A saga do povo guajá: onde a Amazônia encontra o sertão". In: *Com ciência ambiental*. Editora Casa Latina, São Paulo, 2007, ano 2, nº. 10, p. 50-63.

SAMS, Jamie. *As cartas do caminho sagrado – a descoberta do Ser através dos ensinamentos dos índios norte-americanos*. Rio de Janeiro: Rocco, 2000.

SCHIAVINI, Fernando. *De longe, toda serra é azul* – histórias de um indigenista. Brasília, Criativa Gráfica e Editora LTDA, novembro de 2006.

TORRES, Angélica; GIANNINI, Isabelle Vidal. *Koikwa, um buraco no céu – o universo dos índios Kayapó-Xikrin*. Brasília: Editora UNB (coedição); L.G.E. Editora, 1998.

TRIGUEIRO, André. *Espiritismo e ecologia*. Rio de Janeiro, FEB, 2009.

TSÉ, Lao. *Tao Te King*. Tradução e adaptação Albe Pavese. São Paulo: Madras Livraria e Editora Ltda, 1997.

TUFANO, Douglas (comentários e notas). *A carta de Pero Vaz de Caminha*. São Paulo: Ed. Moderna Ltda, 1999.

WEIL, Pierre. *Os mutantes* – uma nova humanidade para um novo milênio. Campinas: Verus Editora, 2003.

ZIMMERMAN, Larry J. *Os índios norte-americanos* – crenças e rituais visionários, pessoas sagradas e charlatões, espíritos da terra e do céu – grandes tradições espirituais. Portugal: Evergreen, 2002.

Para entrar em contato com o autor,
envie um e-mail para tsiipre@yahoo.com.br ou ligue para (21) 9274-1044.

Este livro foi composto na tipologia Adobe Garamond Pro,
em corpo 11,5, e impresso em papel offset 90g/m$^2$,
no Sistema Cameron da Divisão Gráfica da Distribuidora Record.